初中数学
思想与方法导引

主　编　李昌官

副主编　潘建德　童桂恒　吴增生　郑　瑄　朱先东

审　校　丁新宇

编　委　汪景平　朱先东　徐淑婷　王　俊　刘　静
　　　　丁新宇　蔡承晟　李　杰　岑　妙　余　奔
　　　　赖　苗　吕兰兰　刘丽君　单芳兰　徐　彪
　　　　徐　迪　屠旭华　童　菲　王　野　卢芳芳
　　　　杨永栋　蔡卫兵　严洪刚　虞伟奖　滕　丽
　　　　南赛月　石海超　段春炳　唐海燕　李胜兵
　　　　章国彬　凌剑峰　徐晓红　卢守平　王利庆
　　　　戚方柔　周建英　吴雪丽　胡　艳　陈　杰
　　　　裘建忠　胡旅航　林炳江　郑　瑄　王　华
　　　　吴灵秋　平一祺　施玲玲　张　莲　张雪麟
　　　　杨灿权　叶海飞　姚铁峰　项　军　丁福珍
　　　　王飞兵　王玲玑　蒋妙娟　李姚瑕　曹建军

ZHEJIANG UNIVERSITY PRESS
浙江大学出版社
· 杭州 ·

图书在版编目(CIP)数据

初中数学思想与方法导引 / 李昌官主编. －－杭州：
浙江大学出版社，2024.7(2025.4 重印). －－ISBN 978
-7-308-25118-1

Ⅰ. G634.603

中国国家版本馆 CIP 数据核字第 2024RR9319 号

初中数学思想与方法导引

主　编　李昌官

策划编辑	陈海权(QQ:1010892859)
责任编辑	丁佳雯
责任校对	陈海权
封面设计	林智广告
出版发行	浙江大学出版社
	(杭州市天目山路 148 号　邮政编码 310007)
	(网址:http://www.zjupress.com)
排　　版	杭州朝曦图文设计有限公司
印　　刷	杭州宏雅印刷有限公司
开　　本	787mm×1092mm　1/16
印　　张	20
字　　数	340 千
版 印 次	2024 年 7 月第 1 版　2025 年 4 月第 19 次印刷
书　　号	ISBN 978-7-308-25118-1
定　　价	59.80 元

主编简介

李昌官，博士，正高、特级教师，享受国务院特殊津贴，浙江省有突出贡献中青年专家，苏步青数学教育奖一等奖获得者，教育部"国培计划"专家，人教版教材核心作者.

副主编简介

潘建德，正高、特级教师，浙江省名师网络工作室负责人，浙江师范大学、绍兴文理学院教育硕士研究生导师.

童桂恒，正高、特级教师，浙江省首批特级教师工作室主持人，浙江省教育学会中学数学教学分会理事，浙江省教育学会项目化课程分会副会长，浙江师范大学数学教育硕士研究生导师，浙派名师名校长培养工程导师，浙江省人民政府督学.

吴增生，正高、特级教师，苏步青数学教育奖一等奖获得者，教育部"国培计划"专家，人教版教材核心作者，教师用书分册主编，人大资料中心《初中数学教与学》编委，《中国数学教育》（初中版）执行编委.

郑　瑄，在读博士，正高、特级教师，浙江省教育学会中学数学教学分会副理事长，全国首届初中数学优质课评比一等奖（浙江省第一名），2008年北京奥运会火炬手．

朱先东，正高、特级教师，省级教学名师，浙江省中小学名师名校长培养工程初中数学名师（浙师大）项目导师．

审校简介

丁新宇，高级教师，杭州市教坛新秀，杭州市解题比赛、教师基本功比赛一等奖．

编写人员及单位

汪景平　台州市路桥实验中学
朱先东　杭州市余杭区中泰中学
徐淑婷　萧山区文渊实验初级中学
王　俊　杭州市临平区信达外国语学校
刘　静　浙江省杭州市余杭区太炎中学
丁新宇　杭州市十三中教育集团（总校）
蔡承晟　萧山区文渊实验初级中学

李　杰	宁波市江北区外国语艺术学校
岑　妙	慈溪市教育局教研室
余　奔	宁波市庄桥中学
赖　苗	浙江工业大学附属实验学校
吕兰兰	新昌县潜溪中学
刘丽君	金华市第四中学
单芳兰	东阳市外国语学校
徐　彪	兰溪市实验中学
徐　迪	宁波大学青藤书院
屠旭华	杭州市澎扬中学
童　菲	台州市路桥实验中学
王　野	浙江省台州中学
卢芳芳	宁波外国语学校（浙江省八一学校）
杨永栋	绍兴市上虞区春晖外国语学校
蔡卫兵	宁波市鄞州实验中学
严洪刚	宁波市惠贞书院
虞伟奖	义乌公学
滕　丽	宁波市镇海蛟川书院
南赛月	温州市实验中学
石海超	杭州市保俶塔实验学校
段春炳	杭州市富阳区永兴学校初中部
唐海燕	温州市洞头区实验中学
李胜兵	金华市第四中学
章国彬	绍兴市昌安实验中学
凌剑峰	宁波大学附属学校
徐晓红	台州市路桥区教育教学研究中心
卢守平	台州学院附属中学

王利庆　杭州市余杭区仓前中学

戚方柔　杭州市十三中教育集团（总校）

周建英　玉环市教育教学研究中心

吴雪丽　缙云县实验中学

胡　艳　金华市丽泽中学

陈　杰　绍兴市越城区马山中学

裘建忠　台州学院附属中学

胡旅航　杭州市余杭区海辰中学

林炳江　天台县坦头中学

郑　瑄　浙江省宁波市江北区教育局教研室

王　华　北京师范大学台州实验学校

吴灵秋　仙居县下各第二中学

平一祺　杭州市十三中教育集团（总校）

施玲玲　岱山实验学校

张　莲　浙江师范大学附属嘉善实验学校

张雪麟　绍兴市上虞区实验中学

杨灿权　杭州二中白马湖学校

叶海飞　温岭市第四中学

姚铁峰　诸暨市教育研究中心

项　军　台州市白云中学

丁福珍　天台县教学研究室

王飞兵　临海市教研中心

王玲玑　永康市教学研究室

蒋妙娟　绍兴市元培中学

李姚瑕　嘉兴市秀洲区高照实验学校

曹建军　浙江省杭州第六中学

前　言

数学的核心与灵魂是什么？我们怎样学数学，不仅能够使现在的成绩好，而且发展后劲大？数学家和教学实践再三告诉我们：数学思想与方法比数学知识更重要；我们不仅应学习数学知识，更应学习数学思想与方法，进而不断优化自己的思维习惯和思维方式.

为了帮助初中生更好地掌握数学思想与方法，我们邀请了 6 位在全国有一定影响力的数学特级教师担任主编或副主编，并组织了 60 位名师每人编写一个思想方法，每一方法均配有视频讲解.

本书依据新课标编写，是字典式、实用性的解题思想方法工具书. 根据"立足初中，面向高中"的原则，通过反复讨论、比较，我们筛选出 60 个初中数学中最重要且最常用的思想与方法，例如公式法、定义法、消元法、换元法、配方法、待定系数法、判别式法、构造法、特殊值法、枚举法、列表法、平移法、旋转法、轴对称法、面积法、割补法、解析法、图象法、类比法、分析法、综合法、反证法、差异分析、正难则反、特殊化与一般化、方程思想、函数思想、模型思想、数形结合、分类讨论、转化与化归. 每个思想与方法由方法介绍、典例示范、巩固练习三个部分组成. 方法介绍简明扼要地阐明思想与方法的内涵、适用范围和使用策略或步骤. 典例示范包括思路、解答、反思三个环节，其功能分别是引领、示范、拓展. 巩固练习重在巩固、内化、迁移相应的数学思想与方法.

本书有如下特点：

一是反刷题、育素养. 根据"素养导向、能力为重、知识为基"的原则，选取或编制例题、习题，体现并落实课程改革与评价改革的方向和要求，帮助学生跳出"题海"，提高学习效率.

二是贴近学生，站在学生立场、学生视角思考问题. 基于学生的理解和接

1

受水平、学生的易错点和疑难点,指导和引领学生学会如何思考,并兼顾不同层次学生的需求.

三是**贴近教学**,重数学思想方法和思维方法的引领.融知识、方法、思想、关键能力于一体,在"为什么这样做、怎样想到这样做"上下功夫,在思路与方法的迁移上下功夫.

四是**强化初高中衔接**,为学生后续发展做好铺垫."大法"抽象,学生难以把握和落实,"小法"繁多,加重学生负担且迁移功能差,因此以操作性、迁移性较强的"中法"为主.

五是**为优秀学生提供更大的发展空间**.鉴于数学思维、创新能力越来越重要,以及当下的课标和教材无法让一些优秀学生"吃饱",本书提供了一些具有拓展探索性质的例题和习题.

本书坚持**高标准、高品位**.每位作者以精益求精、追求卓越的姿态,以研究、反思、创新的精神,认真撰写、反复修改,终于成书.由于时间仓促和水平有限,本书难免存在一些不足,敬请批评指正.

本书适合八年级、九年级学生和初中数学教师阅读,也适合亲子阅读.

目　录

1 公式法

引路人　台州市路桥实验中学　汪景平

方法介绍

公式法,是用公式解决问题的方法,包含对公式的直接应用、变形应用和拓展应用等.

应用公式法解决问题时,通过分析题中的条件和结论,选择适当的公式建立两者之间的联系,因此需要理解公式的内涵,熟悉公式的变形,明确公式的适用范围等.

典例示范

(一)公式的直接应用

例1　如图,将一个小球从斜坡的点 O 处抛出,小球的抛出路线可以用二次函数 $y_1 = 4x - \dfrac{1}{2}x^2$ 刻画,斜坡可以用一次函数 $y_2 = \dfrac{1}{2}x$ 刻画,求运动过程中小球离斜坡的最大高度.

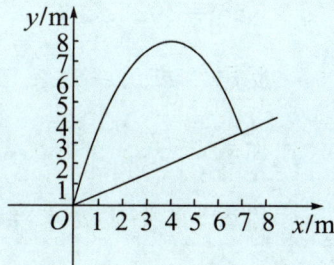

思路　先确定小球与斜坡高度差的函数,再直接利用二次函数顶点的坐标公式 $\left(-\dfrac{b}{2a}, \dfrac{4ac-b^2}{4a}\right)$ 求解.

解答　由题意可知 $y = y_1 - y_2 = 4x - \dfrac{1}{2}x^2 - \dfrac{1}{2}x = -\dfrac{1}{2}x^2 + \dfrac{7}{2}x.$

最大高度 $y_{\max} = \dfrac{4ac-b^2}{4a} = \dfrac{-b^2}{4a} = \dfrac{-\dfrac{49}{4}}{-2} = \dfrac{49}{8},$

故小球离斜坡的最大高度为 $\dfrac{49}{8}$.

反思 对于二次函数的最值问题,在解析式确定的情况下,可利用顶点的坐标公式直接求解.

(二)公式的变形应用

例 2 设 x_1,x_2 是一元二次方程 $x^2-x-2025=0$ 的两个实数根,求:
(1) $x_1^2+x_2^2$;(2) $x_1^3+2026x_2-2025$.

思路 两题都可结合韦达定理求解.第(1)题运用完全平方公式对 $x_1^2+x_2^2$ 变形,转化为用 x_1+x_2,x_1x_2 表示,第(2)题所求代数式的项的最高次为 3 次,可对代数式进行降次.

解答 根据韦达定理可得,$x_1+x_2=-\dfrac{b}{a}=1$,$x_1x_2=\dfrac{c}{a}=-2025$.

(1)原式 $=(x_1+x_2)^2-2x_1x_2=1+4050=4051$.

(2)由题意可知 $x_1^2-x_1-2025=0$,所以 $x_1^2=x_1+2025$.

$$\begin{aligned}
原式 &= x_1(x_1+2025)+2026x_2-2025 \\
&= x_1^2+2025x_1+2026x_2-2025 \\
&= x_1+2025+2025x_1+2026x_2-2025 \\
&= 2026x_1+2026x_2 \\
&= 2026.
\end{aligned}$$

反思 应用韦达定理求关于根的代数式的值,一般对于关于 x_1,x_2 的对称式,如 $(x_1-x_2)^2$,$\dfrac{x_2}{x_1}+\dfrac{x_1}{x_2}$,$x_1^2+x_2^2$ 等,利用公式变形求解,而对于非对称式,需要通过重组或者降次转化为对称式再求解.

(三)公式的拓展应用

例 3 设实数 a,b,c 满足 $a^2+b^2+c^2=1$.

(1)若 $a+b+c=0$,求 $ab+bc+ca$ 的值;(2)求 $(a+b+c)^2$ 的最大值.

思路 第(1)题联想到三项完全平方公式即可求解;第(2)题 $(a+b+c)^2$ 展开后 $a^2+b^2+c^2$ 为定值,将问题转化为求 $2ab+2bc+2ca$ 的最大值,根据 $2ab\leqslant a^2+b^2$ 确定 $2ab+2bc+2ca$ 与 $a^2+b^2+c^2$ 的数量关系.

解答 (1)由题意可知 $(a+b+c)^2=a^2+b^2+c^2+2ab+2ac+2bc=0$,

将 $a^2+b^2+c^2=1$ 代入可得 $ab+bc+ca=-\dfrac{1}{2}$.

(2)因为$(a-b)^2=a^2-2ab+b^2\geqslant 0$,

所以$2ab\leqslant a^2+b^2$,

同理可得$2bc\leqslant b^2+c^2,2ac\leqslant a^2+c^2$,

所以$(a+b+c)^2=a^2+b^2+c^2+2ab+2bc+2ac\leqslant a^2+b^2+c^2+a^2+b^2+b^2+c^2+a^2+c^2=3(a^2+b^2+c^2)$,

因为$a^2+b^2+c^2=1$,所以$(a+b+c)^2\leqslant 3$,

即$(a+b+c)^2$ 的最大值为 3,

当且仅当 $a=b=c=\dfrac{\sqrt{3}}{3}$ 或 $a=b=c=-\dfrac{\sqrt{3}}{3}$ 时等号成立.

> **反思** 在利用 $2ab\leqslant a^2+b^2$ 求最值时,通过公式变形转化,建立 a^2+b^2 和 $2ab$ 之间的不等关系. 熟练掌握基本不等式的几种常用变形,如 $ab\leqslant\dfrac{(a+b)^2}{4}$,$(a+b)^2\leqslant 2(a^2+b^2)$ 等,在解决代数最值问题中非常有用.

巩固练习

1. "赵爽弦图"巧妙地利用面积关系证明了勾股定理,是我国古代数学的骄傲. 如图所示的"赵爽弦图"是由四个全等的直角三角形和一个小正方形拼成一个大正方形. 设直角三角形较长直角边长为 a,较短直角边长为 b,若 $ab=24$,大正方形的面积为 129,求小正方形的边长.

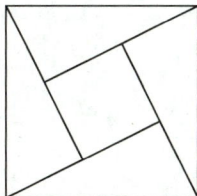

2. 已知二次函数 $y=2x^2+bx+1$(b 为常数),当 b 取不同的值时,其图象构成一个"抛物线系". 如图中的实线型抛物线分别是 b 取三个不同的值时二次函数的图象,它们的顶点在一条抛物线(图中的虚线型抛物线)上,求这条虚线型抛物线的解析式.

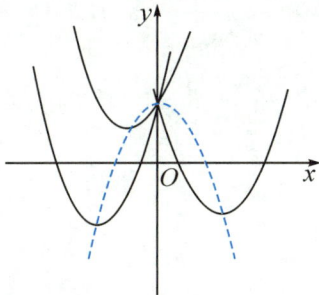

3. 如图,正方形 $ABCD$ 和 $\triangle EFG$ 重叠的部分是长方形 $HFID$,四边形 $AJFH$ 和 $FKCI$ 均为正方形.若长方形 $HFID$ 面积为 4,$EH=5$,$IG=1$,$EF=FG$,连结 HB,IB,求阴影部分的面积.

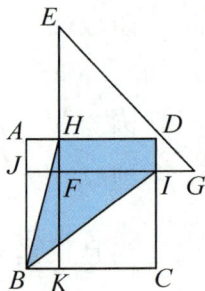

4. 已知实数 $ab\neq1$,且 $a^2+4a+2=0$,$2b^2+4b+1=0$,求:

$(1)a^2+\dfrac{1}{b^2}$;$(2)a^3+\dfrac{1}{b^3}$.

5. 已知 $x^2+y^2=20$,求 $\sqrt{11-x^2}+\sqrt{23-y^2}$ 的最大值.

扫码观看本方法配套视频讲解

2 定义法

引路人　杭州市余杭区中泰中学　朱先东

📖 方法介绍

　　定义法,是直接运用数学定义思考和解决问题的方法,是数学最直接、最基本的方法.定义根据来源主要分两种:一是教材的定义,这是最基本、最重要的;二是根据问题情境和解决问题的需要,为了描述特定的对象而给出的新的数学定义,人们常称之为自定义或新定义.

　　数学的定理、性质、法则和公式等都是基于定义和基本事实推演得到的,定义是解题的重要依据."回到定义上去"是数学思维和数学解题的重要特点.

📐 典例示范

例1　在 $\triangle ABC$ 中,$\angle BAC = 90°$,$AB = AC$,点 D 是 $\triangle ABC$ 外一点,且 $AD = AC$,求 $\angle BDC$ 的度数.

思路　由条件 $AB = AC$,$AD = AC$,联想到圆的定义,知 B,C,D 三点在以点 A 为圆心的圆上,结合圆周角定理,即可求解.由于 D 是一个动点,其位置可能在边 BC 所在直线的上方或者下方,因此需要分类讨论.

解答　因为 $AB = AC$,$AD = AC$,

所以 B,C,D 三点在以点 A 为圆心的圆上.

①当动点 D 在边 BC 所在直线的上方时,

如图1,则 $\angle BDC = \dfrac{1}{2}\angle BAC = 45°$.

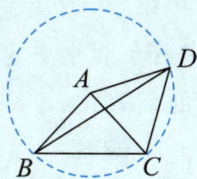

图1

②当动点 D 在边 BC 所在直线的下方时,

如图2,在 $\odot A$ 的优弧 BC 上任取一点 E,则

$\angle BEC = \dfrac{1}{2}\angle BAC = 45°$.

因为 $\angle BEC + \angle BDC = 180°$,所以 $\angle BDC = 135°$.

综上,$\angle BDC = 45°$ 或 $135°$.

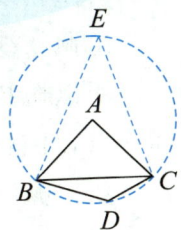

图2

> 　**反思**　本题也可以利用等腰三角形的性质、三角形内角和性质,通过计算求解,但不如利用圆的定义,通过构造辅助圆更直接,更能达到准确判断、灵活解题的目的.

　　例 2　定义:由两条与 x 轴有相同的交点,并且开口方向相同的抛物线所围成的封闭曲线称为"月牙线".

　　(1)抛物线 $y_1 = 2(x-1)(x-2)$ 与抛物线 $y_2 = x^2 - 3x + 2$ 是否围成"月牙线"? 说明理由.

　　(2)抛物线 $y_1 = \dfrac{1}{2}(x-1)^2 - 2$ 与抛物线 $y_2 = ax^2 + bx + c\left(a > \dfrac{1}{2}\right)$ 组成一个如图所示的"月牙线",与 x 轴有相同的交点 M, N(点 M 在点 N 的左侧),与 y 轴的交点分别为点 A, B.

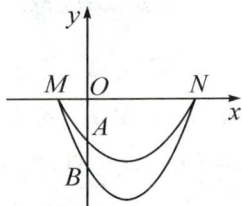

　　①求 $a : b : c$ 的值.

　　②已知点 $P(x_0, m)$ 和点 $Q(x_0, n)$ 在"月牙线"上,$m > n$,且 $m - n$ 的值始终不大于 2,求线段 AB 的取值范围.

　　思路　(1)依据"月牙线"的定义直接判断,关键看是否满足定义的两个条件:①与 x 轴交点相同;②开口方向相同.

　　(2)①因为抛物线 y_1 与抛物线 y_2 组成"月牙线",根据"月牙线"定义,则它们与 x 轴交点相同且开口方向相同,由此可得到 a, b, c 的关系.

　　②因为点 A 是固定点,所以 AB 的长度是由点 B 的位置决定的,且当抛物线 y_2 的顶点越低,AB 的距离越大.由条件"$m - n$ 的值始终不大于 2",发现"两条抛物线顶点纵坐标之差不大于 2",这样就把问题转化为求顶点纵坐标的问题.

　　解答　(1)抛物线 $y_1 = 2(x-1)(x-2)$ 与抛物线 $y_2 = x^2 - 3x + 2$ 围成"月牙线".理由如下:

　　由抛物线 $y_1 = 2(x-1)(x-2)$,求得图象与 x 轴的交点为 $(1, 0)$ 和 $(2, 0)$,

　　由抛物线 $y_2 = x^2 - 3x + 2$,求得图象与 x 轴交点为 $(1, 0)$ 和 $(2, 0)$,

　　所以抛物线 $y_1 = 2(x-1)(x-2)$ 与抛物线 $y_2 = x^2 - 3x + 2$ 与 x 轴有相同的交点,且它们开口方向相同,

　　所以抛物线 $y_1 = 2(x-1)(x-2)$ 与抛物线 $y_2 = x^2 - 3x + 2$ 围成"月牙线".

　　(2)①由抛物线 $y_1 = \dfrac{1}{2}(x-1)^2 - 2$,求得图象与 x 轴交点坐标为 $(3, 0)$ 和

$(-1,0)$.

把$(3,0)$和$(-1,0)$代入$y_2=ax^2+bx+c$,解得$b=-2a$,$c=-3a$,

所以$a:b:c=a:(-2a):(-3a)=1:(-2):(-3)$.

②由$y_2=ax^2-2ax-3a=a(x-1)^2-4a$得顶点坐标为$(1,-4a)$.

因为两条抛物线的对称轴都为直线$x=1$,且$m-n$的值始终不大于2,

所以两条抛物线顶点纵坐标之差不大于2,即$-2-(-4a)\leqslant 2$,解得$a\leqslant 1$,

所以$\dfrac{1}{2}<a\leqslant 1$.

由$y_1=\dfrac{1}{2}(x-1)^2-2$得$A\left(0,-\dfrac{3}{2}\right)$,由$y_2=ax^2-2ax-3a$得$B(0,-3a)$,

所以$AB=-\dfrac{3}{2}-(-3a)=3a-\dfrac{3}{2}$.

因为$\dfrac{1}{2}<a\leqslant 1$,所以$0<3a-\dfrac{3}{2}\leqslant\dfrac{3}{2}$,所以线段$AB$的取值范围是$0<AB\leqslant\dfrac{3}{2}$.

反思　解决新定义问题,关键要把握好以下两点:一是通过阅读,准确地理解新定义;二是基于新定义进行思考、推理,用好新定义.

例3　如图1,在$\triangle ABC$中,点E,F分别在AB,AC边上(不与点A,B重合),若线段EF恰好经过$\triangle ABC$的重心G点,且$\dfrac{AE}{AB}=\dfrac{3}{4}$,求$\dfrac{S_{\triangle AEF}}{S_{\triangle ABC}}$的值.

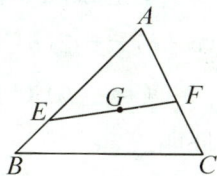

图1

思路　因为点G是$\triangle ABC$的重心,从重心定义出发联想到三角形的中线和线段的比值,以及三角形的面积及其关系.

解答　方法1:连结AG并延长交BC于点D(如图2).

因为点G为$\triangle ABC$的重心,

所以$BD=CD$,$S_{\triangle ABD}=S_{\triangle ACD}$,$\dfrac{AG}{AD}=\dfrac{2}{3}$.

过点E作$EH\perp AD$,垂足为点H,

则$S_{\triangle AEG}=\dfrac{1}{2}AG\cdot EH=\dfrac{1}{2}AG\cdot AE\cdot\sin\angle EAG$.

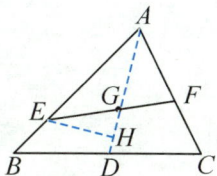

图2

同理,$S_{\triangle ABD}=\dfrac{1}{2}AD\cdot AB\cdot\sin\angle BAD$,所以$\dfrac{S_{\triangle AEG}}{S_{\triangle ABD}}=\dfrac{AE\cdot AG}{AB\cdot AD}=\dfrac{3}{4}\times\dfrac{2}{3}=\dfrac{1}{2}$.

设$\dfrac{AF}{AC}=a$,同理可得$\dfrac{S_{\triangle AFG}}{S_{\triangle ACD}}=\dfrac{AF\cdot AG}{AC\cdot AD}=\dfrac{2}{3}a$,$\dfrac{S_{\triangle AEF}}{S_{\triangle ABC}}=\dfrac{AE\cdot AF}{AB\cdot AC}=\dfrac{3}{4}a$.

又因为 $\dfrac{S_{\triangle AEF}}{S_{\triangle ABC}}=\dfrac{S_{\triangle AEG}+S_{\triangle AFG}}{2S_{\triangle ABD}}=\dfrac{S_{\triangle AEG}}{2S_{\triangle ABD}}+\dfrac{S_{\triangle AFG}}{2S_{\triangle ACD}}=\dfrac{1}{4}+\dfrac{1}{3}a.$

所以 $\dfrac{1}{4}+\dfrac{1}{3}a=\dfrac{3}{4}a$，解得 $a=\dfrac{3}{5}$，

所以 $\dfrac{S_{\triangle AEF}}{S_{\triangle ABC}}=\dfrac{3}{4}a=\dfrac{3}{4}\times\dfrac{3}{5}=\dfrac{9}{20}.$

方法 2（提示）：连结 AG 并延长交 BC 于点 D，过点 G 作 $MN\parallel BC$，分别交 AB，AC 于点 M，N（如图 3），求得 $AF=\dfrac{9}{10}AN=\dfrac{9}{10}\times\dfrac{2}{3}AC=\dfrac{3}{5}AC.$

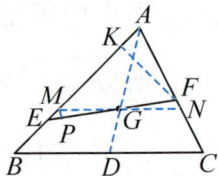

图 3

所以 $\dfrac{S_{\triangle AEF}}{S_{\triangle ABC}}=\dfrac{AE\cdot AF}{AB\cdot AC}=\dfrac{3}{4}\times\dfrac{3}{5}=\dfrac{9}{20}.$

反思　如果在题目中出现了与解题有关的概念，就是"回到定义上去"的最好提示.

巩固练习

1. 已知 a,b,c 是 $\triangle ABC$ 的三条边长，若 $x=-1$ 为关于 x 的一元二次方程 $(c-b)x^2-2(b-a)x+(a-b)=0$ 的根.

（1）$\triangle ABC$ 是等腰三角形吗？$\triangle ABC$ 是正三角形吗？请写出你的结论并证明.

（2）若代数式 $\sqrt{a-2}+\sqrt{2-a}$ 有意义，且 b 为方程 $y^2-8y+15=0$ 的根，求 $\triangle ABC$ 的周长.

2. 已知一个二次函数 $y=a(x-m)^2+k(a\neq0)$ 的图象存在一点 $P(x',y')$，使得 $x'-m=y'-k\neq0$，则称 $2|x'-m|$ 为该抛物线的"开口大小"，那么抛物线 $y=-\dfrac{1}{2}x^2+\dfrac{1}{3}x+3$ 的"开口大小"为 _____.

3. 如图,用纸折出黄金分割点:裁一张正方形的纸片 $ABCD$,先折出 BC 的中点 E,再折出线段 AE,然后通过折叠使 EB 落到线段 EA 上,折出点 B 的新位置 B',因而 $EB'=EB$.类似地,在 AB 上折出点 B'',使 $AB''=AB'$.这时 B'' 就是 AB 的黄金分割点.请你证明这个结论.

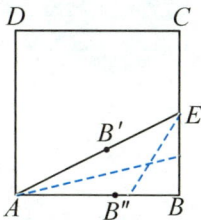

4. 如图,在锐角 $\triangle ABC$ 中,点 I 为 $\triangle ABC$ 的内心,$BA=BC=5$,$\sin\angle BAC=\dfrac{4}{5}$.求 AI 的长.

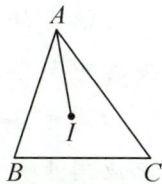

5. 定义:有一组邻边相等且对角互补的四边形叫做等补四边形.如图1,在四边形 $ABCD$ 中,$AD=CD$,$\angle BAD+\angle BCD=180°$,则四边形 $ABCD$ 是一个等补四边形.

(1)在数学活动课上,敏敏小组对等补四边形 $ABCD$ 进一步探究,发现 BD 平分 $\angle ABC$.请你证明敏敏小组发现的结论.

(2)如图2,在平面直角坐标系中,点 A,B 在 x 轴上,以 AB 为直径的 $\odot M$ 交 y 轴于点 C,D,P 为 $\overset{\frown}{BC}$ 上一动点(不与点 B,C 重合).

①求证:四边形 $ACPD$ 始终是一个等补四边形.

②在图2中,若点 $A(-1,0)$,$B(3,0)$,连结 PA,PB,$\dfrac{PD^2-PC^2}{PA \cdot PB}$ 的值是否会随着点 P 的移动而变化?若不变化,请求出该定值;若变化,请说明理由.

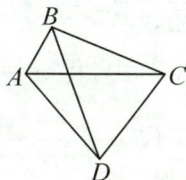
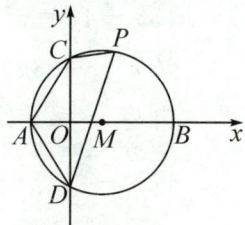

图1   图2

3 消元法

引路人　萧山区文渊实验初级中学　徐淑婷

方法介绍

消元法,是由一些未知数间的已知等量关系,通过有限次的恒等变形,消去其中某些未知数,得到另一些相关未知数间的等量关系的数学方法.

消元法在解方程组、条件代数式的求值、求最值或证明不等关系等问题中应用十分广泛.消元的常用方法有两种:一是代入消元法;二是加减消元法.

典例示范

例1 已知 $\begin{cases} 3x-4y-z=0, \\ 2x+y-8z=0, \end{cases}$ 求 $\dfrac{x^2+y^2+z^2}{xy+yz+2zx}$ 的值.

思路 方程组含有三个未知数,可以将其中一个未知数 z 当作已知数进行计算.这样可以将方程组转化为 $\begin{cases} 3x-4y=z, \\ 2x+y=8z, \end{cases}$ 解得 $\begin{cases} x=3z, \\ y=2z, \end{cases}$ 然后将其代入 $\dfrac{x^2+y^2+z^2}{xy+yz+2zx}$ 中化简求值.

解答 将 z 看成已知数,得

$\begin{cases} 3x-4y=z & ① \\ 2x+y=8z & ② \end{cases}$ 由①式解得 $x=\dfrac{1}{3}z+\dfrac{4}{3}y$,代入②式,得 $y=2z$,

再将 $y=2z$ 代入①式,得 $x=3z$,

将 $y=2z$,$x=3z$ 代入 $\dfrac{x^2+y^2+z^2}{xy+yz+2zx}$,得

$$\frac{9z^2+4z^2+z^2}{6z^2+2z^2+6z^2}=\frac{14z^2}{14z^2}=1,$$

所以 $\dfrac{x^2+y^2+z^2}{xy+yz+2zx}$ 的值为1.

> **反思** 该方程组含有两个方程、三个未知数,解题过程中需要将其中一个未知数当作常数处理,转化为一个二元一次方程组,从而减少未知数个数.消元法是化复杂为简单、化未知为已知、化陌生为熟悉的常用方法.

例2 已知 $a+\dfrac{1}{b}=1$,$b+\dfrac{2}{c}=1$,则 $c+\dfrac{2}{a}=$ _____.

思路 由于本题条件中的两个方程含有三个未知数,因此求不出每个未知数的值.但可以通过已知的两个方程,将 a,c 用 b 表示,再代入代数式 $c+\dfrac{2}{a}$ 中,将其转化成只含 b 的两个分式相加,从而得到结果.

解答 因为 $a=1-\dfrac{1}{b}=\dfrac{b-1}{b}$,所以 $\dfrac{1}{a}=\dfrac{b}{b-1}$,因此 $\dfrac{2}{a}=\dfrac{2b}{b-1}$.

因为 $\dfrac{2}{c}=1-b$,所以 $\dfrac{c}{2}=\dfrac{1}{1-b}$,因此 $c=\dfrac{2}{1-b}$,

所以 $c+\dfrac{2}{a}=\dfrac{2}{1-b}+\dfrac{2b}{b-1}=\dfrac{2-2b}{1-b}=2$.

> **反思** 在许多情况下,含一个未知数的问题比含两个未知数的问题简单,含两个未知数的问题比含三个未知数的问题简单,因此求解时常常利用所给条件消去一些未知数来化繁为简.

例3 在直角坐标系中,设函数 $y=ax^2+bx-3a$(a,b 是常数,$a\neq0$)的图象过点 $(1,1)$,若该函数图象的顶点在第二象限,当 $a<b$ 时,求 $a+2b$ 的取值范围.

思路 运用二次函数知识得到 a 的取值范围,利用 $b=2a+1$,将 $a+2b$ 转化成只含一个字母的代数式 $5a+2$,然后利用一次函数的增减性求出相应的取值范围.

解答 由 $y=ax^2+bx-3a$ 图象过点 $(1,1)$,得 $b=2a+1$.

当 $a<b$ 时,即 $a<2a+1$,则 $a>-1$.

因为函数图象的顶点在第二象限,

所以 $-\dfrac{b}{2a}=-\dfrac{2a+1}{2a}<0$,

$\dfrac{4ac-b^2}{4a}=\dfrac{4a\cdot(-3a)-b^2}{4a}>0$,即 $\dfrac{(2a+1)^2+12a^2}{4a}<0$.

易知 $(2a+1)^2+12a^2>0$,所以 $a<0$,

所以 $2a+1<0$,解得 $a<-\dfrac{1}{2}$,

所以 $-1<a<-\dfrac{1}{2}$,

因为 $a+2b=5a+2$,$-3<5a+2<-\dfrac{1}{2}$,

所以 $-3<a+2b<-\dfrac{1}{2}$.

> **反思**　对于含有多个未知数的问题,要善于利用隐含条件建立未知数与未知数之间的联系,进而通过消去一些未知数来化简问题.

巩固练习

1. 已知 $\dfrac{a}{6}=\dfrac{b}{5}=\dfrac{c}{4}$,且 $a+b-2c=6$,则 a 的值为 _____.

2. 实数 x,y,z 满足 $x=6-y$,$z^2=xy-9$,则 $x^2-\dfrac{2}{3}xy$ 的值是 _____.

3. 已知实数 a,b 满足 $a-b+1=0$,$0<a+b+1<1$,则下列判断正确的是 (　　)

A. $-\dfrac{1}{2}<a<0$ B. $\dfrac{1}{2}<b<1$

C. $-2<2a+4b<1$ D. $-1<4a+2b<0$

4. 已知点 $A(m,n)$ 在函数 $y=(x-k)^2+k(k\neq0)$ 的图象上,也在函数 $y=(x+k)^2-k$ 的图象上,求 $m+n$ 的最小整数值.

5. 已知实数 x,s,t 满足 $8x+9t=s$,且 $x>-s$,求 $\dfrac{x^2+(s+t)x+st+1}{x+t}$ 的最小值.

扫码观看本方法配套视频讲解

4 换元法

引路人　杭州市临平区信达外国语学校　王　俊

方法介绍

换元法,是在数学解题过程中引入一个或几个新的变量代替原有变量,求出结果后通过回代求出原变量的方法.

换元法的本质是等量代换,其目的是化繁为简、化难为易、化生为熟,进而使原本非标准型数学问题标准化,便于问题的解决.换元法在代数式化简、因式分解、解方程、证明不等式等方面有着广泛的应用.

典例示范

例 1　解方程组:$\begin{cases} \dfrac{1}{x+y} - \dfrac{1}{x-y} = 2, \\ \dfrac{1}{x+y} + \dfrac{1}{x-y} = 4. \end{cases}$

思路　此方程组是由两个分式方程构成,若用"去分母法"进行求解,则会出现关于 x,y 的二元二次方程,使题目变得异常复杂.通过观察发现,两个分式方程中都存在 $\dfrac{1}{x+y}, \dfrac{1}{x-y}$,因此考虑借助整体换元思想,把分式方程化为整式方程进行求解.

解答　设 $a = \dfrac{1}{x+y}, b = \dfrac{1}{x-y}$,

则原方程组化为 $\begin{cases} a-b=2, \\ a+b=4, \end{cases}$ 解得 $\begin{cases} a=3, \\ b=1, \end{cases}$

所以 $\begin{cases} \dfrac{1}{x+y}=3, \\ \dfrac{1}{x-y}=1, \end{cases}$ 即 $\begin{cases} x+y=\dfrac{1}{3}, \\ x-y=1, \end{cases}$ 解得 $\begin{cases} x=\dfrac{2}{3}, \\ y=-\dfrac{1}{3}. \end{cases}$

反思 换元的实质是转化,通过换元将分式方程转化为整式方程,使问题变得简单易解.利用换元法解题的一般步骤:①设新元,即根据问题的特点或关系,引进适当的辅助元;②换元,即用新元代替原问题中的式子;③求解新元;④回代得解,即将求出的新元代回到所设的换元式,求出原问题中的未知数.

例 2 已知方程 $7x^2+11x-8=0$,求一个一元二次方程,使它的根分别是已知方程根的倒数.

思路 本题可以用求根公式解出两根 x_1,x_2,再对根取倒数,得到 $\dfrac{1}{x_1},\dfrac{1}{x_2}$ 后结合韦达定理求得新方程.然而,这种方法在计算上较为烦琐,且容易引发错误.根据所求方程的根与原方程的根互为倒数关系,考虑将原方程的根用新方程的根来表示,即对方程的根进行换元,就能化难为易、化繁为简.

解答 设方程 $7x^2+11x-8=0$ 的根为 x,所求新方程的根为 y,

由题意可得 $y=\dfrac{1}{x}$,变形得 $x=\dfrac{1}{y}$.

把 $x=\dfrac{1}{y}$ 代入原方程 $7x^2+11x-8=0$,得 $7\left(\dfrac{1}{y}\right)^2+11\left(\dfrac{1}{y}\right)-8=0$,

化简得 $7+11y-8y^2=0$,

所以所求的新方程为 $8y^2-11y-7=0$.

反思 本题的解法具有一定的开放性,既可以直接求根,也可以抓住根的定义与关系运用换元法求解.我们把这种利用方程根的代换求新方程的方法称为换根法,换根法的本质是换元转化.通过换根法求解,可以大大减少解方程的计算量.

例 3 已知 a,b,c 为正实数,且 $a+b+c=1$,求 $\sqrt{3a+1}+\sqrt{3b+1}+\sqrt{3c+1}$ 的最大值.

思路 求解代数式的最值问题,一般会采用不等式或构造函数.若本题采用构造函数法,则需要通过消元把 a,b,c 化为一个未知数,困难较大.若直接采用不等式,对题目中的无理式又无从下手.通过观察分析,题中的三个变量具有轮换性,因此考虑对三个二次根式进行局部换元,将无理式化为有理式,结合不等式 $2xy\leqslant x^2+y^2$ 进行求解.

解答 设 $x=\sqrt{3a+1}$，$y=\sqrt{3b+1}$，$z=\sqrt{3c+1}$，则

$a=\dfrac{x^2-1}{3}$，$b=\dfrac{y^2-1}{3}$，$c=\dfrac{z^2-1}{3}$.

由 $a+b+c=1$ 得 $\dfrac{x^2-1}{3}+\dfrac{y^2-1}{3}+\dfrac{z^2-1}{3}=1$，化简得 $x^2+y^2+z^2=6$.

又因为 $(x-y)^2=x^2-2xy+y^2\geqslant0$，

所以 $x^2+y^2\geqslant2xy$，当且仅当 $x=y$ 时，等号成立.

所以 $(x+y+z)^2=x^2+y^2+z^2+2xy+2yz+2zx$

$\leqslant x^2+y^2+z^2+x^2+y^2+y^2+z^2+x^2+z^2$

$=3x^2+3y^2+3z^2=18$，

当且仅当 $x=y=z=\sqrt{2}$ 时，等号成立.

所以 $x+y+z\leqslant3\sqrt{2}$，

即 $\sqrt{3a+1}+\sqrt{3b+1}+\sqrt{3c+1}$ 的最大值为 $3\sqrt{2}$.

反思 在一定条件背景下，当目标式中出现形如 $\sqrt{u(x)}+\sqrt{u(y)}+\sqrt{u(z)}$ 的多元根式和时，我们可用局部换元进行求解，即 $a=\sqrt{u(x)}$，$b=\sqrt{u(y)}$，$c=\sqrt{u(z)}$，这样就将关于 x,y,z 的无理式问题转化为关于 a,b,c 的有理式问题，结合题设条件，进一步利用各类不等式，使问题获解. 本题可以与"公式法"例 3 的方法与结论互相参照.

巩固练习

1. 解方程组：$\begin{cases} \dfrac{a+b}{6}+\dfrac{a-b}{10}=3, \\ \dfrac{a+b}{6}-\dfrac{a-b}{10}=1. \end{cases}$

2. 因式分解：$(x^2-4x)^2-2(x^2-4x)-15$.

3. 已知方程 $2x^2-4x+1=0$，求一个一元二次方程，使它的根分别是已知方程根的 2 倍.

4. 已知 $A=\dfrac{2^{11}+1}{2^{22}+1}$，$B=\dfrac{2^{22}+1}{2^{33}+1}$，比较 A,B 这两个数的大小.

5. 已知实数 x,y 满足 $(x-\sqrt{x^2-2024})(y-\sqrt{y^2-2024})=2024$，求 x^2+y^2 的值.

扫码观看本方法配套视频讲解

5 配方法

引路人　浙江省杭州市余杭区太炎中学　刘　静

方法介绍

配方法,是借助公式 $a^2 \pm 2ab + b^2 = (a \pm b)^2$ 将代数式整体或局部变形成平方的形式解决问题的方法.

配方通常有两个作用:一是通过配方明晰代数式的结构特征;二是利用平方数的非负性进行推理或求值.配方法常用于求代数式的值或代数式的最值,解一元二次方程和未知数个数多于方程个数的方程(或方程组),化简二次根式,比较大小,证明不等式,探究二次函数性质等.

典例示范

例 1　已知 $4x^2 + y^2 - 12x + 16y + 73 = 0$,求代数式 $x - y$ 的值.

思路　此方程含有两个未知数,无法按常规的方法求解.分析条件发现,其左边可以写成两个完全平方式的和,利用平方数的非负性转化即可求.

解答　因为 $4x^2 + y^2 - 12x + 16y + 73 = 0$,

所以 $(4x^2 - 12x + 9) + (y^2 + 16y + 64) = 0$,

因此 $(2x - 3)^2 + (y + 8)^2 = 0$.

因为 $(2x - 3)^2 \geqslant 0$,$(y + 8)^2 \geqslant 0$,

所以 $\begin{cases} 2x - 3 = 0, \\ y + 8 = 0, \end{cases}$ 故 $\begin{cases} x = \dfrac{3}{2}, \\ y = -8. \end{cases}$

所以 $x - y = \dfrac{3}{2} - (-8) = \dfrac{19}{2}$.

反思　准确把握条件的特点,通过配方、利用平方数的非负性,使一个方程发挥两个方程的作用是求解的关键.

例 2　已知实数 a,b 满足 $a^2-b=1$．求代数式 $\dfrac{1}{2}b^2-a^2+\dfrac{2}{3}b+\dfrac{20}{9}$ 的最小值．

　　思路　所求代数式的值随 a,b 的取值变化而变化，根据 a,b 之间存在的关系可将其消元．因平方式有最小值 0，故可将其配方成平方式加常数的形式求解．

　　解答　由 $a^2-b=1$ 得 $a^2=b+1$．

将 $a^2=b+1$ 代入 $\dfrac{1}{2}b^2-a^2+\dfrac{2}{3}b+\dfrac{20}{9}$，得

$$\dfrac{1}{2}b^2-(b+1)+\dfrac{2}{3}b+\dfrac{20}{9}$$

$$=\dfrac{1}{2}b^2-\dfrac{1}{3}b+\dfrac{11}{9}$$

$$=\dfrac{1}{2}\left(b-\dfrac{1}{3}\right)^2+\dfrac{7}{6}.$$

因为 $a^2=b+1\geqslant 0$，

所以 $b\geqslant -1$．

所以当 $b=\dfrac{1}{3}$ 时，$\dfrac{1}{2}b^2-a^2+\dfrac{2}{3}b+\dfrac{20}{9}$ 有最小值，最小值为 $\dfrac{7}{6}$．

　　反思　求最值时常用配方法将代数式的结构变形，再利用平方式的非负性，结合未知数的取值范围求解．

例 3　(1) 求 $x^2+\dfrac{1}{x^2}$ (x 为实数) 的最小值．

(2) 求 $x+\dfrac{2}{x-1}$ ($x>1$) 的最小值．

　　思路　第 (1) 题中所求代数式是两式的平方和，将其配上 2 或 -2 就变形成平方加常数的形式，即可求解．第 (2) 题可将代数式看成两个无理式的平方和进行尝试．但配上 $\pm 2\sqrt{x}\cdot\sqrt{\dfrac{2}{x-1}}$，无法获得最值，故添项 "$-1$"，最终变形成平方加常数形式．

　　解答　(1) 因为 $x^2+\dfrac{1}{x^2}=\left(x-\dfrac{1}{x}\right)^2+2\geqslant 2$，

所以当 $x=\dfrac{1}{x}$，即 $x=\pm 1$ 时，$x^2+\dfrac{1}{x^2}$ 有最小值，且最小值是 2．

（2）因为 $x+\dfrac{2}{x-1}=(x-1)+\dfrac{2}{x-1}+1=\left(\sqrt{x-1}-\sqrt{\dfrac{2}{x-1}}\right)^{2}+2\sqrt{2}+1$，

所以当 $\sqrt{x-1}=\sqrt{\dfrac{2}{x-1}}$，即 $x=1+\sqrt{2}$ 时，$x+\dfrac{2}{x-1}$ 有最小值，最小值

是 $2\sqrt{2}+1$.

反思 第（1）题还可配方成 $x^{2}+\dfrac{1}{x^{2}}=\left(x+\dfrac{1}{x}\right)^{2}-2$，但此时不存在实数

x 使 $x+\dfrac{1}{x}=0$，故求最值需关注未知数本身的取值. 与例 2 不同的是，本题涉及分式，配上中间项恰为常数. 这里使用配方法的关键是使含有变量的项成为一个能够取到 0 的平方式.

巩固练习

1. 已知 $x^{2}-5x+1=0$，则代数式 $x^{2}+\dfrac{1}{x^{2}}$ 的值为 _____.

2. 已知 a,b,c 分别是三角形的三边长，且 $a^{2}+b^{2}+c^{2}=ab+bc+ac$，判断该三角形的形状.

3. 已知 $a=m^{2}+6mn$，$b=-9n^{2}+4m+12n-4$，且 $a\leqslant b$，求 $2024-\dfrac{m}{3}-n$ 的值.

4. 已知代数式 $(x^2+1)(y^2+1)-8xy+10$，求当 x,y 为何值时该代数式有最小值. 最小值是多少？

5. 已知：如图，点 D,E,F 分别在 $\triangle ABC$ 的三边上，且 $\dfrac{AD}{DB}=\dfrac{AF}{FC}$. 连结 AE,DE,FE. 若 $\triangle DBE$ 和 $\triangle AEF$ 的面积分别是 3 和 5，求 $\triangle ABC$ 面积的最小值.

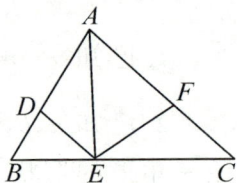

6 待定系数法

引路人　杭州市十三中教育集团(总校)　丁新宇

方法介绍

待定系数法,是当所求的表达式(代数式)具有某种确定的形式时,通过设尚待确定的系数来表示这个表达式(代数式),再根据条件列方程(组),求出这些系数,进而确定表达式(代数式)的方法.

待定系数法是运用方程思想解决问题.求待定系数的常用方法有系数比较法和赋值法.待定系数法在代数式变形如多项式的因式分解、化分式为部分分式,以及求函数表达式、解方程等方面有广泛的应用.

典例示范

例 1　已知关于 x 的多项式 x^2+mx+5 有一个因式 $x+1$,求常数 m 的值.

思路　由于所给多项式及其因式分解后的形式确定,但具体结果不确定,故可用待定系数法求解.

解答　因为 x^2+mx+5 有一个因式 $x+1$,

设 $x^2+mx+5=(x+1)(x+a)$　（＊）,

整理得 $x^2+mx+5=x^2+(a+1)x+a$.

由对应项系数相等,可得 $\begin{cases} a+1=m, \\ a=5, \end{cases}$ 即 $m=6$.

反思　由本题可归纳得到用待定系数法解题的一般步骤:先设含待定系数的表达式,再列方程(组),求出待定系数,最后写出所求的表达式.具体到如何找等量关系列方程,本题还可以用赋值法.例如,把 $x=-1$ 代入(＊)式,得到关于 m 的方程,即可求得 m 的值.另外,还可根据次数和系数特征,直接猜测另一因式并验算.

例2 小聪同学在翻阅笔记时,发现以下不完整的等式:$\sqrt{\underline{\quad}-2\sqrt{6}}$ $=\sqrt{\underline{\quad}}-\sqrt{\underline{\quad}}$.小聪记得三个空格分别为一个正整数.你能帮助小聪把原题的数据补全吗?

思路 等式的结构确定,可以引入待定系数表示空缺的正整数,等式两边平方后,由对应的有理数和无理数分别相等列方程组,结合自然数的性质求得相应系数的值.

解答 将空缺的正整数分别记为 a,x,y,原式可写为 $\sqrt{a-2\sqrt{6}}=\sqrt{x}-\sqrt{y}$,

左右两边平方,得 $a-2\sqrt{6}=x+y-2\sqrt{xy}$.

由题意可得 $\begin{cases} x+y=a, \\ xy=6. \end{cases}$ 且正整数 $x>y>0$,

得 $\begin{cases} x=6, \\ y=1, \\ a=7; \end{cases}$ 或 $\begin{cases} x=3, \\ y=2, \\ a=5. \end{cases}$ 故原题应为 $\sqrt{7-2\sqrt{6}}=\sqrt{6}-\sqrt{1}$ 或 $\sqrt{5-2\sqrt{6}}=\sqrt{3}-\sqrt{2}$.

反思 二重二次根式的化简通常可设结果为 $\sqrt{x}\pm\sqrt{y}$ 的形式,再求相关系数的值.

例3 已知抛物线经过点 $M(4+x,y_1),N(4-x,y_2)$,对任意实数 x 都有 $y_1=y_2$.抛物线与 x 轴交于 A,B 两点,$AB=6$,$P(x,y)$ 是抛物线上的动点,若恰好有三个不同的 x 值,使得 $\triangle ABP$ 的面积为 24,求抛物线的函数表达式.

思路 用待定系数法求函数表达式,通常要先求某些点的坐标.由于对任意实数 x 都有 $y_1=y_2$,可得到对称轴,从而求出 A,B 两点的坐标;再由题意求出顶点的坐标即可.

解答 由题意,抛物线的对称轴为直线 $x=4$,

又 $AB=6$,可得抛物线与 x 轴的交点坐标为 $(1,0)$ 和 $(7,0)$,

设抛物线的函数表达式为 $y=a(x-1)(x-7)$.

因为恰好有三个不同的 x 值使得 $\triangle ABP$ 的面积为 24,

所以顶点纵坐标为 ±8,即顶点的坐标为 $(4,8)$ 或 $(4,-8)$.

把顶点的坐标代入表达式,解得 $a=\pm\dfrac{8}{9}$.

因此 $y=\dfrac{8}{9}(x-1)(x-7)$ 或 $y=-\dfrac{8}{9}(x-1)(x-7)$.

反思　用待定系数法求函数表达式时,可以与函数的图象性质相结合,根据条件,从二次函数的一般式、顶点式、交点式中选取合理的表达式,减少待定系数的个数,简化求解过程.

巩固练习

1. 已知多项式乘积 $(x^2+px+q)(x^2-3x+q)$ 的结果中不含有 x^2 和 x^3 项,则 $p=$ _____,$q=$ _____.

2. 已知 $\dfrac{-x+2}{x(x+2)}=\dfrac{A}{x}+\dfrac{B}{x+2}$,其中 A,B 为常数,则 $A=$ _____,$B=$ _____.

3. 已知二次函数 $y=ax^2+bx+c$,当 $x=0$ 时,$y=1$,对于函数图象上的两点 $A(x,y_1),B(x+1,y_2)$,均有 $y_2-y_1=2x$,求二次函数的表达式.

4. (一元三次方程的韦达定理)已知 x_1,x_2,x_3 是方程 $ax^3+bx^2+cx+d=0$(a,b,c,d 为常数,且 $a\neq0$)的根,分别求 $x_1+x_2+x_3$,$x_1x_2+x_2x_3+x_1x_3$,$x_1x_2x_3$ 的值(用 a,b,c,d 表示).

5. 已知 x^3+px+q 能被 $(x-a)^2$ 整除,求证:$4p^3+27q^2=0$.

因式分解

引路人　萧山区文渊实验初级中学　蔡承晟

方法介绍

　　因式分解,就是把一个多项式化成几个整式的积的形式,实质是一种恒等变形.我们往往可以通过将一个代数式化和为积来解决问题.

　　因式分解作为一种思想方法,主要在代数式的变形、解方程等方面有广泛应用.

典例示范

例 1　求值:$\dfrac{2024^3-2\times2024^2-2022}{2024^3+2024^2-2025}$.

　　思路　本题的难点是涉及的数较大,但是观察可以发现这些较大的数都接近 2024.若设 $x=2024$,则本题就转化为先化简含 x 的分式,再求值.

　　解答　设 $x=2024$,则

$$原式=\frac{x^3-2x^2-(x-2)}{x^3+x^2-(x+1)}=\frac{x^2(x-2)-(x-2)}{x^2(x+1)-(x+1)}=\frac{(x-2)(x^2-1)}{(x+1)(x^2-1)}=\frac{x-2}{x+1}=\frac{2022}{2025}.$$

　　反思　当题目中出现重复且较大的数时,我们可以考虑通过设元转化成代数式后进行化简.在分式化简时,需要对分子、分母先进行因式分解,再约分.

　　例 2　求方程 $x^2-xy-5x+5y=1$ 的整数解.

　　思路　和一般的解方程相比,本题的特殊之处为一个方程含有两个未知数,且所求的是方程的整数解.观察发现,可以将等式的左边因式分解.这样方程可变为几个因式的积等于 1 的形式,然后根据整数的性质求解.

　　解答　因为 $x^2-xy-5x+5y=1$,

　　即 $x(x-y)-5(x-y)=1$,

$(x-5)(x-y)=1$,

由于 x,y 为整数,则 $x-5$ 为整数,$x-y$ 为整数,

所以 $\begin{cases} x-5=1, \\ x-y=1 \end{cases}$ 或 $\begin{cases} x-5=-1, \\ x-y=-1, \end{cases}$

解得 $\begin{cases} x=6, \\ y=5 \end{cases}$ 或 $\begin{cases} x=4, \\ y=5. \end{cases}$

反思 在求方程的整数解时,由于整数的因数个数是有限的,我们一般采用因式分解,将方程变形为几个因式的乘积等于一个整数的形式,然后求出方程的整数解.

例 3 已知二次函数 $y=x^2+ax+a$(a 为常数,$a\neq 0$).设 $M(x_1,y_1)$,$N(x_2,y_2)$ 是该函数图象上的两点,其中 $x_1<x_2$,当 $x_1+x_2>4$ 时,都有 $y_1<y_2$,求 a 的取值范围.

思路 由 $y_1<y_2$ 可以想到利用作差法解题,将该条件转化为 $y_1-y_2<0$,而 y_1,y_2 分别可以用含 x_1,x_2 的代数式表示,再对代数式进行因式分解.

解答 由题意得 $y_1=x_1^2+ax_1+a,y_2=x_2^2+ax_2+a$,

$y_1-y_2=x_1^2+ax_1+a-x_2^2-ax_2-a$,

$=x_1^2-x_2^2+ax_1-ax_2$

$=(x_1-x_2)(x_1+x_2+a)$,

因为 $x_1<x_2$,

所以 $x_1-x_2<0$,

又因为 $y_1-y_2<0$,

所以 $x_1+x_2+a>0$,$x_1+x_2>-a$,

因为 $x_1+x_2>4$,

故 $a\geqslant-4$ 且 $a\neq 0$.

反思 当我们知道几个代数式值的正负时,比较难确定其和的正负,但是比较容易确定其积的正负,所以,通过因式分解化和为积更容易判断代数式的正负.

✐ **巩固练习**

1. 化简：$\dfrac{a}{2-2a}+\dfrac{1}{1+a}-\dfrac{1}{1-a^2}$.

2. 已知 $M=\dfrac{2}{9}a-1$，$N=a^2-\dfrac{7}{9}a-\dfrac{3}{4}$，则 M 与 N 的大小关系是 _____．

3. 在平面直角坐标系中，设二次函数 $y_1=x^2+bx+a$，$y_2=ax^2+bx+1$（a,b 是实数，$a\neq0$）．设函数 y_1 和函数 y_2 的最小值分别为 m 和 n，若 $m+n=0$，求 m 和 n 的值．

4. 求证：对于任何正整数 n，$3^{n+2}-2^{n+2}+3^n-2^n$ 都能被 10 整除．

5. 求方程 $xy-3x+3y=10$ 的整数解．

平方法

引路人　宁波市江北区外国语艺术学校　李　杰

方法介绍

平方法,是运用乘法公式、绝对值、二次根式等知识将特定结构的代数式进行平方变形,凸显条件与问题的依存与隐藏关系,简化代数式结构,助力问题解决的方法.

平方法是恒等变形的一种方式,能引发代数式结构的改变,为运用公式法、消元法、整体换元等数学思想方法解决问题创造条件.该方法作为代数的重要工具,需严谨地进行代数推理,并合理关注隐含条件,如等量关系及未知数的取值范围.

典例示范

(一)化无理为有理,运用平方法解构

例 1　证明:$\sqrt{2-\sqrt{2-\sqrt{2-\sqrt{\cdots}}}}=1$.

思路　本题需证明的结论似乎超乎寻常,解题的关键在于将左边的根式与右边的有理数联系起来.根据开平方与平方的互逆关系,联想到用平方法将左边的根式打开,得到根式的平方等于 2 与根式的差这个隐含的等量关系,联系方程可探寻解题思路.

证明　设 $A=\sqrt{2-\sqrt{2-\sqrt{2-\sqrt{\cdots}}}}$,则 $A^2=2-\sqrt{2-\sqrt{2-\sqrt{\cdots}}}=2-A$.

整理,得 $A^2+A-2=0$,$(A+2)(A-1)=0$.

因为 $A>0$,所以 $A=1$,

即 $\sqrt{2-\sqrt{2-\sqrt{2-\sqrt{\cdots}}}}=1$.

反思　将左边的根式通过平方法转变结构,挖掘与原式隐含的等量关系,运用平方法逐步将无理式转变为有理式,起到了穿针引线的作用.

（二）观结构特征,运用平方法简化

例 2　解方程:$|x-1|=|4-2x|$.

思路　本题可对绝对值内部的式子进行分类讨论,分四种情况,但运算量较大,且要考虑未知数的取值范围对结果取舍的影响.巧妙运用平方法,即可化繁为简,将等式左右两边同时平方并整理,将绝对值方程转化为整式方程,求解即可.

解答　等式两边同时平方,得 $x^2-2x+1=16-16x+4x^2$,整理可得 $3x^2-14x+15=0$,

解得 $x_1=\dfrac{5}{3},x_2=3$.

> **反思**　去绝对值法一般涉及分类讨论,而平方法巧妙地将绝对值方程转化为整式方程,这种变换结构的方式,避免了分类讨论与繁杂的计算.此外,在有些题型中,需要考虑平方法后未知数取值范围的变化.

（三）寻公式法则,运用平方法关联

例 3　已知实数满足不等式:$|a|\geqslant|b+c|,|b|\geqslant|a+c|,|c|\geqslant|a+b|$,求 $a+b+c$ 的值.

思路　$|a|\geqslant|b+c|,|b|\geqslant|a+c|,|c|\geqslant|a+b|$ 与问题没有直接的联系,尝试运用平方法将不等式两边分别平方.鉴于已知条件具有结构上的统一性,需要求值的式子 $a+b+c$ 同时含有 a,b,c,故可把平方后的三个式子相加.由于三式相加得到的表达式化简后具备因式分解的结构特征,能与 $a+b+c$ 的平方非负性产生关联,因此,$a+b+c$ 的值可求.

解答　三个不等式两边分别平方,得

$a^2\geqslant b^2+2bc+c^2$　①,$b^2\geqslant a^2+2ac+c^2$　②,$c^2\geqslant a^2+2ab+b^2$　③,

①＋②＋③得,$a^2+b^2+c^2\geqslant 2a^2+2b^2+2c^2+2ab+2ac+2bc$,

整理,得 $a^2+b^2+c^2+2ab+2ac+2bc\leqslant 0$,

即 $(a+b+c)^2\leqslant 0$,

又因为 $(a+b+c)^2\geqslant 0$,

所以 $a+b+c=0$.

> **反思**　本题条件和问题中的表达式次数虽一致,但没有明确的关联.若用分类讨论去绝对值符号,也无从下手.此时,运用平方法便柳暗花明,将条件和问题中的表达式升次,从而引发乘法公式、因式分解等代数变形,结合不等式的性质,将条件与目标相关联,利用隐含的平方非负性求解.

巩固练习

1. 已知 a,b,n 均为正整数. 若 $n-1<\sqrt{a}<n, n<\sqrt{b}<n+1$, 则满足条件的 a 的个数总比 b 的个数少_____个.

2. 已知 $A=\sqrt{5}+\sqrt{3}, B=\sqrt{6}+\sqrt{2}$, 比较 A, B 的大小.

3. 解方程: $\sqrt{x+4}+\sqrt{x+20}=8$.

4. 已知 $a+b=8, ab=c^2+16$, 求 $a+2b+3c$ 的值.

5. 关于 x 的方程 $\sqrt{x^2-m}+2\sqrt{x^2-1}=x$ 有且仅有一个实数根, 求实数 m 的取值范围.

扫码观看本方法配套视频讲解

9 巧用非负性

引路人　慈溪市教育局教研室　岑　妙

方法介绍

非负性,指某类数是非负的,即大于或等于零.

在初中阶段,主要有绝对值的非负性、偶次幂的非负性和二次根式的双重非负性(被开方数和结果都是非负的).根据非负性的意义,若几个非负数的和为零,则每一个非负数都为零.

典例示范

例 1　若实数 a,b,c 满足 $|a-b|+(c-2b)^2=\sqrt{b-3}\cdot\sqrt{3-b}$,求 a,b,c 的值.

思路　观察发现,等式中的每项或每个因式都具有非负性,且 $b-3$ 与 $3-b$ 互为相反数,因此想到利用非负数的性质求解.

解答　由 $b-3\geqslant0,3-b\geqslant0$,得 $b=3$,所以 $|a-b|+(c-2b)^2=0$.

而 $|a-b|\geqslant0,(c-2b)^2\geqslant0$,所以 $a-b=0$ 且 $c-2b=0$,

所以 $a=b=3,c=2b=6$.

反思　求解本题的关键在于利用二次根式的双重非负性确定 b 的值,需要准确把握等式各部分的结构特征.

例 2　若关于 x 的方程 $x^2+2(1+a)x+(3a^2+4ab+4b^2+2)=0$ 有实数根,求方程的根.

思路　由题设可知此方程根的判别式大于等于 0,由此想到先求判别式,再通过变形发现其结构特征.

解答　由方程有实数根,得 $\Delta=4(1+a)^2-4(3a^2+4ab+4b^2+2)\geqslant0$.

整理得 $2a^2-2a+4ab+4b^2+1\leqslant0$,

即 $(a-1)^2+(a+2b)^2\leqslant 0$，

由 $(a-1)^2\geqslant 0,(a+2b)^2\geqslant 0$ 可得 $a-1=0,a+2b=0$，

解得 $a=1,b=-\dfrac{1}{2}$，

因此原方程为 $x^2+4x+4=0$，方程的根为 $x_1=x_2=-2$.

> **反思** 本题通过配方构造成平方和小于等于 0 的形式，从而根据非负性求出 a,b 的值.配方是构造非负形式常用的方法.

例 3 若 m,n 是任意实数，$p=(m-1)^2+(m+n)^2+(m+n-1)^2$，求 p 的最小值，并求出此时 m,n 的值.

思路 p 的表达式含有两个变量 m,n，且最高次项是 2 次，因此可把 p 看作是关于某个变量的一元二次函数，即以其中一个变量为主元对表达式进行变形，通过构造完全平方式，利用平方数的非负性求解.

解答 化简整理，得 $p=3m^2-4m+4mn+2n^2-2n+2$，

以 m 为主元整理，得 $p=3m^2+(4n-4)m+2n^2-2n+2$，

配方，得 $p=3\left(m+\dfrac{2n-2}{3}\right)^2+\dfrac{2}{3}(n^2+n)+\dfrac{2}{3}$，

进一步配方，得 $p=3\left(m+\dfrac{2n-2}{3}\right)^2+\dfrac{2}{3}\left(n+\dfrac{1}{2}\right)^2+\dfrac{1}{2}$，

由于 $3\left(m+\dfrac{2n-2}{3}\right)^2\geqslant 0,\dfrac{2}{3}\left(n+\dfrac{1}{2}\right)^2\geqslant 0$，

故 p 的最小值为 $\dfrac{1}{2}$，此时 $m+\dfrac{2n-2}{3}=0,n+\dfrac{1}{2}=0$，即 $m=1,n=-\dfrac{1}{2}$.

> **反思** 求解本题的关键，一是以某个变量为主元考虑问题，把 p 看作这个变量的函数；二是两次配方，利用平方数的非负性解决问题.

巩固练习

1.已知 a,b 为实数，且 $a\leqslant\sqrt{b-1}+\sqrt{1-b}+\dfrac{1}{2}$，化简：$\sqrt{4a^2-4ab+1}-\sqrt{a^2b-2ab+1}$.

2. 若实数 a,b,c 满足 $|a-2|+b^2+\sqrt{c^2-16c+64}=4b-4$，求 $\sqrt{a}+\sqrt{b}-\sqrt{c}$ 的值.

3. 若正实数 a,b 满足 $ab=a+b+3$，求 a^2+b^2 的最小值.

4. 若对于任意实数 a,b,x,y，都有 $(a^2+b^2)(x^2+y^2)+8bx+8ay-k^2+k+28\geqslant0$，其中 k 是实数，求 k 的最大值.

5. 如图，已知 △ABC 的面积为 1，P 为 △ABC 内部一点，过点 P 作 △ABC 三边的平行线 IF，EH，GD，若将 △PDE，△PHI，△PFG 的面积分别记为 S_1,S_2,S_3，求 $S_1+S_2+S_3$ 的最小值.

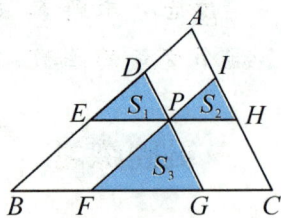

扫码观看本方法配套视频讲解

10 判别式法

引路人　宁波市庄桥中学　余　奔

方法介绍

判别式法，是将问题转化为一元二次方程 $ax^2+bx+c=0(a\neq0)$ 解的存在性问题，通过对解的情况深入研究进而解决问题的方法.

这种方法常用于二次方程，除了可以判断解的个数，还可以用于求代数式的最值（或确定取值范围），证明数量关系等. 采用判别式法的关键在于构造合适的一元二次方程，关注研究对象的潜在条件，通过分析方程的判别式 $\Delta=b^2-4ac$ 得出推断.

典例示范

(一)用判别式法探究图象交点问题

例1　在平面直角坐标系中，一次函数 $y=x+b$ 的图象与反比例函数 $y=-\dfrac{4}{x}$ 的图象有且只有一个交点，则 b 的值为_____.

思路　要研究函数图象交点个数，就是要研究方程组 $\begin{cases} y=x+b, \\ y=-\dfrac{4}{x} \end{cases}$ 解的情况，消元得到关于 x 的二次方程 $x^2+bx+4=0$. 两个函数图象交点有且只有一个，等价于方程 $x^2+bx+4=0$ 有两个相等的实数解，故可利用判别式求得 b 的值.

解答　根据题意，联立方程组 $\begin{cases} y=x+b, \\ y=-\dfrac{4}{x}, \end{cases}$ 得 $x^2+bx+4=0$. 由于两个函数图象有且只有一个交点，所以方程 $x^2+bx+4=0$ 有两个相等的实数解，由判别式得到 $\Delta=b^2-4\times1\times4=b^2-16=0$，解得 $b=\pm4$.

> **反思**　函数图象交点问题常常转化为方程组的解的问题.若消元得到的是一个二次方程,便可以通过判别式法来判断解的个数,从而得到交点个数.因此要运用判别式法解决问题,必须先得到一个二次方程.

(二)用判别式法求解代数式最值问题

例2　已知 $x>0,y>0,x+2y+2xy=8$,则 $x+2y$ 的最小值为　（　　）

A. 3　　　　　　B. 4　　　　　　C. $\dfrac{11}{2}$　　　　　　D. $\dfrac{9}{2}$

思路　已知条件给定了 x,y 之间的关系,要求 $x+2y$ 的最小值,我们不妨设 $m=x+2y$,消去 x 代入关系式 $x+2y+2xy=8$,得到关于 y 的方程 $4y^2-2my+8-m=0$.由于在 $y>0$ 的情况下方程成立,所以方程有解,而 m 作为系数参与运算,可以利用判别式法求得最值.

解答　设 $m=x+2y$,则有 $x=m-2y$,将其代入 $x+2y+2xy=8$ 得到

$4y^2-2my+8-m=0$,

因为存在 $y>0$,使得方程成立,

关于 y 的二次方程 $4y^2-2my+8-m=0$ 必定有解,

所以 $\Delta=4m^2-16(8-m)\geqslant0$,即 $m^2+4m-32\geqslant0$,$(m-4)(m+8)\geqslant0$,

说明 $m-4$ 与 $m+8$ 同号,分为两种情况:

①$\begin{cases}m-4\geqslant0,\\m+8\geqslant0,\end{cases}$解得 $m\geqslant4$;②$\begin{cases}m-4\leqslant0,\\m+8\leqslant0,\end{cases}$解得 $m\leqslant-8$.

由于 $x>0,y>0$,所以 $m\geqslant4$,因此 $x+2y$ 的最小值为 4,故选 B.

> **反思**　架设已知和未知之间的桥梁,通过设元代入的方式重新建立等量关系,再根据一元二次方程根的情况确定判别式的取值范围.在这个过程中,应将所求的项作为系数参与构造方程,以便利用判别式求解,应注意所求项隐含的取值范围.

(三)用判别式法证明研究对象的内在关系

例3　设 a,b,c 为 Rt$\triangle ABC$ 的三边,$\angle C=90°$,求证:$a+b\leqslant\sqrt{2}c$.

思路　本题中出现两数之和,但没有两数之积.我们可以根据直角三角形的条件得到 $a^2+b^2=c^2$,从中得到两数之积的表达式,再将 c 作为系数构建二次方程便能通过判别式法求证.

证明 设 $a+b=m$，则有 $a^2+b^2+2ab=m^2$，故 $ab=\dfrac{1}{2}(m^2-c^2)$，

所以 a,b 是关于 x 的一元二次方程 $x^2-mx+\dfrac{1}{2}(m^2-c^2)=0$ 的两个正

实数解，由此得 $\Delta=m^2-4\times\dfrac{1}{2}(m^2-c^2)\geq0$，$m^2\leq2c^2$，

由于 $m>0$，所以 $0<m\leq\sqrt{2}c$，即 $a+b\leq\sqrt{2}c$.

反思 构建合适的二次方程是用判别式法解决问题的关键，一般可以从结论出发对某些数的和或积进行设元，再根据已知条件将这些数的积或和表示出来，从而构建新的二次方程. 还可以用公式法、平方法等解答本题.

巩固练习

1. 一次函数 $y=\dfrac{1}{2}x+5$ 的图象与反比例函数 $y=-\dfrac{8}{x}$ 的图象交于 A,B 两点. 若将直线 AB 向下平移 $m(m>0)$ 个单位长度后与反比例函数 $y=-\dfrac{8}{x}$ 的图象有且只有一个公共点，则 m 的值为_____.

2. 已知实数 a,b 满足 $2a^2-b^2=1$，则 $|2a-b|$ 的最小值为（　　）

A. 0　　　　　　B. $\dfrac{1}{2}$　　　　　　C. 1　　　　　　D. $\sqrt{2}$

3. 已知 $a+b+c=0$，$a^2+b^2+c^2=4$，求 a 的最大值.

4. 设 a,b 均为正数，且 $a+b=1$，求证：$\sqrt{2a+1}+\sqrt{2b+1}\leq2\sqrt{2}$.

5. 已知实数 a,b 满足 $a^2+ab+b^2=3$，求 a^2-ab+b^2 的最大值与最小值的差.

扫码观看本方法配套视频讲解

11 降幂法

引路人　浙江工业大学附属实验学校　赖　苗

📖 方法介绍

降幂法,是利用已知条件或通过对代数式的恒等变形,将高次多项式变形为低次多项式或将高次幂转化为低次幂的一种方法.降幂法的实质是将复杂问题转化为简单问题,将陌生问题转化为熟悉问题.

一般地,若 $x^2 = ax + b$,则用 $ax + b$ 将高次多项式中的 x^2 代换,从而降低多项式的次数.根据需要,可多次代换,最终将高次多项式转化为一次多项式或常数.

📣 典例示范

例 1　若 $x^2 + x - 1 = 0$,求 $x^3 + 2x^2 + 3$ 的值.

思路　若根据条件解得一元二次方程的两根分别为 $x_1 = \dfrac{-1 + \sqrt{5}}{2}$,$x_2 = \dfrac{-1 - \sqrt{5}}{2}$,再代入需要求值的多项式,则需要两次代入未知数 x 的值,且计算 x^3 的运算量比较大.若将已知等式进行变形,对 $x^3 + 2x^2 + 3$ 进行降幂,然后再求值,就会大大减少运算量.

解答　因为 $x^2 + x - 1 = 0$,所以 $x^2 = -x + 1$,
所以 $x^3 = x^2 \cdot x = (-x + 1) \cdot x = -x^2 + x = -(-x + 1) + x = 2x - 1$,
故 $x^3 + 2x^2 + 3 = 2x - 1 + 2(-x + 1) + 3 = 4$.

反思　本题还可以将已知条件变形为 $x^2 + x = 1$,运用整体思想进行降幂,即 $x^3 + 2x^2 + 3 = x(x^2 + x) + x^2 + 3 = x + x^2 + 3 = 1 + 3 = 4$.进一步,我们也可以直接利用 $x^2 + x - 1 = 0$ 进行降幂,即 $x^3 + 2x^2 + 3 = x(x^2 + x - 1) + x^2 + x + 3 = (x^2 + x - 1) + 4 = 4$.

例 2 已知 $x=\dfrac{1}{\sqrt{2}+1}$，求 $\dfrac{3}{4}x^3+\dfrac{5}{2}x^2+\dfrac{5}{4}x+1$ 的值．

思路 从条件出发，化简可得 $x=\sqrt{2}-1$，但直接代入所求代数式运算量较大，我们可以通过平方构造一个降幂的等式来简化计算．

解答 因为 $x=\dfrac{1}{\sqrt{2}+1}$，则 $x=\sqrt{2}-1$，$x+1=\sqrt{2}$，

所以 $x^2+2x+1=2$，即 $x^2=-2x+1$．

又因为 $x^3=x^2\cdot x=(-2x+1)\cdot x=-2x^2+x=-2(-2x+1)+x=5x-2$，

所以 $\dfrac{3}{4}x^3+\dfrac{5}{2}x^2+\dfrac{5}{4}x+1=\dfrac{3}{4}(5x-2)+\dfrac{5}{2}(-2x+1)+\dfrac{5}{4}x+1$

$=\dfrac{15}{4}x-\dfrac{3}{2}-5x+\dfrac{5}{2}+\dfrac{5}{4}x+1=2$．

> **反思** 本题中构造降幂的等式的方法是多样的，例如：$x=\sqrt{2}-1$，$\dfrac{1}{x}=\sqrt{2}+1$，则 $x-\dfrac{1}{x}=-2$，$x^2=-2x+1$；又如由求根公式 $x_{1,2}=\dfrac{-b\pm\sqrt{b^2-4ac}}{2a}$，已知一根为 $x_1=-1+\sqrt{2}$，不妨设另一根为 $x_2=-1-\sqrt{2}$，利用韦达定理可得 $x_1+x_2=-2$，$x_1x_2=-1$，可以构造方程 $x^2+2x-1=0$．

例 3 若 $x+y=1$，$x^2+y^2=11$，求：

(1) x^3+y^3 的值；(2) x^5+y^5 的值．

思路 本题已知的是一个二元二次方程组，通过消元可以求得两个未知数的值，但是这样代入求值会出现比较复杂的无理数计算．因此可结合完全平方公式，先求出两个未知数的乘积，再根据韦达定理构造一个一元二次方程，进而借助降幂来简化运算．

解答 因为 $x+y=1$，$x^2+y^2=11$，所以 $xy=\dfrac{1}{2}[(x+y)^2-(x^2+y^2)]=-5$．

由韦达定理，可将 x，y 看作一元二次方程 $t^2-t-5=0$ 的两根，

所以 $x^2=x+5$，$y^2=y+5$，则 $x^3=x^2\cdot x=(x+5)\cdot x=x+5+5x=6x+5$，

同理 $y^3=6y+5$．

(1) $x^3+y^3=6x+5+6y+5=6(x+y)+10=6\times1+10=16$．

$(2) x^5 = (x^2)^2 \cdot x = (x+5)^2 \cdot x = (x^2 + 10x + 25) \cdot x$

$= (x + 5 + 10x + 25) \cdot x = (11x + 30) \cdot x = 11(x + 5) + 30x = 41x + 55,$

同理 $y^5 = 41y + 55,$

因此 $x^5 + y^5 = 41x + 55 + 41y + 55 = 41(x + y) + 110 = 41 \times 1 + 110 = 151.$

反思　本题我们也可以借助因式分解进行降幂：$x^3 + y^3 = (x + y)(x^2 - xy + y^2) = 1 \times (11 + 5) = 16, x^5 + y^5 = (x^2)^2 \cdot x + (y^2)^2 \cdot y = (x + 5)^2 \cdot x + (y + 5)^2 \cdot y = (x^3 + y^3) + 10(x^2 + y^2) + 25(x + y) = 16 + 10 \times 11 + 25 = 151.$

巩固练习

1. 若 $x^2 - 3x - 5 = 0$，求 $2x^3 - 6x^2 - 10x + 7$ 的值.

2. 解方程：$x(x+1)(x+2)(x+3) = 24.$

3. 若 α, β 是一元二次方程 $x^2 + x - 3 = 0$ 的两个根，求 $\alpha^3 - 4\beta^2 + 19$ 的值.

4. 若 $x + y = 4, x^2 + y^2 = 12$，求 $x^6 + y^6$ 的值.

5. 已知 $a^2 - a - 1 = 0.$

(1) 求 $\dfrac{a^3 + a + 1}{a^4}$；(2) 求证：$a^{10} = \dfrac{123 \pm 55\sqrt{5}}{2}.$

扫码观看本方法配套视频讲解

12 估算法

引路人 新昌县潜溪中学 吕兰兰

方法介绍

估算法,是简化数学计算的一种方法,旨在通过近似值快速得出结果.估算法通常用于以下情况:当精确计算过于复杂或耗时时,通过取一个大致的值来迅速得出结论.

估算法的核心在于找到一个平衡点,既保证计算的简便性,又尽可能地接近真实值.初中阶段,估算法常应用于用有理数估计无理数大小,用样本估计总体,用频率估计概率和几何图形面积等问题.

典例示范

例1 $\sqrt[3]{900} \approx$ _____.(结果精确到个位数)

思路 由于不借助计算器,直接计算 $\sqrt[3]{900}$ 难度较大,且本题只要求结果精确到个位数,因此不妨用估算法.先确定哪两个整数的立方最接近900.由于一个正数越大,它的立方增长得越快,因此难以通过900更接近哪个立方数来判断 $\sqrt[3]{900}$ 更接近哪个整数,故想到比较所得两个整数的平均数的立方与900的大小.

解答 因为 $9^3 = 729, 10^3 = 1000$,

所以 $\sqrt[3]{900}$ 一定介于 9 和 10 之间.

因为 $\left(\dfrac{9+10}{2}\right)^3 = 9.5^3 = 857.375 < 900$,

所以 $9.5 < \sqrt[3]{900}$,

所以 $\sqrt[3]{900}$ 更接近于 10,$\sqrt[3]{900} \approx 10$.

反思 本题依据"被开方数越大,开方后值也越大"来进行估算,用这个方法可以逐步确定任意无理数各个数位上的数.如再继续计算,可发现

$9.6^3 < 900 < 9.7^3$. 类似地，可证明，$\sqrt[3]{900}$ 更接近于 9.7. 像这样不断地估算下去，可使结果越来越精确.

例 2　古希腊时期，人们认为最美的人体头顶至肚脐的长度与肚脐至足底的长度之比是 $\dfrac{\sqrt{5}-1}{2}$（$\dfrac{\sqrt{5}-1}{2} \approx 0.618$，称为黄金分割比例），著名的"断臂的维纳斯"身体比例便是如此. 此外，最美人体的头顶至咽喉的长度与咽喉至肚脐的长度之比也是 $\dfrac{\sqrt{5}-1}{2}$. 若某人满足上述两个黄金分割比例，且腿长为 105cm，头顶至脖子下端的长度为 26cm，则其身高可能是　　　（　　）

　　A. 165cm　　　　B. 175cm　　　　C. 185cm　　　　D. 190cm

思路　本题中的条件并未明确头顶至咽喉以及肚脐至足底的长度，因此可以利用头顶至脖子下端长和腿长以及各长度的黄金比估算身高范围.

解答　如图，记头顶至咽喉的长度为 a，咽喉至肚脐的长度为 b，肚脐至足底的长度为 c，则 $\dfrac{a}{b} = \dfrac{\sqrt{5}-1}{2} \approx 0.618$，$\dfrac{a+b}{c} = \dfrac{\sqrt{5}-1}{2} \approx 0.618$. 现已知头顶至脖子下端的长度为 26cm，说明 $a < 26$cm，因此 $b < \dfrac{26}{0.618} \approx 42$cm，$c < \dfrac{42+26}{0.618} \approx 110$cm，可得该人身高小于 $110 + 68 = 178$cm. 又已知腿长是 105cm，说明 $c > 105$cm，因此 $a + b > 105 \times 0.618 \approx 65$cm，所以该人身高应大于 $65 + 105 = 170$cm，故选 B.

反思　估算法有时可以估大，确定取值的一个端值，再估小，确定另一个端值，从而求出一个大致范围，而范围精确度取决于估大或估小的差. 像这样无需得到准确值的问题，都可以利用估算法来减少不必要的计算量.

例 3　如图 1，抛物线 $y = -x^2 + 1$ 的图象与 x 轴的正半轴交点为 A，将线段 OA 分成 n 等份，设分点分别为 $P_1, P_2, \cdots, P_{n-1}$.

过每个分点作 x 轴的垂线，分别与抛物线交于点 $Q_1, Q_2, \cdots, Q_{n-1}$，记 Rt$\triangle OP_1Q_1$，Rt$\triangle P_1P_2Q_2$，$\cdots$ 的面积为 $S_1, S_2, \cdots$，则有 $S_1 = \dfrac{n^2-1}{2n^3}$，$S_2 = \dfrac{n^2-4}{2n^3}$，$S_3 =$

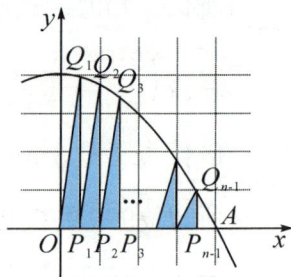

图 1

$\dfrac{n^2-9}{2n^3}$,$\cdots$,记 $W=S_1+S_2+\cdots+S_{n-1}$,若 $n>100$,则下列选项正确的是(　　)

A. $\dfrac{1}{6}<W<\dfrac{1}{4}$ B. $\dfrac{1}{4}<W<\dfrac{1}{2}$ C. $\dfrac{1}{2}<W<\dfrac{2}{3}$ D. $\dfrac{2}{3}<W<\dfrac{3}{4}$

思路　利用图形进行面积大小的估算或者取适当的值进行估算.

解答　方法1(利用图形估算):记抛物线的顶点为 B,连结 AB,再以 O 为圆心,OA 为半径作弧 AB.记抛物线第一象限部分与坐标轴围成的面积是 S,当 n 的值大于 100 时,W 接近于 $\dfrac{1}{2}S$.由题意,$A(1,0)$,$B(0,1)$,所以 $S_{\triangle AOB}=\dfrac{1}{2}$,$S_{扇形AOB}=\dfrac{\pi}{4}$.由图2可知 $S_{\triangle AOB}<S<S_{扇形AOB}$,即 $\dfrac{1}{2}<S<\dfrac{\pi}{4}$,也就是说 $\dfrac{1}{4}<W<\dfrac{\pi}{8}$.故选 B.

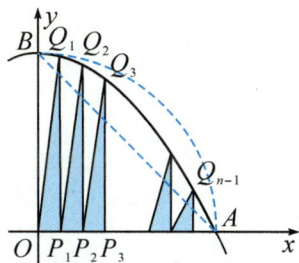

图2

方法2(取特值估算):例如,

取 $n=4$,则 $W=\dfrac{4^2-1}{2\times 4^3}+\dfrac{4^2-4}{2\times 4^3}+\dfrac{4^2-9}{2\times 4^3}=\dfrac{17}{64}>\dfrac{16}{64}=\dfrac{1}{4}$,

取 $n=5$,则 $W=\dfrac{5^2-1}{2\times 5^3}+\dfrac{5^2-4}{2\times 5^3}+\dfrac{5^2-9}{2\times 5^3}+\dfrac{5^2-16}{2\times 5^3}=\dfrac{7}{25}>\dfrac{17}{64}>\dfrac{1}{4}$,

n 可再取一些更大的值,W 的值也随之变大,所以当 n 的值大于 100 时,W 也大于 $\dfrac{1}{4}$,而由方法1我们知道 $W<\dfrac{1}{2}$,因此选 B.

反思　当直接计算十分复杂或耗时时,根据估算法的思想,我们可以将图形扩大或缩小进行估算,也可以取一些特殊值来估算.

巩固练习

1. 某校为加强学校的劳动教育,需要制定学生每周劳动时间(单位:小时)的合格标准,为此随机调查了 100 名学生目前每周劳动时间,获得数据并整理成下表.

每周劳动时间 x/小时	$0.5\leqslant x<1.5$	$1.5\leqslant x<2.5$	$2.5\leqslant x<3.5$	$3.5\leqslant x<4.5$	$4.5\leqslant x<5.5$
人数	21	30	19	18	12

该校有 3900 名学生,请估计该校目前每周劳动时间不少于 2.5 小时的学生人数.

2. 若 $m=\sqrt{3}(\sqrt{10}-\sqrt{3})$，则 m 的取值范围是 （ 　 ）

A. $1<m<2$ 　　B. $2<m<3$ 　　C. $3<m<4$ 　　D. $5<m<6$

3. 小明年龄的四次方正好是一个四位数，并且这个四位数各个数位上的数字之和恰好是他的年龄，请问小明今年几岁？

4. 求不定方程 $\dfrac{1}{x}+\dfrac{1}{y}+\dfrac{1}{z}+\dfrac{1}{xyz}=1(x<y<z)$ 的所有正整数解.

5. 如图，已知点 $A(4,0)$，点 $A_1,A_2,\cdots,A_{n-1}$ 将线段 OA 等分成 n 份，点 $B_1,B_2,\cdots,B_{n-1},B$ 在直线 $y=0.5x$ 上，且 $A_1B_1/\!/A_2B_2/\!/\cdots/\!/A_{n-1}B_{n-1}/\!/y$ 轴. 记 $\triangle OA_1B_1,\triangle A_1A_2B_2,\cdots,\triangle A_{n-1}AB$ 的面积分别为 $S_1,S_2,\cdots,S_n$. 当 n 越来越大时，猜想 $S_1+S_2+\cdots+S_n$ 的值最接近 （ 　 ）

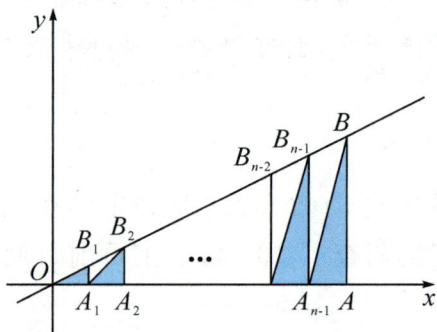

A. 1 　　　　B. 2 　　　　C. 4 　　　　D. 8

扫码观看本方法配套视频讲解

13 "1"的妙用

引路人　金华市第四中学　刘丽君

📖 方法介绍

"1"是一个奇妙的数字,在数学解题中,若能根据题目特征巧妙地用"1"搭桥引线,常能出奇制胜,达到化繁为简、事半功倍的"一"点通效果.

"1"的妙用适用范围较广,例如用于解决二次根式大小比较、代数式恒等变形及求值问题等.解题时,要注意挖掘隐含条件,利用"1"转化或用"1"作代换,及时总结并学以致用.

📢 典例示范

(一)"1"作标准

例 1　比较 $\dfrac{\sqrt{20}}{\sqrt{3}}$ 与 $\dfrac{3\sqrt{5}}{\sqrt{12}}$ 的大小,并说明理由.

思路　比较两个根式大小,常用的方法有平方法、倒数法、分母有理化法、作商法等,本题根据作商后分子、分母可约分的特点,将结果与"1"作比较,进而求解.

解答　因为 $\dfrac{\sqrt{20}}{\sqrt{3}}>0,\dfrac{3\sqrt{5}}{\sqrt{12}}>0,$

$$\dfrac{\sqrt{20}}{\sqrt{3}}\div\dfrac{3\sqrt{5}}{\sqrt{12}}=\dfrac{\sqrt{20}}{\sqrt{3}}\times\dfrac{\sqrt{12}}{3\sqrt{5}}=\dfrac{2\sqrt{5}}{\sqrt{3}}\times\dfrac{2\sqrt{3}}{3\sqrt{5}}=\dfrac{4}{3}>1,$$

所以 $\dfrac{\sqrt{20}}{\sqrt{3}}>\dfrac{3\sqrt{5}}{\sqrt{12}}.$

反思　在比较大小中,作商法(以"1"作标准)是一种常见的方法,它的理论依据是:当 $a>0,b>0$ 时,若 $\dfrac{a}{b}>1$,则 $a>b$;若 $\dfrac{a}{b}=1$,则 $a=b$;若 $\dfrac{a}{b}<1$,则 $a<b$.

(二)"1"作转化

例 2 计算：$(\sqrt{2}-1)^{2024}(\sqrt{2}+1)^{2025}$.

思路 本题是高次幂的乘法运算，底数和指数均不相同，但仔细观察，不难发现两个底数相乘满足平方差公式，且积为1，所以此特点引导着我们运用乘方的法则和乘法的运算律进行拆分组合，达到简便运算的目的.

解答 原式 $=(\sqrt{2}-1)^{2024}(\sqrt{2}+1)^{2024}(\sqrt{2}+1)$

$=[(\sqrt{2}-1)(\sqrt{2}+1)]^{2024}(\sqrt{2}+1)$

$=1\times(\sqrt{2}+1)$

$=\sqrt{2}+1.$

反思 在幂的运算中，"1"有着特殊的性质：1的整数次幂为1；-1的偶数次幂为1，奇数次幂是-1；非零数的零次幂是1……运用这些性质能使运算更加迅捷，体会到数学优算的成就感.

(三)"1"作代换

例 3 已知 $ab=1$，求 $\dfrac{1}{1+a}+\dfrac{1}{1+b}$ 的值.

思路 本题需要灵活抓住已知条件中的"1"作整体代换，将异分母分式加法转化成同分母分式加法.可以先将式子进行通分，过程中出现 ab 即用"1"代换，或对局部的"1"先进行代换，或出于消元的角度考虑，用含 b 的代数式表示 a.

解答 方法1：原式 $=\dfrac{(1+b)+(1+a)}{(1+a)(1+b)}=\dfrac{2+a+b}{1+ab+a+b}=\dfrac{2+a+b}{2+a+b}=1.$

方法2：原式 $=\dfrac{ab}{ab+a}+\dfrac{1}{1+b}=\dfrac{ab}{a(b+1)}+\dfrac{1}{1+b}=\dfrac{b}{b+1}+\dfrac{1}{1+b}=1.$

方法3：因为 $ab=1$，所以 $a=\dfrac{1}{b}$，故原式 $=\dfrac{1}{1+\dfrac{1}{b}}+\dfrac{1}{1+b}=\dfrac{b}{b+1}+\dfrac{1}{1+b}=1.$

反思 在一些代数式的求值中，若从正面出击，有时运算会繁杂，甚至会步入绝境，但是如果我们能及时地采取"反客为主"的变通方法，往往能达到化繁为简的效果.

巩固练习

1. 已知当 $x=1$ 时，$ax^5+bx^3+cx+1=2025$，则当 $x=-1$ 时，$ax^5+bx^3+cx+1=$ _____.

2. 计算：$2^{2026}\times\left(\dfrac{1}{6}\right)^{2025}\times(-3)^{2024}$.

3. 比较 $\dfrac{\sqrt{2}+1}{\sqrt{2}+2}$ 与 $\dfrac{\sqrt{2}+2}{\sqrt{2}+3}$ 的大小，并说明理由.

4. 化简：$\dfrac{\sqrt{2}-\sqrt{3}+1}{\sqrt{2}+\sqrt{3}-1}$.

5. 已知 $abc=1$，求 $\dfrac{1}{ab+a+1}+\dfrac{1}{bc+b+1}+\dfrac{1}{ca+c+1}$ 的值.

扫码观看本方法配套视频讲解

14 倒数法

引路人　东阳市外国语学校　单芳兰

方法介绍

倒数法,是根据题目的条件或结论,先将条件或结论中的式子取其倒数,进而很快找到解题思路,顺利解决问题的方法.

恰当地运用倒数法进行实数、代数式、方程的有关运算可以化繁为简,化难为易,使问题迎刃而解.

典例示范

例 1　解分式方程:$\dfrac{2x-1}{3x+2}+\dfrac{3x+2}{2x-1}=\dfrac{17}{4}$.

思路　观察发现,方程的左边 $\dfrac{2x-1}{3x+2}$ 与 $\dfrac{3x+2}{2x-1}$ 互为倒数,方程的右边 $\dfrac{17}{4}$ 恰好是 4 与它的倒数 $\dfrac{1}{4}$ 的和.因此,原方程可利用倒数关系变形为"$x+\dfrac{1}{x}=a+\dfrac{1}{a}$"型方程来求解.

解答　原方程变形为 $\dfrac{2x-1}{3x+2}+\dfrac{3x+2}{2x-1}=4+\dfrac{1}{4}$,

所以 $\dfrac{2x-1}{3x+2}=4$ 或 $\dfrac{2x-1}{3x+2}=\dfrac{1}{4}$,

当 $\dfrac{2x-1}{3x+2}=4$ 时,解得 $x_1=-\dfrac{9}{10}$,

当 $\dfrac{2x-1}{3x+2}=\dfrac{1}{4}$ 时,解得 $x_2=\dfrac{6}{5}$,

经检验 $x_1=-\dfrac{9}{10}$,$x_2=\dfrac{6}{5}$ 是原方程的解.

反思　本题还可以将方程两边同乘以最简公分母,转化为整式方程求解.

例2 已知 $a=\sqrt{n+3}-\sqrt{n+1}$，$b=\sqrt{n+2}-\sqrt{n}$（$n>0$），比较 a,b 的大小.

思路 观察发现两个二次根式中被开方数的差相同，可取两个数的倒数，再进行分母有理化，然后比较它们的倒数的大小，最后判断原数的大小.

解答 由已知得 $\dfrac{1}{a}=\dfrac{1}{\sqrt{n+3}-\sqrt{n+1}}=\dfrac{\sqrt{n+3}+\sqrt{n+1}}{2}$，

$\dfrac{1}{b}=\dfrac{1}{\sqrt{n+2}-\sqrt{n}}=\dfrac{\sqrt{n+2}+\sqrt{n}}{2}$，

因为 $\dfrac{\sqrt{n+3}+\sqrt{n+1}}{2}>\dfrac{\sqrt{n+2}+\sqrt{n}}{2}>0$，

所以 $\dfrac{1}{a}>\dfrac{1}{b}>0$，所以 $a<b$.

反思 用倒数法比较两个数的大小，一般地，若 $a=b\neq0$，则 $\dfrac{1}{a}=\dfrac{1}{b}$；若 $a>b>0$，则 $\dfrac{1}{a}<\dfrac{1}{b}$；若 $a<b<0$，则 $\dfrac{1}{a}>\dfrac{1}{b}$.

例3 已知 $\dfrac{a}{a^2+1}=\dfrac{1}{3}$，求 $\dfrac{a^2}{a^4+a^2+1}$ 的值.

思路 将已知等式变形成 $\dfrac{a^2+1}{a}=3$，得到 $a+\dfrac{1}{a}$ 的值，再将 $a+\dfrac{1}{a}$ 的值整体代入求值.

解答 因为 $\dfrac{a}{a^2+1}=\dfrac{1}{3}$，所以 $\dfrac{a^2+1}{a}=3$，即 $a+\dfrac{1}{a}=3$.

方法1：原式 $=\dfrac{1}{a^2+1+\dfrac{1}{a^2}}=\dfrac{1}{\left(a+\dfrac{1}{a}\right)^2-1}=\dfrac{1}{3^2-1}=\dfrac{1}{8}$.

方法2：原式的倒数为 $\dfrac{a^4+a^2+1}{a^2}=a^2+1+\dfrac{1}{a^2}=\left(a+\dfrac{1}{a}\right)^2-1=3^2-1=8$，

所以原式 $=\dfrac{1}{8}$.

反思 应加强观察与联想，及时发现条件和结论的结构特征，进而建立条件和目标之间的联系.

巩固练习

1. 已知 a,b,c 为实数，且 $\dfrac{ab}{a+b}=\dfrac{1}{3}$，$\dfrac{bc}{b+c}=\dfrac{1}{4}$，$\dfrac{ca}{c+a}=\dfrac{1}{5}$，求 $\dfrac{abc}{ab+bc+ca}$ 的值.

2. 已知 a,b,c,d 为正实数，且 $ad<bc$，请比较 $\dfrac{b}{a+b}-\dfrac{d}{c+d}$ 与 0 的大小.

3. 已知 $\sqrt{16-y^2}-\sqrt{4-y^2}=2\sqrt{2}$，求 $\sqrt{16-y^2}+\sqrt{4-y^2}$ 的值.

4. 阅读下列材料：

消元求值是代数式求值的一种常用方法.常见的消元方法有代入消元法、加减消元法等,下面介绍倒数消元法.

例：已知 $a+\dfrac{1}{b}=1$，$b+\dfrac{1}{c}=1$，求 $c+\dfrac{1}{a}$ 的值.

分析：已知条件中是关于 a 与 b、b 与 c 的关系式,要求关于 a,c 的代数式的值,则需要消去 b.

解：由 $a+\dfrac{1}{b}=1$，$b+\dfrac{1}{c}=1$，得 $\dfrac{1}{b}=1-a$，$b=1-\dfrac{1}{c}=\dfrac{c-1}{c}$，所以 $b\cdot\dfrac{1}{b}=(1-a)\cdot\dfrac{c-1}{c}=1$，整理得 $ac+1=a$，则 $c+\dfrac{1}{a}=1$.

请用倒数消元法解决下列问题.

已知 $x=3-\dfrac{9}{z}$，$y=3-\dfrac{9}{x}$，求证：$z=3-\dfrac{9}{y}$.

5. 若 $\dfrac{yz}{bz+cy}=\dfrac{zx}{cx+az}=\dfrac{xy}{ay+bx}=\dfrac{x^2+y^2+z^2}{a^2+b^2+c^2}$，$x\neq0$，$y\neq0$，$z\neq0$，且 $abc=5$，求 xyz 的值.

扫码观看本方法配套视频讲解

15 裂项法

引路人　兰溪市实验中学　徐　彪

方法介绍

裂项法,是将代数式中的某些项分解为两项或多项,然后重新组合,进而解决问题的方法.它是代数式变形的常用方法,体现的是分解与转化思想.

使用裂项法的关键是准确地把握项的结构特征,使重新组合后的项能够相互消去或能够使用某个公式进行计算.

典例示范

例1　计算:$\dfrac{1}{1\times2}+\dfrac{1}{2\times3}+\dfrac{1}{3\times4}+\cdots+\dfrac{1}{n(n+1)}$.

思路　这是分数加减问题,用"先通分,后加减"的思路来计算显然行不通.因此我们"逆用"分数加法法则,把每一个分数都拆分成两个分数的差,$\dfrac{1}{1\times2}=\dfrac{1}{1}-\dfrac{1}{2}$,$\dfrac{1}{2\times3}=\dfrac{1}{2}-\dfrac{1}{3}$,$\dfrac{1}{3\times4}=\dfrac{1}{3}-\dfrac{1}{4}$,$\cdots$,$\dfrac{1}{n(n+1)}=\dfrac{1}{n}-\dfrac{1}{n+1}$,那么

$\dfrac{1}{1\times2}+\dfrac{1}{2\times3}+\dfrac{1}{3\times4}+\cdots+\dfrac{1}{n(n+1)}=\left(\dfrac{1}{1}-\dfrac{1}{2}\right)+\left(\dfrac{1}{2}-\dfrac{1}{3}\right)+\left(\dfrac{1}{3}-\dfrac{1}{4}\right)+\cdots+\left(\dfrac{1}{n}-\dfrac{1}{n+1}\right)$,可以发现$\dfrac{1}{2}$与$-\dfrac{1}{2}$,$\dfrac{1}{3}$与$-\dfrac{1}{3}$,$\cdots$,$\dfrac{1}{n}$与$-\dfrac{1}{n}$的和都等于$0$,从而简化运算.

解答　原式$=\left(1-\dfrac{1}{2}\right)+\left(\dfrac{1}{2}-\dfrac{1}{3}\right)+\left(\dfrac{1}{3}-\dfrac{1}{4}\right)+\cdots+\left(\dfrac{1}{n}-\dfrac{1}{n+1}\right)$

$=1-\dfrac{1}{n+1}=\dfrac{n}{n+1}$.

反思　对每一项都是$\dfrac{1}{n(n+k)}$型的式子,将每一项变形为$\dfrac{1}{n(n+k)}=\dfrac{1}{k}\left(\dfrac{1}{n}-\dfrac{1}{n+k}\right)$,这样就将每一项转化为两项的差,从而为项的相消创造条件.

例 2　计算：$\dfrac{1}{1+\sqrt{2}}+\dfrac{1}{\sqrt{2}+\sqrt{3}}+\dfrac{1}{\sqrt{3}+\sqrt{4}}+\cdots+\dfrac{1}{\sqrt{9}+\sqrt{10}}$.

思路　这是异分母式子的加法问题,如果直接通分求解,计算量特别大,很难求得结果.观察式子中分母的结构,对每一项进行分母有理化,得到$(\sqrt{2}-1)$$+(\sqrt{3}-\sqrt{2})+(\sqrt{4}-\sqrt{3})+\cdots+(\sqrt{10}-\sqrt{9})$,发现$\sqrt{2}$与$-\sqrt{2}$,$\sqrt{3}$与$-\sqrt{3}$等的和都等于0,从而简化运算.

解答　原式$=(\sqrt{2}-1)+(\sqrt{3}-\sqrt{2})+(\sqrt{4}-\sqrt{3})+\cdots+(\sqrt{10}-\sqrt{9})$
$=\sqrt{10}-1$.

反思　对每一项都是$\dfrac{1}{\sqrt{n}+\sqrt{n+k}}$型的式子,将每一项分母有理化,即

$$\dfrac{1}{\sqrt{n}+\sqrt{n+k}}=\dfrac{1\cdot(\sqrt{n+k}-\sqrt{n})}{(\sqrt{n}+\sqrt{n+k})(\sqrt{n+k}-\sqrt{n})}=\dfrac{1}{k}(\sqrt{n+k}-\sqrt{n})$$,这样就能

把每一项转化为两项的差,从而为项的相消创造条件.

例 3　已知$1+2+3+\cdots+n=\dfrac{n(n+1)}{2}$,$1^2+2^2+3^2+\cdots+n^2=\dfrac{1}{6}n(n+1)(2n+1)$,试计算$1\times2+2\times3+3\times4+\cdots+99\times100$的值.

思路　观察所给的两个公式和有待求值的式子,思考它们的联系,发现有待求值的式子中每项都是$n(n+1)$的形式,而$n(n+1)=n^2+n$,因此有待求值的式子可以利用所给的两个公式进行计算.

解答　原式$=1\times(1+1)+2\times(2+1)+3\times(3+1)+\cdots+98\times(98+1)$
$+99\times(99+1)$
$=1^2+1+2^2+2+3^2+3+\cdots+98^2+98+99^2+99$
$=(1^2+2^2+3^2+\cdots+98^2+99^2)+(1+2+3+\cdots+98+99)$
$=\dfrac{1}{6}\times99\times(99+1)\times(2\times99+1)+\dfrac{1}{2}\times(1+99)\times99$
$=328350+4950$
$=333300$.

反思　将$n(n+1)$变形成n^2+n具有一般性,我们也可以利用这种思想来处理$n(n+1)(n+2)$,将$n(n+1)(n+2)$变形成n^3+3n^2+2n.那么,如果还已知$1^3+2^3+3^3+\cdots+n^3=\left[\dfrac{n(n+1)}{2}\right]^2$,试计算$1\times2\times3+2\times3\times4+3\times4\times5+\cdots+99\times100\times101$的值.

巩固练习

1. 因式分解：$x^3 + 9x^2 + 26x + 24$.

2. 计算：$1 + \dfrac{1}{1+2} + \dfrac{1}{1+2+3} + \dfrac{1}{1+2+3+4} + \cdots + \dfrac{1}{1+2+3+\cdots+n}$.

3. 计算：$\dfrac{1}{x^2-x} + \dfrac{1}{x^2+x} + \dfrac{1}{x^2+3x+2} + \dfrac{1}{x^2+5x+6} + \dfrac{1}{x^2+7x+12}$.

4. 计算：$\dfrac{1}{1\times3\times5} + \dfrac{1}{3\times5\times7} + \dfrac{1}{5\times7\times9} + \cdots + \dfrac{1}{17\times19\times21}$.

5. 设直线 $l_1: y = kx + k - 1$ 和直线 $l_2: y = (k+1)x + k$（k 为正整数）及 x 轴围成的三角形的面积为 S_k，求 $S_1 + S_2 + S_3 + \cdots + S_{2026}$ 的值.

扫码观看本方法配套视频讲解

主元法

引路人　宁波大学青藤书院　徐　迪

方法介绍

主元法,是一种处理含有多个变量的代数式时使用的方法.它通常选择一个主导的量作为主元(或称未知数),将其他量视为常量.

使用主元法的主要思路是把多元问题转化为一元问题,其最终形式常常是一元二次多项式、一元二次方程、一元一次不等式(组)、一次函数、二次函数等.

典例示范

(一)转移变量,变更主元

例1　因式分解:$a^3+(1-b)a^2-2ab+b^2$.

思路　这是一个二元三次多项式,直接因式分解有一定困难,若把字母 b 作为主元,把 a 看成常量,便可按关于 b 的二次三项式来分解.

解答　以 b 为主元,

原式 $=b^2-(a^2+2a)b+(a^3+a^2)$

$\qquad =b^2-(a^2+2a)b+a(a^2+a)$

$\qquad =(b-a)(b-a^2-a)$.

反思　当遇到多元代数式、多元高次多项式时,我们可以把低指数字母作为主元,调整代数式的内部结构关系,达到"曲径通幽"的效果.

(二)控制变量,突出主元

例2　已知 x,y,z 为实数,且 $x+y+z=5,xy+yz+xz=3$,求 z 的最大值.

思路　在对称轮换式中,由于字母没有主次之分,直接处理比较复杂,故

可以先消元 y，再以 x 为未知数，字母 z 为常量，把问题转化为关于 x 的一元二次方程有实数解，利用 $\Delta \geqslant 0$ 来求解 z 的取值范围.

解答 由 $x+y+z=5$，得 $y=5-x-z$，

代入 $xy+yz+xz=3$，得 $x^2+(z-5)x+z^2-5z+3=0$，

由 x 为实数，得 $\Delta=(z-5)^2-4(z^2-5z+3)\geqslant 0$，

整理得 $3z^2-10z-13\leqslant 0$，解得 $-1\leqslant z\leqslant \dfrac{13}{3}$，

故 z 的最大值为 $\dfrac{13}{3}$.

> **反思** 解决一个多变量问题时，关键是减少变量个数，若有条件，可消去一部分变量，但未必能达到最终变多元为一元的目的. 此时，可使其中一个变量为主元，其余为常量，把多元问题化为一元问题.

(三)转换视角，设定主元

例 3 解方程：$x^3+2\sqrt{5}x^2+5x+\sqrt{5}-1=0$.

思路 若以 x 为未知数，则高次方程求解比较烦琐，此时不妨将常量 $\sqrt{5}$ 看作主元，变形成以 $\sqrt{5}$ 为主元的一元二次方程.

解答 以 $\sqrt{5}$ 为主元，原方程可化为 $x(\sqrt{5})^2+(2x^2+1)\sqrt{5}+(x^3-1)=0$，

$(\sqrt{5}+x-1)(\sqrt{5}x+x^2+x+1)=0$，

解得 $x_1=1-\sqrt{5}$，$\sqrt{5}x+x^2+x+1=0$.

解关于 x 的方程 $x^2+(1+\sqrt{5})x+1=0$，

得 $x=\dfrac{-(\sqrt{5}+1)\pm\sqrt{2\sqrt{5}+2}}{2}$，

所以 $x_1=1-\sqrt{5}$，$x_2=\dfrac{-(\sqrt{5}+1)+\sqrt{2\sqrt{5}+2}}{2}$，$x_3=\dfrac{-(\sqrt{5}+1)-\sqrt{2\sqrt{5}+2}}{2}$.

> **反思** 主元未必一定是变量，也可以是常量，这也是最难联想到的. 在解题时，应从多个视角分析解题思路，转换思维角度，使得问题得到解决.

巩固练习

1. 因式分解:$2x^2-5xy+2y^2+7x-5y+3$.

2. 解方程:$x^4-x^3-2\sqrt{3}x^2+\sqrt{3}x+3=0$.

3. 已知 a,b 为实数,求代数式 $a^2+ab+b^2-a-2b+4$ 的最小值.

4. 已知 x,y,z 为实数,且 $x+y+z=7$,$xy+yz+xz=16$,求 z 的最大值.

5. 对于任意的实数 a,当 $0\leqslant a\leqslant 4$ 时,关于 x 的不等式 $x^2+ax\geqslant 4x+a-3$ 恒成立,求实数 x 的取值范围.

扫码观看本方法配套视频讲解

分离常数

引路人　杭州市澎扬中学　屠旭华

方法介绍

　　分离常数,是通过代数式的等价变形,将变量和常量进行分离的方法.分离常数可以简化分式,使变量对代数式的影响更为直接明了,是解决整除性问题,求分式、函数的最值或取值范围,解分式方程等分式型问题的有效方法.

　　分离常数的一般步骤为先把分式的分子凑成分母的倍数,然后将常数从分式中分离出来.

典例示范

(一)求解整除性问题

　　例 1　有若干名游客要乘坐汽车,现要求每辆汽车乘坐的游客人数相等,如果每辆汽车乘坐 30 人,那么有一人未能上车;如果少一辆汽车,那么所有游客正好能平均分到各辆汽车上.已知每辆汽车最多乘坐 40 人,则游客有多少人?

　　思路　由条件可知游客数量是(汽车数量－1)的整数倍,且问题涉及的各个量都是整数,因此考虑用代数式整除性问题来解决.由于代数式的分子、分母都含变量,无法直接整除,因此考虑通过分离常数使分子不含变量,从而求得整数解.

　　解答　设有汽车 n 辆,则游客有 $(30n+1)$ 人,

由题意可知 $\dfrac{30n+1}{n-1}$ 与 $n-1$ 均为正整数,

由分离常数法可得 $\dfrac{30n+1}{n-1}=\dfrac{30(n-1)+31}{n-1}=30+\dfrac{31}{n-1}$,

因此 $n-1=1$ 或 $n-1=31$,

当 $n-1=1$ 时,每辆汽车乘坐游客 61 人,不满足题意,舍去;当 $n-1=31$

时,每辆汽车乘坐游客 31 人,此时 $n=32$,游客人数为 $31×(32-1)=961$ 人.
故游客有 961 人.

> **反思**　分离常数在求解整除性问题时十分有用.通过分离常数,将分子、分母都含变量的代数式转化为"整式(数)$+\dfrac{整数}{整式}$"的形式,从而通过对分子分解质因数,即可求得整数解.

(二)求最值问题

例 2　求分式 $\dfrac{3x^2+12x+7}{x^2+4x+5}$ 的最小值.

思路　求二次式的最值通常使用配方法,但本题中分子、分母均为二次三项式,会同时随着变量的变化而变化,分别对其进行配方无法求得分式的最值.因此考虑通过分离常数,将分子转化为常数,再对分母进行配方即可求得最值.

解答　$\dfrac{3x^2+12x+7}{x^2+4x+5}=\dfrac{3(x^2+4x+5)-8}{x^2+4x+5}=3-\dfrac{8}{x^2+4x+5}=3-\dfrac{8}{(x+2)^2+1}$,

由 $(x+2)^2+1\geqslant 1$,可得 $\dfrac{8}{(x+2)^2+1}\leqslant 8$,

所以 $-\dfrac{8}{(x+2)^2+1}\geqslant -8$,则 $3-\dfrac{8}{(x+2)^2+1}\geqslant -5$.

故分式 $\dfrac{3x^2+12x+7}{x^2+4x+5}$ 的最小值为 -5.

> **反思**　在求分式最值的问题中,当分式的分子、分母均含变量时,可用分离常数,将变量集中到分母中,先求分母的最值,再求分式的最值.

(三)反比例型函数问题

例 3　求函数 $y=\dfrac{2x-1}{x+1}$ 的函数值的取值范围.

思路　函数 $y=\dfrac{2x-1}{x+1}$ 为分式型函数,当自变量改变时,分子和分母的取值均发生改变,所以函数值的变化范围难以确定.因此需要通过变形,使分子或分母其中之一为常量.由于分子、分母均为一次式,因此考虑通过分离常数将函数解析式变形为反比例型结构式,进而可根据反比例函数的图象和性质来求解.

解答 方法 1（代数法）：将函数解析式分离常数，得 $y=\dfrac{2x-1}{x+1}=\dfrac{2(x+1)-3}{x+1}=2-\dfrac{3}{x+1}$.

因为 $-\dfrac{3}{x+1}\neq 0$，所以 $y\neq 2$，即 $y=\dfrac{2x-1}{x+1}$ 函数值的取值范围为 $y\neq 2$.

方法 2（图象法）：将函数 $y=\dfrac{2x-1}{x+1}$ 分离常数，得 $y=2-\dfrac{3}{x+1}$，该函数图象可以由反比例函数 $y=-\dfrac{3}{x}$ 的图象先向左平移 1 个单位长度，再向上平移 2 个单位长度得到.

如图，可知函数 $y=\dfrac{2x-1}{x+1}$ 的图象无限接近直线 $x=-1$ 和直线 $y=2$，故函数 $y=\dfrac{2x-1}{x+1}$ 自变量的取值范围为 $x\neq -1$，函数值的取值范围为 $y\neq 2$.

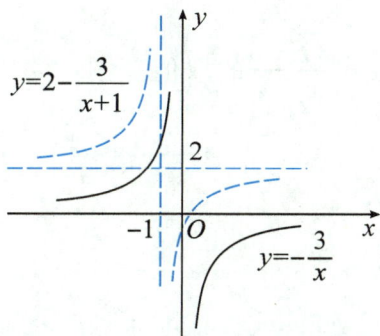

反思 本题两种解答方法的关键步骤都是对函数解析式进行分离常数．其中方法 2 利用图象可以更直观清晰地展现反比例型函数性质的一般规律，同时还能有效解决该类型函数在特定自变量取值范围内求函数值范围的问题，为后续进一步学习打好方法基础.

巩固练习

1. 已知点 $A(x_1,y_1)$，$B(x_2,y_2)$ 在二次函数 $y=ax^2-(4a+1)x+3(a>0)$ 的图象上，且 $x_1<x_2<2$，则 y_1 与 y_2 的大小关系为　　　　　　　　（　　）

A. $y_1<y_2$ 　　　　B. $y_1>y_2$ 　　　　C. $y_1=y_2$ 　　　　D. 不能确定

2. 已知关于 x 的一元二次方程 $(m-1)x^2-2mx+m+1=0$. 当 m 为何整数时,此方程的两个根都为正整数?

3. 解方程: $\dfrac{x+3}{x+1}+\dfrac{x+7}{x+5}=\dfrac{x+4}{x+2}+\dfrac{x+6}{x+4}$.

4. 当 $x\leqslant 0$ 时,求代数式 $\dfrac{3x+5}{x+2}$ 的取值范围.

5. 已知 a,b 是实数,关于 x,y 的方程组 $\begin{cases} y=x^3-ax^2-bx, \\ y=ax+b \end{cases}$ 有整数解,求 a,b 满足的关系式.

扫码观看本方法配套视频讲解

18 构造法

引路人　台州市路桥实验中学　童　菲

方法介绍

构造法,是根据问题的结构及其隐含条件构造出满足条件或结论的数学模型,使原问题中隐含的关系和性质在新构造的数学对象中清晰地展现出来,并借助该数学模型方便快捷地解决数学问题的方法.

构造法解决问题的三个步骤:(1)分析问题,寻找所涉及或隐藏的数学关系;(2)由问题中的数学关系或结构特征联想到相应的数学模型,建立数学模型;(3)利用所构造的数学模型解决问题,得出结论.

典例示范

(一)构造方程

例1 已知实数 a,b 分别满足 $\dfrac{4}{a^4}-\dfrac{2}{a^2}-3=0$ 和 $b^4+b^2-3=0$,求代数式 $\dfrac{a^4b^4+4}{a^4}$ 的值.

思路 观察题设,发现它们具有共同的结构特征 $t^2+t-3=0$.观察结论,有 $\dfrac{a^4b^4+4}{a^4}=b^4+\dfrac{4}{a^4}=(b^2)^2+\left(\dfrac{2}{a^2}\right)^2$.因此想到构造一元二次方程,再利用韦达定理求解.

解答 因为实数 a,b 分别满足 $\dfrac{4}{a^4}-\dfrac{2}{a^2}-3=0$ 和 $b^4+b^2-3=0$,

即 a,b 分别满足 $\left(\dfrac{-2}{a^2}\right)^2+\left(-\dfrac{2}{a^2}\right)-3=0$ 和 $(b^2)^2+b^2-3=0$,

因为 $-\dfrac{2}{a^2}\neq b^2$,

故将 $-\dfrac{2}{a^2}$ 和 b^2 看成是方程 $t^2+t-3=0$ 的两个不等的实根.

不妨设此方程的两个不等的实根分别为 t_1 与 t_2，且 $t_1=b^2$，$t_2=-\dfrac{2}{a^2}$.

由一元二次方程韦达定理得 $t_1+t_2=-1$，$t_1t_2=-3$，

所以 $t_1^2+t_2^2=(t_1+t_2)^2-2t_1t_2=7$.

所以 $\dfrac{a^4b^4+4}{a^4}=b^4+\dfrac{4}{a^4}=(b^2)^2+\left(\dfrac{-2}{a^2}\right)^2=7$.

反思　通过分析条件和问题，发现两个等式具有相同结构，寻找到所涉及的数学模型是一元二次方程，从而将某两个变元看成是关于某个未知数的一元二次方程的两根，利用根的定义构造一元二次方程.

(二)构造图形

例 2　已知 x 为实数，求 $\sqrt{x^2-4x+13}+\sqrt{x^2+2x+2}$ 的最小值.

思路　本题用初中代数方法很难解决. 由 $\sqrt{x^2-4x+13}+\sqrt{x^2+2x+2}$ $=\sqrt{(x-2)^2+3^2}+\sqrt{(x+1)^2+1^2}$ 想到构造两个有关联的直角三角形，这样问题就转化为求两条斜边之和的最小值问题，问题就迎刃而解了.

解答　方法 1：$\sqrt{x^2-4x+13}$ 与 $\sqrt{x^2+2x+2}$ 可以转化为 $\sqrt{(x-2)^2+3^2}$ 与 $\sqrt{(x+1)^2+1^2}$.

构造如图 1 所示的 $\mathrm{Rt}\triangle PAC$，$\mathrm{Rt}\triangle PBD$，使 $AC=3$，$BD=1$，$PC=2-x$，$PD=x+1$，且 PC,PD 在线段 CD 上，

则求最小值转化为"在线段 CD 上求一点 P，使 $PA+PB$ 的值最小".

取点 B 关于 CD 的对称点 B'，连结 AB'，作 $B'E\perp AC$，交 AC 的延长线于点 E.

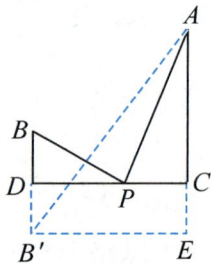

图 1

则原式 $=PA+PB\geqslant AB'=\sqrt{3^2+4^2}=5$，

故 $\sqrt{x^2-4x+13}$ 与 $\sqrt{x^2+2x+2}$ 的最小值是 5.

方法 2：根据式子结构特点可以将其看作点 $P(x,0)$ 到点 $A(2,3)$ 和点 $B(-1,1)$ 的距离之和.

建立平面直角坐标系 xOy，如图 2，求得点 P 到点 A，B 的距离和的最小值为 5.

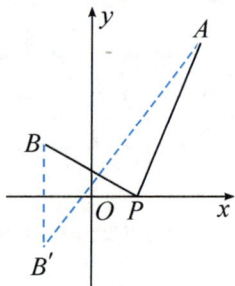

图 2

反思 本题构造的关键是发现代数式的几何意义,用几何的语言表征问题.一般地,形如 $a+b=c$ 的式子,常考虑将线段 c 分成 a,b 两段;形如 $\sqrt{a^2+b^2}$,$\sqrt{a^2-b^2}$ 的式子,常考虑直角三角形的边与边的关系;形如 $a+b>c$ 的式子,常考虑三角形中的三边关系.

(三)构造函数

例3 已知:(1)$a>0$;(2)当 $-1\leqslant x\leqslant 1$ 时,满足 $|ax^2+bx+c|\leqslant 1$;(3)当 $-1\leqslant x\leqslant 1$ 时,$ax+b$ 有最大值2.求 a,b,c 的值.

思路 由条件(2)联想到二次函数,由条件(3)联想到一次函数.令 $y=ax^2+bx+c$,构造二次函数,建立 a,b,c 的等式、不等式,进而解决问题.

解答 设 $y=ax^2+bx+c$,

由 $a>0$ 和当 $-1\leqslant x\leqslant 1$ 时,$ax+b$ 有最大值2,

可知,当 $x=1$ 时,$ax+b=2$,即 $a+b=2$ ①,

由当 $-1\leqslant x\leqslant 1$ 时,满足 $|ax^2+bx+c|\leqslant 1$,

可知,当 $x=1$ 时,$|ax^2+bx+c|\leqslant 1$,即 $|a+b+c|\leqslant 1$ ②,

当 $x=0$ 时,$|ax^2+bx+c|\leqslant 1$,即 $|c|\leqslant 1$ ③,

由①②知 $|2+c|\leqslant 1$ ④,

由③④知 $c=-1$,

故当 $x=0$ 时,$y=ax^2+bx+c$ 取得最小值.

因此 $-\dfrac{b}{2a}=0$,$b=0$.

由①式有 $a=2$.

综上,$a=2,b=0,c=-1$.

反思 本题可根据等式和不等式的性质,建立 a,b,c 的关系求解,但比较烦琐.因此通过构造辅助二次函数,利用二次函数的性质容易求解.

巩固练习

1.$\dfrac{1}{2}+\dfrac{1}{2^2}+\dfrac{1}{2^3}+\cdots+\dfrac{1}{2^n}=$ _____ .(用含正整数 n 的式子表示)

2. 设关于 x 的一元二次方程 $(x-1)(x-2)=m(m>0)$ 的两根分别为 α，β，且 $\alpha<\beta$，则 α，β 满足 　　　　　　　（　　）

A. $1<\alpha<\beta<2$ 　　　　　　　　B. $1<\alpha<2<\beta$

C. $\alpha<1<\beta<2$ 　　　　　　　　D. $\alpha<1$ 且 $\beta>2$

3. 已知 $a\geqslant 2,m^2-2am+2=0,n^2-2an+2=0$，则 $(m-1)^2+(n-1)^2$ 的最小值为_____.

4. 已知 $a>0,b>0$，求以 $\sqrt{a^2+b^2}$，$\sqrt{a^2+4b^2}$，$\sqrt{4a^2+b^2}$ 为三边长的三角形的面积.

5. 若 x,y 均为实数，且 $m=x^2-4xy+6y^2-4x+4y$，求 m 的最小值.

19 对偶法

引路人　浙江省台州中学　王　野

方法介绍

对偶法,是发现和构造在代数结构上具有某种对称关系的一对或一组式子,然后通过对这些式子进行恰当的运算从而获得结论的方法.

对偶法是一种有用的代数变换技巧,运用对偶法的关键是分析问题情境,构造恰当的对偶式.

典例示范

(一)乘积对偶

乘积对偶指针对形如 $\sqrt{x}+\sqrt{y}$ 的代数式,构造形如 $\sqrt{x}-\sqrt{y}$ 的对偶式,利用平方差 $(\sqrt{x}+\sqrt{y})(\sqrt{x}-\sqrt{y})=x-y$ 去根号.

例1　解方程: $\sqrt{18-x}-\sqrt{11-x}=1$.

思路　求解根式方程的基本方法是平方去根号,但是由于本方程的左边包含两个根号,如果方程两边直接平方去根号,那么运算量较大,不容易求解.观察发现 $18-x-(11-x)=7$,故想到通过代数运算技巧消去根式.由于平方差公式 $a^2-b^2=(a+b)(a-b)$ 也有对方程两项平方的功能,故联想到构造 $\sqrt{18-x}+\sqrt{11-x}$ 与 $\sqrt{18-x}-\sqrt{11-x}$ 相乘,将根式化为整式.

解答　因为 $(\sqrt{18-x}+\sqrt{11-x})(\sqrt{18-x}-\sqrt{11-x})=7$,

又 $\sqrt{18-x}-\sqrt{11-x}=1$,

所以 $\sqrt{18-x}+\sqrt{11-x}=7$,

两式相加,得 $\sqrt{18-x}=4$,

解得 $x=2$.

反思　本题构造对偶式的目的是将根式化为整式.

（二）和差对偶

和差对偶是指针对结构为 $mA+nB$ 的代数式,构造形如 $mA-nB$ 的对偶式.

例 2　已知 $a-2b=2$,求 ab 和 a^2+4b^2 的最小值.

思路　本题的条件 $a-2b=2$ 是关于 a,b 的二元一次方程,目标 ab 和 a^2+4b^2 是关于 a,b 的二元二次式,由此想到将 $a-2b$ 平方可得到关于 a,b 的二元二次式,但式子中既有交叉项 ab,又有平方项 a^2+4b^2,进而想到构造 $a+2b$ 进行平方,根据结论消去交叉项或平方项.

解答　设 $A=a-2b=2,B=a+2b$,

则 $8ab=B^2-A^2=B^2-4\geqslant-4$,

所以 $ab\geqslant-\dfrac{1}{2}$,即 ab 的最小值为 $-\dfrac{1}{2}$.

因为 $2(a^2+4b^2)=A^2+B^2=4+B^2\geqslant4$,

所以 $a^2+4b^2\geqslant2$,即 a^2+4b^2 的最小值为 2.

反思　本题构造对偶式的关键是消去交叉项和平方项.另外,本题也可通过消元转化为一元二次函数求解.

（三）互余对偶

互余对偶是指针对结构为 $mA+nB$ 的代数式,构造形如 $nA-mB$ 的对偶式.

例 3　已知 $a^2+b^2=1$,求 $2a+3b$ 的最大值.

思路　本题的条件 $a^2+b^2=1$ 是没有交叉项 ab 且 a^2 和 b^2 系数相等的二元二次方程,目标是求二元一次式的最大值,因此想到将目标函数——二元一次式也转化为没有交叉项 ab 且 a^2 和 b^2 系数相等的二元二次式.进而想到将二元一次式 $2a+3b$ 进行平方,但 $(2a+3b)^2=4a^2+12ab+9b^2$,它和条件的差异在于有交叉项 ab,并且平方项前面的系数不相等.所以接下来需要消去交叉项并使平方项前面的系数相等.由此想到构造 $(3a-2b)^2=9a^2-12ab+4b^2$.

解答　设 $A=2a+3b,B=3a-2b$,

则 $A^2+B^2=13(a^2+b^2)=13$,

所以 $A^2=13-B^2\leqslant13$,即 $A\leqslant\sqrt{13}$.

故 $2a+3b$ 的最大值为 $\sqrt{13}$.

反思　本题构造对偶式的关键点有两个,一是凑系数,二是消去交叉项.

巩固练习

1. 已知 $\sqrt{30-x}+\sqrt{9-x}=7$，求 x 的值.

2. 已知 $3m+4n=24$，求 mn 的最大值.

3. $\dfrac{1}{3\sqrt{1}+\sqrt{3}}+\dfrac{1}{5\sqrt{3}+3\sqrt{5}}+\dfrac{1}{7\sqrt{5}+5\sqrt{7}}+\cdots+\dfrac{1}{2023\sqrt{2021}+2021\sqrt{2023}}=$ _____.

4. 已知 $a^2+b^2=1$，求 $3a-5b$ 的最大值.

5. 已知 α,β 是方程 $x^2-7x+8=0$ 的两根，且 $\alpha>\beta$，不解方程，求 $\dfrac{2}{\alpha}+3\beta^2$ 的值.

扫码观看本方法配套视频讲解

20 赋值法

引路人　宁波外国语学校(浙江省八一学校)　卢芳芳

方法介绍

赋值法,是根据具体情况,针对某些问题,巧妙地对某些元素赋值,特别是赋予确定的特殊值,使问题被有效解决的方法.

一般地,如果在已知中(隐)含有"x为任意实数均成立"这样的条件,就可以根据"一般与特殊"的关系,利用"x为任意实数均成立,则x为某些特殊值时也成立"这一特性,取几个特殊值代入,利用赋值法使问题获解.赋值法所体现的是从一般到特殊的转化思想.即使问题本身与数量无关,有时也可以赋予对象适当的数值.

典例示范

例 1　小浙同学用x张边长为a的正方形纸片,y张边长为b的正方形纸片,z张邻边长分别为a,b的矩形纸片拼出了邻边长分别为$9a+11b,16a+13b$的大矩形,那么小浙同学原来共有纸片_____张.

思路　本题题意明确,根据面积关系得到等量关系,但问题中涉及5个字母,可能会让很多同学无从下手.即便能进一步整理关于a,b的等式,分别求得x,y,z的值,计算过程也较为烦琐.本题中矩形纸片的边长具有一般性,不妨用赋值法解决.

解答　由题意得$xa^2+yb^2+zab=(9a+11b)(16a+13b)$.

令$a=1,b=1$,可得$x+y+z=(9+11)(16+13)=20\times29=580$,

所以小浙同学原来共有纸片580张.

反思　赋值法可以对字母进行不同的赋值,不妨结合所求结论,赋予特殊的值.本题可以将x,y,z看成字母前的系数,故对各字母赋值为1,可以快速得到系数和$x+y+z$.巧用赋值法令人豁然开朗.

例 2 若 $(2x-1)^6=a_6x^6+a_5x^5+a_4x^4+a_3x^3+a_2x^2+a_1x+a_0$，求下列代数式的值.

(1) $a_6+a_5+a_4+a_3+a_2+a_1$；(2) $a_5+a_3+a_1$.

思路 若将 $(2x-1)^6$ 展开，也能得到各项的系数，但此方法较为复杂，计算量较大. 由于本题对于任意的 x 都成立，所以赋值法在这类问题中可以突显其效. 具体赋何值，由代数式的结构决定，如观察第(1)题可知，只要令 $x=1$ 即可得 $a_6+a_5+a_4+a_3+a_2+a_1+a_0$ 的值，而要求得 a_0 的值，再令 $x=0$ 即可，仔细观察就能找到合适的值.

解答 令 $x=0$，可得 $(-1)^6=a_0$，即 $a_0=1$；

令 $x=1$，可得 $(2-1)^6=a_6+a_5+a_4+a_3+a_2+a_1+a_0$，

即 $a_6+a_5+a_4+a_3+a_2+a_1+a_0=1$ ①；

令 $x=-1$，可得 $(-2-1)^6=a_6-a_5+a_4-a_3+a_2-a_1+a_0$，

即 $a_6-a_5+a_4-a_3+a_2-a_1+a_0=729$ ②.

(1) $a_6+a_5+a_4+a_3+a_2+a_1=1-1=0$.

(2) 由①－②，得 $2(a_5+a_3+a_1)=-728$，所以 $a_5+a_3+a_1=-364$.

反思 在此类代数式恒等问题中，常对字母赋值 $0,1,-1$，这样就能成功地将系数从式子中"剥离"，赋值后进行加减消元，可以解决系数和、奇数次项系数和、偶数次项系数和等问题. 根据系数的特点进行赋值是解题的关键.

例 3 如图，已知线段 A_1A_n 上有 $n-2$ 个点，依次记为点 $A_2,A_3,\cdots,A_{n-1}$，每个点标上黑色或蓝色. 若线段 $A_iA_{i+1}(1\leqslant i\leqslant n-1)$ 的两端颜色不同，则称它为双色线段. 已知点 A_1 与 A_n 的颜色不同，证明：线段 $A_1A_2,A_2A_3,\cdots,A_{n-1}A_n$ 中，双色线段的条数为奇数.

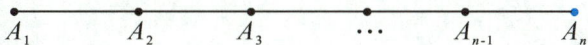

思路 本题较为复杂，一般推理很难突破困境. 通过赋值法可以使问题数值化，通过数式的运算推理可以有效地解决问题.

解答 对每个点 $A_i(1\leqslant i\leqslant n)$ 赋值 a_i，若点 A_i 为黑色，则 $a_i=1$；若点 A_i 为蓝色，则 $a_i=-1$；

设这 $n-1$ 条线段中有 m 条是双色线段，则 $(a_1a_2)(a_2a_3)\cdots(a_{n-1}a_n)=(-1)^m$，

又 $(a_1a_2)(a_2a_3)\cdots(a_{n-1}a_n)=a_1a_2^2a_3^2\cdots a_{n-1}^2a_n=a_1a_n=-1$，故 $(-1)^m=-1$，所以 m 是奇数，即双色线段的条数 m 是奇数.

反思　赋值法使问题数值化,将抽象问题转化为具体的数值运算和逻辑推理,解题思路瞬间变得清晰明了,形成独特的妙解. 若将问题中的黑色端点赋值为 0,蓝色端点赋值为 1,考察所有线段对应的数值之和的奇偶性问题同样可以解决.

巩固练习

1. 若代数式 x^2+3x+2 可以表示为 $(x-1)^2+a(x-1)+b$ 的形式,求 $a+b$ 的值.

2. 已知 $(mx+1)^6=a_6x^6+a_5x^5+a_4x^4+a_3x^3+a_2x^2+a_1x+a_0$,且 $a_6+a_5+a_4+a_3+a_2+a_1=63$,求实数 m 的值.

3. 有 11 个杯子全部杯口朝上放置,任意翻偶数个杯子,算作一次操作(翻过可以再翻). 证明:无论操作多少次,都不能使这 11 个杯子杯口都朝下.

4. 若一个关于 x 的二次多项式,被 $(x-1)$ 除余 2,被 $(x-3)$ 除余 28,还可以被 $(x+1)$ 整除,求这个二次多项式.

5. 求多项式 $(x^2+2x+2)^{2025}+(x^2-3x-3)^{2025}$ 中的奇次项的系数和.

扫码观看本方法配套视频讲解

特殊值法

引路人　绍兴市上虞区春晖外国语学校　杨永栋

方法介绍

　　特殊值法，又叫特值法，是通过设题中某个不确定的量为特殊值，再进行简化运算而得出答案的一种方法．这里的"特殊值"包括合适的特殊数（式）、特殊点、特殊位置、特殊图形等．

　　特殊值的选取应注意如下两点：一是这个特殊值无论是多少或什么，都不影响最终结果；二是这个特殊值与最终结果有紧密的联系．使用特殊值法时应注意：由特殊值法得到的结论不一定正确，有时还需要证明；求解选择题时，特殊值法常常与排除法结合起来使用．

典例示范

例1　若 $abc=1$，则 $\dfrac{1}{ab+b+1}+\dfrac{1}{bc+c+1}+\dfrac{1}{ca+a+1}$ 的值是　　（　　）

A. 4　　　　　　　B. -1　　　　　　C. 1　　　　　　D. 2

思路　我们可以取符合题设 $abc=1$ 的 a,b,c 的特殊值进行计算．

解答　不妨取 $a=1,b=1,c=1$，此时原式 $=\dfrac{1}{3}+\dfrac{1}{3}+\dfrac{1}{3}=1$，故选 C.

　　反思　对于不需要呈现解题过程、常规解法较复杂的题目，可以通过特殊值法将一般问题特殊化，取符合要求的简单数值进行计算或判断，从而解决问题．本题也可通过恒等变形给予严格的证明．

例2　如图 1，O 为 $\triangle ABC$ 内任意一点，直线 AO,BO,CO 分别交对边 BC,AC,AB 于点 D,E,F，则 $\dfrac{OD}{AD}+\dfrac{OE}{BE}+\dfrac{OF}{CF}$ = _____.

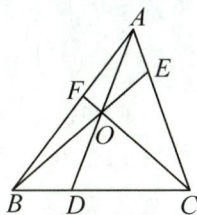

图 1

思路　因为 O 为 $\triangle ABC$ 内任意一点,故可选取特殊点加以研究.若取重心为点 O,则可利用重心的性质.若取垂心为点 O,则可以利用性质"等底三角形的高线比等于面积比".若选取点 D,E 为点 O,则很容易知道结论.再换一种思路,令 $\triangle ABC$ 为正三角形,也能使问题变得简单.

解答　若取点 O 为重心,如图 2,由重心的性质可得 $\dfrac{OD}{AO}=\dfrac{OE}{BO}=\dfrac{OF}{CO}=\dfrac{1}{2}$,故 $\dfrac{OD}{AD}+\dfrac{OE}{BE}+\dfrac{OF}{CF}=\dfrac{1}{3}+\dfrac{1}{3}+\dfrac{1}{3}=1$.

若取点 O 为垂心,如图 3,可知 $\dfrac{OD}{AD}=\dfrac{S_{\triangle BOC}}{S_{\triangle ABC}},\dfrac{OE}{BE}=\dfrac{S_{\triangle AOC}}{S_{\triangle ABC}},\dfrac{OF}{CF}=\dfrac{S_{\triangle AOB}}{S_{\triangle ABC}}$,故 $\dfrac{OD}{AD}+\dfrac{OE}{BE}+\dfrac{OF}{CF}=\dfrac{S_{\triangle BOC}}{S_{\triangle ABC}}+\dfrac{S_{\triangle AOC}}{S_{\triangle ABC}}+\dfrac{S_{\triangle AOB}}{S_{\triangle ABC}}=\dfrac{S_{\triangle ABC}}{S_{\triangle ABC}}=1$.

若使点 D,E 与端点 C 重合,点 F 与端点 A 重合,此时点 O 与端点 C 重合,如图 4,可知 $\dfrac{OD}{AD}+\dfrac{OE}{BE}+\dfrac{OF}{CF}=0+0+1=1$.

若取 $\triangle ABC$ 为正三角形,如图 5,可知此时的点 O 既是重心也是垂心,由上述方法可得结果仍是 1.

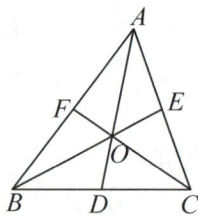
图 2

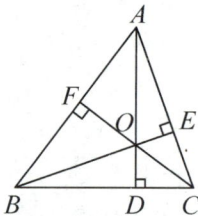
图 3

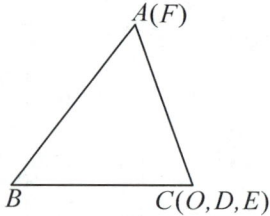
图 4

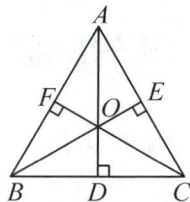
图 5

反思　对于一般化的几何问题,由于已知条件与所探究的几何元素往往会缺少比较直接的联系,我们不妨在满足条件的基础上,利用特殊值法,将点的位置或图形的形状特殊化,迅速求得结果.本题也可利用面积法等给出严格的证明.

例 3　探究活动:在 $\triangle ABC$ 中,$\angle ACB=60°$,$AC=1$,点 D 是边 AB 的中点,点 E 是边 BC 上一点,连结 DE,若线段 DE 平分 $\triangle ABC$ 的周长,请你画出图形,并求出线段 DE 的长.

思路　本题直接求解难度较大,给人以不知从何处入手的感觉,因此想到从特殊情形开始探究.由 $\angle ACB=60°$,极易想到特殊值法,选取符合条件的两种特殊图形,如正三角形或直角三角形,通过特殊三角形的边角关系来计算.

解答　若取△ABC为正三角形,如图1,可发现此时点 E 与点 C 重合,线段 DE 即为底边上的高线(中线、角平分线),故 $DE=AC\times\sin\angle CAB=\frac{\sqrt{3}}{2}$.

若取△ABC为直角三角形时,如图2,可得 $CE=\frac{1}{2}$,$BE=\frac{3}{2}$,作中位线 DF,可得 $EF=DF=\frac{1}{2}$,△EFD 是等腰三角形.因此 $\angle FED=\angle EDF=\frac{1}{2}\angle DFB=\frac{1}{2}\angle C=30°$,故 $DE=DB=\frac{\sqrt{3}}{2}$.

受以上探究思路方法和探究结果的启示,对一般情形求解如下.

如图3,在△ABC中,取 BC 的中点 G,连结 DG,过点 G 作 $GH\perp DE$,点 H 为垂足.设 CE 为 x,由 AD=DB,线段 DE 平分△ABC的周长,知 $BE=1+x$,$BC=1+2x$,所以 $CG=\frac{1}{2}+x$,$EG=CG-CE=\frac{1}{2}$.因为 D 为 AB 的中点,所以 $DG\parallel AC$,$DG=\frac{1}{2}AC=\frac{1}{2}$.又因为 $\angle C=60°$,所以 $\angle DGE=120°$,$\angle GEH=30°$,所以 $GH=\frac{1}{2}EG=\frac{1}{4}$,$EH=DH=\frac{\sqrt{3}}{4}$,故 $DE=2EH=\frac{\sqrt{3}}{2}$.

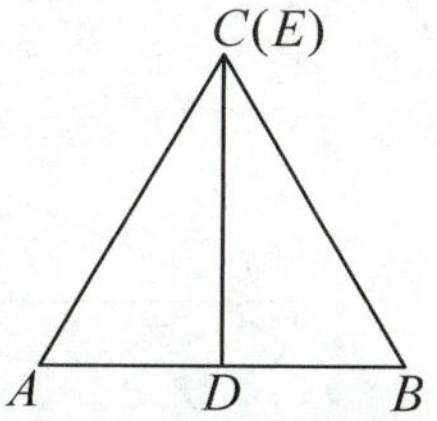

图1 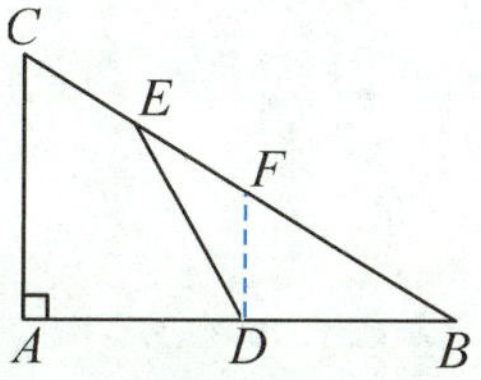　　　　　图2 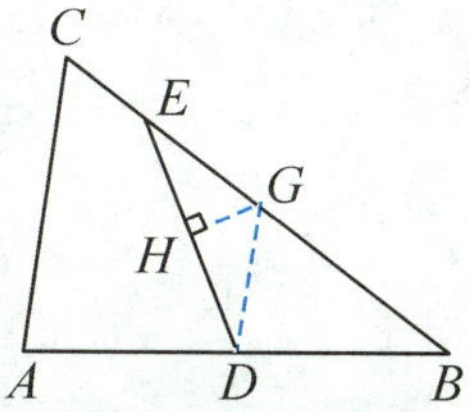　　　　　图3

反思　本题利用特殊值法,既获得了初步结果,也为解决一般情况提供了思路,即通过添加辅助线,构造等腰三角形及中位线来求解.对于一些较复杂的问题,先研究简单的、特殊的情形,获取初步思路方法甚至结论后,再研究一般情形,这是一种常用的策略方法.

巩固练习

1. 若 $a<-1$,则 $3-|(3-|a-3|)|$ 的化简结果是　　　　　　　　　　(　　)

A. $3-a$　　　　　　　　　　　　B. $3+a$

C. $-3-a$　　　　　　　　　　　D. $a-3$

2. 已知 a,b 满足 $\dfrac{b}{a}+\dfrac{a}{b}=2$，则 $\dfrac{a^2+ab+b^2}{a^2+4ab+b^2}$ 的值是 　　　　（　　）

A. 1　　　　　　　B. $\dfrac{1}{2}$　　　　　　C. $\dfrac{3}{4}$　　　　　　D. $\dfrac{1}{4}$

3. 如图，在 $\triangle ABC$ 中，已知 $AB=9$，$AC=6$，$AD\perp BC$ 于点 D，E 为边 AD 上任意一点，则 $EB^2-EC^2=$ _____.

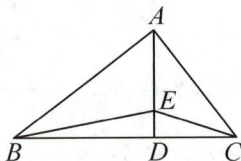

4. 如图，E,F 分别是菱形 $ABCD$ 中 AB,BC 的中点，DE,AF 交于点 G，则 $AG:GF=$ _____.

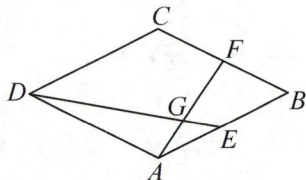

5. 如图，在四边形 $ABCD$ 中，$AD/\!/BC$，$\angle C=45°$，以 AB 为腰作等腰 $\mathrm{Rt}\triangle BAE$，顶点 E 刚好落在边 CD 上. 若 $AD=1$，求 CE 的长.

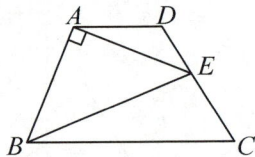

扫码观看本方法配套视频讲解

22 排除法

引路人　宁波市鄞州实验中学　蔡卫兵

方法介绍

排除法,也叫淘汰法或筛选法,是排除一个问题所有可能结果中的一切错误结果,最终得到正确结果的一种逻辑思维方法. 对于一些难度较大、无法正面解答的单项选择题,使用排除法可以起到意想不到的奇效.

使用排除法的主要思路有:(1)立足条件,进行逻辑分析,排除选项;(2)依托选项,特例比较,推出矛盾;(3)特值代入,求值验证,排除选项.

典例示范

(一)立足条件

例1　已知点 $M(-4,a-2)$,$N(-2,a)$,$P(2,a)$ 在同一个函数图象上,则这个函数图象可能是　　　　　　　　　　　　　　(　　)

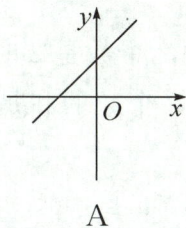

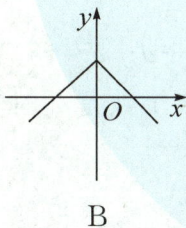

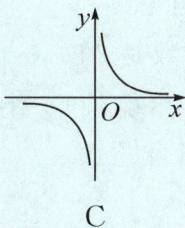

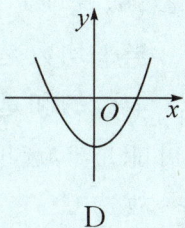

A　　　　　　B　　　　　　C　　　　　　D

思路　通常可以根据函数表达式来确定函数图象,而本题未给定函数模型,不能利用待定系数法求出函数表达式. 因此,通过对坐标特点进行分析判断点的位置关系,进而推断出相关函数局部图象的特征,便能排除不符合题干条件的选项.

解答　因为点 N 与点 P 关于 y 轴对称,而选项 A 和 C 的图象上不存在关于 y 轴对称的两个点,由此排除选项 A 和 C;因为点 M 和点 N 的横坐标分别是 -4 和 -2,纵坐标 $a-2$ 小于 a,由选项 D 的图象可知,当 $x\leqslant 0$ 时,y 随着 x 的增大而减小,即可排除选项 D. 故选 B.

　　反思　本题也可根据一次函数、反比例函数及二次函数的本质特征，通过自变量与函数值的变化规律分析推得；还可根据选择题的解题特点，尝试给 a 赋值，再逐一验证选项中四个函数图象的可能性.

(二)依托选项

　　例 2　将一枚质地均匀的正方体骰子(6 个面分别标有数字 1,2,3,4,5,6)投掷 5 次,分别记录每次骰子向上的一面出现的数字. 根据下面的统计结果,能判断记录的这 5 个数字中一定没有出现数字 6 的是　　　　　(　　)

　　A.中位数是 3,众数是 2　　　　　　B.平均数是 3,中位数是 2

　　C.平均数是 3,方差是 2　　　　　　D.平均数是 3,众数是 2

　　思路　本题没有给出具体的统计数据(即每次骰子的投掷结果),无法直接计算统计量. 因此,从选项入手,合理假设这 5 个数,结合统计量的概念,推断这 5 个数的可能情况,然后判定没有出现数字 6 的情况,宜用排除法进行解答.

　　解答　设这 5 个数分别为 $a,b,c,d,e(1\leqslant a\leqslant b\leqslant c\leqslant d\leqslant e\leqslant 6)$.

　　当中位数是 3,众数是 2 时,$a=b=2,c=3,d,e$ 可能是 6,选项 A 不合题意.

　　当平均数是 3,中位数是 2 时,$c=2,2\leqslant a+b\leqslant 4,a+b+d+e=13$,所以 $9\leqslant d+e\leqslant 11$. 又因为 $2\leqslant d\leqslant 6$,所以 e 可能是 6,选项 B 不合题意.

　　当平均数是 3,方差是 2 时,$(a-3)^2+(b-3)^2+(c-3)^2+(d-3)^2+(e-3)^2=10$. 若 $e=6$,则 $a=2,b=c=d=3$. 此时,平均数大于 3,与题意矛盾,故 $e<6$,选项 C 符合题意.

　　当平均数是 3,众数是 2 时,$a+b+c+d+e=15$,当其中 2 个数是 2 时,另外 3 个数的和是 11,e 可能是 6;当其中 3 个数是 2 时,另外 2 个数的和是 9,e 也可能是 6,选项 D 不合题意.

　　故选 C.

　　反思　由统计数据可计算平均数、众数、中位数、方差等统计量,由统计量可作出判断与决策,也可推断出一些统计数据的可能情况,这时举反例起着重要的作用,如果恰当地将排除法与举反例方法联合使用,可以大大提高解题的准确率和速度.

(三)特值代入

　　例 3　$[m]$ 表示不大于 m 的最大整数. 假设队伍中共有 x 人,现列队需要每 10 人中走出一个人,当 x 除以 10 的余数大于 5 时,则在余下的人中再走出一人,则共走出   （   ）

A. $\left[\dfrac{x}{10}\right]$ 人　　　　B. $\left[\dfrac{x+3}{10}\right]$ 人　　　　C. $\left[\dfrac{x+4}{10}\right]$ 人　　　　D. $\left[\dfrac{x+5}{10}\right]$ 人

思路　一个正整数除以 10 的余数有 10 种情况,对于每一种情况可用多种方法表示符合题意的结果,但在本题中要求对所有情况用一个统一的 $\left[\dfrac{x+n}{10}\right]$ 表示,正面解决较难理解,宜采用特殊值代入,通过验算排除干扰选项进行解答.

解答　当 $x=16$ 时,$\left[\dfrac{x}{10}\right]=1$,$\left[\dfrac{x+3}{10}\right]=1$,按照题意该队伍中应走出 2 人,排除选项 A,B;当 $x=15$ 时,$\left[\dfrac{x+5}{10}\right]=2$,按照题意该队伍中应走出 1 人,排除选项 D. 故选 C.

反思　若取特殊值 $x=10$ 代入,四个选项的结果均为 1,此时无法排除错误选项.因此我们需要根据题意选取除以 10 的余数大于 5 的具体数字代入,这样可以精简讨论情况,同时从某种特殊数值切入到排除法所对应的逻辑梳理过程,可避开不失一般性的繁杂理性推演,这显然是一种较佳的选择.

巩固练习

1. 已知 a,b 为实数,则下列不等式组的解集可以为 $-2<x<2$ 的是　（   ）

A. $\begin{cases} ax>1, \\ bx>1 \end{cases}$　　　B. $\begin{cases} ax<1, \\ bx<1 \end{cases}$　　　C. $\begin{cases} ax<1, \\ bx>1 \end{cases}$　　　D. $\begin{cases} ax>1, \\ bx<1 \end{cases}$

2. 在凸五边形 $ABCDE$ 中,$AB=AE$,$BC=DE$,F 是 CD 的中点.下列条件中,不能推出 AF 与 CD 一定垂直的是   （   ）

A. $\angle ABC=\angle AED$　　　　　　B. $\angle BAF=\angle EAF$

C. $\angle BCF=\angle EDF$　　　　　　D. $\angle ABD=\angle AEC$

3. 已知 a,b 是非零实数,$|a|>|b|$,在同一平面直角坐标系中,二次函数 $y_1=ax^2+bx$ 与一次函数 $y_2=ax+b$ 的大致图象不可能是   （   ）

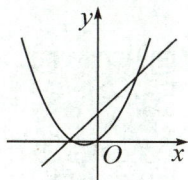　　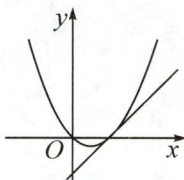　　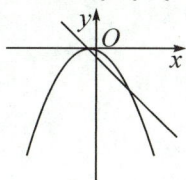　　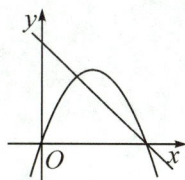

　　　A　　　　　　　　B　　　　　　　　C　　　　　　　　D

4. 将两张全等的等腰直角三角形纸片△ABH 与△CDF 和一张正方形纸片 EFGH 按照如图所示的方式拼成一个▱ABCD,同时形成了剩余部分(即△BEF,△BFC,△AHD,△HDG).若只知道阴影部分的面积,则不能直接求出 (　　)

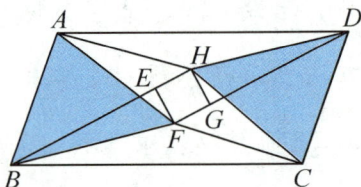

A. △BEF 的面积

B. ▱ABCD 的面积

C. △CDF 的面积

D. 剩余部分的面积与正方形 EFGH 面积的和

5. 在△ABC 中,∠BAC=90°,AB=6,AC=8,P 是△ABC 所在平面内的一点,则 $PA^2+PB^2+PC^2$ 取得最小值时,下列结论正确的是 (　　)

A. P 是△ABC 三边垂直平分线的交点

B. P 是△ABC 三条高线的交点

C. P 是△ABC 三条角平分线的交点

D. P 是△ABC 三条中线的交点

枚举法

引路人　宁波市惠贞书院　严洪刚

方法介绍

枚举法,又叫列举法或穷举法,是将符合问题条件的所有对象不重不漏地一一列举出来;或者为了方便解决问题,把问题分为不重复、不遗漏的有限种情形,分别求解,最终达到解决整个问题的目的.

解决问题时,如果所有可能的情况是有限的且可列举出来的,那么常常用枚举法.

典例示范

(一)计数问题,枚举奇效

例1　有一批长度分别是 $1,3,4,5,6,8,9$(单位:cm)的细木条,它们的数量足够多,从中适当选取 3 根,首尾顺次相接,作为三条边,可以围成一个三角形.如果规定一边是 9cm,那么可以围成多少种不同的三角形?

思路　关键点是 3 根细木条长度是三角形三边,最大的边是 9cm,可以有两个思路:①除一边为 9cm 长外,把选取的另外 2 根细木条长的所有结果一一列举,从中找到所取的 2 根细木条长度和 9cm 能作为三角形三边的情况;②先从其余 2 根细木条长度与 9cm 能作为三角形三边的条件出发,缩小枚举的范围,再按不同情况分类,列举出每类可能的情况,最后累加所有情况.

解答　方法 1:除 9cm 作为一边外,从 7 种长度的细木条中取出 2 根(允许长度相同),共有 $7+6+5+4+3+2+1=28$ 种结果,从 28 种结果中再找符合题意的情况,这种列举显然费时费力.

方法 2:先缩小列举的范围,进行合理分类再列举.

设其余两边为 a,b,且 $a \geqslant b$,则显然 $5 \leqslant a \leqslant 9$.

若 $a=5$,则 b 可以取 5,有 1 种;

若 $a=6$,则 b 可以取 6,5,4,有 3 种；

若 $a=8$,则 b 可以取 8,6,5,4,3,有 5 种；

若 $a=9$,则 b 可以取 9,8,6,5,4,3,1,有 7 种；

故共有 $1+3+5+7=16$ 种.

> **反思** 枚举法需要不重不漏地列出所有可能的结果,当列举的情况比较多时,不妨先考虑能否根据条件,缩小枚举的范围,并且选好标准进行分类列举、按序排列,这样可更好地做到不重不漏.

(二)古典概型,枚举助力

例 2 甲、乙、丙、丁各写一张贺卡,分别记为 A 卡、B 卡、C 卡、D 卡.先将贺卡集中起来,然后每人拿一张别人送出的贺卡,问甲拿到 B 卡,乙拿到 C 卡,丙拿到 D 卡,丁拿到 A 卡的概率是多少?

思路 关键信息是拿一张别人送出的贺卡,这里涉及"当拿到自己的卡片时不符合条件,需要进行舍弃".鉴于考虑有多少种情形时容易出错,因此利用枚举法画树状图列举出所有可能出现的情形,再利用概率公式计算解答.

解答 甲、乙、丙、丁各写一张贺卡,分别记为 A 卡、B 卡、C 卡、D 卡,先集中起来,然后每人拿一张别人送出的贺卡,出现的情况如下:

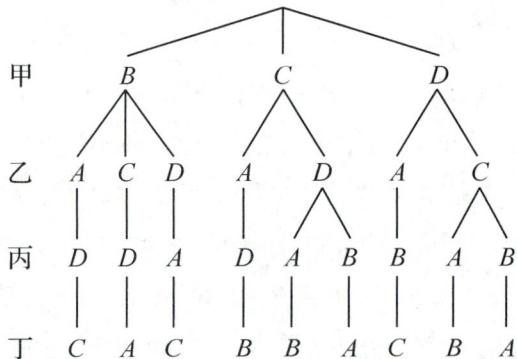

共有 9 种等可能的结果,甲拿到 B 卡,乙拿到 C 卡,丙拿到 D 卡,丁拿到 A 卡的结果只有 1 种,故概率为 $\dfrac{1}{9}$.

> **反思** 古典概型的概率计算,必须不重不漏地得到所有等可能情况.枚举法是解这类题的常用方法,画树状图和列表格是枚举法的两种具体方式,具有直观、清晰、易操作等优点.

(三)不定方程,枚举寻解

例 3 要把手中的两张面值 100 元的现金换成面值为 50 元、20 元、10 元的纸币,要求换完后三种面值的纸币都有,有几种换法?

思路 本题是求三元一次方程的正整数解问题,利用枚举法合理分类解决效果颇佳.对三个未知数 x,y,z 进行枚举,可以先确定一个未知数 x 的取值,再依次对 y,z 进行枚举.

解答 设换成的 50 元、20 元、10 元面值的纸币分别为 x 张、y 张、z 张,

则有 $50x+20y+10z=200$,整理得 $5x+2y+z=20$.

显然 $1\leqslant x<4,1\leqslant y<10,1\leqslant z<20$,

不妨选择 x 进行分类(此分类列举情形最少),列表如下:

$x=1$	$2y+z=15$	$\begin{cases}y=1,\\z=13,\end{cases}$	$\begin{cases}y=2,\\z=11,\end{cases}$	$\begin{cases}y=3,\\z=9,\end{cases}$	$\begin{cases}y=4,\\z=7,\end{cases}$	$\begin{cases}y=5,\\z=5,\end{cases}$	$\begin{cases}y=6,\\z=3,\end{cases}$	$\begin{cases}y=7,\\z=1.\end{cases}$
$x=2$	$2y+z=10$	$\begin{cases}y=1,\\z=8,\end{cases}$	$\begin{cases}y=2,\\z=6,\end{cases}$	$\begin{cases}y=3,\\z=4,\end{cases}$	$\begin{cases}y=4,\\z=2.\end{cases}$			
$x=3$	$2y+z=5$	$\begin{cases}y=1,\\z=3,\end{cases}$	$\begin{cases}y=2,\\z=1.\end{cases}$					

从表中看出,满足要求的换法有 13 种.

反思 运用枚举法求不定方程的解时,合理使用限制条件,先明确未知数的取值范围,能避免无效的枚举尝试.对于多个未知数的枚举问题,需要对未知数的分类进行恰当的排序,使得枚举逻辑更为清晰、简洁,让枚举过程既全面又高效.

巩固练习

1. 方程 $4x+3y=32$ 的正整数解有_____.

2. 在综合实践活动中,数学兴趣小组对在 $1\sim n$ 这 n 个自然数中,任取两数之和大于 n 的取法种数 k 进行了探究.发现:

当 $n=2$ 时,只有 $\{1,2\}$ 一种取法,即 $k=1$;

当 $n=3$ 时,有 $\{1,3\}$ 和 $\{2,3\}$ 两种取法,即 $k=2$;

当 $n=4$ 时,可得 $k=4$;…

若 $n=6$,则 k 的值为＿＿＿＿;若 $n=24$,则 k 的值为＿＿＿＿.

3. 某市每天 8:30—9:30 有三辆旅游专线车开往一处旅游景点,其票价相同,但车的舒适程度不同.甲、乙两人都在这一时段乘车去该景点,甲不知道三辆车的舒适程度有所不同,来车就乘坐,而乙知道三辆车的舒适程度有所不同,于是先观察后上车,当第一辆车开来时,他不上车,而是仔细观察车的舒适程度.若第二辆车的舒适程度比第一辆车好,他就上第二辆车;若第二辆车的舒适程度不如第一辆车,乙就上第三辆车.若将三辆车的舒适程度分为优、中、差三等,请你思考并回答下列问题.

(1)三辆车按出现的先后顺序共有哪几种可能?

(2)请分析甲、乙两人谁乘坐优等车的可能性大.为什么?

4. 一个正整数分别加上 100 或 168 可得到两个完全平方数,请求出这个正整数.

5. 现有一根长为 95cm 的铁丝,要截成 n 小段($n>2$),每段的长是不小于 1cm 的整数,如果其中任意 3 小段都不能构成三角形,试求 n 的最大值.此时有几种方法将这条铁丝截成满足条件的 n 段?

扫码观看本方法配套视频讲解

24 列表法

引路人　义乌公学　虞伟奖

方法介绍

列表法,是将某个数学问题中涉及的要素及它们之间的相互关系通过表格的形式进行呈现,以便更好地理解、分析、解决问题.

初中阶段我们在求等可能事件的概率时,为不重不漏地列出所有可能的结果,可以采用列表法;在列方程解应用题(求函数解析式)时,可以将复杂问题中的数量关系通过表格的形式进行呈现;另外,可以用列表法来解决一些方程的不确定解问题,也可以通过列表、描点、连线的方法分析函数图象等.

典例示范

(一)列表法求等可能事件的概率

例1　"石头、剪刀、布"是民间广为流传的一种游戏,做游戏的两人每次做"石头""剪刀""布"三种手势中的一种,并约定"石头"胜"剪刀","剪刀"胜"布","布"胜"石头",若做同种手势则不分胜负须继续比赛.现有甲、乙两人做这种游戏,假设他们做三种手势的可能性均相等,那么在一次游戏中甲、乙获胜的概率各是多少?

思路　因本题中甲、乙两人做三种手势的可能性均相等,并且涉及甲、乙两个要素,故可以借助表格的行、列分别表示两人的可能手势,将所有可能的结果列出,再判断两人胜负的概率.

解答　根据题意,游戏中可能出现的结果如下表所示.

甲　乙	剪刀	石头	布
剪刀	(剪刀,剪刀)	(石头,剪刀)	(布,剪刀)
石头	(剪刀,石头)	(石头,石头)	(布,石头)
布	(剪刀,布)	(石头,布)	(布,布)

从表格中可以看出,所有结果为 9 种且出现的可能性相等.因此,一次游戏中甲获胜的结果有(剪刀,布)、(石头,剪刀)、(布,石头),故甲获胜的概率是 $\frac{3}{9}=\frac{1}{3}$.同理,乙获胜的概率也是 $\frac{1}{3}$.

> **反思**　列表法是人们用来确定事件发生的所有可能结果的常用方法,它可以避免重复和遗漏,既直观又条理分明.它比较适合用于涉及两个试验因素或分两步进行、结果总数相对较少、各种结果出现等可能的试验.

(二)列表法分析未知量间的关系

例 2　要从甲、乙两仓库向 A,B 两工地运送水泥.已知甲仓库可运出 100 吨水泥,乙仓库可运出 80 吨水泥;A 工地需 70 吨水泥,B 工地需 110 吨水泥.两仓库到 A,B 两工地的路程和每吨水泥每千米运费如下表所示.

工地	路程/千米		每吨水泥每千米运费/元	
	甲仓库	乙仓库	甲仓库	乙仓库
A 工地	20	15	1.2	1.2
B 工地	25	20	1	0.8

若设甲仓库运往 A 工地水泥 x 吨,求总运费 y 关于 x 的函数表达式.

思路　本题中涉及的要素非常多,有仓库到工地的水泥运量、仓库到工地的路程、运费单价等,且相互之间关系复杂,为了更好地理清它们之间的内在联系,可以设计一个类似题目中的表格帮助我们解决问题.

解答　设甲仓库运往 A 工地水泥 x 吨,则各仓库运出的水泥吨数和运费如下表所示.

工地	运量/吨		运费/元	
	甲仓库	乙仓库	甲仓库	乙仓库
A 工地	x	$70-x$	$1.2\times20x$	$1.2\times15\times(70-x)$
B 工地	$100-x$	$10+x$	$1\times25\times(100-x)$	$0.8\times20\times(10+x)$

所以 $y=1.2\times20x+1\times25\times(100-x)+1.2\times15\times(70-x)+0.8\times20\times(10+x)=-3x+3920(0\leqslant x\leqslant70)$.

> **反思**　用列表法分析实际问题时,表格的行通常表示不同的条件或事件,列则用于记录与这些条件或事件相关的量.利用列表法分析数量关系,

既能将各种数量关系直观地表示出来,一目了然,又能省去分析题目时,用大量文字来表述的烦琐过程,可谓一举多得.

(三)列表、描点、连线法探索函数图象

例 3 某班数学研究小组在学完反比例函数后,对函数 $y = x + \dfrac{1}{x}$ 的图象和性质进行了探究,探究过程如下,请补充完整.

(1)自变量 x 的取值范围是 _____.

(2)下表是 y 与 x 的几组对应数值,请根据自变量 x 的值,求出相应函数 y 的值.

x	$\cdots$	-3	-2	-1	$-\frac{1}{2}$	$-\frac{1}{3}$	$\frac{1}{3}$	$\frac{1}{2}$	1	2	3	$\cdots$
y	$\cdots$											$\cdots$

(3)请在平面直角坐标系中描出以上表中各组对应值为坐标的点,并根据描出的点,画出该函数图象.

(4)结合函数图象,写出该函数的一条性质:

_____.

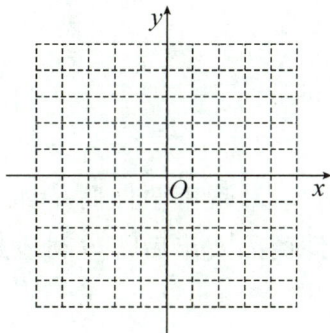

思路 要探究一个陌生函数,需先确定自变量的取值范围,进而在自变量范围内通过列表、描点、连线的方式画出函数大致图象,最后再通过观察图象分析函数性质.

解答 (1)$x \neq 0$.

(2)

x	$\cdots$	-3	-2	-1	$-\frac{1}{2}$	$-\frac{1}{3}$	$\frac{1}{3}$	$\frac{1}{2}$	1	2	3	$\cdots$
y	$\cdots$	$-\frac{10}{3}$	$-\frac{5}{2}$	-2	$-\frac{5}{2}$	$-\frac{10}{3}$	$\frac{10}{3}$	$\frac{5}{2}$	2	$\frac{5}{2}$	$\frac{10}{3}$	$\cdots$

(3)

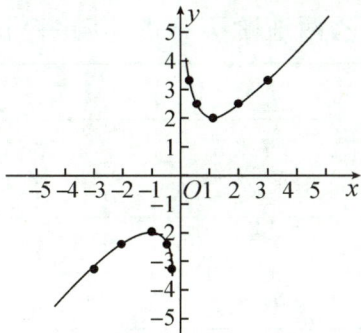

（4）（答案不唯一）如函数图象在第一、三象限且关于原点对称；当 $x > 1$ 时，y 随 x 的增大而增大，当 $0 < x < 1$ 时，y 随 x 的增大而减小等.

> **反思**　列表、描点、连线法是探索函数图象的常用方法. 列表可以更直观简洁地呈现出自变量和函数的值，通常选取一些便于计算和描点的整数值，连线时要用光滑的曲线连结，并注意观察图象变化趋势.

巩固练习

1. 在一个不透明的口袋中装有四个小球，分别标记数字 1，2，3，4，这四个小球除数字不同外其余均相同. 小萱同学从口袋中随机摸出一个小球，记下数字后放回并搅匀，再从口袋中随机摸出一个小球记下数字. 请用列表法列出所有等可能的结果，并求出小萱同学两次摸出的小球上数字之和为 6 的概率.

2. 现有两件商品都卖 84 元，其中一件亏损 20%，另一件盈利 40%，则两件商品卖出后是盈利还是亏本？请借助表格分析.

3. 为美化校园环境，某园林公司准备对 A，B 两所新学校进行校园绿化建设. 已知 A 校有 3600 平方米空地需铺设草坪，B 校有 2400 平方米空地需铺设草坪，在甲、乙两地分别有同种草皮 3500 平方米和 2500 平方米出售，且售价一样. 若园林公司向甲、乙两地购买草皮，其路程和运费单价表如下.

地方	A 校		B 校	
	路程/千米	每平方米草皮每千米运费/元	路程/千米	每平方米草皮每千米运费/元
甲地	20	0.15	10	0.15
乙地	15	0.20	20	0.20

设甲地运往 A 校的草皮为 x 平方米,总运费为 y 元,试求 y 与 x 的函数关系式.

4. 在初中阶段的函数学习中,我们经历了列表、描点、连线画函数图象,并结合图象研究函数性质及其应用的过程.以下是我们研究函数 $y=\dfrac{4-x^2}{x^2+1}$ 的性质及其应用的部分过程,请按要求完成下列各小题.

(1)请把下表补充完整,并在给出的图中补全该函数的大致图象.

x	$\cdots$	-5	-4	-3	-2	-1	0	1	2	3	4	5	$\cdots$
$y=\dfrac{4-x^2}{x^2+1}$	$\cdots$	$-\dfrac{21}{26}$	$-\dfrac{12}{17}$	$-\dfrac{1}{2}$	0	$\dfrac{3}{2}$			0				$\cdots$

(2)请根据这个函数的图象,写出该函数的一条性质.

(3)已知函数 $y=-\dfrac{3}{2}x+3$ 的图象如图所示.根据函数图象,直接写出不等式 $-\dfrac{3}{2}x+3>\dfrac{4-x^2}{x^2+1}$ 的解集.(近似值保留一位小数,误差不超过 0.2)

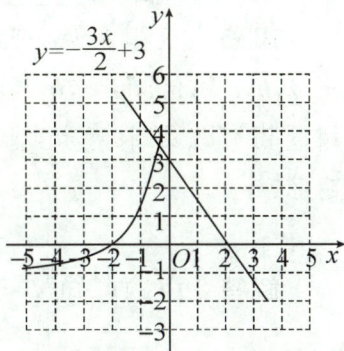

5. 现有长度分别为 $1,2,3,4,5,6,7,8,9$(单位:cm)的细木棒各 1 根,利用它们(允许连结加长但不允许折断)能够围成多少种周长不同的正三角形?

画树状图

引路人　宁波市镇海蛟川书院　滕　丽

方法介绍

树状图,也叫树枝状图,是枚举法的一种表达方式.树状图是在解决概率问题时常用的一种图形.

由于树状图可以不重不漏、更加简明清楚地表示出所有的结果,如果能够挖掘题设中与树状图有关的因素,利用树状图进行铺路搭桥,有时会收到意想不到的效果.

典例示范

例1　已知实数 a,b,c 满足 $a^2+b^2=5$,$b^2+c^2=13$,$c^2+a^2=10$,则 $ab+bc+ca$ 的最小值是_____.

思路　根据条件,可以将三个等式相加,得到 $a^2+b^2+c^2$ 的值,从而算出 a,b,c 的值.但 a,b,c 对应都有两个值,因此所有可能的组合极易混淆,而树状图可以表示两步或两步以上完成的事件,故用画树状图的方法,更简单明了.

解答　由题可知 $\begin{cases} a^2+b^2=5 & ① , \\ b^2+c^2=13 & ② , \\ c^2+a^2=10 & ③ , \end{cases}$

由①+②+③得 $2a^2+2b^2+2c^2=28$,所以 $a^2+b^2+c^2=14$　④,

由④-①得 $c^2=9$,所以 $c=\pm 3$,

由④-②得 $a^2=1$,所以 $a=\pm 1$,

由④-③得 $b^2=4$,所以 $b=\pm 2$.

$ab+bc+ca$ 的结果可以用如下的树状图表示.

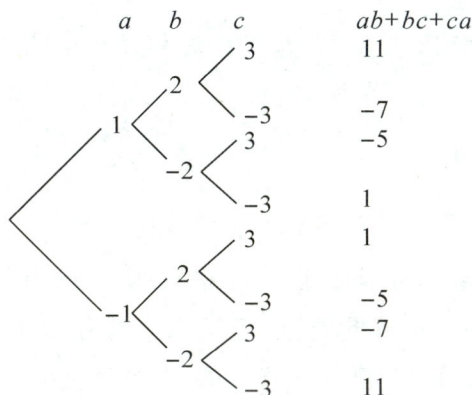

当 $a=1,b=2,c=-3$ 或 $a=-1,b=-2,c=3$ 时,$ab+bc+ca$ 有最小值,最小值是 -7.

> **反思** 在某些代数式求值问题中,多个字母的取值不唯一,画树状图可以将字母取值的所有组合不重复、不遗漏地表示出来.事实上,日常也有很多利用树状图来解决的分类问题,比如乒乓球单打比赛抽签后可用树状图来表示相遇情况,学校机关的组织结构可用树状图表示等.

例2 甲、乙、丙三人传球,从甲开始传出,并记为第一次,经过 5 次传球后,球恰好传回到甲手中,则不同的传球方式共有_____种.

思路 每一次传球都只有两种可能,因此可以画树状图得出所有可能的结果.经过 5 次传球,球恰好传回到甲手中,为了更加简洁地画出树状图,第 4 次传球后球在甲手中的情况就可以排除,树状图中就不再表示,只需画出第 4 次传球后球传到乙、丙手中的所有情况即可.

解答 树状图为:

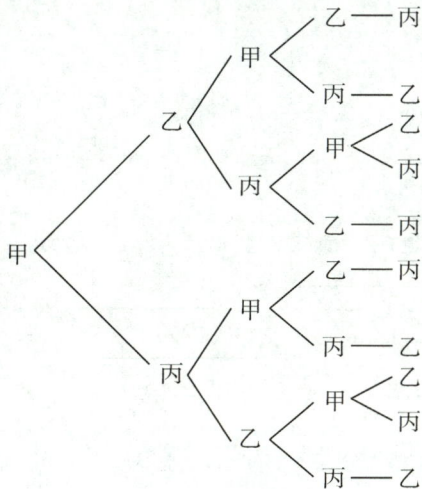

故不同的传球方式共有 10 种.

例 3 邻边不相等的平行四边形纸片,剪去一个菱形,余下一个四边形,称为第一次操作;在余下的四边形纸片中再剪去一个菱形,又剩下一个四边形,称为第二次操作;⋯⋯;依此类推,若第 n 次操作余下的四边形是菱形,则称原平行四边形为 n 阶准菱形.已知 $\square ABCD$ 的邻边长分别为 $1,a(a>1)$,且是 3 阶准菱形,请画出 $\square ABCD$ 及裁剪线的示意图,并在图形下方写出 a 的值.

思路 如图 1,在 $\square ABCD$ 中,若 $AD>AB$,则裁剪线平行于 AB,可以看成是竖线,如图 2,若 $AD<AB$,则裁剪线平行于 AD,可以看成是横线.设 $\square ABCD$ 中 $AD=a$,$AB=1$,根据条件 $a>1$,第一条裁剪线是竖线,还有两次操作,竖线和横线都有可能,可以画树状图将所有可能的结果表示出来.

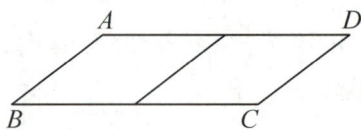 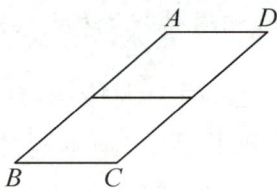

图 1 图 2

解答 裁剪线有横线和竖线两种,画成树状图如下.

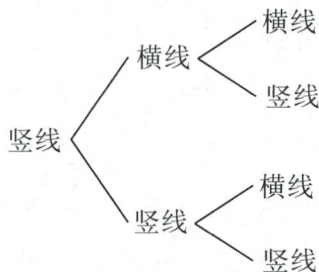

故共有 4 种情况.

竖线—横线—横线 竖线—横线—竖线 竖线—竖线—横线 竖线—竖线—竖线

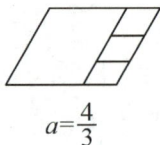 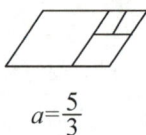 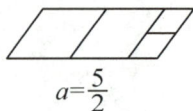 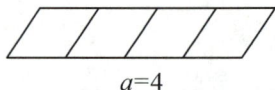

$a=\dfrac{4}{3}$ $a=\dfrac{5}{3}$ $a=\dfrac{5}{2}$ $a=4$

巩固练习

1. 已知 $|a|=2$，$|b|=3$，$a>b$，用树状图画出 a，b 所有可能的情况，并求出 $a-b$ 的值.

2. 班级准备召开主题班会，现从由 3 名男生和 2 名女生所组成的班委中，随机选取 2 人担任主持人，求 2 名主持人恰为一男一女的概率.（请用画树状图的方法写出过程）

3. 已知线段 $AB=15\text{cm}$，点 P 从点 A 出发以 1cm/s 的速度沿射线 AB 运动，同时点 Q 从点 B 出发，先向点 A 运动，当与点 P 相遇后立马改变方向与点 P 同向而行且速度始终为 2cm/s.设点 P，Q 同时出发，且运动时间为 $t(\text{s})$.当 P 是线段 AQ 的三等分点时，求 t 的值.

4. 一排蜂房编号如图所示，左上角有一只还不会飞的小蜜蜂，只会向前爬行，它爬到 8 号蜂房，共有 _____ 种路线.

5. 如果 2024 个整数 a_1，a_2，$\cdots$，a_{2024} 满足下列条件：$a_1=0$，$|a_2|=|a_1+2|$，$|a_3|=|a_2+2|$，$\cdots$，$|a_{2024}|=|a_{2023}+2|$，那么 $a_1+a_2+\cdots+a_{2023}$ 的最小值是 _____.

数轴法

引路人　温州市实验中学　南赛月

方法介绍

数轴是数形结合、数形转化的桥梁与纽带,它使实数和数轴上的点建立起一一对应的关系,揭示了数与点之间的内在联系.数轴法,是把数轴作为解决问题的一种工具的图示方法,主要用于表示和比较数值大小及其相对位置关系.

数轴法能化抽象为直观,进而为问题的解决提供启示和帮助.

典例示范

(一)直接运用数轴解题

例 1　数轴上点 A,B 表示的数分别为 -8 和 16,点 P,C 在数轴上(点 C 在点 P 右侧),且 $PC=3$,以 PC 为长构造一个长方形(如图 1 所示).现点 P 从点 A 出发,以每秒 2 个单位长度的速度向右运动,同时点 Q 从点 B 出发以每秒 1 个单位长度的速度向左运动,设运动时间为 x 秒.

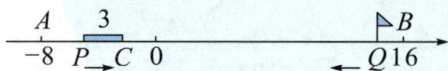

图 1

(1)$AB=$ ＿＿＿＿个单位长度.

(2)出发多少秒后,点 C 与点 Q 相遇?

(3)在运动过程中,当 $CQ=2PQ$ 时,请求出 x 的值.

思路　数轴上两点间的距离可表示为右边的点对应的数减去左边的点对应的数,在不明确这两点的位置时,可以用这两点表示的两数差的绝对值来表示两点的距离.运动过程中,为了满足 $CQ=2PQ$,根据三个动点 P,C,Q 的相对位置,画示意图分类讨论.

解答　(1)$AB=16-(-8)=24$(个单位长度).

(2)由题意得,点 C 表示的数是 $-8+2x+3$ 即 $2x-5$,点 Q 表示的数是

$16-x$,

当点 C 与点 Q 相遇时，$2x-5=16-x$，解得 $x=7$.

故出发 7 秒后，点 C 与点 Q 相遇.

（3）方法 1：由题意得 $CQ=|(16-x)-(2x-5)|=|21-3x|$，$PQ=|(16-x)-(-8+2x)|=|24-3x|$.

当 $CQ=2PQ$ 时，$|21-3x|=2|24-3x|$，解得 $x=9$ 或 $\dfrac{23}{3}$.

方法 2：当 $CQ=2PQ$ 时，有如下情况.

①如图 2，点 P 是 CQ 的中点.

由 $AP+BQ-PQ=AB$，得 $2x+x-3=24$，解得 $x=9$.

②如图 3，点 Q 是 PC 的三等分点，$PQ=1$.

由 $AP+BQ+PQ=AB$，得 $2x+x+1=24$，解得 $x=\dfrac{23}{3}$.

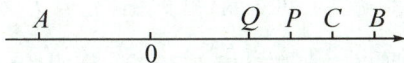
图 2

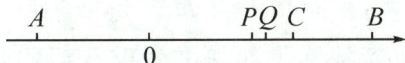
图 3

反思　在数轴上，用点所对应的数来表示各点相互之间的距离是常用的方法.数轴也是实现从"点"到"数"再到"距离"的转化的工具.

（二）借助数轴解决绝对值问题

例 2　若 x 表示一个有理数，问 $|x+1|+|x-7|$ 有最小值吗？若有，请求出最小值；若没有，请说明理由.

思路　本题可采用"找零点，分区间"，分三种情况讨论去绝对值求解，但比较麻烦.考虑到绝对值的几何意义，由 $|x+1|$ 和 $|x-7|$ 联想到距离公式，可借助数轴直接求解.

解答　$|x+1|+|x-7|$ 有最小值，理由如下：

因为 $|x+1|+|x-7|$ 的几何意义是数轴上的动点 x 到 -1 的距离与到 7 的距离之和，则由如图数轴图示可知，当 x 在 -1 和 7 之间时，距离之和最小，所以 $|x+1|+|x-7|$ 的最小值为 8.

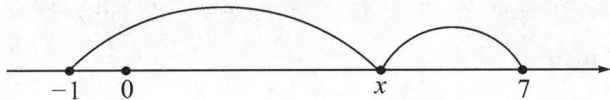

反思 本题研究绝对值的和差问题,关键是根据绝对值的几何意义,将它转化为数轴上的点到两个定点的距离问题.一般地,借助于数轴可以求 $|x-x_1|+|x-x_2|+\cdots+|x-x_n|$ 的最小值问题.不妨设 $x_1 \leqslant x_2 \leqslant \cdots \leqslant x_n$,若 n 为奇数,则当 $x=x_{\frac{n+1}{2}}$ 时,取得最小值;若 n 为偶数,则当 $x_{\frac{n}{2}} \leqslant x \leqslant x_{\frac{n}{2}+1}$ 时,取得最小值.

(三)借助数轴求解不等式问题

例3 若关于 x 的不等式组 $\begin{cases} \dfrac{x-2}{4} < \dfrac{x-1}{3}, \\ 2x-m \leqslant 2-x \end{cases}$ 有且只有三个整数解,求 m 的取值范围.

思路 本题可以通过解不等式组直接求 m 的范围,但取值范围问题由于比较抽象,求解时容易出现错误.如果将含参数的不等式组的解集表示在数轴上,借助数轴直观地确定含参数的代数式所表示的端点的范围,就能化难为易.

解答 由题意知 $\begin{cases} \dfrac{x-2}{4} < \dfrac{x-1}{3} & ①, \\ 2x-m \leqslant 2-x & ②, \end{cases}$

解不等式①,得 $x > -2$,

解关于 x 的不等式②,得 $x \leqslant \dfrac{m+2}{3}$,

所以不等式组的解集为 $-2 < x \leqslant \dfrac{m+2}{3}$,如图,且只有三个整数解,

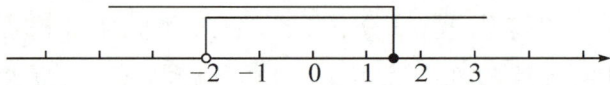

所以根据数轴图示,可知 $1 \leqslant \dfrac{m+2}{3} < 2$,

解得 $1 \leqslant m < 4$.

反思 当处理含参数的不等式组的解集或者特殊解问题时,数轴是非常有用的直观工具.可以将解集表示在数轴上,再根据条件检验将含参数的代数式所表示的端点与边界点重合时是否符合题意,化抽象为直观,就能确定范围且避免出错.

巩固练习

1. 已知在纸面上有一数轴,数轴上点 A,C 对应的数分别是 a,c,且 a,c 满足 $|a+4|+(c-1)^2=0$,点 B 对应的数是 -3.

(1)求数 a,c.

(2)点 A,B 同时沿数轴向右匀速运动,点 A 的速度为每秒 2 个单位长度,点 B 的速度为每秒 1 个单位长度,若运动时间为 t 秒,在运动过程中,点 A,B 到原点 O 的距离相等时,求 t 的值.

2. 操作探究:已知在纸面上有一数轴.

操作一

(1)折叠纸面,使 1 表示的点与 -1 表示的点重合,则 -2 表示的点与 ＿＿＿＿ 表示的点重合.

操作二

(2)折叠纸面,使 -1 表示的点与 3 表示的点重合,回答以下问题.

①$5$ 表示的点与数 ＿＿＿＿ 表示的点重合;

②$\sqrt{3}$ 表示的点与数 ＿＿＿＿ 表示的点重合.

若数轴上 A,B 两点之间距离为 9(点 A 在点 B 的左侧),且 A,B 两点经折叠后重合,求 A,B 两点表示的数.

操作三

(3)已知在数轴上点 A 表示的数是 a,点 A 移动 4 个单位长度,此时点 A 表示的数和 a 互为相反数,求 a 的值.

3. 若 a 表示一个实数,请解答下列问题:

(1)$|a+4|+|a-2|$ 有最小值吗? 若有,请求出最小值;若没有,请说明理由.

(2)当 $a=$ _____ 时,$|a+4|+|a-1|+|a-2|$ 的值最小,最小值为 _____.

(3)$|a+4|-|a-2|$ 有最大值吗? 若有,请求出最大值;若没有,请说明理由.

4. 已知关于 x 的分式方程 $\dfrac{m}{x-3}+\dfrac{2}{3-x}=\dfrac{1}{2}$ 的解为正数,关于 y 的不等式组 $\begin{cases} y+1>0, \\ \dfrac{1}{2}y-\dfrac{1}{4}(2m-4)<1 \end{cases}$ 有解且最多有 5 个整数解,则所有符合条件的整数 m 之和为 _____.

5. 已知关于 x 的不等式组 $\begin{cases} 2x-m\geqslant 0, \\ x-n<0 \end{cases}$ 的整数解是 $-1,0,1,2$,若 m,n 为整数,求 $m-n$ 的值.

扫码观看本方法配套视频讲解

27 平移法

引路人　杭州市保俶塔实验学校　石海超

方法介绍

　　平移是一个几何图形在二维或三维空间中的运动方式,它指的是图形上的每一个点都按照同一方向和相同距离进行移动.利用平移解决问题的方法称为平移法.

　　平移不改变图形的形状、大小和方向.所以在平移变换下,可以使一个角在保持大小不变、两边方向不变(平行或共线)的情况下移动位置,也可以使线段在保持平行且相等的条件下移动位置(易得平行四边形).因此平移法是将相关几何元素相对集中起来的一种图形变换的方法.

典例示范

　　例1　如图1,从村庄 A 到村庄 B 要经过一条小河(小河的两岸平行),现要在河上建一座桥(桥垂直于河的两岸),应如何选择桥的位置,才能使从村庄 A 到村庄 B 的路程最短?请在图中画出桥的位置.

图1

　　思路　本题主要的难点在于路径中掺杂了河的宽度,我们可通过平移法将平面平移.如图2,将点 A 所在的河岸向点 B 所在的河岸平移河的宽度(平移后的河可看作一条直线),那么问题就变成了"两点之间,线段最短"问题,连结 BC 即可找到桥的位置.

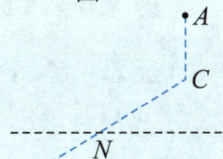

图2

　　解答　如图3,先过点 A 作 AC 垂直于点 A 所在河岸,且使 AC 等于河宽;再连结 BC,与点 B 所在河岸交于点 N;③过点 N 作 MN 垂直于点 A 所在河岸于点 M,则 MN 即为桥的位置.

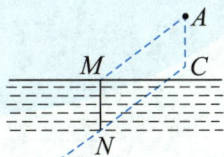

图3

　　反思　本题通过平移避开了"河宽"这个干扰条件,从而使问题变成了"两点之间,线段最短"问题.

例2 如图1,在△ABC的边上取D,E两点(不与端点B,C重合),且$BD=CE$,求证:$AB+AC>AD+AE$.

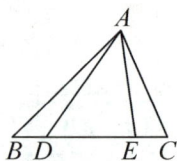

图1

思路 通过$BD=CE$这一条件,可联想将AE,AC平移,将AB和AC联系在一起、AD和AE联系在一起,使分散的条件相对集中,再利用三角形的三边关系进行解答.

证明 如图2,平移AE至DG,连结CG,EG,AG,BG,AG与BC交于点F,

因为$AE=DG$且$AE/\!\!/DG$,

所以四边形$ADGE$是平行四边形,

所以$DF=EF$,$AF=FG$,

又因为$BD=CE$,

所以$BD+DF=CE+FE$,

即$BF=CF$,

因为$\angle BFG=\angle CFA$,

所以$\triangle BFG\cong\triangle CFA$(SAS),

所以$BG=AC$,

延长AD交BG于点H,

因为$AB+BH>AD+DH$,$DH+HG>DG$,

所以$AB+BH+DH+HG>AD+DH+DG$,

所以$AB+BG>AD+DG$,

即$AB+AC>AD+AE$.

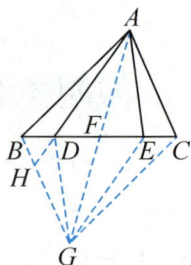

图2

反思 本题也可将△AEC平移至△A′BD(如图3),则$A'D=AC$,$A'B=AE$,即可得到$AB+AC=AB+A'D=OA'+OB+OD+OA$,$AD+AE=AD+A'B$,依据三角形三边关系,即可得到$OA'+OB>A'B$,$OD+OA>AD$,进而得出$AB+A'D>AD+A'B$,即$AB+AC>AD+AE$.本题求解的关键是通过平移重组线段之间的位置关系.

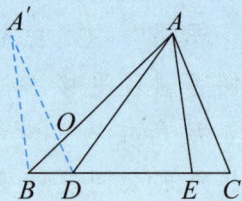

图3

例3 如图1,六边形$ABCDEF$中,$AB/\!\!/DE$,$BC/\!\!/EF$,$CD/\!\!/AF$,对边之差$BC-EF=DE-AB=AF-CD>0$.

求证:六边形$ABCDEF$各内角均相等.

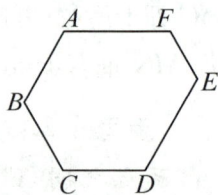

图1

思路 从结论出发可判断,此六边形的每个内角的度数都是120°,而条件中并没有任何角度,故可联想到构造出正三角形.再由对边之差相等这个已知条件,通过平移 DE,AF,BC 得到三个平行四边形,从而得到猜想的正三角形.再根据平行线的性质得到六边形的内角的度数即可.

证明 如图2,过点 D 作 $DM/\!/EF$,过点 F 作 $FP/\!/AB$,过点 B 作 $BN/\!/CD$,BN 与 FP 交于点 N,FP 与 MD 交于点 P,DM 与 BN 交于点 M,

因为 $BC-EF=DE-AB=AF-CD$,

所以 $MD-DP=FP-FN=BN-BM$,即 $MP=PN=MN$,

故 $\triangle MPN$ 为正三角形,

所以 $\angle NPM=\angle PMN=\angle MNP=60°$,

因此 $\angle BMD=\angle BNF=\angle FPD=120°$.

又因为 $AB/\!/DE,BC/\!/EF,CD/\!/AF$,

所以 $DE/\!/PF,BC/\!/DM,AF/\!/BN$,

故四边形 $ABNF,BCDM,FPDE$ 均为平行四边形.

所以 $\angle A=\angle BNF=120°$,$\angle ABC=\angle ABN+\angle CBN=\angle MNP+\angle PMN=120°$,

同理可得 $\angle C=\angle E=120°$,$\angle CDE=\angle AFE=120°$.

所以六边形 $ABCDEF$ 各内角均相等.

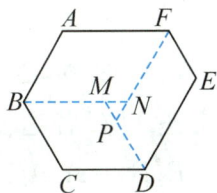

图2

反思 将线段在保持平行且相等的条件下移动位置(出现平行四边形),从而达到使相关线段、角相对集中的目的.

巩固练习

1. 如图,正方形网格中,点 A,B,C,D 为格点,AB 交 CD 于点 O,则 $\tan\angle AOC=$_____.

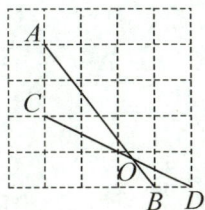

2. 如图,已知平面直角坐标系中 A,B 两点的坐标分别为 $A(2,-3),B(4,-1)$.$C(a,0),D(a+3,0)$ 是 x 轴上的两个动点,则当 $a=$_____时,四边形 $ABDC$ 的周长最小.

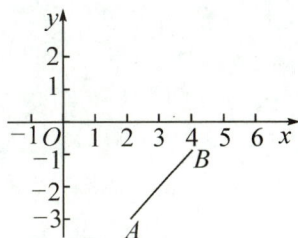

3. 如图,两条长均为 1 的线段 AB 与 CD 相交于一点 E,且 $\angle AEC = 60°$,求证:$AC + BD \geqslant 1$.

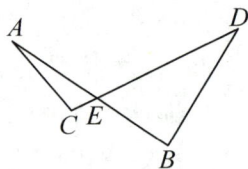

4. 如图,$\triangle ABC$ 是正三角形,$\triangle A_1B_1C_1$ 的三条边 A_1B_1,B_1C_1,C_1A_1 分别交 $\triangle ABC$ 各边于点 C_2,C_3,A_2,A_3,B_2,B_3.已知 $A_2C_3 = C_2B_3 = B_2A_3$,且 $C_2C_3^2 + B_2B_3^2 = A_2A_3^2$.请证明:$A_1B_1 \perp C_1A_1$.

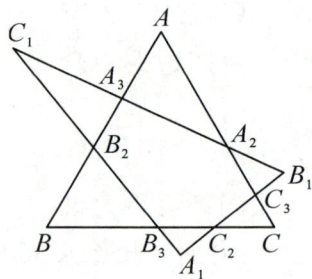

5. 如图,在等腰 $\triangle ABC$ 的两腰 AB,AC 上分别取点 E 和点 F,使 $AE = CF$.已知 $BC = 2$,求证:$EF \geqslant 1$.

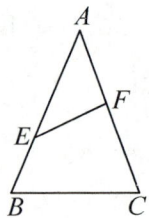

扫码观看本方法配套视频讲解

旋转法

引路人　杭州市富阳区永兴学校初中部　段春炳

方法介绍

旋转变换是一种基本的全等变换.将平面图形 F 绕着平面内的一个定点 O 旋转一个定角 α 得到图形 F',由 F 到 F' 的变换简称为旋转.利用旋转变换解决问题的方法称为旋转法.

旋转法和其他的几何变换方法一样,其目的是将分散的条件集中到一个三角形或四边形中,有利于问题的解决.中心对称是特殊的旋转,两次旋转的和是一个旋转或是一个平移.两次轴对称(两条对称轴交于一点)合成一个旋转.

典例示范

例1　如图,E 是正方形 $ABCD$ 的边 BC 上的一点,F 是 $\angle DAE$ 的平分线与 CD 的交点,求证:$AE=FD+BE$.

思路　由"$FD+BE$"想到,需要将 FD 与 BE 补成一个线段,所以考虑将某一条边作适当的变换,使其位置关系和数量关系转移.本题中可将 $\triangle AEB$ 绕点 A 逆时针旋转 $90°$ 到 $\triangle AGD$,后续只要证明 $GA=GF$.

解答　将 $\triangle AEB$ 绕点 A 逆时针旋转 $90°$ 到 $\triangle AGD$(或将 FD 延长至点 G,使得 $DG=BE$),则 $\triangle AGD\cong\triangle AEB$,

故 $BE=DG$,$AE=AG$,$\angle1=\angle2$.

因为 AF 平分 $\angle DAE$,

所以 $\angle3=\angle4$,

因此 $\angle GAF=\angle BAF$.

因为 $DC//AB$,

所以 $\angle BAF=\angle GFA$,

因此 $\angle GAF=\angle GFA$,

所以 $GA=GF$,即 $AE=FD+BE$.

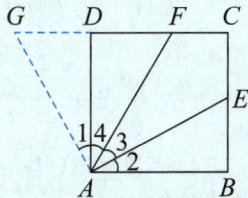

　　反思　通过旋转,将所证的线段关系集中到△AGF,从而方便地解决问题.同理,也可以将△ADF绕点A顺时针旋转90°来解决问题.正方形为旋转90°提供了图形的基本结构,正方形不仅是轴对称图形、中心对称图形,也是旋转90°的对称图形.

　　例 2　如图1,D为锐角△ABC内部一点,满足$AC \cdot BD = AD \cdot BC$,及$\angle ADB = \angle ACB + 90°$,试计算$\dfrac{AB \cdot CD}{AC \cdot BD}$.

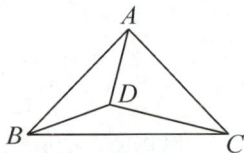

图 1

　　思路　由$\angle ADB = \angle ACB + 90°$,想到寻找、发现角与角之间的关系,如图2,得$\angle 1 + \angle 2 = 90°$,所以考虑将线段$BD$绕点$B$顺时针旋转90°至$BE$.由已知$AC \cdot BD = AD \cdot BC$和目标是求$\dfrac{AB \cdot CD}{AC \cdot BD}$的值,想到要找相似三角形(或构造相似三角形)来解决问题.

　　解答　如图2,将线段BD绕点B顺时针旋转90°至BE,连结ED,EC.

因为$\angle ADB = \angle ACB + 90°$,又因为$\angle ADB = \angle ACB + \angle 1 + \angle 2$,

所以$\angle 1 + \angle 2 = 90°$,因此$\angle 1 = \angle 3$.

因为$AC \cdot BD = AD \cdot BC$,$BD = BE$,即$\dfrac{AC}{BC} = \dfrac{AD}{BE}$,

故△ADC∽△BEC,故$\angle 4 = \angle 5$,$\dfrac{AC}{BC} = \dfrac{DC}{EC}$,

所以$\angle ACB = \angle 4 + \angle 6 = \angle 5 + \angle 6 = \angle DCE$.

故△ABC∽△DEC,于是$\dfrac{AB}{DE} = \dfrac{AC}{DC}$,

图 2

在Rt△BDE中,$BD = BE$,$DE = \sqrt{2} BD$,所以$\dfrac{AB \cdot CD}{AC \cdot BD} = \sqrt{2}$.

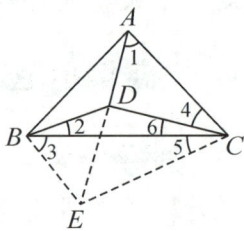

　　反思　将$\angle 1 + \angle 2 = 90°$的关系,通过旋转,变为$\angle 1 = \angle 3$,从而结合线段比例关系,利用相似三角形解决问题.通过旋转,可以将这些分散的条件都集中到相似三角形中,从而找到条件与结论之间的联系.可以发现△ADC与△BEC是一对旋转型相似三角形,所以会产生另一对相似三角形(△ABC与△DEC),这种现象称为伴随相似.在旋转型相似中常常进一步利用伴随相似解决问题.一个线段绕一个端点旋转90°,会产生一个等腰直角三角形,意味着这个线段同时有两个位置变换,其中一个长度不变,另一个变为原来的$\sqrt{2}$倍.

例 3 如图 1,已知 $\triangle ABC$ 的最大角小于 $120°$,P 是 $\triangle ABC$ 内任意一点.求证:当 $PA+PB+PC$ 最小时,$\angle APB=\angle BPC=\angle CPA=120°$.

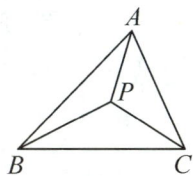

图 1

思路 考虑 $PA+PB+PC$ 的最小值,可以用"化直法",即将 $PA+PB+PC$ 转化为一个线段,若 $\triangle ABP$ 绕点 B 逆时针旋转 $60°$ 到 $\triangle A'BP'$,则 $AP=A'P'$,$PB=PP'$,故 $PA+PB+PC=A'P'+P'P+PC$.当 A',P',P,C 四点共线时,$PA+PB+PC$ 取到最小值.

解答 如图 2,将 $\triangle ABP$ 绕点 B 逆时针旋转 $60°$ 到 $\triangle A'BP'$,

则 $AP=A'P'$,$PB=PP'$,

所以 $PA+PB+PC=A'P'+P'P+PC$,

当 A',P',P,C 四点共线时,$PA+PB+PC$ 取到最小值 $A'C$,

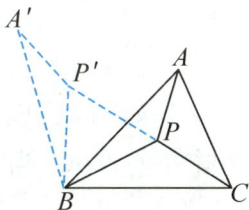

图 2

由 $\angle BP'P=\angle BPP'=60°$,得 $\angle APB=\angle BPC=120°$,

所以 $\angle APB=\angle BPC=\angle CPA=120°$.

反思 因"化折为直"的需要,构造了这个旋转,使线段 AP,PB 转移了位置,由两点之间线段最短,找到了点 P 的位置,该点被称为费马点.一个线段绕其中的一个端点旋转 $60°$ 会产生一个正三角形,意味着这个线段同时被转移到了两个位置,这是常用的一种方式.

巩固练习

1. 如图,P 是正方形 $ABCD$ 内一点,$PA=2$,$PB=1$,$PD=3$,求 $\angle APB$ 的度数.

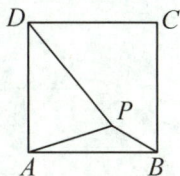

2. 如图,$\triangle ABC$ 中,$AB=AC$,P 是 $\triangle ABC$ 内一点,且有 $\angle APB=\angle APC$.求证:$\angle PBC=\angle PCB$.

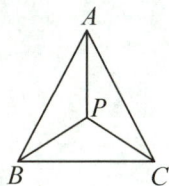

3. 如图，P 是正 $\triangle ABC$ 内一点，且 $PA=6$，$PB=8$，$PC=10$，求 $\angle APB$ 的度数.

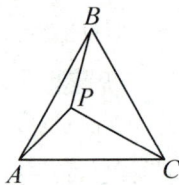

4. 如图，已知点 A 到直线 l 的距离 $AD=4\sqrt{3}$，点 B 在直线 l 上，以 AB 为边作正 $\triangle ABC$. 当点 B 在直线 l 上运动时，求 DC 的最小值.

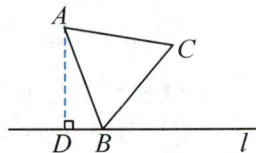

5. 如图，$\odot O$ 的半径为 $\sqrt{3}$，$AO=3$，点 P 是圆 O 上的动点，以 AP 为边作 $\triangle MAP$，且 $\angle MAP=90°$，$\angle MPA=30°$. 求线段 OM 的最大值.

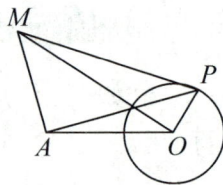

扫码观看本方法配套视频讲解

轴对称法

引路人　温州市洞头区实验中学　唐海燕

方法介绍

轴对称法,是通过作一个图形关于某一直线对称的图形,把这一图形翻折到一个新的位置上,使问题中相对分散的条件和结论有机地联系起来的一种方法.

轴对称法的核心性质是全等.对称轴是任意两个对应点连线的垂直平分线.运用轴对称变换作辅助线,实施等量代换,促使问题转化,同时联想调动相关知识,建立条件与目标之间的联系,从而解决问题.

典例示范

例 1　如图 1,$\angle AOB = 30°$,点 M, N 分别在 OA,OB 上,且 $OM = 1, ON = 3, P, Q$ 分别是边 OB, OA 上的动点,则 $MP + PQ + QN$ 的最小值是_____.

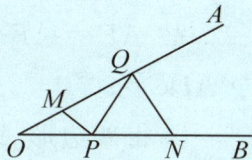

图 1

思路　求两条线段组成的折线段长度的最小值时,我们常常对其中一条线段作轴对称变换,将问题转化为求两点间的最短距离.用类似的方法,我们可以求三条线段组成的折线段长度的最小值.

解答　如图 2,作点 M 关于 OB 的对称点 M',点 N 关于 OA 的对称点 N',连结 $M'N'$,分别交 OB, OA 于点 P, Q,连结 OM', ON'.

因为点 M, N 关于 OB, OA 的对称点为点 M', N',

所以 $\angle AON = \angle AON' = \angle BOM' = 30°$,

$OM' = OM = 1, ON' = ON = 3$,

$QN' = QN, PM' = PM$,

故 $\angle N'OM' = 90°$,且 $MP + PQ + QN$ 的最小值是 $M'N'$,

$$M'N' = \sqrt{OM'^2 + ON'^2} = \sqrt{1^2 + 3^2} = \sqrt{10}.$$

故 $MP + PQ + QN$ 的最小值是 $\sqrt{10}$.

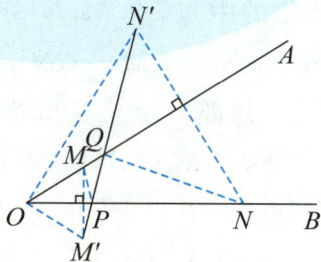

图 2

　　反思　求多条线段组成的折线段长度的最值,关键在于"化折为直" "化变量(几条线段长度的和)为常量(两个定点间的距离)".为此,往往需要利用题中不动的点,将同侧的线段通过轴对称变换转化到异侧,再依据"两点之间,线段最短"求解.

　　例2　如图1,△ABC中,∠BAC＝45°,AD⊥BC,BD＝3,CD＝2,求 AD 的长.

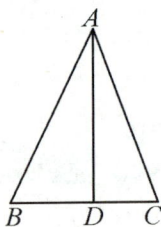
图1

　　思路　由已知的45°角联想到它的倍角90°角,但直接作图1关于直线 AB 或 AC 的轴对称图形,得到的是一个不规则的四边形,已知条件难以利用.受 AD⊥BC 的启发,按图2的方式作轴对称图形,构建正方形,再利用勾股定理列方程解决问题.

　　解答　如图2,作点 D 关于直线 AB,AC 的轴对称点 E,F,连结 AE,AF,连结 EB,FC 并延长交于点 G,

　　因为点 D 与点 E,F 分别关于 AB,AC 轴对称,∠BAC＝45°,

　　所以 EB＝BD＝3,FC＝CD＝2,∠EAF＝90°.

　　故 AE＝AF＝AD,∠E＝∠ADB＝90°,∠F＝∠ADC＝90°,

　　易得四边形 AEGF 是正方形.

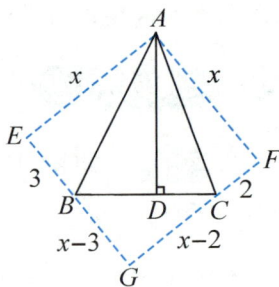
图2

　　设 AD 为 x,可列方程 $(x-3)^2＋(x-2)^2＝5^2$,解得 $x_1＝6,x_2＝-1$(舍去),所以 AD＝6.

　　反思　根据所给已知条件的特点,基于观察与想象,对所给图形进行适当的轴对称变换,是求解本题的关键.

　　例3　如图1,在 Rt△ABC 中,∠BAC＝90°,P 是 BC 的中点,点 M,N 分别在 AB,AC 上,PN⊥PM,求证:$MN^2＝BM^2＋CN^2$.

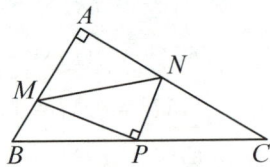
图1

　　思路　由求证结论 $MN^2＝BM^2＋CN^2$ 联想到勾股定理,但 MN,BM,CN 这三条线段并没有在同一个三角形中.由 P 是 BC 的中点,PN⊥PM,想到作△MPN 关于直线 MP 的对称图形△MPN′,将分散的线段转移到同一个三角形中.

　　证明　如图2,延长 NP 至点 N′,使 N′P＝NP,连结 BN′,MN′,

则 MP 垂直平分 NN',所以 $MN'=MN$,
因为 $PB=PC$,$\angle BPN'=\angle NPC$,$PN'=PN$,
所以 $\triangle BPN'\cong\triangle CPN$,
因此 $BN'=CN$,$\angle N'BP=\angle C$,
所以 $\angle MBN'=\angle ABC+\angle N'BP=\angle ABC+\angle C=90°$.
所以 $MN'^2=BM^2+BN'^2$,即 $MN^2=BM^2+CN^2$.

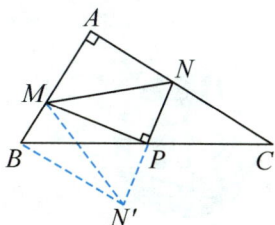

图 2

> **反思** 遇到求证分散线段满足某种数量关系时,通过适当的图形变换,将这些线段集中在同一个三角形中,往往是求解的关键.

巩固练习

1. 如图,在平面直角坐标系 xOy 中,反比例函数 $y=\dfrac{k}{x}$ 的图象与 $\odot O$ 交于 A,B 两点,且点 A,B 都在第一象限. 若点 $A(1,2)$,则点 B 的坐标为_____.

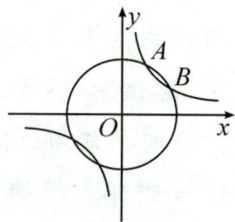

2. 如图,点 $A(a,3)$,$B(b,1)$ 都在双曲线 $y=\dfrac{3}{x}$ 上,C,D 分别是 x 轴,y 轴上的动点,则四边形 $ABCD$ 周长的最小值为 （　　）

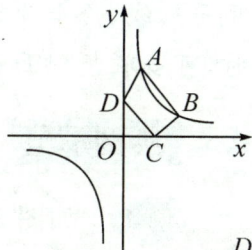

A. $5\sqrt{2}$ 　　B. $6\sqrt{2}$ 　　C. $2\sqrt{10}+2\sqrt{2}$ 　　D. $8\sqrt{2}$

3. 如图,AC,BD 在 AB 的同侧,$AC=2$,$BD=8$,$AB=8$,M 为 AB 的中点,若 $\angle CMD=120°$,则 CD 的最大值是_____.

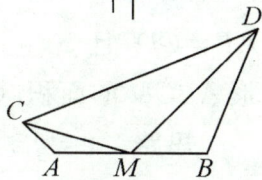

4. 如图,$\triangle ABC$ 是等腰直角三角形,点 D,E 在斜边 BC 上,$\angle DAE=45°$.求证:$BD^2+EC^2=DE^2$.

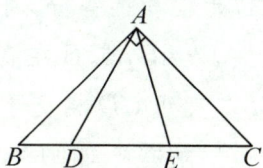

5. 如图,在 $Rt\triangle ABC$ 中,$\angle ABC=90°$,D,E 分别是 AC,BC 上的点,EA 平分 $\angle BED$,$2\angle BAE=\angle C$,若 $BE=5$,$CD=12$,则 CE 的长为_____.

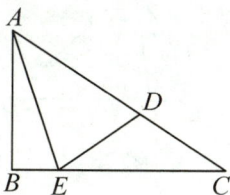

扫码观看本方法配套视频讲解

面积法

引路人　金华市第四中学　李胜兵

方法介绍

面积法,是一种直接、简易、高效的解题方法,它通过图形面积把边、角之间的关系互相沟通,以恰当的转换求解,使问题化繁为简.它在证明线段相等、角相等、不等关系、线段成比例等方面有广泛的应用.

面积法解题有两种情况:(1)通过几何变换求图形面积;(2)以面积作为桥梁和纽带解决平面几何中的边角关系等问题.在实际解题过程中,可以利用平行线、角平分线来构造等高(等底)三角形建立数量关系.遇到中线、高线时,可多联想到面积法解题.

典例示范

例1 如图1,在四边形 $ABCD$ 中,AB 与 CD 不平行,$AB \neq CD$,且 $S_{\triangle ABC} < S_{\triangle ACD}$,请过点 A 画一条直线平分四边形 $ABCD$ 的面积.(简单说明理由)

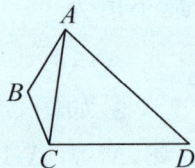

图1

思路 由于三角形中线将三角形的面积平分,因此任意四边形面积的等分,可以考虑先将四边形转换成面积相等的三角形.过点 B 作直线 $l /\!/ AC$,点 B 在直线 l 上运动到任意位置时,$\triangle ABC$ 的面积保持不变,当直线 l 与直线 CD 相交于点 E,连结 AE,即把四边形 $ABCD$ 转化成等面积的 $\triangle ADE$.

解答 如图2,过点 B 作直线 $l /\!/ AC$,交 DC 延长线于点 E,连结 AE,取 DE 的中点 F,作直线 AF,则直线 AF 即为所求.理由如下:

因为 $BE /\!/ AC$,所以 $\triangle ABC$ 和 $\triangle AEC$ 的公共边 AC 上的高也相等,

所以 $S_{\triangle ABC} = S_{\triangle AEC}$,

故 $S_{四边形ABCD} = S_{\triangle ACD} + S_{\triangle ABC} = S_{\triangle ACD} + S_{\triangle AEC} = S_{\triangle AED}$,

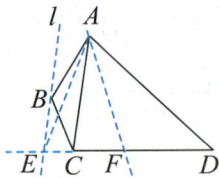

图2

所以 $S_{四边形ABCF} = S_{\triangle ADF} = \dfrac{1}{2}S_{\triangle AED} = \dfrac{1}{2}S_{四边形ABCD}$,

因为 $S_{\triangle ACD} > S_{\triangle ABC}$,

所以面积等分线必与 CD 相交,取 DE 的中点 F,则直线 AF 即为要求作的四边形 $ABCD$ 的面积等分线.

> **反思** 等(同)底等(同)高的两个三角形面积相等是等积变形的依据,利用平行线实现三角形的等积变形,是面积法的常用解题策略.

例 2 如图 1,AB 是 $\odot O$ 的直径,C,D 是 $\overset{\frown}{AB}$ 上两点,C 是 $\overset{\frown}{AD}$ 的中点,$AB = 10$,$BC = 4\sqrt{5}$,求 BD 的长.

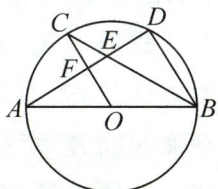
图 1

思路 思路 1:在 $\text{Rt}\triangle ABD$ 中,只需求得 AD 的长,再用勾股定理即可求 BD. 根据题中 AB 是 $\odot O$ 的直径,C 是 $\overset{\frown}{AD}$ 的中点,可知 $BD \perp AD$,$BC \perp AC$ 且平分 $\angle ABD$,通过延长 AC,BD 交于点 G,构造 $\triangle ABG$,此时 AD,BC 分别是 BG,AG 上的高,根据已知条件,BG,AG 可求,利用 $\triangle ABG$ 面积的不同解法构建方程,即可求得 AD 的长.

思路 2:根据垂径定理可知,F 是 AD 的中点,求得 AF 同样能解决问题. 通过连结 AC,过点 C 作 $CH \perp AO$ 于点 H,利用 $\triangle AOC$ 面积的不同解法构建方程,即可求得 AF 的长.

解答 方法 1:如图 2,延长 AC,BD 交于点 G,连结 CD,由 $BC \perp AC$ 且 BC 平分 $\angle ABG$,易知 $BG = AB = 10$,$AC = CG = CD = 2\sqrt{5}$.

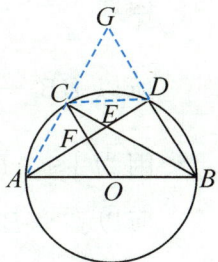
图 2

因为 $S_{\triangle ABG} = \dfrac{AG \cdot BC}{2} = \dfrac{BG \cdot AD}{2}$,

所以 $AD = 8$,$BD = 6$.

方法 2:如图 3,过点 C 作 $CH \perp AO$ 于点 H,连结 AC,则 $AC = 2\sqrt{5}$,$CH = 4$,

因为 $S_{\triangle AOC} = \dfrac{AO \cdot CH}{2} = \dfrac{CO \cdot AF}{2}$,

所以 $AF = CH = 4$,所以 $AD = 8$,$BD = 6$.

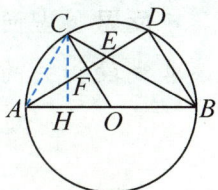
图 3

> **反思**　面积问题与线段问题可以互相转换. 利用图形面积搭建有关线段之间关系的桥梁, 对某一图形的面积, 采用不同方法或从不同角度去计算, 可以便捷地构建关系式解决问题.

例3　如图1, 正方形 $ABCD$ 的边长为 1, P 为边 BC 上任意一点(可与点 B 或点 C 重合), 分别过点 B, C, D 作射线 AP 的垂线段, 垂足分别是点 B', C', D', 则 $BB' + CC' + DD'$ 的最大值为_____, 最小值为_____.

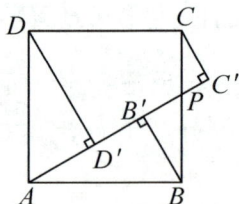

图1

思路　因为线段 BB', CC', DD' 均为垂直于射线 AP 的垂线段, 而垂线段可作为三角形的高, 构造图形, 将长度与面积构建联系, 因此将问题转化为研究以线段 AP 为底边, 以线段 BB', CC', DD' 为高的三角形面积问题.

解答　如图2, 连结 AC, DP, $S_{正方形ABCD} = 1 \times 1 = 1$, 由勾股定理得 $AC = \sqrt{1^2 + 1^2} = \sqrt{2}$,

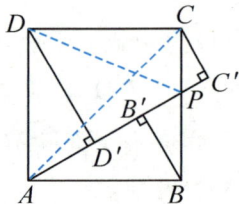

图2

又因为 $AB = 1$, 所以 $1 \leqslant AP \leqslant \sqrt{2}$,

因为 $\triangle DPC$ 和 $\triangle APC$ 的边 CP 上的高 $DC = AB$,

所以 $S_{\triangle DPC} = S_{\triangle APC} = \dfrac{1}{2} AP \cdot CC'$,

因此 $1 = S_{正方形ABCD} = S_{\triangle ABP} + S_{\triangle ADP} + S_{\triangle DPC} = \dfrac{1}{2} AP (BB' + DD' + CC')$,

所以 $BB' + DD' + CC' = \dfrac{2}{AP}$.

因为 $1 \leqslant AP \leqslant \sqrt{2}$,

所以 $\sqrt{2} \leqslant BB' + CC' + DD' \leqslant 2$.

故 $BB' + CC' + DD'$ 的最大值为 2, 最小值为 $\sqrt{2}$.

> **反思**　当问题对象与垂线段的长度有关时, 可以使用面积法, 构造与垂线段相关的图形, 将线段关系问题转化为面积关系问题.

巩固练习

1. 如图,在□$ABCD$中,对角线 AC,BD 交于点 O, $AB \perp AC$,$AH \perp BD$ 于点 H,若 $AB=2$,$BC=2\sqrt{3}$,则 AH 的长为_____.

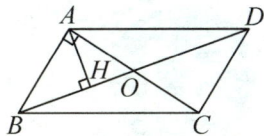

2. 如图,C 为线段 BD 上一点,以线段 BC,CD 为边作△ABC 与△CDE,其中 $AB /\!/ CE$,$AC /\!/ DE$,N,M 分别为线段 AB,CE 的三等分点,$BN=2AN$,$CM=2ME$. 若 $S_{\triangle DMN}=8$,则 $S_{\triangle DCE}=$_____.

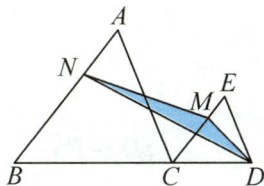

3. 如图,已知菱形 $ABCD$ 中,$\dfrac{AC}{BD}=\dfrac{5}{3}$,直线 l 过点 O,AB 与 $A'B'$ 关于直线 l 对称,点 B' 在 AC 上,点 A' 在 BD 的延长线上,则 $\dfrac{S_{\triangle CB'E}}{S_{四边形OB'ED}}=$_____.

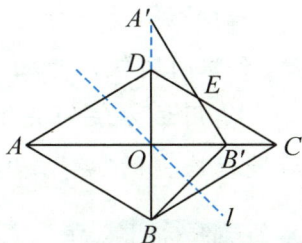

4. 如图,在△ABC 中,D 是边 BC 上的点(不与点 B,C 重合). 过点 D 作 $DE /\!/ AB$ 交 AC 于点 E,过点 D 作 $DF /\!/ AC$ 交 AB 于点 F,N 是线段 BF 上的点,$BN=2NF$,M 是线段 DE 上的点,$DM=2ME$. 若已知△CMN 的面积,则一定能求出　　　　　　　(　　)

　　A. △AFE 的面积

　　B. △BDF 的面积

　　C. △BCN 的面积

　　D. △DCE 的面积

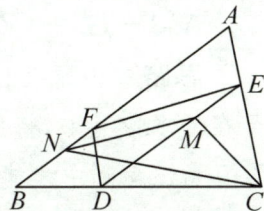

5. 如图,AC,BD 为四边形 $ABCD$ 的对角线,点 E,F 在 BD 上,$BE:EF:FD=m:n:p$,分别过点 E,F 作 AC 的平行线,交 BC 于点 M,N,求证:$S_{\triangle ABM}:S_{\triangle AMN}:S_{四边形ANCD}=m:n:p$.

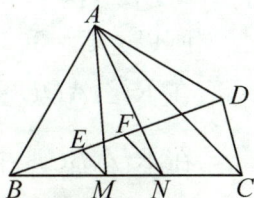

扫码观看本方法配套视频讲解

割补法

引路人 绍兴市昌安实验中学 章国彬

方法介绍

割补法,是一种通过切割、补充或拼接图形,将复杂的或不规则的图形的长度、面积问题转化为相对简单的或规则的图形的长度、面积问题来求解的方法.

使用该方法的关键是明晰图形特征,找出其与规则图形之间的关联,然后进行恰当的"割"或"补",以达到化陌生为熟悉、化未知为已知的目的.

典例示范

例1 如图1,四边形 $ABCD$ 是 $\odot O$ 的内接四边形,$\angle D$ $=90°$,$\angle BCD=120°$,$AD=2$,$BC=1$,则 AB 的长为 （ ）

A. $3-\sqrt{3}$ B. $2\sqrt{3}-2$ C. $4-\sqrt{3}$ D. 2

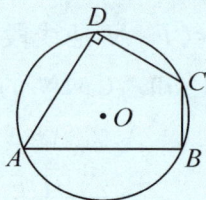

图1

思路 由题设和圆内接四边形对角互补可得 $\angle A=60°$.由于在许多情况下,特别是在初中,特殊角、已知线段长往往只有在直角三角形中才能发挥作用,故考虑把四边形补全或切割成直角三角形.

解答 方法1:如图2,延长 AB,DC 交于点 E,

因为 $\angle D=90°$,$\angle BCD=120°$,

所以 $\angle ABC=90°$,$\angle A=60°$,

所以 $\angle E=30°$,

在 Rt$\triangle ADE$ 中,$AE=2AD=4$,

在 Rt$\triangle BCE$ 中,$BE=\dfrac{BC}{\tan E}=\sqrt{3}$,

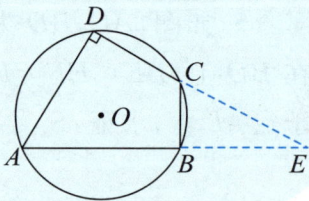

图2

所以 $AB=AE-BE=4-\sqrt{3}$,故选C.

方法2:如图3,过点 D 作 $DP\perp AB$ 于点 P,过点 C 作 $CQ\perp DP$ 于点 Q,

$\angle ADP=\angle DCQ=30°$,

在 Rt$\triangle ADP$ 中，$AP = \dfrac{1}{2}AD = 1$，$DP = AP \cdot \tan A = \sqrt{3}$，

在 Rt$\triangle DCQ$ 中，$DQ = DP - PQ = \sqrt{3} - 1$，$CQ = DQ \cdot$

$\tan \angle CDQ = 3 - \sqrt{3}$，

所以 $AB = AP + BP = AP + CQ = 4 - \sqrt{3}$，故选 C.

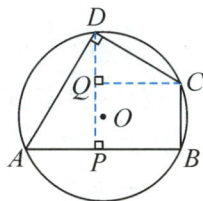

图 3

> **反思** 本题涉及圆内接四边形的性质、特殊直角三角形的边角关系，求解的关键是通过"割"或"补"构造直角三角形."割""补"构造直角三角形的目的是有效地利用已知的角和线段.

例 2 如图 1，A，B 是反比例函数 $y = \dfrac{k}{x}(k \neq 0)$ 图象上的两点，延长线段 AB 交 y 轴于点 C，且 B 为线段 AC 的中点，过点 A 作 $AD \perp x$ 轴于点 D，E 为线段 OD 的三等分点，且 $OE < DE$. 连结 AE，BE，若 $S_{\triangle ABE} = 7$，则 k 的值为 _____.

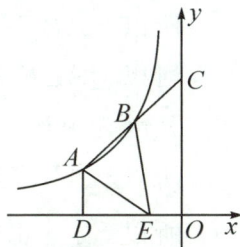

图 1

思路 直接计算题中 $\triangle ABE$ 的面积比较麻烦，故考虑通过割补法把 $\triangle ABE$ 的面积转化为面积易求的图形的面积的和与差. 由于求相关图形的面积离不开有关点的坐标，故想到用"设而不求"的方法设出点 A 的坐标，进而求出 B，D，E 等相关点的坐标.

解答 如图 2，过点 B 作 $BM \perp DE$ 于点 M，设点 A 坐标为 $\left(a, \dfrac{k}{a}\right)$，则点 B 坐标为 $\left(\dfrac{a}{2}, \dfrac{2k}{a}\right)$.

由题意得，$OE = -\dfrac{a}{3}$，$DE = -\dfrac{2a}{3}$，$ME = -\dfrac{a}{6}$，$BM =$ $\dfrac{2k}{a}$，$DM = -\dfrac{a}{2}$，

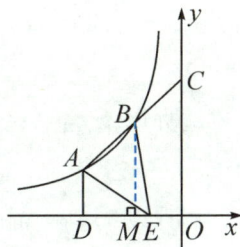

图 2

因为 $S_{\triangle ABE} = S_{梯形ADMB} + S_{\triangle BME} - S_{\triangle ADE} = 7$，

所以 $\dfrac{1}{2}\left(\dfrac{k}{a} + \dfrac{2k}{a}\right) \times \left(-\dfrac{a}{2}\right) + \dfrac{1}{2} \times \left(-\dfrac{a}{6}\right) \times \left(\dfrac{2k}{a}\right) - \dfrac{1}{2} \times \dfrac{k}{a} \times \left(-\dfrac{2a}{3}\right) = 7$，

解得 $k = -12$.

> **反思** 对于平面直角坐标系内的图形面积的计算，往往先作坐标轴的垂线段，再割补成规则的几何图形. 本题也可通过其他方法来转化三角形的面积.

例 3　如图 1,在四边形 $ABCD$ 中,$\angle B+\angle D=180°$,AB $=AD$,$AB+BC=6$,当 $\angle D=60°$ 时,若 $2\leqslant BC<3$,求四边形 $ABCD$ 的面积的最大值.

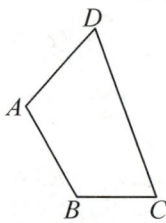

图 1

思路　直接求四边形 $ABCD$ 的面积比较困难,联想条件 "$\angle B+\angle D=180°$,$AB=AD$"可知,若过点 A 分别作 CD,BC 的垂线段,则可通过割补法转化四边形 $ABCD$ 的面积.

解答　如图 2,过点 A 作 $AE\perp CD$ 于点 E,$AF\perp BC$ 于点 F,

因为 $\angle ABC+\angle D=180°$,$\angle D=60°$,

所以 $\angle ABC=120°$,

所以 $\angle ABF=60°$,

所以 $\angle ABF=\angle D$,

又因为 $AB=AD$,$\angle AFB=\angle AED$,

所以 $\triangle ABF\cong\triangle ADE$,

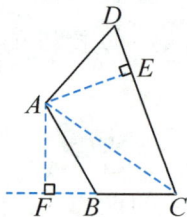

图 2

所以 $S_{四边形ABCD}=S_{四边形AFCE}$,

连结 AC,可得 $\triangle ACF\cong\triangle ACE$,

所以 $S_{四边形AFCE}=2S_{\triangle ACF}$,

设 $BC=x$,则 $AB=6-x$,$BF=\dfrac{1}{2}(6-x)$,$AF=\dfrac{\sqrt{3}}{2}(6-x)$,$CF=\dfrac{1}{2}(6-x)+x=\dfrac{1}{2}(6+x)$,

所以 $S_{\triangle ACF}=\dfrac{1}{2}CF\cdot AF=\dfrac{1}{2}\times\dfrac{1}{2}(6+x)\times\dfrac{\sqrt{3}}{2}(6-x)=-\dfrac{\sqrt{3}}{8}x^2+\dfrac{9}{2}\sqrt{3}$,

所以 $S_{四边形ABCD}=S_{四边形AFCE}=2S_{\triangle ACF}=-\dfrac{\sqrt{3}}{4}x^2+9\sqrt{3}$,

因为 $2\leqslant x<3$,

所以 $x=2$ 时,$S_{四边形ABCD}$ 有最大值,最大值为 $8\sqrt{3}$.

反思　通过"割"下部分图形再"补"成规则图形,可以实现复杂图形的转化,方便计算面积."割" "补"的关键在于充分利用题设中的等量关系.本题还可以用其他转化方法,如图 3,连结 AC,把 $\triangle ACD$ 补到 $\triangle APB$ 处.

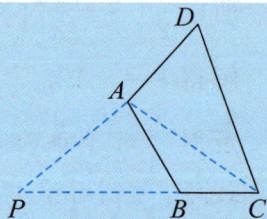

图 3

巩固练习

1. 如图,一个大的正六边形的一个顶点与一个边长为 2 的小正六边形 $ABCDEF$ 的中心 O 重合,且与边 AB,CD 分别相交于点 G,H.图中阴影部分的面积记为 S,三条线段 GB,BC,CH 的长度之和记为 l,在大正六边形绕点 O 旋转的过程中,S 和 l 的值分别是   (   )

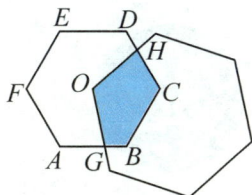

A. $2\sqrt{3}$,4   B. $\sqrt{3}$,6   C. 4,$\sqrt{3}$ D. 不能确定

2. 如图,在扇形 AOB 中,$\angle AOB = 100°$,$OA = 12$,C 是 OA 的中点,$CD \perp OA$,交 $\overset{\frown}{AB}$ 于点 D,以 OC 为半径的弧交 OB 于点 E,则图中阴影部分的面积是_____.

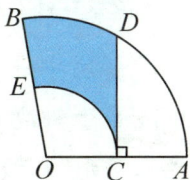

3. 如图,已知函数 $y = x + 2$ 的图象与函数 $y = \dfrac{k}{x}(k \neq 0)$ 的图象交于 A,B 两点,连结 BO 并延长交函数 $y = \dfrac{k}{x}(k \neq 0)$ 的图象于点 C,连结 AC,若 $\triangle ABC$ 的面积为 8,则 k 的值为_____.

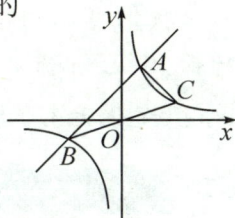

4. 如图,四边形 $ADCB$ 中,$\angle ABC = 135°$,$\angle BCD = 120°$,$AB = \sqrt{6}$,$BC = 5 - \sqrt{3}$,$CD = 6$,则 $AD =$ _____.

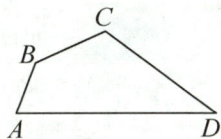

5. 如图,已知二次函数 $y = -\dfrac{1}{2}x^2 + \dfrac{3}{2}x + 2(a \neq 0)$ 的图象经过 $A(-1,0)$,$B(4,0)$,$C(0,2)$ 三点.P 是该二次函数图象上位于第一象限内的一动点,连结 PA 分别交 BC,y 轴于点 E,F,连结 BP,若 $\triangle PEB$,$\triangle CEF$ 的面积分别为 S_1,S_2,求 $S_1 - S_2$ 的最大值.

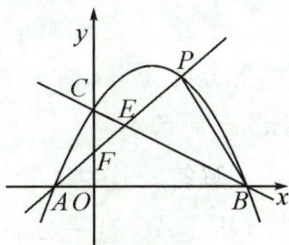

扫码观看本方法配套视频讲解

巧用中点

引路人　宁波大学附属学校　凌剑峰

方法介绍

解决中点有关的问题,需要调动与之相关的性质.例如,直角三角形斜边上的中线等于斜边的一半;三角形的中位线平行于第三边,并且等于第三边的一半;等腰三角形"三线合一";垂直于弦的直径垂直平分这条弦,并且平分弦所对的弧.

我们可以利用中点,达到转化线段或者角的目的.中点,往往和图形的轴对称、中心对称有关.中点的条件,有时候也会以中垂线、中位线、中线等形式出现,变化无穷,类型多样,启迪思维.

典例示范

例1　如图 1,C 是以 AB 为直径的半圆 O 上的一点,连结 AC,BC,分别以 AC,BC 为直径作半圆,其中 M,N 分别是以 AC,BC 为直径所作的半圆弧的中点,$\overset{\frown}{AC}$,$\overset{\frown}{BC}$ 的中点分别是 P,Q.若 $MP+NQ=7$,$AC+BC=26$,则 AB 的长是_____.

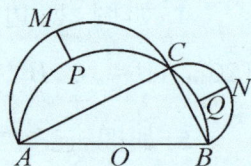

图1

思路　遇到弧中点,联想到垂径定理及其推论,连结 OP 和 OQ,将弧中点转化为弦中点,结合 O 是 AB 的中点,得中位线,从而获得 $MP+NQ$ 和 $AC+BC$ 之间的关系.

解答　连结 OP 交 AC 于点 H,连结 OQ 交 BC 于点 I,如图 2,由条件可得 $OP\perp AC$ 且平分 AC,$OQ\perp BC$ 且平分 BC,根据对称性可知,点 M,P,H,O 在同一条直线上,同理,点 N,Q,I,O 在同一条直线上,所以四边形 $OHCI$ 为矩形,则 $OH=\dfrac{1}{2}BC$,$OI=\dfrac{1}{2}AC$,因为 $AC+BC=26$,$MH=\dfrac{1}{2}AC$,$NI=\dfrac{1}{2}BC$,所以 $OH+OI=$

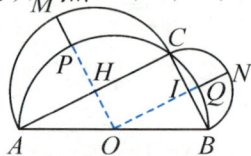

图2

13，$MH+NI=13$，所以 $MP+HP+NQ+QI=13$，所以 $HP+QI=13-7=6$，所以 $AB=OH+HP+OI+QI=19$.

例 2 如图 1，在 Rt$\triangle ABC$ 中，$AC=2$，$BC=1$，P 是斜边 AB 的中点，D，E 分别为直角边 AC，BC 上的点，连结 PD，PE，DE，且满足 $AD^2+BE^2=DE^2$，求 $\cos\angle PDE$ 的值.

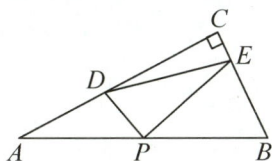

思路 根据 P 是斜边 AB 的中点，可以通过延长 DP 构造全等三角形，从而把 AD，DE，BE 转移到同一个三角形中.

解答 如图 2，延长 DP 至点 F，使 $PF=PD$，连结 BF，EF，于是 $\triangle APD\cong\triangle BPF$（SAS），得 $AD=BF$，$\angle A=\angle FBP$，所以 $\angle EBF=90°$，因为 $DE^2=AD^2+BE^2=BF^2+BE^2=EF^2$，所以 $DE=EF$. 又因为 $PF=PD$，所以 $\angle EPD=90°$. 过点 P 作 $PM\perp AC$ 于点 M，$PN\perp BC$ 于点 N，则 $\angle MPD=\angle NPE=90°-\angle MPE$，得 $\triangle MPD\backsim\triangle NPE$，所以 $\dfrac{PD}{PE}=\dfrac{PM}{PN}=\dfrac{1}{2}$，设 $PD=a$，则 $PE=2a$，则 $DE=\sqrt{PD^2+PE^2}=\sqrt{5}\,a$，

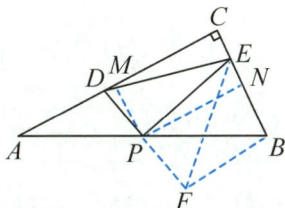

$\cos\angle PDE=\dfrac{PD}{DE}=\dfrac{a}{\sqrt{5}\,a}=\dfrac{\sqrt{5}}{5}$.

例 3 如图 1，已知矩形 $ABCD$，仅用无刻度的直尺，作出一条对称轴.（保留作图痕迹）

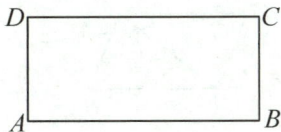

图 1

思路 不妨考虑作 AB 的对称轴，根据"两点确定一条直线"，可以选择对角线的交点和线段 AB 的中点，于是问题就变成了用无刻度的直尺作 AB 的中点.

解答 作法如图 2：①连结 AC,BD，两线交于点 O_1；②在矩形 $ABCD$ 外任取一点 E，连结 EA,EB，分别交 DC 于点 G,H；③连结 BG,AH 交于点 O_2；④作直线 EO_2，交 AB 于点 M，交 CD 于点 N；⑤作直线 MO_1．所以直线 MO_1 就是矩形 $ABCD$ 的一条对称轴．

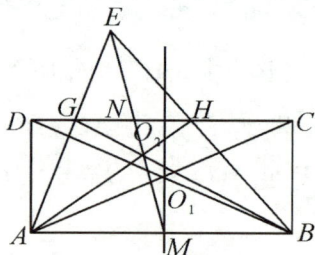

图 2

证明：M 为 AB 的中点．

根据 $CD/\!/AB$，得 $\triangle GEN \backsim \triangle AEM$，所以 $\dfrac{GN}{AM}=\dfrac{EG}{EA}$，同理 $\dfrac{EG}{EA}=\dfrac{GH}{AB}$，所以 $\dfrac{GN}{AM}=\dfrac{GH}{AB}$，因为 $CD/\!/AB$，得 $\triangle O_2GN \backsim \triangle O_2BM$，$\dfrac{GN}{BM}=\dfrac{O_2G}{O_2B}$，同理 $\dfrac{O_2G}{O_2B}=\dfrac{GH}{AB}$，所以 $\dfrac{GN}{BM}=\dfrac{GH}{AB}$，所以 $\dfrac{GN}{AM}=\dfrac{GN}{BM}$，故 $AM=BM$．

> **反思** 本题的作法实际上是通过相似三角形的性质来进行线段长的转化，通过等量代换得到 $\dfrac{GN}{AM}=\dfrac{GN}{BM}$ 是关键．

巩固练习

1. 如图，将 $\odot O$ 沿弦 AB 折叠，点 C,D 分别是两条弧的中点，$\overset{\frown}{AC}$ 与 $\overset{\frown}{AB}$ 的度数之比为 $3:4$，则 $\angle ADB=$ _____．

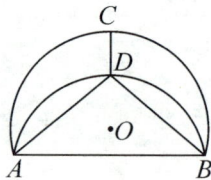

2. 如图，E 为 $\square ABCD$ 的对角线 AC 上一点，$AC=5$，$CE=1$，连结 DE 并延长至点 F，使得 $EF=DE$，连结 BF，则 BF 为　　　　　　（　　）

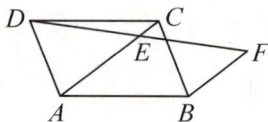

A. $\dfrac{5}{2}$ B. 3   C. $\dfrac{7}{2}$ D. 4

3. 如图,在 $\triangle ABC$ 中,$AB=AC$,CM 平分 $\angle ACB$,与 AB 交于点 M,$AD\perp$ BC 于点 D,$ME\perp BC$ 于点 E,$MF\perp MC$ 与 BC 交于点 F,若 $CF=10$,则 $DE=$

_____.

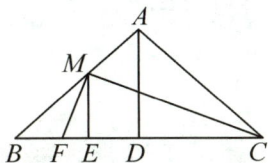

4. 如图,半径为 3 的 $\odot O$ 分别与 x 轴,y 轴交于 A,D 两点,$\odot O$ 上有两个动点 B,C,使 $\angle BAC=45°$ 恒成立,设 $\triangle ABC$ 的重心为点 G,则 DG 的最小值是_____.

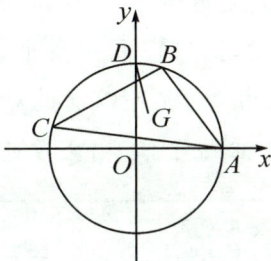

5. 在 $\triangle ABC$ 中,$\angle BAC=120°$,$AB=AC=7$.D 为 AB 上的动点,$DE\parallel$ AC 交 BC 于点 E,F 为 AD 的中点,则 EF 的最小值为_____.

扫码观看本方法配套视频讲解

巧用角平分线

引路人　台州市路桥区教育教学研究中心　徐晓红

方法介绍

　　角是轴对称图形,其对称轴是角平分线所在的直线.当题目中出现角平分线时,往往要关注角的对称性.解题时,可以利用角平分线的定义、性质或结合其他的特殊线段(或直线)得到线段、角相等,也可以通过对称性构造全等三角形或等腰三角形,再利用其性质进行推理论证或计算.相应常见的辅助线有如下四种.

思路	具体作法及目的	图形
作垂直	过角平分线上的点向角的两边(或一边)作垂线段,构造全等三角形,得到线段相等	
作对称	在角的两边截取相等的线段,构造全等三角形,得到对应边、对应角相等,实现线段或角的等量转化	
延垂线	延长角平分线的垂线段与角的边相交,构造等腰三角形,利用等腰三角形的"三线合一"的性质解题	
作平行	作角的一边的平行线与角平分线相交,构造等腰三角形	

典例示范

　　例 1　如图 1,在 $\triangle ABC$ 中, $\angle BAC = 64°$, BE, CE 分别平分 $\angle ABD$, $\angle ACB$,连结 AE,求 $\angle EAB$ 的度数.

　　思路　由 E 是 $\angle ABD$ 的平分线与 $\angle ACB$ 的平分线

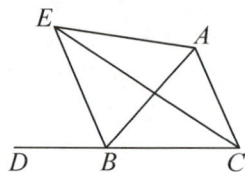

图 1

的交点,想到过点 E 向 $\triangle ABC$ 的三边作垂线段,易知点 E 到三角形三边所在直线的距离相等,从而 AE 是 $\triangle ABC$ 的外角平分线,$\angle EAB$ 的度数可求.

解答　如图 2,过点 E 作 $EF \perp CM$,$EG \perp CD$,$EH \perp AB$,垂足分别为点 F,G,H.

因为 CE 平分 $\angle ACB$,$EF \perp CM$,$EG \perp CD$,所以 $EF = EG$.

同理得 $EH = EG$,所以 $EH = EF$.

故 AE 平分 $\angle BAM$.

因为 $\angle BAC = 64°$,所以 $\angle BAM = 116°$.所以 $\angle EAB = 58°$.

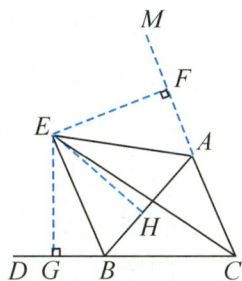

图 2

> **反思**　当一个点在三角形内部,且恰是三角形两个内角的平分线的交点,则这个点必然在第三个内角的平分线上,即为三角形的内心.当一个点在三角形外部,且恰好是两个外角或一个内角、一个外角的平分线的交点,则这个点必然在它所对的内角或另一个外角的平分线上,即为三角形的旁心.

例 2　如图 1,在 $\triangle ABC$ 中,$AB = AC$,$\angle A = 100°$,$\angle ABC$ 的平分线 BE 交 AC 于点 E.求证:$BC = BE + AE$.

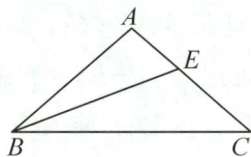

图 1

思路　思路 1(截长法):在 BC 上截取 $BF = BE$,由 BE 是 $\angle ABC$ 的平分线构造全等三角形得到对应边相等.再由"等角对等边"得到线段之间的等量关系,即可得到证明.

思路 2(截长法):在 BC 上截取 $BF = BE$.根据角平分线的性质构造全等三角形,得到对应边相等.再由"等角对等边"得到线段之间的等量关系,从而证明 $BC = BE + AE$.

思路 3(补短法):延长 BE 至点 G,使 $BG = BC$.延长两边构造 $\triangle BCH$,由角之间的等量关系可得到 E 为三条角平分线的交点,从而通过构造全等三角形得到对应边相等,即可证明 $BC = BE + AE$.

解答　方法 1:如图 2,在 BC 上分别取点 D,F,使 $BD = AB$,$BF = BE$.

因为 BE 是 $\angle ABC$ 的平分线,所以 $\angle ABE = \angle DBE$.

因为 $AB = BD$,$BE = BE$,所以 $\triangle ABE \cong \triangle DBE$

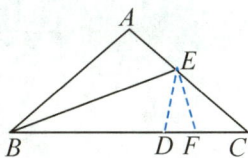

图 2

(SAS).

故 $\angle BDE = \angle A = 100°, AE = DE$.

因为 $AB = AC, \angle A = 100°$，所以 $\angle C = \angle ABC = 40°$.

因为 BE 是 $\angle ABC$ 的平分线，所以 $\angle ABE = \angle DBE = 20°$.

因为 $BE = BF$，所以 $\angle BEF = \angle BFE = 80°$.

因为 $\angle EDF = 80°$，

所以 $\angle EDF = \angle BFE$，所以 $ED = EF$.

因为 $\angle FEC = 40°$，所以 $\angle FEC = \angle C$.

故 $EF = FC$，则 $AE = FC$.

因为 $BC = BF + FC$，所以 $BC = BE + AE$.

方法 2（提示）：如图 3，在 BC 上取点 F，使 $BF = BE$，过点 E 分别作 BA 的延长线和 BC 的垂线段，垂足分别为点 G, H. 由角平分线的性质可知 $EG = EH$，利用 AAS 可得 $\triangle AEG \cong \triangle FEH$，所以 $AE = EF$. 由 $\angle FEC = \angle C = 40°$ 得到 $EF = FC$. 从而证明 $BC = BF + FC = BE + AE$.

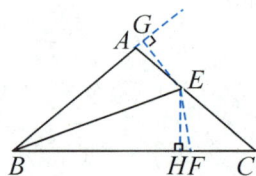
图 3

方法 3（提示）：如图 4，延长 BE 至点 G，使 $BG = BC$，延长 BA 与 CG 的延长线交于点 H，连结 HE，在 AH 上取点 I，使 $EI = EA$.

由 $AB = AC, \angle A = 100°$ 可知 $\angle C = \angle ABC = 40°$，$\angle CAI = 80°$.

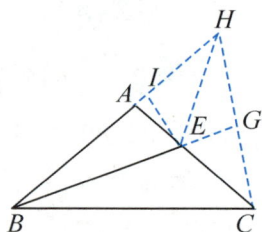
图 4

由角平分线的定义得到 $\angle ABE = \angle CBE = 20°$，

所以 $\angle BCG = \angle BGC = 80°$，从而得到 $\angle ACG = \angle BCA$，即 E 是 $\triangle BCH$ 三条角平分线的交点，

利用 AAS 可知 $\triangle HIE \cong \triangle HGE$，所以 $EI = EG$.

即可证明 $BC = BE + AE$.

> **反思**　证明三条线段之间的数量关系时，可以通过"截长法"或"补短法"将三条线段之间的和差关系转化为两条线段的等量关系. 当条件中出现角平分线时，可以通过作对称的方式，即在角的两边截取相等的线段，构造出全等三角形，从而实现线段的等量转化.

例 3 如图 1,在 △ABC 中,$AC=2AB$,AD 平分∠BAC,BH⊥AD 于点 H,点 E 在 AC 上,连结 BE,若 $S_{\triangle EBC}=9\sqrt{2}$,$BH=3$,且 BH 平分∠EBD,求 CE 的长.

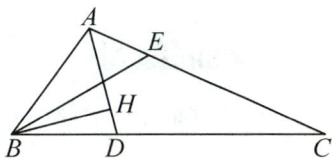
图 1

思路 延长 BH 交 AC 于点 F,连结 DF,容易证明△ABH≌△AFH.观察图形,猜想△ABE∽△ACB.由 BH 平分∠EBD,∠ABF=∠AFB 可证猜想成立,从而得到线段 AE,EF,FC 之间的大小关系,进而由 $S_{\triangle EBC}=9\sqrt{2}$ 可求得 $S_{\triangle ABF}$.根据三角形面积公式求出 AH 的长,然后利用勾股定理求出 AB 的长,从而得到 CE 的长.

解答 如图 2,延长 BH 交 AC 于点 F,连结 DF.
因为 AD 平分∠BAC,所以∠BAH=∠FAH.
因为 BH⊥AD,所以∠AHB=∠AHF=90°.
因为 AH=AH,
所以△ABH≌△AFH(ASA).

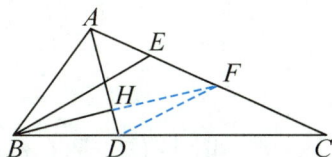
图 2

所以∠ABF=∠AFB,AB=AF,BH=HF=3.
又因为∠ABH=∠ABE+∠EBF,∠AFB=∠C+∠FBC,
所以∠ABE+∠EBF=∠C+∠FBC.
因为 BH 平分∠EBD,所以∠EBF=∠FBC,所以∠C=∠ABE.
因为∠BAC=∠BAC,所以△ABE∽△ACB,所以 $\dfrac{AE}{AB}=\dfrac{AB}{AC}$.

又因为 $AC=2AB$,所以 $\dfrac{AE}{AB}=\dfrac{AB}{AC}=\dfrac{1}{2}$.

设 $AE=x$,则 $AB=2x$,$EF=x$,$FC=2x$,所以 $S_{\triangle EBC}:S_{\triangle ABF}=CE:AF=3:2$.
又因为 $S_{\triangle EBC}=9\sqrt{2}$,所以 $S_{\triangle ABF}=6\sqrt{2}$.

因为 $S_{\triangle ABF}=\dfrac{1}{2}BF\cdot AH$,$6\sqrt{2}=\dfrac{1}{2}\times 6\times AH$,所以 $AH=2\sqrt{2}$.

在 Rt△AHB 中,因为∠AHB=90°,$AB=\sqrt{AH^2+BH^2}=\sqrt{17}$,

所以 $CE=\dfrac{3}{2}AF=\dfrac{3}{2}AB=\dfrac{3\sqrt{17}}{2}$.

反思 当某条线段既是角平分线,又是垂线段时,可延长角平分线的垂线段构造等腰三角形.本题中,为了求出 CE,需要建立 CE 与 BH 的联系,需要思考每个已知条件能够发挥怎样的作用.

巩固练习

1. 如图,在矩形 $ABCD$ 中,$AB=3$,$BC=4$,对角线 AC 与 BD 交于点 O,AE 平分 $\angle BAC$,连结 OE,求 $\triangle OCE$ 的面积.

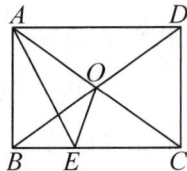

2. 如图,已知 $\square ABCD$.

(1)尺规作图:分别作 $\angle ADC$,$\angle BCD$ 的平分线,交点为点 P.

(2)连结 AP 并延长,交 BC 于点 Q,若 Q 为 BC 的中点,猜想线段 AD 和 CD 之间的数量关系,并证明你的猜想.

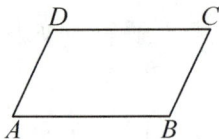

3. 如图,DE 是 $\triangle ABC$ 的中位线,$DE=4$,点 P 在射线 DE 上,连结 BP,CD,$\angle CBP$ 的平分线交 CD 于点 Q.若 $DQ=2CQ$,求 $EP+BP$ 的长.

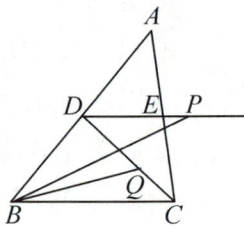

4. 如图,AB 是 $\odot O$ 的直径,点 C 在 $\odot O$ 上,$AC>BC$,CD 平分 $\angle ACB$ 交 $\odot O$ 于点 D,过点 D 作 $DE\parallel AB$ 交 CB 的延长线于点 E.

(1)求证:DE 是 $\odot O$ 的切线.

(2)若 $BC=6$,$BE=8$,求 $\odot O$ 的半径.

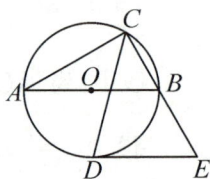

5. 如图,在 $\triangle ABC$ 中,AD 平分 $\angle BAC$,点 H 为 $\triangle ABC$ 的内心,过点 H 作 $FG\perp AD$,交 AC 于点 F,交 AB 于点 G,若 $FC=2$,$GB=3$,求 FG 的长.

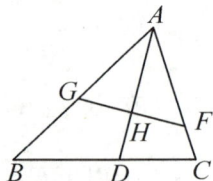

截长补短

引路人　台州学院附属中学　卢守平

方法介绍

截长补短,是解决初中几何问题的一种常见的添加辅助线的方法."截长",就是在长边上截取一条线段与某一短边相等,再证明剩下的线段与另一短边相等;"补短",就是通过延长短边或旋转等方式使两条短边拼合到一起,从而解决问题.

截长补短的本质是利用全等三角形将问题转化为两线段相等问题,主要用于证明线段的和、差、倍、分关系.

典例示范

(一)"$a+b=c$"型问题

例1　如图1,$\triangle ABC$ 中,$\angle CAB = \angle CBA = 45°$,$E$ 为 BC 的中点,$CN \perp AE$ 于点 O,交 AB 于点 N.求证:

(1)$\angle 1 = \angle 2$;(2)$AE = CN + EN$.

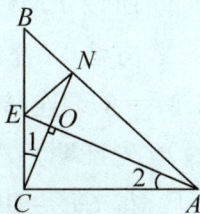

图1

思路　对第(1)题,观察图形,利用题设,根据同角的余角相等即可证明.

对第(2)题,由求证结论 $AE = CN + EN$,想到用截长补短法,有两种思路:

①截长法:因 AE 为最长线段,考虑在 AE 上截取线段(如 AM),使 $AM = CN$,再证明余下的线段 $EM = EN$.

②补短法:CN 和 EN 均为较短的线段,将其中一条线段延长,如延长 CN 至点 M,使 $CM = AE$,只要证明 $NM = NE$ 即可;或者将较短的线段 CN 和 EN 补在一起形成新线段,证明新线段等于最长线段 AE.

证明　(1)如图1,因为 $\angle CAB = \angle CBA = 45°$,

所以 $\angle ACB = 90°$,

因为 $AE \perp CN$,

所以 $\angle AOC = 90°$,

所以 $\angle 1 + \angle ACO = 90°$, $\angle 2 + \angle ACO = 90°$,

所以 $\angle 1 = \angle 2$.

(2)方法 1(截长法):如图 2,在线段 AE 上截取 $AM = CN$,连结 CM.

在 $\triangle ACM$ 和 $\triangle CBN$ 中,

$$\begin{cases} AC = BC, \\ \angle 1 = \angle 2, \\ AM = CN, \end{cases}$$

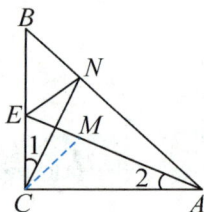

图 2

所以 $\triangle ACM \cong \triangle CBN$,

所以 $CM = BN$, $\angle ACM = \angle B = 45°$,

所以 $\angle MCE = 45° = \angle B$,

在 $\triangle MCE$ 和 $\triangle NBE$ 中,

$$\begin{cases} CM = BN, \\ \angle MCE = \angle B, \\ CE = BE, \end{cases}$$

所以 $\triangle MCE \cong \triangle NBE$,

所以 $EM = EN$,故 $AE = AM + EM = CN + EN$.

方法 2(补短法)(提示):如图 3,延长 CN 到点 M,使得 $CM = AE$,连结 BM.

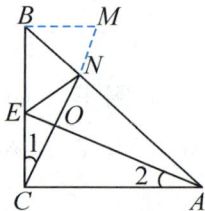

图 3

先证明 $\triangle ACE \cong \triangle CBM$,

得 $CE = BM$, $\angle CBM = 90°$,

再证明 $\triangle NBM \cong \triangle NBE$,得 $NM = EN$,即可.

反思　证明三条线段 a, b, c 之间构成形如"$a + b = c$"型关系的解题策略,是将两条较短的线段设法合成一条线段,有时需要延长其中一条较短的线段 a,并在延长线上截取与另一条较短的线段 b 等长的线段,构成一条新线段,然后再证明这条新线段与线段 c 相等;或者在最长的线段 c 上截取一条较短的线段 a,然后再证明剩余的线段与 b 相等,用这两种方法都能得到问题的答案.

(二)"$a+b=\sqrt{n}c$"型问题

例 2 如图 1,四边形 $ABCD$ 是 $\odot O$ 的内接正方形,P 是圆上一点(点 P 与点 A,B,C,D 不重合),连结 PA,PB,PC.

(1)若 P 是 $\overset{\frown}{AD}$ 上一点,求证:$PA+PC=\sqrt{2}PB$.

(2)探究当点 P 分别在 $\overset{\frown}{AB},\overset{\frown}{BC},\overset{\frown}{CD}$ 上,求 PA,PB,PC 的数量关系,直接写出答案,不需要证明.

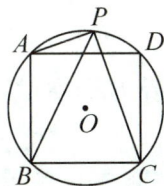 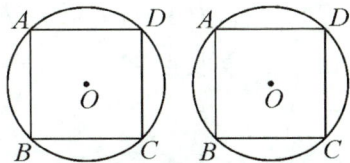

图 1　　　　　　　　(备用图)

思路 第(1)题,由 $\sqrt{2}PB$ 中的系数 $\sqrt{2}$ 联想到 $45°$ 角,再由 $PA+PC=\sqrt{2}PB$,想到构造等腰直角三角形.第(2)题,尽最大可能在解题思路方法、结论两个方面从第(1)题中获取启示.

解答 (1)方法1:因为四边形 $ABCD$ 为正方形,所以 $AB=BC$,$\angle ABC=90°$.

将 $\triangle ABP$ 绕着点 B 顺时针旋转 $90°$ 得到 $\triangle BCE$(如图2),则 $\triangle PAB\cong\triangle ECB$,$\angle PBE=90°$,$BP=BE$,$PA=CE$.

因为四边形 $ABCP$ 为 $\odot O$ 的内接四边形,

所以 $\angle PCB+\angle PAB=180°$,

所以 $\angle PCB+\angle BCE=180°$,

因此 P,C,E 三点共线,即 $\triangle PBE$ 为等腰直角三角形,

所以 $PE=\sqrt{2}PB$,

所以 $PA+PC=CE+PC=PE=\sqrt{2}PB$.

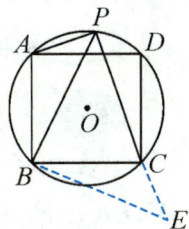

图 2

方法2(提示):在 PC 的延长线上截取点 E,使 $CE=PA$.连结 BE,如图2,由四边形 $ABCD$ 是 $\odot O$ 内接的正方形和四边形 $ABCP$ 为 $\odot O$ 内接的四边形,易证 $\triangle PAB\cong\triangle ECB$,则 $BP=BE$,$\angle ABP=\angle CBE$,再证明 $\angle PBE=90°$ 即可.

(2)①当点 P 在 $\overset{\frown}{AB}$ 上时,$PC-PA=\sqrt{2}PB$.

在 PC 上取点 E,使 $CE=PA$,连结 BE,如图3,类似地,可证明 $\triangle PBE$ 为等腰直角三角形.

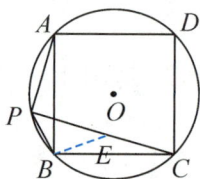 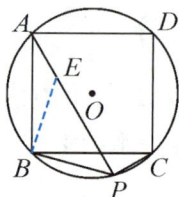 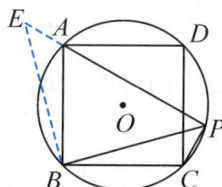

图3　　　　　图4　　　　　图5

②当点 P 在 $\overparen{BC}$ 上时，$PA-PC=\sqrt{2}PB$.

在 PA 上取点 E，使 $AE=PC$，连结 BE，如图4，易证 $\triangle PBE$ 为等腰直角三角形.

③当点 P 在 $\overparen{CD}$ 上时，$PA+PC=\sqrt{2}PB$.

在 PA 的延长线上截取点 E，使 $AE=PC$，连结 BE，如图5，易证 $\triangle PBE$ 为等腰直角三角形.

反思　证明三条线段 a,b,c 之间构成形如"$a+b=\sqrt{n}c$"关系的解题策略，可先构造出表示某线段 $\sqrt{n}$ 倍的线段，这时要以特殊三角形为模型来导航.如等腰直角三角形的斜边是直角边的 $\sqrt{2}$ 倍等，然后再抓住全等关系，进行线段之间的等量代换，最终获得问题的结论.

(三)"$a+mb=nc$"型问题

例3　如图1，在 Rt$\triangle ABC$ 中，$\angle ACB=90°$，$\angle BAC=\alpha$，点 D 在边 AC 上(不与点 A,C 重合)，连结 BD，K 为线段 BD 的中点，过点 D 作 $DE\perp AB$ 于点 E，连结 CK,EK,CE，将 $\triangle ADE$ 绕点 A 顺时针旋转一定的角度(旋转角小于90°).

(1)如图1，若 $\alpha=45°$，则 $\triangle ECK$ 的形状为_____.

(2)在(1)的条件下，若将图1中的 $\triangle ADE$ 绕点 A 旋转，使得 D,E,B 三点共线，K 为线段 BD 的中点，如图2所示，求证：$BE-AE=2CK$.

(3)若 $\triangle ADE$ 绕点 A 旋转至图3位置时，使得 D,E,B 三点共线，K 仍为线段 BD 的中点，请你直接写出 BE,AE,CK 三者之间的数量关系.(用含 α 的三角函数表示)

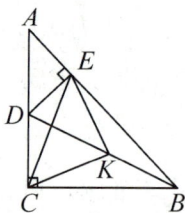 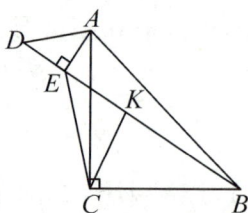 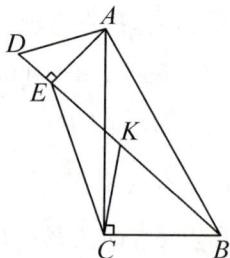

图1　　　　图2　　　　图3

思路 （1）由 K 为两个直角三角形斜边中点，联想到斜中线定理.

（2）由 $BE-AE$ 联想到在 BC 上截取线段 AE，尝试以 E 或 B 为端点截取，发现以 B 为端点截取会产生全等三角形，进而可构造等腰直角三角形，即可解决问题.

（3）受第（2）题证明方法的启发，在 BD 上截取 $BG=DE$，发现构造得到 $\triangle CAE$ 与 $\triangle CBG$ 的大小不等，但形状相同，进而证明 $\triangle CAE \backsim \triangle CBG$，即可得 $BE-AE \cdot \tan\alpha=2CK$.

解答 （1）$\triangle ECK$ 是等腰直角三角形. 理由如下：

如图 1，因为 $\angle A=45°$，$\angle ACB=90°$，

所以 $\angle A=\angle CBA=45°$，

所以 $CA=CB$，

因为 $DE\perp AB$，

所以 $\angle DEB=90°$，

因为 $DK=KB$，

所以 $EK=KC=KB=DK=\dfrac{1}{2}BD$，

所以 $\angle KEB=\angle KBE$，$\angle KCB=\angle KBC$，

所以 $\angle EKC=\angle KEB+\angle KBE+\angle KCB+\angle KBC=2(\angle KBE+\angle KBC)=90°$.

所以 $\triangle ECK$ 是等腰直角三角形.

（2）证明：如图 4，在 BD 上截取 $BG=DE$，连结 CG，设 AC 交 BE 于点 Q.

因为 $\alpha=45°$，$DE\perp AE$，D,E,B 三点共线，

所以 $\angle AED=\angle AEQ=90°$，$\angle DAE=45°$，

因此 $\triangle ADE$ 是等腰直角三角形，

所以 $DE=AE=BG$，

因为 $\angle 1+\angle 3=\angle 2+\angle 4=90°$，$\angle 1=\angle 2$，

所以 $\angle 3=\angle 4$，

因为 $AC=BC$，

所以 $\triangle AEC\cong\triangle BGC$（SAS），

因此 $CE=CG$，$\angle 5=\angle BCG$，

所以 $\angle ECG=\angle ACB=90°$，

所以 $\triangle ECG$ 是等腰直角三角形，

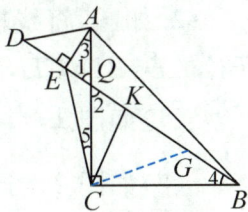

图 4

因为 $KD=KB,DE=BG$,

所以 $KE=KG$,

因此 $CK=EK=KG$,

所以 $BE-AE=2CK$.

（3）结论：$BE-AE \cdot \tan\alpha=2CK$.

提示：如图 5 中，在 BD 上截取 $BG=DE$,连结 CG,设 AC 交 BE 于点 Q.类比第（2）题的方法，证明 $\triangle CAE \backsim \triangle CBG$,即可解决问题.

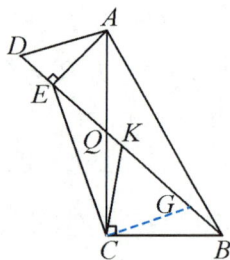

图 5

> **反思**　证明三条线段 a,b,c 之间构成的形如"$a+mb=nc$"的关系，常常先构造出表示某线段 n 倍的线段和 m 倍的线段，然后再抓住全等关系或相似关系，进行线段之间的等量代换，最终获得问题的结论.

巩固练习

1. 如图，$AB /\!/ CD,BE,CE$ 分别是 $\angle ABC,\angle BCD$ 的平分线，点 E 在 AD 上．求证：$BC=AB+CD$.

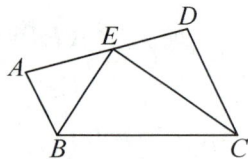

2. 如图，将线段 AB 绕点 A 逆时针旋转 α 到 AC,D 是平面内一点，连结 BC,AD,BD,CD,且 $\angle CAB=\angle CDB$.

（1）如图 1，当 $\alpha=60°$ 时，直接写出 BD,CD,AD 之间的数量关系.

（2）如图 2，当 $\alpha=120°$ 时，探究 $\dfrac{BD-CD}{AD}$ 是否为定值，并说明理由.

（3）当 $\alpha=120°,AB=5,AD=2$ 时，请直接写出 BD 的长.

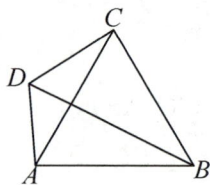

图 1

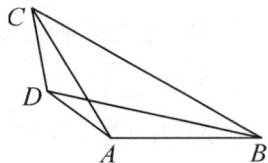

图 2

3. 如图,在 $\angle EAF$ 的平分线上取点 B 作 $BC \perp AF$ 于点 C,在直线 AC 上取一动点 P,在直线 AE 上取点 Q,使得 $BQ = BP$,$AQ \neq AP$.

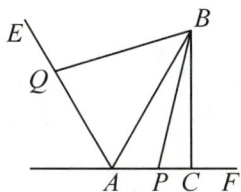 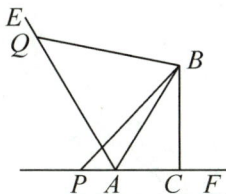 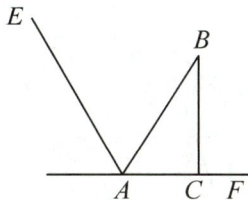

图1　　　　　　　　图2　　　　　　　备用图

(1)如图 1,当点 P 在线段 AC 上时,$\angle BQA + \angle BPA =$ _____°.

(2)如图 2,当点 P 在 CA 延长线上时,探究 AQ,AP,AC 三条线段之间的数量关系,说明理由.

(3)在满足(1)的结论条件下,当点 P 运动到在射线 AC 上时,直接写出 AQ,AP,PC 三条线段之间的数量关系.

4.【问题提出】

如图 1,在 Rt$\triangle ABC$ 中,$\angle ACB = 90°$,$AC = BC$,D 为斜边 AB 上一点,连结 CD 并延长到点 E,使得 $DE = DC$,过点 E 作 $EF \perp AB$ 于点 F,则 AC 与 EF 的数量关系为 _____.

【拓展应用】

如图 2,在 $\triangle ABC$ 中,$AC = BC = 5k$,$AB = 8k$,D 为 AB 边上一点,连结 CD 并延长到点 E,使得 $DE = \dfrac{1}{2} CD$,过点 E 作 $EF \perp AB$,交直线 AB 于点 F.

(1)当点 D,F 位于点 A 异侧时,写出 AC,AD,DF 之间的数量关系,并说明理由.

（2）当点 D,F 位于点 A 同侧时,若 $AD=6$,$DF=1$,请直接写出 AC 的长.

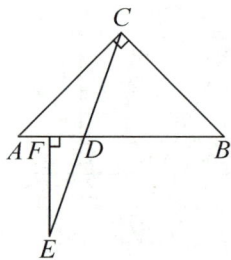

图 1

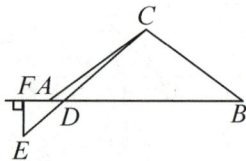

图 2

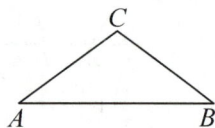

备用图

5. 已知直径 AB,CD 互相垂直,M 是 $\overset{\frown}{AC}$ 上一动点,连 AM,MC,MD.

（1）如图 1,求证:$MD-MC=\sqrt{2}MA$.

（2）如图 2,求证:$\dfrac{MD^2-MC^2}{MA\cdot MB}$ 为定值.

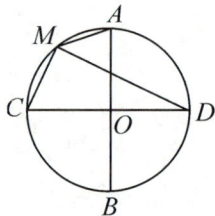

图 1

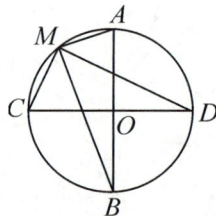

图 2

四点共圆

引路人 杭州市余杭区仓前中学 王利庆

方法介绍

圆具有旋转不变性、中心对称性及轴对称性.四点共圆是根据问题条件判断四点共圆,将所要解决的问题转化为由圆性质获得角度与线段关系的一种方法.判断四点共圆的常用方法有:到一个定点距离相等的四个点共圆;一组对角互补的四边形共圆;一个外角等于它内对角的四边形共圆;若两个点在一条线段的同旁,并且和这条线段的两端连线的夹角相等,则这两个点和这条线的两个端点共圆;有相同斜边的直角三角形顶点共圆.

利用四点共圆解决问题的一般步骤是:(1)根据问题条件判定四点共圆;(2)利用圆的性质,对相关的边、角进行等量转换;(3)求解或证明结论.

典例示范

例 1 如图 1,$AB=CD=3$,$\angle A=15°$,$\angle C=15°$,$\angle D=105°$,则线段 AD 的长为_____.

思路 由题设可知,A,B,C,D 四点共圆.为了求线段 AD 的长,宜把它放在直角三角形中.由此,想到构造图 2,再利用条件求得 $\angle BAC=\angle ACD=30°$.

证明 如图 2,连结 BD,AC,

因为 $\angle DAB=\angle DCB$,

所以 A,B,C,D 四点共圆.

因为 $AB=CD$,

所以 $\overset{\frown}{AB}=\overset{\frown}{CD}$,

所以 $\angle ACB=\angle DAC$,

因为 $\angle BAC=\angle DAC-\angle DAB$,

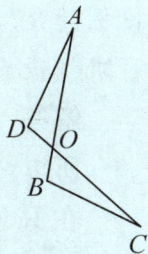

图 1

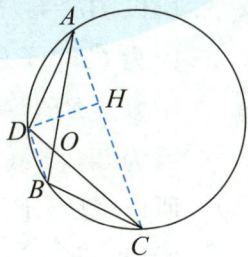

图 2

$\angle ACD = \angle ACB - \angle DCB$,

所以 $\angle BAC = \angle ACD$,

因为 $\angle AOC = \angle DAB + \angle ADC = 120°$,

所以 $\angle OCA = \angle OAC = 30°$.

过点 D 作 $DH \perp AC$ 于点 H,

所以 $\angle CDH = 60°$, $\angle HDA = \angle DAH = 45°$.

因为 $CD = 3$,所以 $DH = \dfrac{3}{2}$,

所以 $AD = \dfrac{3\sqrt{2}}{2}$.

反思　分析条件和结论、观察图形,形成正确的解题直觉非常重要.发现四点共圆,并利用圆的性质对角、边进行等量转换是求解的关键.

例 2　如图 1,正方形 $ABCD$ 的边长为 6,O 是对角线 AC,BD 的交点,点 E 在 CD 上,且 $DE = 2CE$,过点 C 作 CF $\perp BE$,垂足为 F,连结 OF,求线段 OF 的长.

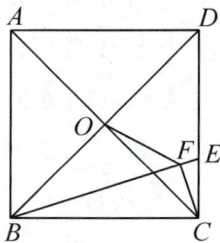

图 1

思路　由题设可知 B,C,F,O 四点共圆.为了求线段 OF 的长,可先求 OF 对应的圆心角或解圆周角所在的三角形;或寻找与 OF 所在三角形相似的三角形,由对应线段成比例转化.因 $\overset{\frown}{OB}$ 所对圆周角 $\angle BFO = \angle BCO = 45°$,得 $\triangle BOF \backsim \triangle BED$,从而可求线段 OF 的长.

解答　如图 2,因为四边形 $ABCD$ 是正方形,

所以 $\angle BCD = 90°$,

在 $\text{Rt}\triangle BCE$ 中,$BC = DC = 6$,$DE = 2EC$,

所以 $EC = 2$,

所以 $BE = \sqrt{BC^2 + CE^2} = \sqrt{6^2 + 2^2} = 2\sqrt{10}$,

因为 $CF \perp BE$,

所以 $\angle BFC = 90°$.

因为四边形 $ABCD$ 是正方形,

所以 $AC \perp BD$,

所以 $\angle BOC = 90°$,

因为 $\angle BFC = \angle BOC = 90°$,

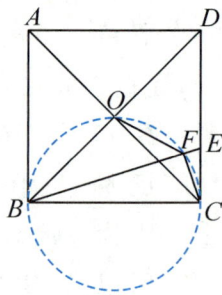

图 2

所以 B,C,F,O 四点共圆,

所以 $\angle OFB=\angle OCB=45°$.

因为 $\angle BDC=45°$,

所以 $\angle BDC=\angle OFB=45°$,

因为 $\angle EBD=\angle EBD$,

所以 $\triangle BOF \backsim \triangle BED$,

所以 $\dfrac{OB}{BE}=\dfrac{OF}{DE}$,

所以 $\dfrac{3\sqrt{2}}{2\sqrt{10}}=\dfrac{OF}{4}$,

所以 $OF=\dfrac{6\sqrt{5}}{5}$.

反思 根据图形特征、题设条件作出直观的判断非常重要.利用四点共圆的性质对角进行等量转换,寻找三角形相似是求解本题的关键.

例 3 如图 1,在等腰 $\triangle ABC$ 中,$AB=AC=\sqrt{5}$,D 为 BC 边上异于中点的点,点 C 关于直线 AD 的对称点为点 E,EB 的延长线与 AD 的延长线交于点 F,求 $AD \cdot AF$的值.

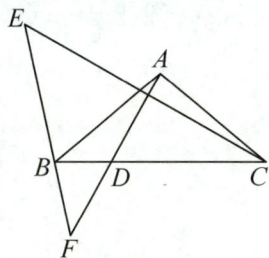

图 1

思路 为了求 $AD \cdot AF$ 的值,需要建立 $AD \cdot AF$ 与已知量 AB 或 AC 的联系,由此想到证明 $\triangle AFB$ 和 $\triangle ABD$ 相似;或根据 AD,AF 为同端点的两条边乘积联想圆中两条弦乘积构造圆.由 E 是点 C 关于直线 AD 的对称点,想到充分利用对称性解决问题.

解答 如图 2,连结 AE,ED,CF,

因为 $AB=AC$,

所以 $\angle ABD=\angle ACB$.

因为点 C 关于直线 AD 的对称点为点 E,

所以 $\angle BED=\angle BCF$,$\angle AED=\angle ACD=\angle ACB$.

因此 $\angle ABD=\angle AED$,

可知 A,E,B,D 四点共圆,

所以 $\angle BED=\angle BAD$.

因而 $\angle BAD=\angle BCF$,

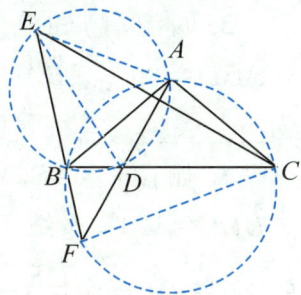

图 2

可知 A,B,F,C 四点共圆.

因而 $\angle AFB = \angle ACB = \angle ABD$,

所以 $\triangle AFB \backsim \triangle ABD$.

故 $\dfrac{AB}{AD} = \dfrac{AF}{AB}$,所以 $AD \cdot AF = AB^2 = (\sqrt{5})^2 = 5$.

反思 在解数学题时,应加强对已知条件、求解目标的观察与联想,加强对解题思路方法的猜想与预见,善于利用图形的对称性、四点共圆的性质等对角、线段进行等量转换.

巩固练习

1. 如图,O 为线段 BC 的中点,点 A,C,D 到点 O 的距离相等,若 $\angle ABC = 50°$,则 $\angle ADC$ 的度数是_____.

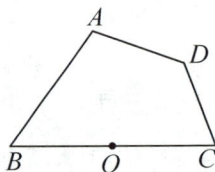

2. 如图,在 $\triangle ABC$ 中,CE,BF 是对应边上的高线,且相交于点 M,AM 交 BC 于点 D. 求证:$AD \perp BC$(即三角形的三条高线交于一点).

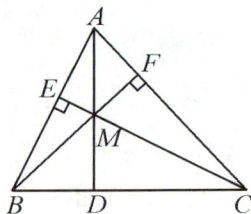

3. 如图,已知凸四边形 $ABCD$ 满足 $\angle CAD = 45°$,$\angle ACD = 30°$,$\angle BAC = \angle BCA = 15°$,则 $\angle DBC$ 的度数为_____.

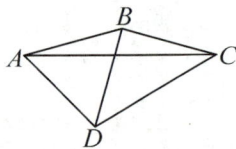

4. 如图,$\triangle ABC$ 中,$\angle BAC = 60°$,AD 平分 $\angle BAC$,$\angle BDC = 120°$,连结 BD,CD,并延长分别交 AC,AB 于点 E,F,若 $DE = 6,\dfrac{DF}{CD} = \dfrac{3}{5}$,则 BD 的长为　　　　(　　)

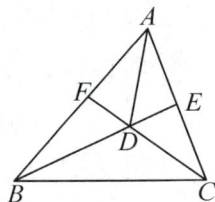

A. 10 　　　　　　　　　　　　　B. 12

C. 15 　　　　　　　　　　　　　D. 16

5.（1）问题发现

如图1，$\triangle ACB$ 和 $\triangle DCE$ 均为正三角形，点 A，D，E 在同一直线上，连结 BE.

①求证：$AD=BE$.

②求 $\angle AEB$ 的度数.

（2）拓展探究

如图2，$\triangle ACB$ 和 $\triangle AED$ 均为等腰直角三角形，$\angle ACB=\angle AED=90°$，点 B，D，E 在同一直线上，连结 CE，求 $\dfrac{BD}{CE}$ 的值及 $\angle BEC$ 的度数.

（3）解决问题

如图3，在正方形 $ABCD$ 中，$CD=\sqrt{10}$，若点 P 满足 $PD=\sqrt{2}$，且 $\angle BPD=90°$，请求出点 C 到直线 BP 的距离.

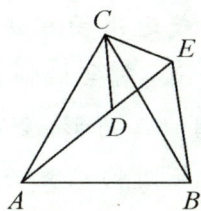 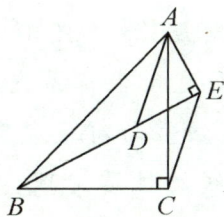 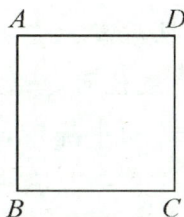

图1　　　　　　图2　　　　　　图3

36

垂线法

引路人　杭州市十三中教育集团(总校)　戚方柔

方法介绍

　　垂线法,是过一点作直线的垂线段以解决相关问题的方法.垂线是几何常见的辅助线之一,广泛运用于多边形、圆、平面直角坐标系等知识领域中.

　　作垂线的主要目的有:构造直角三角形(或矩形),并运用直角三角形(或矩形)的相关性质或三角函数解题;计算图形面积或运用面积法;根据"垂线段最短",解决最值问题;过平面直角坐标系内的一点,向坐标轴作垂线段,以表示点的坐标.初中阶段,垂线法常与勾股定理、相似三角形、全等三角形、等腰三角形"三线合一"、角平分线的性质定理、直线与圆的位置关系等知识和方法结合应用.

典例示范

　　例1　如图1,$\triangle ABC$ 为等腰三角形,其中 $AB=AC=13$,$BC=10$,D 是 AB 的中点,过点 D 作 AC 的垂线,垂足为点 E,则线段 DE 的长为_____.

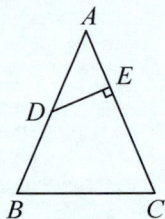

图1

　　思路　根据 $DE \perp AC$,可考虑在 $\triangle ACD$ 中运用面积法求 DE.由于 D 为 AB 的中点,也可考虑运用中位线性质,过点 B 作 $BG \perp AC$ 于点 G,结合平行截割定理,可得 $BG=2DE$.已知等腰 $\triangle ABC$ 的三边,可运用面积法或勾股定理求得 BG,或取 AC 的中点 H,连结 DH,在 $\triangle ADH$ 中运用面积法或勾股定理直接求得 DE.

　　解答　方法1:如图2,作 $AF \perp BC$ 于点 F,连结 DC.

因为 D 是 AB 中点,

所以 $S_{\triangle ADC}=S_{\triangle BDC}=\dfrac{1}{2}S_{\triangle ABC}$.

因为 $AB=AC,AF \perp BC$,

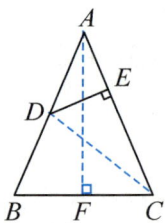

图2

所以 $BF=FC=5$,

在 Rt$\triangle AFC$ 中,$AF=\sqrt{AC^2-CF^2}=\sqrt{13^2-5^2}=12$,

则 $S_{\triangle ADC}=\dfrac{1}{2}S_{\triangle ABC}=\dfrac{1}{4}BC \cdot AF=30$,

所以 $\dfrac{1}{2}AC \cdot DE=30$,得 $DE=\dfrac{60}{13}$.

方法 2:如图 3,作 $AF\perp BC$ 于点 F,$BG\perp AC$ 于点 G,则 $DE/\!/BG$,可得 $\triangle ADE\backsim\triangle ABG$,

在 Rt$\triangle AFC$ 中,$AF=\sqrt{AC^2-CF^2}=12$,

又可证 $\triangle CAF\backsim\triangle CBG$,

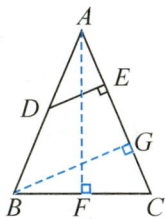
图 3

得 $\dfrac{BG}{BC}=\dfrac{AF}{AC}=\dfrac{12}{13}$,所以 $BG=\dfrac{120}{13}$,得 $DE=\dfrac{1}{2}BG=\dfrac{60}{13}$.

方法 3:如图 4,作 $BF\perp AC$ 于点 F,可得 DE 为 $\triangle ABF$ 的中位线,

根据勾股定理易得 $AB^2-AF^2=BC^2-CF^2=BF^2=4DE^2$,

可求得 AF,进而求得 BF,DE.

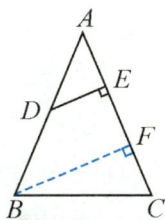
图 4

反思 基于等腰三角形、中点、垂线段条件,充分展开联想,由等腰三角形联想到"等腰三角形三线合一",进而添加辅助线,构造直角三角形;由中点联想到中线平分三角形面积、平行截割定理、中位线定理等;亦可作多条垂线,构造多个相似的直角三角形,助力后续推理.

例 2 如图 1,$\triangle ABC$ 是正三角形,边长为 6,E 是对称轴 AD 上一点,将线段 CE 绕点 C 逆时针旋转 60° 得到线段 CF,连结 DF,求线段 DF 的最小值.

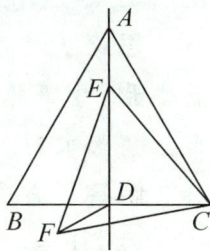
图 1

思路 由旋转的性质可得 $EC=FC$,由此可构造全等三角形,取线段 AC 的中点 G,连结 EG,可证 $\triangle DCF\cong\triangle GCE$,则 $DF=GE$,G 是定点,E 是直线 AD 上的动点,因此线段 GE 的最小值为点 G 到直线 AD 的垂线段长度;或连结 BF,可证 $\triangle AEC\cong\triangle BFC$,则 $\angle CBF=\angle CAE=30°$,即点 F 运动的轨迹为一条直线,因此当 DF 垂直该直线时取得最小值.

解答 方法 1:如图 2,取 AC 的中点 G,连结 EG,

因为旋转角为 60°,所以 $\angle ECD+\angle DCF=60°$,

结合 $\angle ECD + \angle GCE = 60°$，可得 $\angle DCF = \angle GCE$，

因为直线 AD 是等边 $\triangle ABC$ 的对称轴，可得 $CD = \dfrac{1}{2}BC$，

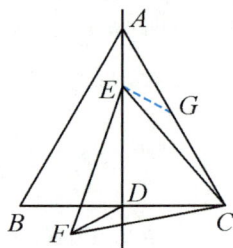

图 2

所以 $CD = CG$. 根据旋转的性质，可得 $CE = CF$.

在 $\triangle DCF$ 和 $\triangle GCE$ 中，$CF = CE$，$\angle DCF = \angle GCE$，$CD = CG$，

证得 $\triangle DCF \cong \triangle GCE$，所以 $DF = EG$.

由于"垂线段最短"，所以当 $EG \perp AD$ 时，EG 取得最小值，此时 $\angle CAE = 30°$，$AG = 3$，所以 $EG = DF = 1.5$.

方法 2：如图 3，连结 BF，易证 $\triangle AEC \cong \triangle BFC$，所以 $\angle CBF = \angle CAE = 30°$，

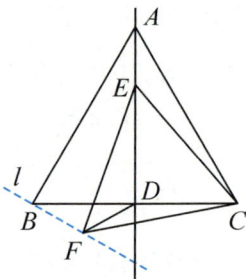

图 3

则点 F 运动的轨迹为图中的直线 l，所以当线段 DF 与直线 l 垂直时，DF 取得最小值，此时 $\angle CBF = 30°$，$BD = 3$，所以 $DF = 1.5$.

> **反思**　线段最短问题主要有两类：一是两点之间线段最短，二是点到直线垂线段最短. 求解线段最短问题时，注意关联动点与几何图形中的不变量，找到动点移动的规律.

例 3　如图 1，$AC = AB$，$\angle BAC = 90°$，D 为线段 BC 上一定点，连结 AD，求证：$AD^2 = AC^2 - CD \cdot BD$.

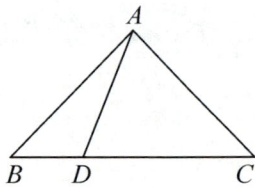

图 1

思路　观察所求证的等式，联想到勾股定理或相似三角形，故需作垂线构造以 AD 为边的直角三角形或相似三角形求解.

解答　方法 1：如图 2，过点 A 作 $AE \perp BC$ 于点 E.

设 $DE = a$，$CE = b$，

在 $\text{Rt}\triangle ADE$ 中，$AD^2 = a^2 + b^2$，

在 $\text{Rt}\triangle ACE$ 中，$AC^2 = 2b^2$，

$AC^2 - CD \cdot BD = 2b^2 - (a+b) \cdot (b-a) = 2b^2 - (b^2 - a^2) = a^2 + b^2$，

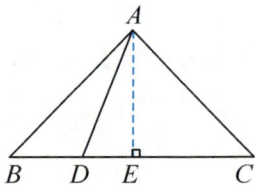

图 2

所以 $AD^2 = AC^2 - CD \cdot BD$.

方法 2：如图 3，过点 D 作 $DE \perp AB$ 于点 E，$DF \perp AC$ 于点 F，

因为 $AC^2 - CD \cdot BD = \dfrac{(BD+CD)^2}{2} - CD \cdot BD =$

$\dfrac{BD^2}{2} + \dfrac{CD^2}{2} = DE^2 + DF^2$，

所以 $AD^2 = AC^2 - CD \cdot BD$.

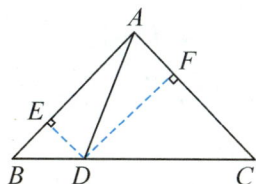

图 3

方法 3：如图 4，过点 A 作 AD 的垂线，在垂线上取一点 E，使 $AE = AD$，

连结 CE，DE，易证 $\triangle ABD \cong \triangle ACE$，由此可得

$S_{\triangle ABC} = S_{四边形 ADCE} = \dfrac{1}{2}AD^2 + \dfrac{1}{2}CD \cdot BD = \dfrac{1}{2}AC^2$，

所以 $AD^2 = AC^2 - CD \cdot BD$.

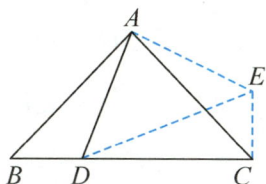

图 4

方法 4：如图 5，构造以 BC 为直径的圆，并延长 AD 交圆于点 E，连结 BE. 可得 $\triangle ADC \backsim \triangle BDE$，$\triangle EBA \backsim \triangle BDA$，所以 $CD \cdot BD = AD \cdot DE$，$AB^2 = AD \cdot AE = AD \cdot (AD + DE)$，则 $AB^2 = AD^2 + AD \cdot DE$，所以 $AD^2 = AC^2 - CD \cdot BD$.

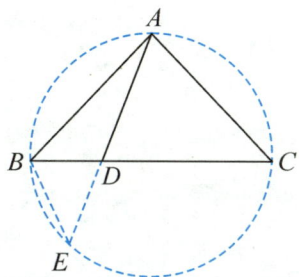

图 5

> **反思** 经过线段的端点作垂线，构造直角三角形，并运用代数法或几何法分析，进一步形成全等三角形或相似三角形，从而转化面积或线段，亦可通过旋转变换构造全等三角形.

巩固练习

1. 如图，在矩形 $ABCD$ 中，$AB = 3$，$BC = 4$，E 是对角线 AC 上一点，连结 BE，过点 E 作 $EF \perp BE$，垂足为点 E，直线 EF 交线段 DC 于点 F，则 $\dfrac{EF}{BE} =$ _____ .

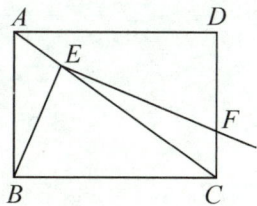

2. 如图，Rt$\triangle ABC$ 中，$\angle ABC = 90°$，$AB = 6$，$BC = 8$，P 为边 AC 上的一动点，以 PA，PB 为边作 $\square APBQ$，则线段 PQ 长的最小值为 _____ .

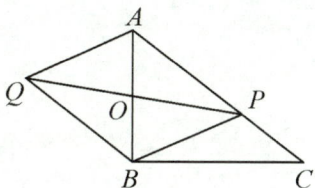

3. 如图,$\square ABCD$ 中,$AE\perp BC$,垂足为点 E,$BD=2\sqrt{3}$,$AC=2$,设 $BE=x$,$BC=y$,则下列选项中为定值的是 （　　）

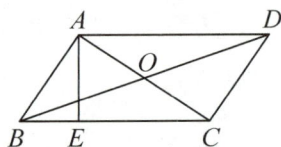

A. $x+y$　　　　　B. $x-y$　　　　　C. xy　　　　　D. x^2+y^2

4. 如图,在平面直角坐标系中,已知 A 为 x 轴上一定点,点 B 的坐标为 $(4,3)$,P 为线段 OA 上的动点,过点 P 作 $PQ\parallel AB$ 交 OB 于点 Q,点 C 在线段 AB 上,连结 QC,PC,BP,若 $\dfrac{S_{\triangle PQC}}{S_{\triangle ABP}}=\dfrac{2}{3}$,求点 Q 的坐标.

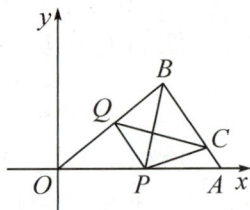

5. 如图,在 $\triangle ABC$ 中,$\angle C=90°$,点 D 在 BC 边上,$\angle BAD=45°$,$AC=3$,$BD=5$,求 AB 的长.

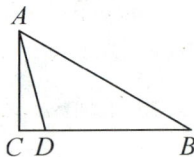

轨迹法

引路人　玉环市教育教学研究中心　周建英

方法介绍

动点在空间或者平面内移动,它所通过的全部路径叫做这个点的轨迹.轨迹法在作图、求最值和路径长问题中经常用到,初中阶段的轨迹可分为两类:直线型(直线、射线、线段)和曲线型(圆、圆弧).

一般来说,确定轨迹的常见方式有两种:一种是用几何的方法探究变化之中的不变性,利用图形的定义来确定轨迹;另一种是用代数的方法,通过运算和推理得到变量间的函数关系,进而确定轨迹.

典例示范

例 1　如图 1,已知抛物线 $y=-(x-m)^2+4m+1$ 的顶点为点 M,直线 $y=kx+5$ 分别交 x 轴与 y 轴于点 A,B,点 A 的坐标为 $(5,0)$,点 M 在 $\triangle AOB$ 内,求 m 的取值范围.

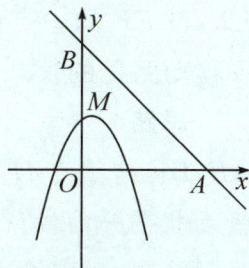

图 1

思路　解本题的关键是搞清楚点 M 在 $\triangle AOB$ 内的运动轨迹.由点 M 的坐标可以确定点 M 的运动轨迹,所以求出直线 AB 的解析式后,就可以确定点 M 在 $\triangle AOB$ 内的横坐标 m 的取值范围.

解答　因为点 M 的坐标是 $(m,4m+1)$,所以点 M 在直线 $y=4x+1$ 上运动.

如图 2,令直线 $y=4x+1$ 与 y 轴交于点 E,与直线 AB 交于点 F.

另由 $A(5,0)$,求得 $k=-1$,

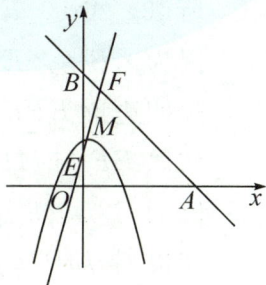

图 2

解方程组 $\begin{cases} y=4x+1, \\ y=-x+5, \end{cases}$ 得 $\begin{cases} x=\dfrac{4}{5}, \\ y=\dfrac{21}{5}. \end{cases}$

所以点 $E(0,1)$，$F\left(\dfrac{4}{5},\dfrac{21}{5}\right)$.

又因为点 M 在 $\triangle AOB$ 内，

所以 $0<m<\dfrac{4}{5}$.

> **反思** 根据点 M 的坐标求出点 M 的运动轨迹，是解本题的关键点. 已知点的坐标规律，可以利用代数轨迹法确定动点的运动轨迹，从而求出未知数的取值范围. 这种方法也适用于利用图象法解方程(组)和不等式(组)，这个思考过程有助于拓宽思维，渗透数形结合思想.

例 2 如图 1，已知 $AB=10$，点 C,D 在线段 AB 上，且 $AC=DB=2$，P 是线段 CD 上的动点，分别以 AP,PB 为边在线段 AB 的上方作等边 $\triangle AEP$ 和等边 $\triangle PFB$，连结 EF，设 EF 的中点为 G，当点 P 从点 C 运动到点 D 时，求点 G 移动路径的长.

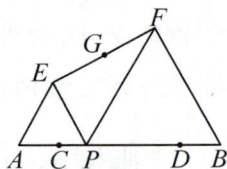

图 1

思路 要求点 G 移动路径的长，必须先明确点 G 的运动轨迹. 分别延长 AE,BF 交于点 H，易证四边形 $EPFH$ 为平行四边形，利用平行四边形对角线互相平分的性质，把求 EF 的中点 G 的运动轨迹转化为求 PH 的中点 G 的运动轨迹，则点 G 的运行轨迹为 $\triangle HCD$ 的中位线 MN. 再求出 CD 的长，运用中位线的性质求出 MN 的长度即可.

解答 如图 2，分别延长 AE,BF 交于点 H.

因为 $\triangle AEP$ 和 $\triangle PFB$ 是正三角形，

所以 $\angle A=\angle FPB=60°$，所以 $AH/\!/PF$.

因为 $\angle B=\angle EPA=60°$，所以 $BH/\!/PE$.

故四边形 $EPFH$ 为平行四边形.

所以 EF 与 HP 互相平分.

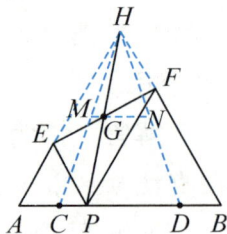

图 2

因为 G 为 EF 的中点，

所以 G 为 PH 的中点，即在点 P 的运动过程中，G 始终为 PH 的中点.

所以点 G 的运动轨迹为 $\triangle HCD$ 的中位线 MN.

因为 $CD=10-2-2=6$,

所以 $MN=3$,即点 G 移动路径的长为 3.

> **反思** 对于轨迹长问题,要先分析已知条件,明确动点满足的条件及运动规律,从而判断出动点轨迹的类型,再求相应线段长或曲线长.本题还可借助建立坐标系,设出动点 P 的坐标,从而解出点 C 和点 D 的坐标,最后求出点 G 的坐标,利用函数知识判别动点 G 的运动轨迹为直线,只需要求出它的起点与终点,就能求出路径长.

例 3 如图 1,在正方形 $ABCD$ 中,$AB=8$,点 H 在 CD 上,且 $CH=2$,点 E 绕着点 B 旋转,且 $BE=2$,在直线 CE 的上方作正方形 $EFGC$,连结 FH,求线段 FH 的最小值.

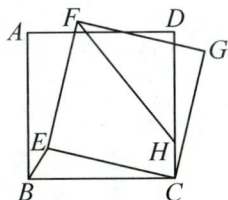

图 1

思路 找出点 F 的运动路径是解本题的关键.连结 CF,CA,AF,由共顶点的两个正方形猜想并证明 $\triangle BCE \backsim \triangle ACF$,得 $AF=2\sqrt{2}$,所以点 F 在以 A 为圆心,$2\sqrt{2}$ 为半径的圆上运动,再利用"两点之间,线段最短"确定最值.

解答 连结 CA,AF,CF,

因为四边形 $ABCD$ 和四边形 $EFGC$ 是正方形,

所以 $\angle BCA = \angle ECF$,所以 $\angle BCE = \angle ACF$.

在等腰 $Rt\triangle ABC$ 和等腰 $Rt\triangle ECF$ 中,

$$\frac{AC}{BC}=\frac{CF}{CE}=\sqrt{2}.$$

所以 $\triangle BCE \backsim \triangle ACF$,$\dfrac{AF}{BE}=\dfrac{AC}{BC}=\sqrt{2}$.

因为 $BE=2$,所以 $AF=2\sqrt{2}$.

所以 F 在以 A 为圆心,$2\sqrt{2}$ 为半径的圆上运动.

当 A,F,H 三点共线且点 F 在点 A,H 之间时,FH 最小.

所以 $FH=AH-2\sqrt{2}$.

在 $Rt\triangle ADH$ 中,$AD=8$,$DH=6$,所以 $AH=10$,

所以 FH 最小值为 $10-2\sqrt{2}$.

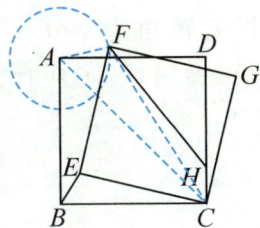

图 2

反思　利用轨迹法解最值问题关键是要结合已知条件,根据相关的概念、图形的性质,将最值问题转化为相应的数学模型进行分析与突破.

巩固练习

1. 已知点 D 的坐标为 $(3,4)$,点 P 是 x 轴正半轴上的一个动点,如果 $\triangle DOP$ 是等腰三角形,则点 P 的坐标为_____.

2. 在平面直角坐标系中,点 M 的坐标为 $\left(m-1,-\dfrac{3}{4}m-\dfrac{9}{4}\right)$(其中 m 为实数),点 P 的坐标为 $(0,2)$,求 PM 的最小值.

3. 如图,已知矩形 $ABCD$ 中,$AB=10$,$AD=8\sqrt{3}$,点 E,F 分别是 AD,BC 的中点,连结 EF,将矩形 $ABCD$ 沿 EF 剪开,得到四边形 $ABFE$ 和四边形 $EPCD$.保持矩形 $EPCD$ 位置不变,将矩形 $ABFE$ 绕点 E 按顺时针方向旋转,设旋转角为 $\alpha(0°<\alpha<360°)$.连结线段 AP 和 BP,在矩形 $ABFE$ 旋转过程中,当 $AP=BP$ 时,求此时的旋转角 α 的度数.

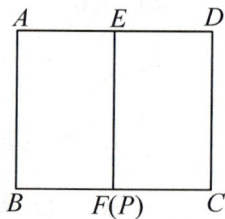

4. 如图，⊙O 的半径为 2，AB，CD 是互相垂直的两条直径，P 是 ⊙O 上任意一点，过点 P 作 $PM \perp AB$ 于点 M，$PN \perp CD$ 于点 N，点 Q 是 MN 的中点，当点 P 沿着圆周从点 D 逆时针方向运动到点 C 的过程中，当 $\angle QCN$ 度数取最大值时，求线段 CQ 的长.

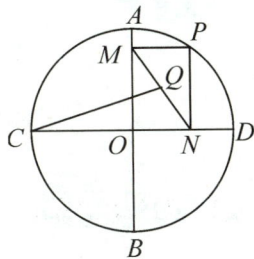

5. 如图，已知正三角形 ABC 的边长为 12，E，F 为边 AB，AC 上的两个动点，且始终保持 $AF = BE$，连结 CE，BF 交于点 T，当点 F 从点 A 运动到点 C 时，求点 T 运动的路径长.

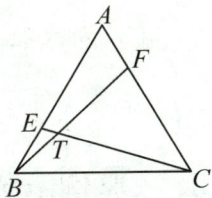

解析法

引路人　缙云县实验中学　吴雪丽

方法介绍

　　解析法,是通过建立平面直角坐标系,把平面内的点、直线等几何对象用坐标或关系式表示出来,进而用代数的方法来解决几何问题的一种方法.

　　一般地,对于用几何方法难以解决或比较难解决的问题,我们可以考虑用解析法.解析法具有程序性、一般性的特点.解析法常用的结论如下:

　　(1) $A(x_1,y_1)$, $B(x_2,y_2)$ 两点之间距离公式为 $AB=\sqrt{(x_1-x_2)^2+(y_1-y_2)^2}$.

　　(2) 已知点 $A(x_1,y_1)$, $B(x_2,y_2)$,则线段 AB 的中点的坐标为 $\left(\dfrac{x_1+x_2}{2},\dfrac{y_1+y_2}{2}\right)$.

　　(3) 方程组 $\begin{cases} y=k_1x+b_1, \\ y=k_2x+b_2 \end{cases}$ 的解就是直线 $l_1:y=k_1x+b_1$ 与直线 $l_2:y=k_2x+b_2$ 的交点坐标.

典例示范

　　例1　如图1,在正方形 $ABCD$ 中,$AB=10$,取 AD,CD 边的中点 E,F,连结 CE,BF 交于点 G,求线段 AG 的长.

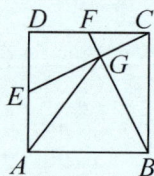

图1

　　思路　为了求出线段 AG 的长度,需要知道点 G 的位置,而 G 是线段 CE,BF 的交点,所以我们考虑建立平面直角坐标系,求出这两条线段所在直线的函数表达式,再求出交点 G 的坐标,最后利用两点之间的距离公式求出线段 AG 的长度.

　　解答　如图2,以 A 为坐标原点,线段 AB,AD 所在直线为 x 轴和 y 轴建立平面直角坐标系.根据题意可得 $A(0,0)$,$B(10,0)$,$C(10,10)$,$D(0,10)$,$E(0,5)$,$F(5,10)$.设线段 BF 所在直线解析式为 $y=kx+b$,把 $B(10,0)$,$F(5,10)$ 代入,得 $\begin{cases} 0=10k+b, \\ 10=5k+b, \end{cases}$ 解得 $\begin{cases} k=-2, \\ b=20. \end{cases}$ 所以线段 BF 所在直线解析式为

$y = -2x + 20.$

同理可求线段 EC 所在直线解析式为 $y = \dfrac{1}{2}x + 5.$

解方程组 $\begin{cases} y = -2x + 20, \\ y = \dfrac{1}{2}x + 5, \end{cases}$ 得 $\begin{cases} x = 6, \\ y = 8, \end{cases}$ 所以点 G 的坐标为

$(6,8)$，故 $AG = \sqrt{(6-0)^2 + (8-0)^2} = 10.$

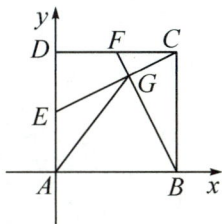

图 2

反思　当图形中的点容易用坐标表示时，我们可以考虑用解析法来解.用解析法解几何题的一般步骤是：(1)建立恰当的平面直角坐标系；(2)根据题意求出有关点的坐标和有关直线的解析式；(3)通过代数运算求得相关的结果；(4)把运算结果转化为几何结论.

例 2　证明：三角形的三条中线交于一点.

已知：如图 1，AD，BE，CF 分别是△ABC 三边上的中线.

求证：AD，BE，CF 相交于一点.

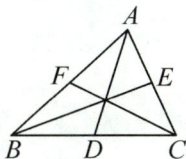

思路　三条线段相交于一点，也就是这三条线段所在的

图 1

直线有公共点，用几何的方法来说明三条直线有公共点很困难.如果建立平面直角坐标系，求出这三条直线的解析式，就可以把这三条直线有公共点的问题转化为由这三个解析式组成的方程组有公共解的问题来解决.

解答　如图 2，以 D 为坐标原点，线段 BC 所在直线为 x 轴，过点 D 与 BC 垂直的直线为 y 轴建立平面直角坐标系.根据题意设 $A(b,c)$，$B(-a,0)$，$C(a,0)$，则中点 E，F 的坐标分别 $\left(\dfrac{a+b}{2}, \dfrac{c}{2}\right)$，$\left(\dfrac{b-a}{2}, \dfrac{c}{2}\right)$.

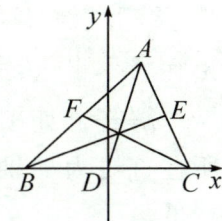

图 2

用待定系数法求得线段 AD 所在直线解析式为 $y = \dfrac{c}{b}x$，

线段 BE 所在直线解析式为 $y = \dfrac{c}{3a+b}x + \dfrac{ac}{3a+b}$，线段 CF 所在直线的解析式

为 $y = \dfrac{c}{b-3a}x - \dfrac{ac}{b-3a}$.

解方程组 $\begin{cases} y = \dfrac{c}{b}x, \\ y = \dfrac{c}{3a+b}x + \dfrac{ac}{3a+b}, \end{cases}$ 得 $\begin{cases} x = \dfrac{b}{3}, \\ y = \dfrac{c}{3}. \end{cases}$

因此直线 AD 与 BE 交于点 $\left(\dfrac{b}{3},\dfrac{c}{3}\right)$.

又 $\begin{cases} x=\dfrac{b}{3}, \\ y=\dfrac{c}{3} \end{cases}$ 满足解析式 $y=\dfrac{c}{b-3a}x-\dfrac{ac}{b-3a}$,

因此点 $\left(\dfrac{b}{3},\dfrac{c}{3}\right)$ 也在直线 CF 上.

所以直线 CF,BE,AD 相交于点 $\left(\dfrac{b}{3},\dfrac{c}{3}\right)$,即三角形三条中线相交于一点.

反思　如果建立坐标系或设点坐标时处理不当,可能会使计算量很大.建立坐标系或设点坐标的一般原则是使各点坐标出现尽可能多的 0,对于一些"地位平等"的点、线,建立坐标系或设点坐标时,要保持其原有的对称性.

例3　如图1,在矩形 $ABCD$ 中,E,F 是边 DC 上的点,满足 $DE=EF=FC$,又 G,H 是边 BC 上的点,满足 $BG=GH=HC$,AE 与 DG 相交于点 K,AF 与 DH 相交于点 N.求证:$KN\parallel CD$.

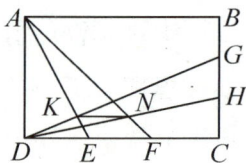
图1

思路　要证 $KN\parallel DC$,就要考虑点 K,N 位置的特殊性,要研究点 K,N 的位置特殊性,最一般且最直接的方法就是把点的位置用坐标表示出来,所以我们考虑用解析法.

解答　如图2,以点 D 为坐标原点,线段 DC,AD 所在直线为 x 轴和 y 轴建立平面直角坐标系.根据题意设 $A(0,3n),C(3m,0)$（m,n 为实数且 $n\neq0,m\neq0$）,则点 $B(3m,3n)$.因为 $DE=EF=FC,BG=GH=HC$,所以 $E(m,0),F(2m,0),H(3m,n),G(3m,2n)$.

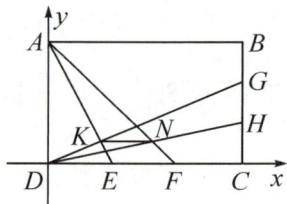
图2

设线段 AE 所在直线解析式为 $y=kx+b$,把 $A(0,3n),E(m,0)$ 代入,得 $\begin{cases}3n=b, \\ 0=mk+b,\end{cases}$ 解得 $\begin{cases}k=-\dfrac{3n}{m}, \\ b=3n,\end{cases}$ 所以线段 AE 所在直线解析式为 $y=-\dfrac{3n}{m}x+3n$.同理可求线段 DG 所在直线解析式为 $y=\dfrac{2n}{3m}x$,线段 AF

所在直线解析式为 $y = -\dfrac{3n}{2m}x + 3n$，线段 DH 所在直线解析式为 $y = \dfrac{n}{3m}x$. 解

方程组 $\begin{cases} y = -\dfrac{3n}{m}x + 3n, \\ y = \dfrac{2n}{3m}x, \end{cases}$ 得 $\begin{cases} x = \dfrac{9}{11}m, \\ y = \dfrac{6}{11}n, \end{cases}$ 所以点 K 的坐标为 $\left(\dfrac{9}{11}m, \dfrac{6}{11}n\right)$. 同理可

得点 N 的坐标为 $\left(\dfrac{18}{11}m, \dfrac{6}{11}n\right)$. 所以 $KN /\!/ CD$.

> **反思** 一般几何图形的特性都是由点的位置的特殊性决定的,而点的位置的特殊性一般都可以通过建立直角坐标系转化为点的坐标表达出来,所以许多几何问题可以用解析法来解决.

巩固练习

1. 如图,已知在四边形 $ABCD$ 中, $AD \perp AB$, $BC \perp AB$, M 是 CD 中点. 求证: $AM = BM$.

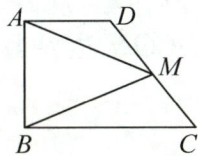

2. 如图,在锐角 $\triangle ABC$ 中, AD 为中线. 求证: $2(AB^2 + AC^2) = BC^2 + 4AD^2$.

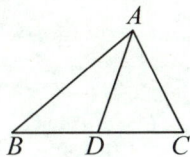

3. 如图,已知分别以 $\triangle ABC$ 中的边 AB, AC 向外作正方形 $ABDE$, 正方形 $ACFG$,连结 CD, BF 交于点 O,连结 AO. 求证: $AO \perp BC$.

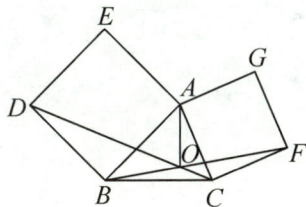

4. 如图,在 △ABC 中,∠C＝90°,∠B＝30°,AC＝2.点 P 在边 AC 上,过点 P 作 PD⊥AB,垂足为点 D,过点 D 作 DF⊥BC,垂足为点 F.连结 PF,取 PF 的中点 E.在点 P 从点 A 运动到点 C 的过程中,点 E 所经过的路径长为多少?

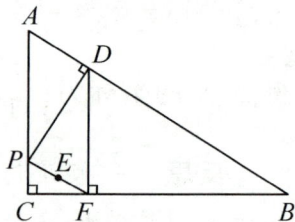

5. 如图,已知在矩形 ABCD 中,AB＝84,AD＝42,M 是 AD 的中点,N 是 AB 的三等分点(靠近顶点 A),线段 CM,DN 相交于点 O,点 P 在四边形 BCON 边界上,线段 BP 平分四边形 BCON 的面积,求 △CDP 的面积.

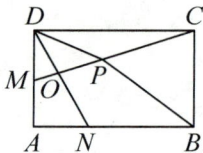

图象法

引路人　金华市丽泽中学　胡　艳

方法介绍

图象法,是在解决问题的过程中,借助图象使抽象的问题变得直观,从而获得方便、快捷的解决问题的途径的一种方法.

运用图象法解题的基本思路是"获取信息,绘制图象,建立模型,解决问题".

典例示范

例 1　如图 1,直线 $y=-\dfrac{1}{2}x+2$ 与 x 轴交于点 A,与 y 轴交于点 B,P 是 x 轴上的动点,过点 P 作 AB 的平行线,交 y 轴于点 M,点 Q 在直线 $x=2$ 上,是否存在点 Q,使得 $\triangle PMQ$ 是等腰直角三角形? 若存在,写出所有符合条件的点 Q 的坐标,若不存在,请说明理由.

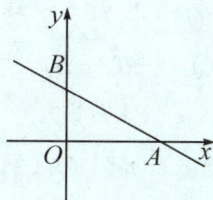

图 1

思路　对于这类动点问题,关键是画出状态图.如何准确和不遗漏地画出状态图是一个难点.由条件 $PM/\!/AB$ 易知,$\triangle OPM\backsim\triangle OAB$.若设点 $P(2b,0)$,则点 $M(0,b)$.这个结论不会因为点 P 的位置变化而变化.已知 P,M 两点构造等腰 $Rt\triangle PMQ$,根据直角分类,可以发现第三个顶点 Q 在以 PM 为边和以 PM 为对角线的三个正方形的顶点上.由于在直线 $x=2$ 上寻找点 Q 比较困难,故先找出符合其他条件的点 Q,再考虑点 Q 的横坐标能否为 2.

解答　如图 2,因为 $PM/\!/AB$,

所以 $\triangle OPM\backsim\triangle OAB$.

因为 $y_{AB}=-\dfrac{1}{2}x+2$,

所以设 $P(2b,0)$,则 $M(0,b)$.

以 PM 为边构造正方形 MPQ_2Q_1,正方形 MPQ_4Q_6,连结对角线相交于

点 Q_3, Q_5.

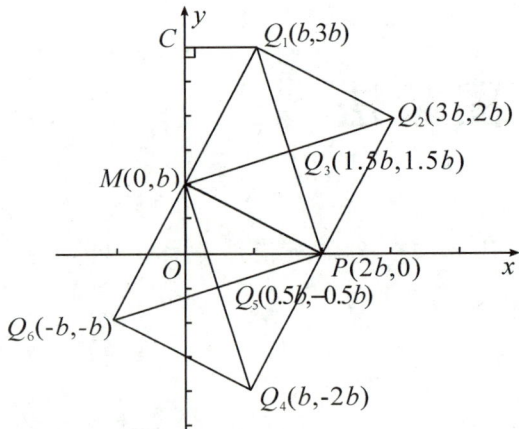

图 2

过点 Q_1 作 y 轴的垂线交 y 轴于点 C,

可得 $\triangle Q_1CM \cong \triangle MOP$, $Q_1(b, 3b)$.

根据正方形的性质,可以得到 PQ_1 的中点为 Q_3, MQ_2 的中点为 Q_3, Q_1Q_6 的中点为 M. 根据线段中点坐标公式,可以得到 $Q_3(1.5b, 1.5b)$, $Q_2(3b, 2b)$, $Q_6(-b, -b)$. 类似地,还可以得到 $Q_4(b, -2b)$, $Q_5(0.5b, -0.5b)$.

因为点 Q_1 在直线 $x=2$ 上, Q_1 的横坐标 $b=2$,

所以 $Q_1(2, 6)$.

同理可得其他点 Q 的坐标为 $Q_2\left(2, \dfrac{4}{3}\right)$, $Q_3(2, 2)$, $Q_4(2, -4)$, $Q_5(2, -2)$, $Q_6(2, 2)$(舍去),

所以符合条件的点 Q 有 $Q_1(2, 6)$, $Q_2\left(2, \dfrac{4}{3}\right)$, $Q_3(2, 2)$, $Q_4(2, -4)$, $Q_5(2, -2)$.

反思 本题把等腰直角三角形的问题转化为正方形的问题,并在平面直角坐标系中用坐标表示点、直线的位置. 由于 Q 是动点,直线是确定的,因此我们运用"化动为静、动静互换"策略,先确定点 Q 坐标的表达式,再利用点 Q 在直线 $x=2$ 上,求出点 Q.

例 2 指出有多少个 x 的值使方程 $x^2 - 2|x| + 1 = \dfrac{2}{x}$ 成立,并判断这些值的正负.

思路 这个问题已经超出了初中阶段解方程的要求,即使学生把绝对值分成 $x > 0$ 和 $x < 0$ 讨论,还是要转化为一元三次方程,在初中阶段仍然不能

求解.由于需要求解的是方程的解的个数和正负,而不是解的大小,故考虑用图象法,即利用函数 $y=x^2-2|x|+1$ 和 $y=\dfrac{2}{x}$ 的交点情况来判断方程的解的情况.

解答 如图,绘制函数 $y=x^2-2|x|+1$ 和函数 $y=\dfrac{2}{x}$ 的图象,图象交点的横坐标就是方程的解,通过观察函数图象得出方程有一个解,这个解是正数.

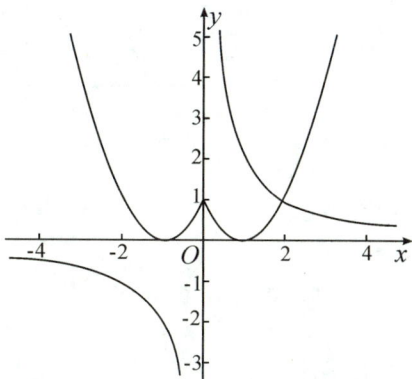

> **反思** 函数与方程、不等式的关系是密不可分的,函数图象交点的横坐标就是方程的解.当题目要求解的个数而不是解的大小时,往往用图象法.

例3 在平面直角坐标系 xOy 中,对于点 $P(a,b)$ 和 $Q(a,b')$,给出如下定义:对于常数 m,若 $b'=\begin{cases} b(a\geqslant m), \\ -b(a<m), \end{cases}$ 则称 Q 是点 P 关于 m 的值变点.例如,点 $(2,3)$ 关于 1 的值变点的坐标是 $(2,3)$,点 $(-2,5)$ 关于 1 的值变点坐标是 $(-2,-5)$.已知点 $M(-3,1)$,$N(1,-3)$,若点 P 在关于 x 的二次函数 $y=x^2+2x+t$ 图象上,当且仅当存在两个点 P 使其关于 -2 的值变点 Q 在线段 MN 上,求 t 的取值范围.

思路 由于二次函数含参数 t,图象不确定,而线段 MN 是确定的,因此考虑运用相对运动的原理对已知的线段 MN 根据值变点的定义给出对应的图象,即把线段 MN 上对应自变量 $x<-2$ 的部分作关于 x 轴的对称变换.由于二次函数的对称轴是不变的,二次函数沿着直线 $x=-1$ 上下平移,故通过观察两个图象的交点个数找出图2和图4两种临界状态.

解答 如图,图1是线段 MN 上的点关于 -2 的值变点组成的图形,图3是抛物线经过点 M' 的情况,图4是抛物线与折线段相切的情况,从图3可知,抛物线在图2和图4两种临界状态之间有两个交点.

把 $M'(-3,-1)$ 代入抛物线 $y=x^2+2x+t$,得 $t=-4$.

易求得图象过点 $M(-3,1)$ 和 $N(1,-3)$ 的一次函数为 $y=-x-2$.

当函数 $y=x^2+2x+t$ 的图象与直线 $y=-x-2$ 相切时,

由方程组 $\begin{cases} y=-x-2, \\ y=x^2+2x+t, \end{cases}$ 得

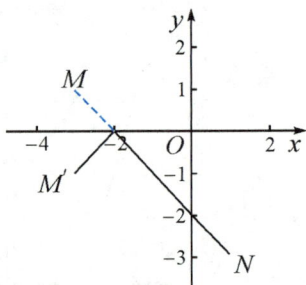

图1

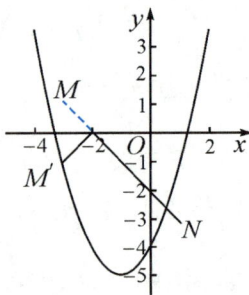

图2

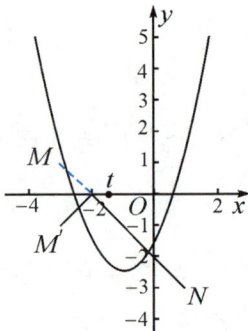

图3

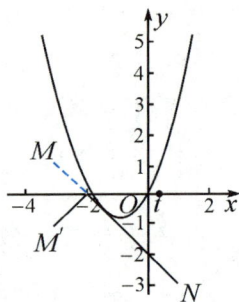

图4

$x^2+2x+t=-x-2$,则 $x^2+3x+t+2=0$,

因为 $\Delta=9-4\times1\times(t+2)=0,t=0.25$,所以 $-4\leqslant t<0.25$.

　　反思　在考察对象比较复杂的情况下,考虑运用相对运动的原理,通过绘制函数图象,直观感受图象的变化与交点个数变化的关系.

巩固练习

　　1. 对于每个 x,取 $y_1=2x$,$y_2=x+2$,$y_3=-\dfrac{3}{2}x+12$ 这三个函数中的最小值为 y,则函数 y 的最大值是 _____.

　　2. 在半径为 1 的圆中,弦 $AB=\sqrt{2}$,$AC=\sqrt{3}$,则 $\angle BAC$ 的度数为 _____.

　　3. 如图,在扇形 OAD 中,$\angle AOD=\angle ABC=90°$,$AB=4$,$BC=3$,求扇形的半径.

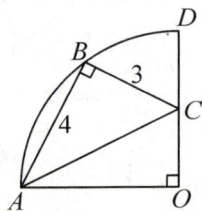

4. 已知一块矩形草坪的两边长分别是 2 米与 3 米,现在要把这个矩形按照如图的方式扩大到面积为原来的 2 倍,设原矩形的一边加长 a 米,另一边加长 b 米,可得 a 与 b 之间的函数关系式:$b=\dfrac{12}{a+3}-2$. 某班

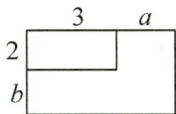

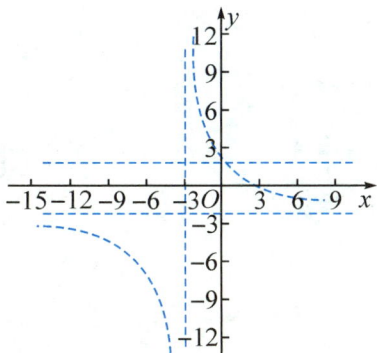

"数学兴趣小组"对此函数进一步推广,得到更一般的函数 $y=\dfrac{12}{x+3}-2$,现对这个函数的图象和性质进行了研究,研究过程如下,请补充完整.

(1)类比反比例函数可知,函数 $y=\dfrac{12}{x+3}-2$ 的自变量 x 的取值范围是 _____,这个函数值 y 的取值范围是 _____.

(2)"数学兴趣小组"进一步思考函数 $y=\left|\dfrac{12}{x+3}-2\right|$ 的图象和性质,请根据函数 $y=\dfrac{12}{x+3}-2$ 的图象,画出函数 $y=\left|\dfrac{12}{x+3}-2\right|$ 的图象.

(3)根据函数 $y=\left|\dfrac{12}{x+3}-2\right|$ 的图象,写出此函数的两条性质.

(4)根据函数 $y=\left|\dfrac{12}{x+3}-2\right|$ 的图象解答下列问题.

①方程 $\left|\dfrac{12}{x+3}-2\right|=0$ 有 _____ 个实数根,该方程的根是 _____.

②如果方程 $\left|\dfrac{12}{x+3}-2\right|=a$ 只有一个实数根,则 a 的值是 _____.

③如果方程 $\left|\dfrac{12}{x+3}-2\right|=a$ 有 2 个实数根,则 a 的取值范围是 _____.

5. 如图,E 是正方形 $ABCD$ 内一点,E 到点 A,D,B 的距离 EA,ED,EB 分别为 $1,3\sqrt{2},2\sqrt{5}$,延长 AE 交 CD 于点 F,则四边形 $BCFE$ 的面积为 _____.

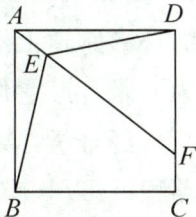

扫码观看本方法配套视频讲解

40 类比法

引路人　绍兴市越城区马山中学　陈　杰

方法介绍

类比法,是根据一类事物具备的某种属性,推测与其类似的其他事物也具有这种属性的一种推理方法.

类比法包含比较和迁移两部分.其中比较是前提,意在发现事物间的共同点和不同点,是确定类比法能否施行的依据.而迁移是目的,是从共性和联系出发,"由此及彼",推动已有知识与经验发生迁移.

典例示范

例1 如图1,从12点开始,经过多少分钟分针和时针会第3次垂直.

思路 问题涉及分针、时针的转动速度等概念,较难理解.若将钟面上时针、分针的夹角问题与环形跑道上的追及问题进行比较,会发现两者非常接近,故可类比成环形跑道上的追及问题来解决.

图1

解答 将钟面替换成周长为360米的环形跑道,将角度单位都改成长度单位,类比成环形跑道上的追及问题.如图2,时时和分分两个小动物在360米长的环形跑道上沿着顺时针方向赛跑.已知时时的速度是0.5米/分,分分的速度为6米/分.它们同时出发,问经过几分钟后两者第3次相距90米.

经分析,第3次相距90米可以看作分分的路程－时时的路程＝360＋90(米).

类比可得:分针转动的角度－时针转动的角度＝360＋90(度).

设出发后 x 分钟时,分针和时针第3次垂直.

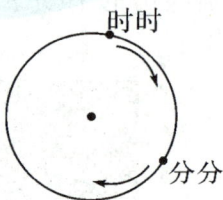

图2

可得方程 $6x-0.5x=360+90$，解得 $x=\dfrac{900}{11}$.

故经过 $\dfrac{900}{11}$ 分钟分针和时针会第 3 次垂直.

> **反思**　概念或内在联系上的共同特点可以成为类比推理的切入口. 我们既要关注外在特点, 也需深挖内在联系, 借助类比推理进行巧妙求解. 求解本题的一个关键点是搞清楚时针与分针垂直的数学意义, 即此时分针比时针多转动了 $90°+k\cdot180°$（k 为非负整数）. 另外, 本题也可基于时针与分针之间的角度关系, 直接列出方程 $6x-\dfrac{6}{12}x=360+90$.

例 2　阅读材料: 已知 $\sqrt{x-3}+\sqrt{y+1}=\dfrac{1}{2}(x+y)$, 求 $\sqrt{x-y}$ 的值.

设 $a=\sqrt{x-3}$, $b=\sqrt{y+1}$, 可得 $x=a^2+3$, $y=b^2-1$,

代入原方程得 $a+b=\dfrac{1}{2}(a^2+b^2+2)$,

可变形为 $(a-1)^2+(b-1)^2=0$, 借助平方的非负性可得 $a=1$, $b=1$,

因此 $x=4$, $y=0$, 则 $\sqrt{x-y}=2$.

根据上述方法解方程: $\sqrt{x^2+21}+\sqrt{x^2+5}=8$.

思路　类比阅读材料, 通过换元的方法同时消去两个根式, 可将含有根式的方程转换为整式方程来解决.

解答　设 $m=\sqrt{x^2+21}$, $n=\sqrt{x^2+5}$,

可得 $m^2=x^2+21$, $n^2=x^2+5$, $m+n=8$,

所以 $m^2-n^2=16$, 所以 $(m-n)(m+n)=16$, 所以 $m-n=2$,

可得方程组 $\begin{cases}m+n=8,\\m-n=2,\end{cases}$ 解得 $\begin{cases}m=5,\\n=3,\end{cases}$

所以 $\sqrt{x^2+5}=3$, 所以 $x=\pm2$.

> **反思**　结构上的共同特征是开展类比推理的依据之一, 但仍需考虑类比是否合理, 即原来的方法能否用于求解新问题, 这是使用类比法的前提.

例 3　如图 1,已知正方形 $ABCD$ 中,E 为对角线 BD 上一点,过点 E 作 $EF \perp BD$ 交 BC 于点 F,连结 DF,G 为 DF 的中点,连结 EG,CG.若将 $\triangle BEF$ 绕点 B 按逆时针方向旋转 $45°$,线段 DF 及其中点 G 也随之变化(如图 2),证明:$EG = CG$.

小明的解题思路如下:延长 CG 至点 M,使得 $MG = GC$,分别连结 EM,FM,EC(如图 3),易证 $\triangle DCG \cong \triangle FMG$,得 $DC = FM$,$\angle FMG = \angle DCG$.所以 $DC // MF // AB$,可证 $EF \perp MF$.整合条件可证 $\triangle EFM \cong \triangle EBC$.证明得到 $\triangle MEC$ 是直角三角形,结合 $MG = GC$,可得 $EG = \dfrac{1}{2} MC = CG$.

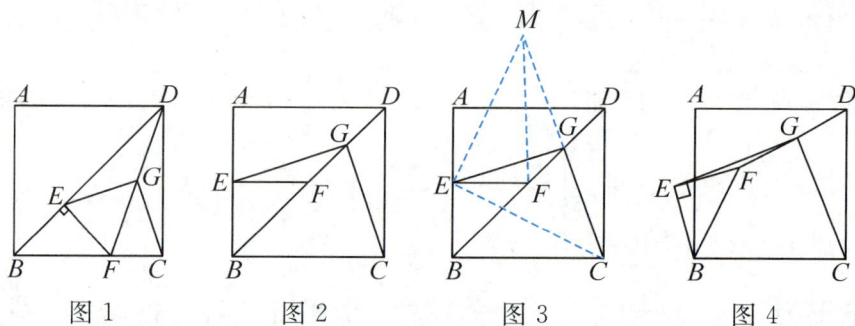

图 1　　　　图 2　　　　图 3　　　　图 4

若图 1 中 $\triangle BEF$ 绕点 B 逆时针旋转任意角度(如图 4),原结论还成立吗?

思路　图 2 和图 4 的问题都发生在正方形的背景之下.从条件和变化方式上看几乎一致,只是旋转角度上存在一定差异.可以仔细梳理小明的解题思路,思考有哪些做法可以模仿借鉴,尤其是辅助线的添加和思维难点的突破.

解答　延长 CG 至点 M,使得 $MG = GC$,连结 MF 并延长交 BC 于点 N,连结 EM,EC,如图 5.

因为四边形 $ABCD$ 是正方形,所以 $AB // CD$,$AB = BC = CD$.

由 $CG = GM$,$\angle DGC = \angle FGM$,$DG = FG$ 得 $\triangle DCG \cong \triangle FMG$.

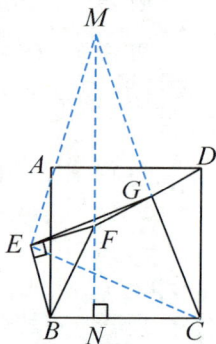

图 5

所以 $DC = FM$,$\angle FMG = \angle DCG$,所以 $MF = CB$,$MF // CD // AB$.

又因为 $BC \perp DC$,所以 $BC \perp MF$,则 $\angle BNF = 90°$.

又因为 $\angle FEB + \angle EBN + \angle BNF + \angle NFE = 360°$,且 $\angle FEB = \angle BNF = 90°$,所以 $\angle EBN + \angle EFN = 180°$.

又因为 $\angle EFM + \angle EFN = 180°$,所以 $\angle EFM = \angle EBC$.

由 $MF=CB,\angle EFM=\angle EBC,EF=EB$,可得 $\triangle EFM\cong\triangle EBC$(SAS),

所以 $\angle MEF=\angle CEB$,

所以 $\angle MEC=\angle MEF+\angle FEC=\angle CEB+\angle FEC=90^\circ$.

又因为 $MG=GC$,所以 $EG=\dfrac{1}{2}MC=CG$.

反思 条件、结论具有明显递进关系的命题,往往适合开展类比推理. 我们应善于从已经解决的问题或简单问题的解题思路方法中寻找启示, 通过类比迁移,突破解决复杂问题的难点.

巩固练习

1. 线段的中点的概念与角的平分线的概念类似,计算方法上也可以互相借鉴.

如图 1,C 是线段 AB 上的一点,若 M 是 AC 的中点,N 是 BC 的中点.则

$MN=MC+CN=\dfrac{1}{2}AC+\dfrac{1}{2}BC=\dfrac{1}{2}(AC+BC)=\dfrac{1}{2}AB$.

如图 2,若 $\angle AOB=n^\circ$,在角的外部作射线 OC,再分别作 $\angle AOC$ 和 $\angle BOC$ 的角平分线 OM,ON,则 $\angle MON=$ _____.

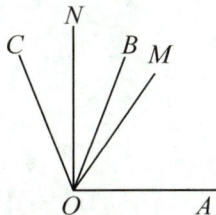

图 1　　　　图 2

2. 我们在学习代数公式时,可以用几何图形来推理验证.例如观察图 1, 可以得出 $a^2-1=a(a-1)+(a-1)=(a-1)(a+1)$.观察图 2,通过类比思 考,因式分解 $a^3-1=$ _____.

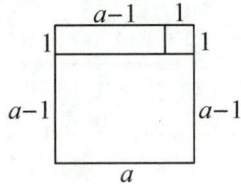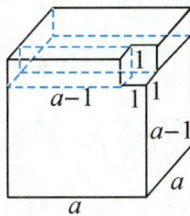

图 1　　　　图 2

3. 阅读理解题,下面我们观察:

因为 $(\sqrt{2}+1)^2=(\sqrt{2})^2+2\times\sqrt{2}+1^2=2+2\sqrt{2}+1=3+2\sqrt{2}$,所以 $\sqrt{3+2\sqrt{2}}=\sqrt{2}+1$.

根据上述方法化简:$\sqrt{4-\sqrt{12}}$.

4. 如图 1,正方形 $ABCD$ 中,若 $AE=BF$,则 DE 与 AF 相互垂直.我们通过证明 $\mathrm{Rt}\triangle ABF\cong\mathrm{Rt}\triangle DAE$,利用全等三角形性质,再结合正方形图形特征即可证得.

如图 2,在正方形网格中,每个小正方形的边长都为 1,$\triangle ABC$ 的三个顶点均在格点上,请用无刻度的直尺在 AC 上找一点 N,使 $BN\perp AC$.

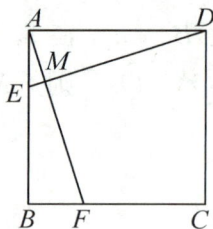
图 1

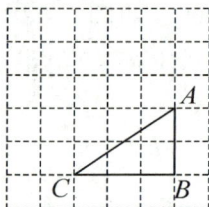
图 2

5. 若在四边形 $ABCD$ 中,$AB=AD$,$\angle ABC+\angle ADC=180°$,且 $EF=BE+FD$.

(1)如图 1,点 E,F 分别在 BC,CD 上,求证:$\angle EAF=\angle BAE+\angle DAF$.

(2)如图 2,点 E 在 CB 的延长线上,点 F 在 CD 的延长线上,若 $\angle C=70°$,求 $\angle EAF$ 的度数.

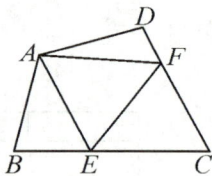
图 1

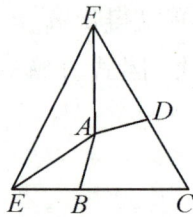
图 2

扫码观看本方法配套视频讲解

演绎法

引路人　台州学院附属中学　裘建忠

方法介绍

演绎法,是从一般原理推导出个别结论的一种思维方法,或从一般性前提出发推出其特殊情形的结论的推理方法.

演绎是一种基于逻辑规则和推理方式的重要思维方式,它通过分析已知条件和关系,推导出正确的结论.演绎法具有确定性和一般性,只要前提成立,得到的结论一定成立.演绎法的一般形式包括:大前提——已知的一般原理;小前提——所研究的特殊情形;结论——根据一般原理,对特殊情形做出的判断.

典例示范

例 1　设 x_1,x_2 是关于 x 的方程 $x^2-3x+k=0$ 的两个根,且 $x_1=2x_2$,求 k 的值.

思路　根据根与系数的关系,可得 x_1 与 x_2 的和与积,再结合题目已知条件 $x_1=2x_2$,求出两个根的值,即可求出 k 的值.

解答　根据题意,得 $x_1+x_2=3$,$x_1x_2=k$.又因为 $x_1=2x_2$,所以 $2x_2+x_2=3$,则 $x_2=1$,所以 $x_1=2x_2=2\times1=2$.把 x_1 与 x_2 的值代入 $x_1x_2=k$,得 $2\times1=k$,所以 k 的值为 2.

反思　本题是运用演绎法,从一般性原理出发,推出特殊情形下 k 的值.首先是已知一般原理(大前提),即根与系数的关系;其次,存在所研究的特殊情形(小前提),即 $x_1=2x_2$,推出 $2x_2+x_2=3$,$x_1x_2=k$;最后进一步得到 $k=2$.这种演绎推理的过程需要步步有据.

例 2　如图 1,$\triangle ABC$ 是 $\odot O$ 的内接三角形,点 D 在 $\overset{\frown}{BC}$ 上,点 E 在弦 AB 上(点 E 不与点 A 重合),且四边形 $BDCE$ 为菱形.

(1)求证：$AC=CE$.

(2)求证：$BC^2-AC^2=AB \cdot AC$.

(3)已知⊙O的半径为 3.

①若$\dfrac{AB}{AC}=\dfrac{5}{3}$，求 BC 的长.

②当$\dfrac{AB}{AC}$为何值时，$AB \cdot AC$ 的值最大？

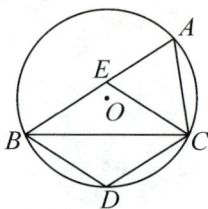

图 1

思路　第(1)题，要证明 $AC=CE$，可以先证明 $\angle A=\angle AEC$，进一步，以 $\angle D$ 为中介，证明 $\angle A$ 和 $\angle AEC$ 都与 $\angle D$ 互补，构建如下的演绎分析思路：

$$AC=CE \leftarrow \angle A=\angle AEC \leftarrow \begin{cases} \angle A+\angle D=180°, \\ \angle AEC+\angle D=180° \end{cases} \leftarrow \angle BEC=\angle D.$$

第(2)题，根据结论 $BC^2-AC^2=AB \cdot AC$ 的平方特点，联想勾股定理，构造共边直角三角形进行转化，过点 C 作等腰 $\triangle ACE$ 底边 AE 上的高线 CF，进而规划如下的演绎分析思路：$BC^2-AC^2=AB \cdot AC \leftarrow BF^2-AF^2=AB \cdot AC \leftarrow (BF+AF)(BF-AF)=AB \cdot AC \leftarrow AB \cdot BE=AB \cdot AC \leftarrow BE=AC \leftarrow BE=CE \leftarrow$ 菱形 $BDCE$.

第(3)题①，在 $\dfrac{AB}{AC}=\dfrac{5}{3}$ 的条件下，求 BC 的长，由条件可得 $\dfrac{AF}{AC}$ 的值，但这个值无法与 BC 建立直接联系，可将这个条件进一步转化为 $\cos A$ 的值确定，而 $\angle A$ 可以利用圆周角定理进行等角转换，利用直径构造以 BC 为一边，有一个内角的大小等于 $\angle A$ 的直角三角形(如图 3)，联系已知与未知，利用勾股定理解决问题．因此，可以得到如下的推理路径：

由条件出发：$\dfrac{AB}{AC}$ 的值已知 $\rightarrow \dfrac{AF}{AC}$ 的值可求 $\rightarrow \cos A$ 的值可求；

由结论出发：求 BC 的长 $\leftarrow$ 利用直径构造以 BC 为直角边的直角三角形，使得一个锐角的三角形函数值可求 $\leftarrow$ 过点 C 作圆的直径 CG，$\cos G=\cos A$.

用"两头凑法"分析思路.

第(3)题②，$AB \cdot AC$ 的值最大，而 AB,AC 长度是变化的，可以考虑以 $AB \cdot AC$ 为目标变量，以 $\dfrac{AB}{AC}$ 为自变量，建立函数模型，把几何最值问题转化为函数最值问题.

解答　(1)因为四边形 $ABDC$ 是⊙O 的内接四边形，

所以 $\angle A+\angle D=180°$.

因为四边形 $BDCE$ 是菱形，

所以 $\angle D=\angle BEC$.

因为 $\angle BEC+\angle AEC=180°$，

所以 $\angle A=\angle AEC$.

故 $AC=CE$.

(2)如图 2,过点 C 作 $CF\perp AB$ 于点 F.

因为 $AC=CE$,所以 $AF=EF$.

因为在 $\mathrm{Rt}\triangle BCF$ 和 $\mathrm{Rt}\triangle ACF$ 中，$BC^2=CF^2+BF^2$，$AC^2=CF^2+AF^2$，

所以 $BC^2-AC^2=BF^2-AF^2=(BF+AF)(BF-AF)=AB\cdot BE$.

因为四边形 $BDCE$ 是菱形,所以 $BE=CE=AC$.

故 $BC^2-AC^2=AB\cdot AC$.

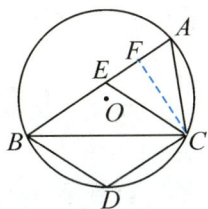

图 2

(3)如图 3,①因为 $\dfrac{AB}{AC}=\dfrac{5}{3}$,设 $AB=5k$,则 $AC=3k$.

所以 $AE=2k$,$AF=k$.

在 $\mathrm{Rt}\triangle ACF$ 中,$\cos A=\dfrac{AF}{AC}=\dfrac{1}{3}$.

过点 C 作直径 CG,连结 BG,则 $\angle GBC=90°$.

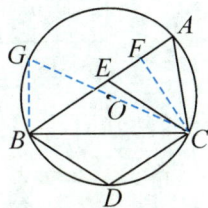

图 3

因为 $\angle G=\angle A$,所以 $\cos G=\cos A=\dfrac{1}{3}$.

又因为 $CG=2OC=6$,所以 $BG=2$.

在 $\mathrm{Rt}\triangle BCG$ 中,$BC=\sqrt{CG^2-BG^2}=\sqrt{6^2-2^2}=4\sqrt{2}$.

②设 $\dfrac{AB}{AC}=m$,$AC=b$,则 $AB=mb$,由①得 $AF=\dfrac{mb-b}{2}$.

所以 $\cos A=\dfrac{AF}{AC}=\dfrac{mb-b}{2b}=\dfrac{m-1}{2}$,则 $\cos G=\cos A=\dfrac{m-1}{2}$,

所以 $BG=\dfrac{m-1}{2}\times 6=3(m-1)$.

在 $\mathrm{Rt}\triangle BCG$ 中,$BC^2=CG^2-BG^2=6^2-[3(m-1)]^2$,

由(2)得 $BC^2=AB\cdot AC+AC^2=mb^2+b^2$,

所以 $6^2-[3(m-1)]^2=mb^2+b^2$.

故 $9(m+1)(3-m)=b^2(m+1)$.

又因为 $m+1\neq0$，所以 $b^2=9(3-m)$．

所以 $AB\cdot AC=mb^2=9m(3-m)=-9m^2+27m$．

当 $m=-\dfrac{27}{2\times(-9)}=\dfrac{3}{2}$ 时，$-9m^2+27m$ 的值最大．

因为 $0<BG<6$，所以 $0<3(m-1)<6$，$1<m<3$．

所以当 $m=\dfrac{3}{2}$ 时，$AB\cdot AC$ 的值最大，

即当 $\dfrac{AB}{AC}=\dfrac{3}{2}$ 时，$AB\cdot AC$ 的值最大．

反思　证明过程就是用定义、基本事实和定理搭建从条件到结论的推理路径．几何中的演绎法演变过程具体如下．

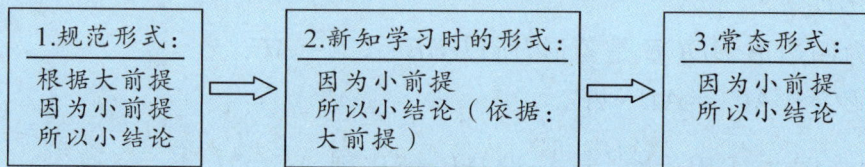

1.规范形式： 根据大前提 因为小前提 所以小结论	⟹	2.新知学习时的形式： 因为小前提 所以小结论（依据： 大前提）	⟹	3.常态形式： 因为小前提 所以小结论

要在题设成立的条件下得到确定成立的结论，需要采用演绎推理（包括计算及恒等变形），撰写演绎推理过程要求先用定义明确推理的对象，再以基本事实、定理及推论为依据，构建从题设到结论的传递性推理的链条——推理的路径，而推理路径的建构，可以采用“综合法（从条件到结论顺推）”“分析法（从结论到条件递推）”和“综合分析法（两头凑）”这三种分析解题思路的方法，这往往需要结合图形的特征，结合基本图形及图形变换的直觉进行思考．

例3　推理能力都很强的甲、乙、丙站成一列，丙可以看见甲、乙，乙可以看见甲但看不见丙，甲看不见乙、丙．现有 5 顶帽子（3 顶白色、2 顶黑色）．老师从中任取 3 顶分别给甲、乙、丙戴上（每个人都不知道自己帽子的颜色）．老师先问丙是否知道头上帽子的颜色，丙回答说不知道；老师再问乙是否知道头上帽子的颜色，乙也回答说不知道；老师最后问甲是否知道头上帽子的颜色，甲回答说知道．请你说出甲戴了什么颜色的帽子，并写出推理过程．

思路　如果甲、乙都戴黑帽子，丙马上就知道自己戴的是白帽子；如果甲戴黑帽子，甲、乙中至少有一个人戴白帽子，则乙马上就知道自己戴的是白帽子．

解答　甲戴的是白帽子．理由如下：丙说不知道，说明甲、乙中至少有一

个人戴白帽子(如果甲、乙都戴黑帽子,丙马上就知道自己戴的是白帽子).而乙也说不知道,说明甲戴的是白帽子(如果甲戴黑帽子,甲、乙中至少有一个人戴白帽子,则乙马上就知道自己戴的是白帽子).

反思　本题作为一道论证与推理的题目,旨在检测逻辑推理能力.通过深入解析题目,可以发现,其背后的核心理念在于挖掘题干中隐藏的内在关联,并通过这种关联来找到解决问题的钥匙.在具体解答过程中,需要遵循以下几个步骤:首先,仔细阅读题干,确保对题目的要求和背景有清晰的认识;其次,分析题干中给出的信息,找出其中的关键点和可能存在的逻辑关系;最后,根据这些关键点和逻辑关系,构建出合理的推理路径,从而得出正确的答案.

巩固练习

1. 对于任意实数 $a,b(b\neq 0)$ 通过计算说明等式 $\left(\dfrac{a}{b}\right)^2+\dfrac{b-a}{b}=\dfrac{a}{b}+\left(\dfrac{b-a}{b}\right)^2$ 是否成立.

2. 如图,Rt$\triangle ABC$ 中,$\angle ACB=90°$,四边形 $BCDE$ 为正方形,且 AE 与 BC 相交于点 F,$FG\parallel AC$.求证:$FC=FG$.

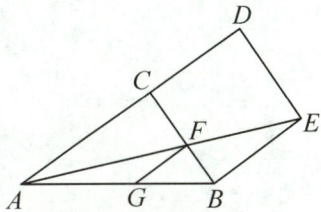

3. 从 1~9 中选一个你喜欢的数字,先乘以 3 加 3,再把得到的数乘以 3,然后把个位与十位的数字相加,你认为所得的结果是否是一个定值,如果是,请解释其中的道理;如果不是,请举例说明.

4. 甲、乙、丙三人分糖块,分法如下:先在三张纸片上分别写三个正整数 p,q,r,使 $p<q<r$;分糖时,每人抽一张纸片,然后把纸片上的数减去 p,就是他这一轮分得的糖块数.经过若干轮这种分法后,甲总共得到 20 块糖,乙得到 10 块糖,丙得到 9 块糖;又知最后一次乙得到的纸片上写的数是 r,而丙在各轮中得到的纸片上写的数字的和是 18.问:p,q,r 是哪三个正整数.为什么?

5. 如图 1,在菱形 $ABCD$ 中,P 是边 CD 上的一点,过点 P 作 AD 的平行线,过点 C 作 AC 的垂线,两线相交于点 Q.

(1)求证:$\angle BDC = \angle PCQ$.

(2)求证:$\triangle CPQ$ 为等腰三角形.

(3)如图 2,连结 AQ 交 BD 于点 E,交 CD 于点 F,连结 EP.

①求证:$EP \perp CQ$.

②若 $\dfrac{EF}{EQ} = k$,求 $\dfrac{CP}{CD}$ 的值.(结果用含 k 的代数式表示)

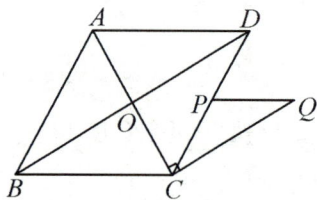
图 1

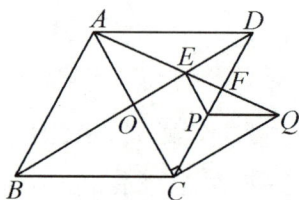
图 2

42 分析法

引路人　杭州市余杭区海辰中学　胡旅航

方法介绍

　　分析法,是从要证的结论或问题的求解目标出发,逐步寻求推理过程中使每一步成立的条件,最后把要证明或求解的结论归结为一个明显的条件(如定义、定理、已知条件等)的思维方法.简单来说,它是一种"执果索因"的思维方式,即"由结果去寻找原因"的一种方法.

　　分析法与综合法相对.分析法是从结果追溯到产生这一结果的原因的一种思维方法,而综合法是从原因推导出结果的另一种思维方法.

典例示范

　　例1　如图1,在 $\odot O$ 中,弦 AB,CD 相交于圆内一点 E,求证:$AE \cdot BE = CE \cdot DE$.

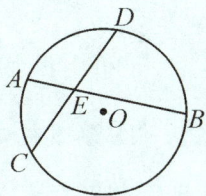

图1

　　思路　求证的结论是两组线段的乘积式,让我们联想到三角形面积或相似三角形,于是连结 AD,BC 得到两个三角形,再证明这两个三角形相似.

　　解答　如图2,连结 AD,BC.

　　要证 $AE \cdot BE = CE \cdot DE$,只要证 $\dfrac{AE}{CE} = \dfrac{DE}{BE}$,即要证 $\triangle AED \backsim \triangle CEB$.

图2

　　因为 $\angle ADC$ 与 $\angle ABC$ 所对弧为 $\overset{\frown}{AC}$,所以 $\angle ADC = \angle ABC$.

　　又因为 $\angle AED = \angle CEB$,所以 $\triangle AED \backsim \triangle CEB$,所以所要证的结论成立.

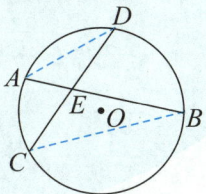

　　反思　分析法的实质是寻找每一个结论成立的充分条件.实际运用时,可以与综合法适当地结合在一起.

例 2 已知点 $(-m,0)$ 和 $(3m,0)$ 在二次函数 $y=ax^2+bx+3$（a,b 是常数，$a\neq0$）的图象上.

（1）若二次函数的图象经过点 $A(n,3)$ 且点 A 不在坐标轴上，当 $-2<m<-1$ 时，求 n 的取值范围.

（2）求证：$b^2+4a=0$.

思路 第（1）题，要求 n 的范围，已知 m 的取值范围，联想到找 m 与 n 的关系. 第（2）题，要证 $b^2+4a=0$，需找出 a 与 b 的关系. 根据抛物线的对称性，求出抛物线的对称轴最为关键.

解答 （1）要求 n 的范围，已知 m 的范围，只要求 m 与 n 的关系. 由 $y=ax^2+bx+3$ 的图象过点 $(-m,0)$ 和 $(3m,0)$，

可得抛物线的对称轴为直线 $x=m$.

因为 $y=ax^2+bx+3$ 的图象过点 $A(n,3)$，$(0,3)$，且点 A 不在坐标轴上，

所以 $n=2m$，因此 $m=\dfrac{n}{2}$.

由 $-2<m<-1$，可知 $-2<\dfrac{n}{2}<-1$，所以 $-4<n<-2$.

（2）由抛物线过 $(-m,0)$，$(3m,0)$，得抛物线的对称轴为直线 $-\dfrac{b}{2a}=m$，

所以 $b=-2am$，故 $b^2+4a=4a^2m^2+4a$，

要证 $b^2+4a=0$，只要证 $4a^2m^2+4a=0$，因此只要找到 a 与 m 的关系，

而抛物线与 x 轴的交点为 $(-m,0)$，$(3m,0)$，

所以 $ax^2+bx+3=0$ 的两根分别是 $x_1=-m$，$x_2=3m$，

由韦达定理可得 $x_1x_2=-m\times3m=\dfrac{3}{a}$，所以 $am^2+1=0$，

所以 $b^2+4a=(-2am)^2+4a=4a(am^2+1)=4a\times0=0$.

反思 解第（1）题的关键是找到 m 和 n 的关系，再由 m 的取值范围去确定 n 的取值范围. 解题时要紧紧围绕两组对称点的特征，去寻找 m 和 n 的关系. 第（2）题中涉及三个字母 a,b,m，可通过抛物线的对称性、根与系数的关系得到三个字母之间的关系，而在函数问题中找字母间的关系实质上是找等量关系，函数表达式本身就是一个重要的等量关系.

例 3 已知 E 是正方形 $ABCD$ 边 CD 上任意一点.

（1）将 $\triangle ADE$ 沿 AE 翻折至 $\triangle AEF$，如图 1，若 E 是 CD 中点，$S_{\triangle ADE}=2$，

射线 AF 与 BC 边交于点 G,求四边形 $EFGC$ 的面积.

（2）如图 2,Q 是边 BC 上任意一点,记 DQ 与 AE 交于点 H,射线 AE 与射线 BC 交于点 P,求证:$BP \cdot HE = AH \cdot QC$.

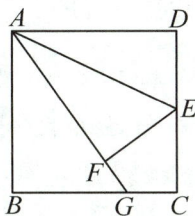 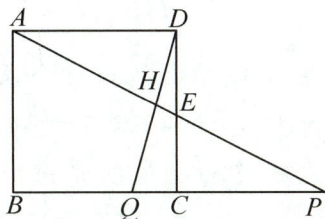

图 1　　　　　　图 2

思路　第（1）题,要求图形的面积,往往想到图形的割补与和差,以及相似三角形面积比与相似比的关系,考虑到求 $\triangle ABG$ 的面积有一定困难,于是想到先求四边形 $EFGC$ 的一半即 $S_{\triangle ECG}$,根据图形和已知条件,易证 $\triangle ECG$ 与 $\triangle AED$ 相似,于是利用面积比等于相似比的平方,可求 $S_{\triangle ECG}$,从而得解.

第（2）题,要证 $BP \cdot HE = AH \cdot QC$,只要证 $\dfrac{BP}{QC} = \dfrac{AH}{HE}$,由此想到通过证明相似三角形来得到比例线段,由图形可直观发现有 $\triangle ADH \backsim \triangle PQH$ 和 $\triangle ADE \backsim \triangle PCE$,要证的线段也隐藏在这两组三角形中.

解答　（1）要求四边形 $EFGC$ 的面积,只需求 $S_{\triangle ECG}$.

如图 3,连结 EG,易证 $\triangle ECG \cong \triangle EFG$（HL）,

因为 $\angle AED + \angle GEC = \angle AED + \angle DAE = 90^\circ$,

所以 $\angle DAE = \angle GEC$,而 $\angle D = \angle C = 90^\circ$,

所以 $\triangle ADE \backsim \triangle ECG$,故 $S_{\triangle ADE} : S_{\triangle ECG} = (DA : EC)^2 = 4$,

所以 $S_{\triangle ECG} = 0.5$,$S_{\text{四边形}EFGC} = 2S_{\triangle ECG} = 1$.

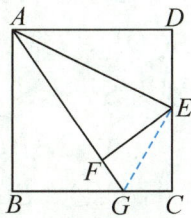

图 3

（2）如图 2,要证 $BP \cdot HE = AH \cdot QC$,只要证 $\dfrac{BP}{QC} = \dfrac{AH}{HE}$,

设 $AD = x$,$CQ = m$,$CP = y$,则 $BP = x + y$,所以 $\dfrac{BP}{QC} = \dfrac{x+y}{m}$,因此只要证 $\dfrac{AH}{HE} = \dfrac{x+y}{m}$.

因为四边形 $ABCD$ 是正方形,所以 $AD \parallel BC$,

易证 $\triangle ADH \backsim \triangle PQH$,所以 $\dfrac{AH}{PH} = \dfrac{AD}{PQ} = \dfrac{x}{m+y}$,则 $xPH = (m+y)AH$　①,

同理可得 $\triangle ADE \backsim \triangle PCE$,所以 $\dfrac{AE}{PE} = \dfrac{AD}{PC}$,则 $\dfrac{AH+HE}{PH-HE} = \dfrac{x}{y}$,则 $yAH +$

$yHE = xPH - xHE$ ②,

①式代入②式得 $yAH + (x+y)HE = (m+y)AH$,

所以 $(x+y)HE = mAH$, $\dfrac{AH}{HE} = \dfrac{x+y}{m}$, 故 $\dfrac{BP}{QC} = \dfrac{AH}{HE}$.

> **反思**　用分析法时往往要结合综合法,从未知出发,需要什么条件,从已知出发能得到怎样的结论,从而找到未知与已知之间的联结点.要证的四条线段虽不在明显的相似三角形中,但根据这些线段与相似三角形中的比例线段的关联,找到相等关系是本题证明的关键,而找到相等关系比较好的手段是把相关联的线段的长用字母表示,从而让线段之间的比值关系更直观清晰.

巩固练习

1. 若 $x + \dfrac{1}{x} = \dfrac{13}{6}$ 且 $0 < x < 1$, 则 $x^2 - \dfrac{1}{x^2} =$ 　　　　（　　）

A. $\dfrac{143}{36}$　　　　　B. $-\dfrac{143}{36}$　　　　　C. $\dfrac{65}{36}$　　　　　D. $-\dfrac{65}{36}$

2. 如图,以钝角 $\triangle ABC$ 的最长边 BC 为边向外作矩形 $BCDE$,连结 AE,AD,设 $\triangle AED$,$\triangle ABE$,$\triangle ACD$ 的面积分别为 S,S_1,S_2,若要求出 $S - S_1 - S_2$ 的值,只需知道　　（　　）

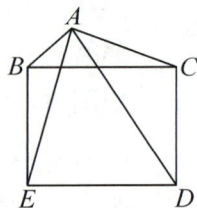

A. $\triangle ABE$ 的面积　　　　　　B. $\triangle ACD$ 的面积

C. $\triangle ABC$ 的面积　　　　　　D. 矩形 $BCDE$ 的面积

3. 如图 1,在 $\triangle ABC$ 中,动点 P 从点 A 出发沿折线 $AB \to BC \to CA$ 匀速运动至点 A 后停止. 设点 P 的运动路程为 x,线段 AP 的长度为 y,图 2 是 y 与 x 的函数关系的大致图象,其中 F 为曲线 DE 的最低点,则 $\triangle ABC$ 的高 CG 的长为 _____.

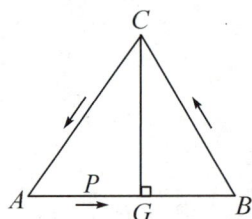
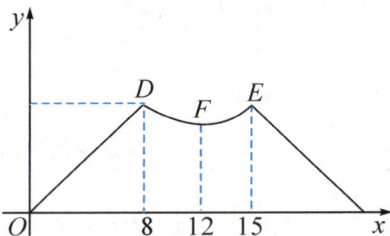

图 1　　　　　　　　　　图 2

4. "铺地锦"是古代一种乘法运算方法,可将多位数乘法运算转化为一位数乘法和简单的加法运算. 杭杭受其启发,设计了如图 1 所示的"表格算法",图 1 表示 132×23,运算结果为 3036. 图 2 表示一个三位数与一个两位数相乘,表格中部分数据被墨迹覆盖,根据图 2 中现有数据进行推断,下列说法正确的是 （　　）

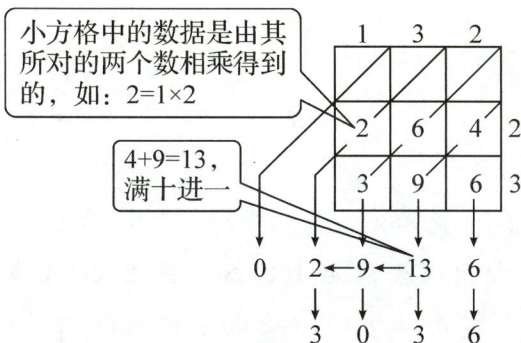

图 1

图 2

A. 20 左边的数是 16

B. 20 右边的"□"表示 5

C. 运算结果小于 6000

D. 运算结果可以表示为 $4100a + 1025$

5. 如图,已知 $\square ABCD$ 的对角线相交于点 O,点 E 在边 BC 的延长线上,且 $OE = OB$,连结 DE.

(1)求证:$DE \perp BE$. (2)如果 $OE \perp CD$,求证:$BD \cdot CE = CD \cdot DE$.

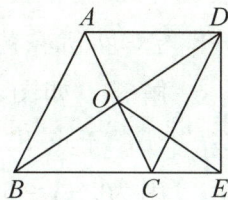

综合法

引路人　天台县坦头中学　林炳江

方法介绍

综合法,是利用已知条件和某些数学定义、公理、定理等,经过一系列的推理论证,最后解决问题的方法.由于综合法是由已知条件出发,逐步推出相应的结论(由因导果),最后推导出所要证明的结论或求出问题的答案,因此综合法又叫顺推证法或由因导果法.

综合法与分析法相对,探寻综合法的证明思路常用分析法.

典例示范

例1　如图1,△ABC 中,∠A＝60°,∠ACB 的平分线 CD 和∠ABC 的平分线 BE 交于点 G.求证:GE＝GD.

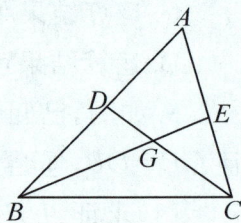

图1

思路　由题干可联想到角平分线的性质,进而想到过点 G 向三角形的三边作垂线段,构造出全等三角形,证明 GE 与 GD 所在的三角形全等,得到 GE＝GD.

解答　如图2,连结 AG,过点 G 作 GM⊥AB 于点 M,GN⊥AC 于点 N,GF⊥BC 于点 F.

因为∠A＝60°,

所以∠ACB＋∠ABC＝120°,

因为 CD,BE 是角平分线,

所以∠BCG＋∠CBG＝60°,

因此∠CGB＝∠EGD＝120°,

因为 G 是∠ACB 平分线上一点,

所以 GN＝GF,

同理,GF＝GM,

所以 GN＝GM,

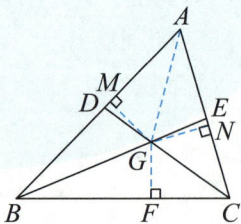

图2

因此 AG 是 $\angle CAB$ 的平分线,

所以 $\angle GAM = \angle GAN = 30°$,

故 $\angle NGM = \angle NGA + \angle AGM = 120°$,

因此 $\angle EGD = \angle NGM = 120°$,

所以 $\angle EGN = \angle DGM$,

又因为 $GN = GM$,

所以 $\text{Rt}\triangle EGN \cong \text{Rt}\triangle DGM$,

因此 $GE = GD$.

反思　由题干条件出发联想与之相关的基本知识,依据基本知识作出相应的辅助线,这是几何解题常用的策略.本题也可以利用对角互补,先证 A,D,G,E 四点共圆,AG 是 $\angle DAE$ 的平分线,进而得到 $GE = GD$.本题还可以利用角平线对称性的特征进行求解,在 BC 上取点 H 使 $BH = BD$,先证明 $\triangle BHG \cong \triangle BDG$,再证明 $\triangle CHG \cong \triangle CEG$.

例2　如图 1,在 $\triangle ABC$ 外分别以 AB,AC 为边作正方形 $ABDE$ 和正方形 $ACFG$,连结 EG,AM 是 $\triangle ABC$ 中 BC 边上的中线,求证:$AM = \dfrac{1}{2}EG$.

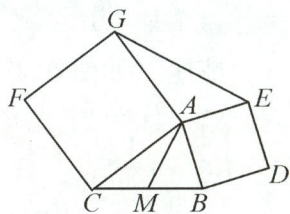

图 1

思路　由题干条件的中线可联想到倍长中线法,构造全等,延长 AM 到点 N,使 $MN = MA$,连结 BN,先证得 $\triangle MBN \cong \triangle MCA$,得到 $\angle BNM = \angle CAM$,$NB = AC$,得到 $BN /\!/ AC$,$NB = AG$,进一步有 $\angle NBA = \angle GAE$,从而 $\triangle NBA \cong \triangle GAE$,即可证得结论.

解答　如图 2,延长 AM 到点 N,使 $MN = MA$,连结 BN,

因为 AM 是 $\triangle ABC$ 中 BC 边上的中线,

所以 $CM = BM$,

因为 $\angle AMC = \angle NMB$,

所以 $\triangle MBN \cong \triangle MCA$,

故 $\angle BNM = \angle CAM$,$NB = AC$,

所以 $BN /\!/ AC$,$NB = AC = AG$,

因此 $\angle NBA + \angle BAC = 180°$,

因为 $\angle GAE + \angle BAC = 180°$,

所以 $\angle NBA = \angle GAE$,

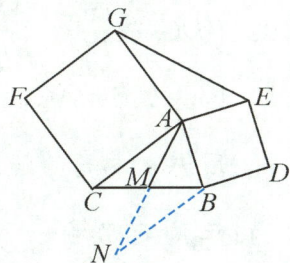

图 2

因为 $BA=EA$,

所以 $\triangle NBA\cong\triangle GAE$,

故 $AN=EG$,故 $AM=\dfrac{1}{2}EG$.

> **反思**　由题干条件出发联想与之相关的基本方法,依据基本方法作出相应的辅助线,这也是几何题的常用解题策略.本题也可取 GE 的中点 P,延长 AP 构造全等证明结论.另外,本题还可以证明 $AM\perp EG$.

例 3　如图 1,四边形 $ABCD$ 是 $\odot O$ 内接四边形,点 E,F 分别在 AD,BA 的延长线上,连结 AC,BD,EF,满足 $AE=AC$,$\angle AFE=\angle ADC$. 求证:$EF=BD$.

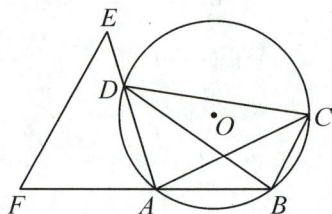

图 1

思路　一方面,由题干条件导角可证 $BC\parallel EF$;另一方面,由平行可构造基本相似图形,再通过导边可得 $EF=BD$.

证明　如图 2,延长 EA,CB 交于点 G.

因为四边形 $ABCD$ 内接于 $\odot O$,所以 $\angle ADC+\angle ABC=180°$,

又因为 $\angle AFE=\angle ADC$,所以 $\angle AFE+\angle ABC=180°$,

故 $BC\parallel EF$,所以 $\dfrac{EF}{BG}=\dfrac{AE}{AG}$,即 $\dfrac{AG}{BG}=\dfrac{AE}{EF}$,

因为 $\angle ADB=\angle ACB$,$\angle G=\angle G$,所以 $\triangle ACG\backsim\triangle BDG$,故 $\dfrac{AG}{BG}=\dfrac{AE}{EF}=\dfrac{AC}{BD}$,

因为 $AE=AC$,所以 $EF=BD$.

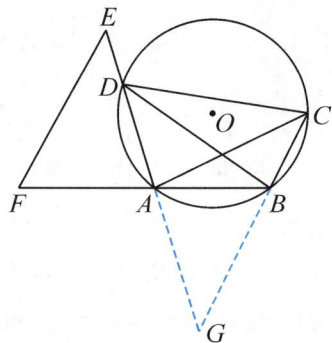

图 2

> **反思**　本题的解法非常丰富,还可以用如下方法解答:因为 $AE=AC$,由正弦定理得 $\dfrac{AC}{\sin\angle ADC}=\dfrac{AE}{\sin\angle AFE}=2r$,所以 $\triangle AEF$ 与 $\triangle ACD$ 的外接圆为等圆,进而有 $\dfrac{BD}{\sin\angle DCB}=\dfrac{EF}{\sin\angle EAF}$,又因为 $\angle DCB=\angle EAF$,所以 $EF=BD$.

巩固练习

1. 如图，△ABC 中，点 D 在 BC 上，记 △ABD 的面积为 S_1，△ACD 的面积为 S_2，若 $S_1 : S_2 = AB : AC$，则 AD 是 △ABC 的角平分线. 请说明理由.

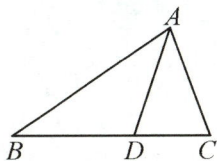

2. 如图，以 △ABC 的三边为边，在 BC 的同侧作三个正三角形，即 △ABD，△BEC，△ACF. 判断四边形 ADEF 的形状，并证明你的结论.

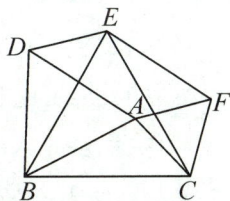

3. 如图，已知正方形 ABCD 和正方形 CGEF（CG＞BC），连结 AE，取线段 AE 的中点 M. 证明：$FM \perp MD$，且 $FM = MD$.

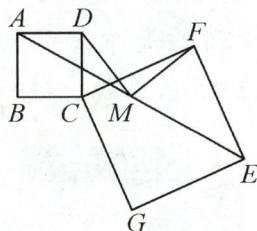

4. 如图，△ABC 的外心为点 O，垂心为点 H，点 D 为 BC 的中点. 求证：$AH = 2OD$.

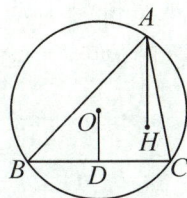

5. 如图，点 O，H 分别是锐角 △ABC 的外心和垂心，D 是 BC 边上的中点. 由点 H 向 ∠A 及其外角平分线作垂线，垂足分别是点 E，F. 求证：D，E，F 三点共线.

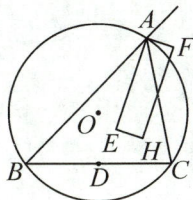

扫码观看本方法配套视频讲解

反证法

引路人　浙江省宁波市江北区教育局教研室　郑　瑄

方法介绍

　　反证法是一种间接证法,是重要且精妙的数学证明方法.当一个命题从正面直接论证比较烦琐、困难甚至不能进行时,可以从反面考虑.

　　反证法的关键在于"反设、归谬、结论"三步:反设,假设所要证明的结论不成立,即结论的反面成立;归谬,将反设作为条件,循此经过推理得出和已知条件、基本事实、定义、定理等相矛盾;结论,在推理正确的基础上可知产生矛盾的原因在于反设的谬误,从而肯定结论成立.反证法常被用于证明与存在性、否定性、唯一性、无限性等相关的不易直接求证的命题.

典例示范

　　例 1　棋盘上有 $8 \times 8 = 64$ 个方格,现在把两个相对的角去掉,如图1,你能将剩下的 62 个方格用 31 个 1×2 的多米诺骨牌(如图2)平铺(无重叠无缝隙)吗?

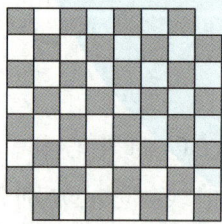

图1　　　　　图2

　　思路　这 31 个 1×2 的多米诺骨牌应该怎样平铺?横着还是竖着?连续着还是间隔着?这样的尝试几乎有天文数字般多的可能.因此不妨换一个视角——假设能平铺.那会怎样?

　　解答　假设能平铺.

　　1×2 的多米诺骨牌每一次覆盖都恰好是一深一浅两个方格,因此最终平铺棋盘的深、浅两色方格的数量相等,均为 31 个.

但现在棋盘上去掉的两个相对的方格均为浅色方格,因此棋盘上浅色方格为 30 个,而深色方格为 32 个,即深、浅两色方格的数量不等.

这就产生了矛盾.

矛盾的产生是因为假设的谬误,所以结论为不能平铺.

反思 从表面上看这似乎是一个繁复且无序的拼图问题,但以数学的视角,运用反证法,恰可以使我们在复杂中寻求简单,在未知中探索已知,在变化中找到不变.恒定性揭示了对操作本身的见解,能直击问题的本质.另外值得注意的是,将棋盘相邻方格以深浅颜色有序染色,许多隐藏的关系会因此变得明了清晰.

例2 如图,已知四边形 $ABCD$,以各边为直径向四边形内作半圆.

求证:四边形 $ABCD$ 内的任一点至少被一个半圆所包含.

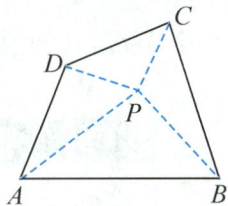

思路 如果考虑直接证明,那么"任一点"的不确定性、"至少"蕴含的分类多重性等,将会使解题举步维艰.但求证结论的反面恰恰只有一种情况,即不被每一个半圆所包含.如此,反证法势在必行.

证明 假设四边形 $ABCD$ 内有一点 P 不被任一半圆所包含.

连结 PA,PB,PC,PD,则根据圆的性质可知,$\angle APB<90°$,$\angle BPC<90°$,$\angle CPD<90°$,$\angle DPA<90°$,所以 $\angle APB+\angle BPC+\angle CPD+\angle DPA<360°$.

这与一个周角等于 $360°$ 矛盾.故问题获证,原命题成立.

反思 反证法关键三步之首的反设,重在透彻理解结论的反面是什么.反设的优点在于,无形中添加了一个明确而有用的条件,即点 P 在任一半圆之外,于是就可以利用"圆外角小于同弧所对圆周角"这一数量关系来找到矛盾所在.

例3 证明:素数有无穷多个(欧几里得素数定理).

思路 素数是指如 $2,3,5,7,11,13,\cdots$ 这样一些除了 1 和它本身以外不再有其他因数的自然数.首先假设素数个数为有限个,然后设法找到除此以外还有另一个,最后以矛盾获得论证.

证明　假设素数个数有限,比如 $2,3,5,7,\cdots,A$,其中数 A 是此序列最大的素数.

在此基础上考虑由下式定义的一个新数 B:$B=(2\times3\times5\times7\times\cdots\times A)+1$.

显然,B 不能被 $2,3,5,7,\cdots,A$ 中任何一个整除,因为用这些数中任何一个去除,其余数均为 1.但这个数 B 如果本身不是素数,就应该被某个素数整除,因此必有一个素数(可能就是 B 本身)比上述素数中任何一个都大,这样,就与假设没有比 A 大的素数矛盾,因此假设错误,命题成立.

> **反思**　反证法关键三步中的归谬,其目的非常明确——找到矛盾.但事实上这并不容易.有时矛盾需要调动众多相关数学知识进行搜索和捕捉,有时矛盾需要强大的灵感与顿悟,比如上述证明中定义的新数 $B=(2\times3\times5\times7\times\cdots\times A)+1$ 就是一个伟大的创举,其意味着即将构造出一个矛盾,这确实很难想到.

巩固练习

1. 已知关于 x 的一元二次方程 $(a+1)x^2+2bx+(a+1)=0$ 有两个相等的实数根,求证:1 和 -1 不都是关于 x 的方程 $x^2+bx+a=0$ 的根.

2. 证明:$\sqrt{2}+\sqrt[3]{3}$ 是无理数.

3. 下面是一种"换色"游戏,如图1,在 3×3 的方格里摆上九个围棋子,游戏者每次可以更换同一行或同一列三个棋子的颜色,白的换成黑的,黑的换成白的.

试证明:不可能通过有限次换色使之变成图2的形式.

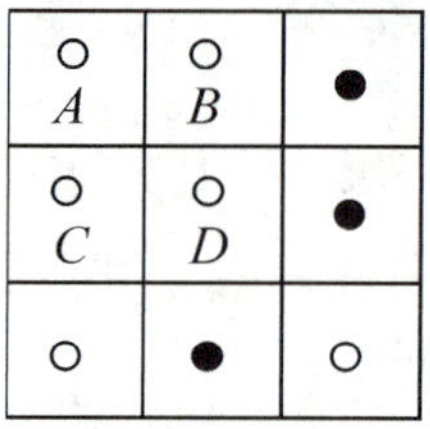

图1 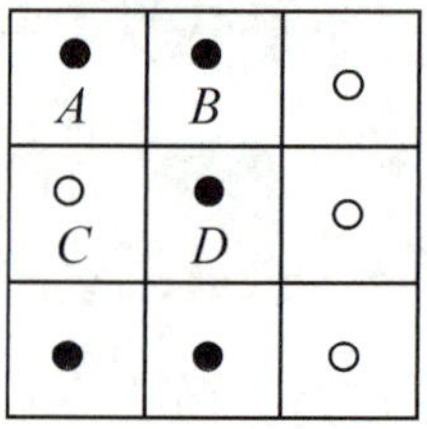　图2

4. 如图,已知凸四边形 $EFGH$ 的四边 EF,FG,GH,EH 上分别有点 A,B,C,D,四边形 $ABCD$ 是平行四边形,它的对角线与四边形 $EFGH$ 的对角线共点于 O,求证:四边形 $EFGH$ 也是平行四边形.

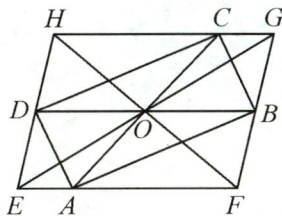

(图中:H、C、G 在上方,D、O、B 在中间,E、A、F 在下方)

5. (斯坦纳—莱默斯定理) 在 $\triangle ABC$ 中 BD,CE 分别是三角形两内角 $\angle ABC$ 和 $\angle ACB$ 的角平分线,且 $BD=CE$.求证:$AB=AC$.

设而不求

引路人　北京师范大学台州实验学校　王　华

方法介绍

　　设而不求,就是在问题解决时设出一些"绕不开"的辅助未知数,通过这些辅助未知数构建条件和目标之间的桥梁,然后通过消元或代换的方法,消去辅助未知数,在无需求出这些辅助未知数具体值的情况下解决问题.

　　设而不求的核心是设出"绕不开"的辅助未知数但又不求出这些辅助未知数.它有助于快速、准确、简洁地解决一些问题.使用本方法的基本步骤如下:(1)用辅助未知数表示解题时需要用到的未知量;(2)根据题目中的条件建立已知量、辅助未知量和求解目标的联系;(3)通过运算消去这些辅助未知数,求解并得到结论.

典例示范

(一)设而不求,求得数量

例1　如图,$\triangle CBA$ 和 $\triangle CDE$ 都是等腰直角三角形,$\angle ACB$ $=\angle DCE=90°$,若 $\angle DBE=50°$,则 $\angle AEB$ 的度数是　　　(　　)

A. $144°$　　　　B. $142°$　　　　C. $140°$　　　　D. $138°$

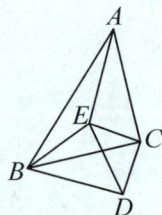

思路　为了求出 $\angle AEB$,需要搞清楚角与角之间的关系,发现 $\angle AEB$ 是 $\triangle ABE$ 的内角,可以与 $\angle BAE$,$\angle ABE$ 建立联系.观察图形,不难发现、证明 $\triangle AEC \cong \triangle BDC$,$\angle CAE=\angle CBD$.设 $\angle CAE=\angle CBD=x$,则 $\angle BAE$,$\angle CBE$,$\angle ABE$ 都可用含 x 的式子表示,根据 $\angle AEB$,$\angle BAE$,$\angle ABE$ 的关系就能表示出 $\angle AEB$.

解答　因为 $\angle ACB=\angle DCE=90°$,

所以 $\angle ACE+\angle ECB=\angle BCD+\angle ECB$,即 $\angle ACE=\angle BCD$.

因为 $CA=CB$,$CE=CD$,

所以△AEC≌△BDC(SAS).

设∠CBD=∠CAE=x,

因为∠DBE=50°,∠ABC=∠BAC=45°,

所以∠BAE=45°-x,∠CBE=50°-x,

所以∠ABE=∠ABC-∠CBE=45°-(50°-x)=x-5°.

因为∠AEB+∠ABE+∠BAE=180°,

所以∠AEB=140°. 故选 C.

> **反思**　有关角度的计算问题,用几何推理可能会比较抽象,对逻辑思维和推理能力要求比较高,此时不妨通过设参,把与目标角相关的角用含参的式子表示出来,再利用设而不求的方法将几何问题代数化,让解题思路变得清晰,达到以简驭繁的效果.

(二)设而不求,确定关系

例 2　如图1,在平面直角坐标系中,点 A,B 分别在 y 轴,x 轴上,将 AB 平移到 CD,点 C,D 也在坐标轴上.若 E 为线段 AB 上一动点(不包括点 A,B),连结 OE,作 EP 平分∠BEO,若∠BCP=2∠DCP,试探究∠COE,∠OEP, ∠CPE 的数量关系.

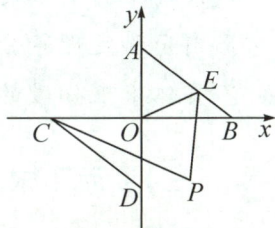

图 1

思路　由于要探求的是角之间的数量关系,故从分析题设中角与角之间的关系入手.由∠BCP=2∠DCP,可设∠DCP=x,则∠BCP=2x,由 EP 平分∠BEO,可设∠OEP=∠BEP=y,再将要探究数量关系的另外两个角∠CPE,∠COE用含未知数的式子表示,得到∠CPE=x+y,∠COE=3x+2y,通过观察这三个角的角度,不难发现∠COE+∠OEP=3x+3y,恰好是 x+y 的 3 倍,即可得到∠COE,∠OEP,∠CPE 的数量关系.

解答　如图2,过点 P 作 PQ//AB,

因为 AB 平移到 CD,即 AB//CD,

所以 PQ//AB//CD,

因此∠CPQ=∠DCP,∠EPQ=∠BEP,∠OBE =∠BCD,

所以∠CPE=∠DCP+∠BEP.

因为∠COE=∠BEO+∠OBE,

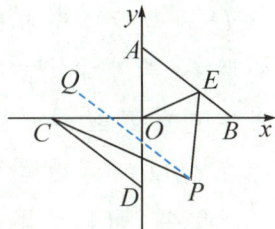

图 2

所以∠COE＝∠BEO＋∠BCD.

因为∠BCP＝2∠DCP,

所以∠BCD＝3∠DCP.

设∠DCP＝x,则∠BCP＝2x,∠BCD＝3x.

因为EP平分∠BEO,

所以∠OEP＝∠BEP,

设∠OEP＝∠BEP＝y,则∠BEO＝2y,

所以∠CPE＝x＋y,∠COE＝3x＋2y.

因此∠COE＋∠OEP＝3x＋2y＋y＝3x＋3y,

所以∠COE＋∠OEP＝3∠CPE.

反思　对于一些较为复杂的求几个角之间的数量关系的问题,可以把已知条件中具有确定数量关系的角设为未知数,根据角平分线的意义、三角形内角和定理等分别表示出几个目标角,经过观察、推理和运算,可以达到不具体求未知数的值而巧妙消去未知数的效果,起到事半功倍的作用.

(三)设而不求,研究规律

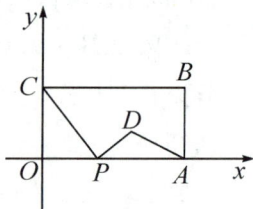

例3　如图,在平面直角坐标系中,矩形OABC的两边OA,OC分别在x轴,y轴的正半轴上,OA＝4,OC＝2.点P从点O出发,沿x轴以每秒1个单位长度的速度向点A匀速运动,当点P到达点A时停止运动,设点P运动的时间是t秒.将线段CP的中点绕点P顺时针方向旋转90°得到点D,点D随点P的运动而运动,连结DP,DA.

(1)点D的坐标是_____.(用含t的式子表示)

(2)随着点P的运动,求点D运动的路径长.

思路　由于点D是由线段CP的中点按一定的方式变化得到的,因此求点D的坐标应先求CP中点的坐标,并搞清楚点D的坐标与CP中点的坐标的联系.为了求出点D运动的路径长,应先搞清楚点D的运动路径是怎样的.考虑到点D的运动路径是由点D的坐标确定的,因此应从点D的坐标入手探究点D的运动路径,再根据运动路径的形状求出路径长.

解答　(1)由题设知,点C,P的坐标分别为(0,2),(t,0),故线段CP中点的坐标为$\left(\frac{t}{2},1\right)$.由于点D是由线段CP的中点绕点P顺时针方向旋转90°

得到的,观察图形,不难发现,点 D 的坐标是 $\left(t+1, \dfrac{t}{2}\right)$.

(2)因为点 D 的坐标是 $\left(t+1, \dfrac{t}{2}\right)$,设 $\begin{cases} x=t+1, \\ y=\dfrac{t}{2}, \end{cases}$ 所以 $y=\dfrac{1}{2}x-\dfrac{1}{2}$.

当 $t=0$ 时,点 D 的坐标是 $(1,0)$,当 $t=4$ 时,点 D 的坐标是 $(5,2)$,

所以点 D 的轨迹是以 $(1,0)$,$(5,2)$ 为端点的线段,

点 D 运动的路径长是 $\sqrt{(1-5)^2+(0-2)^2}=2\sqrt{5}$.

> **反思** 规律问题一般分为代数规律问题和几何规律问题,其中包括动点在运动过程中的不变性和变化规律.要确定一个随其他动点变化的某动点的运动规律,可以采用"设而不求"的方法,通过设定变化的量之间的关系,表示出该动点的运动规律或运动轨迹,从而简化计算过程,并能够更直观地理解问题的本质.

巩固练习

1.若 $\dfrac{x}{a-b}=\dfrac{y}{b-c}=\dfrac{z}{c-a}$,则 $x+y+z$ 的值是   (   )

A. 2   B. 1   C. 0   D. -1

2.两个大小不同的等腰直角三角板按如图方式摆放,使得 A,B,P 三点在同一直线上,连结 CD,若 $AB=5\sqrt{2}$,$CD=8$,则 $\triangle CDP$ 的面积为 _____.

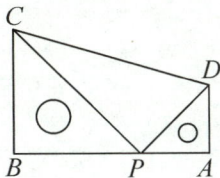

3.在 $\triangle ABC$ 中,$\angle B+\angle C=\alpha$,按如图所示的方式进行翻折.若 $DB'/\!/C'G$,$EB'/\!/FG$,则 $\angle C'FE$ 的度数为 _____.(用含 α 的式子表示)

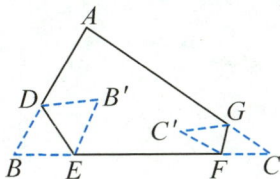

4. 如图，△ABC 是正三角形，D，E 分别是线段 BC 和射线 AB 上的两个动点，且 DA＝DE，点 E 关于直线 BC 的对称点是点 M，连结 AM，DM. 求证：△ADM 是正三角形.

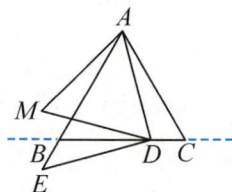

5. 如图，直线 $y＝-x+6$ 与 x 轴，y 轴分别交于 A，B 两点，P 为点 A 右侧 x 轴上的一动点，以 P 为直角顶点，PB 为腰，在第一象限内作等腰 Rt△BPQ，连结 QA 并延长交 y 轴于点 C. 当点 P 运动时，点 C 的位置是否发生变化？如果不变，请求出它的坐标；如果变化，请说明理由.

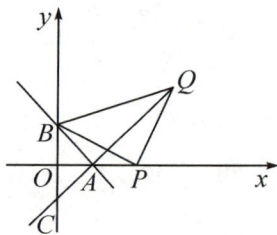

扫码观看本方法配套视频讲解

归纳猜想

引路人　仙居县下各第二中学　吴灵秋

方法介绍

　　归纳猜想,是根据一类对象中部分对象具有的共同特征推测全体对象都具有这种特征的推理方法,是从特殊到一般的推理方法.

　　运用归纳猜想解题可以把特例的研究推广到一般.其一般步骤为:(1)研究特例;(2)观察比较,发现共性;(3)推广到一般.运用归纳猜想解题的关键是把具体例子的结论一般化,而用字母表示数则是一般化的基本方法.需要注意的是:归纳猜想得到的结论不一定正确,我们需要在"大胆猜想"的基础上"小心求证".

典例示范

　　例1　有一个计算程序,每次运算都是把一个正数先乘 2,再除以它与 1 的和,多次重复进行这种运算的过程如下:

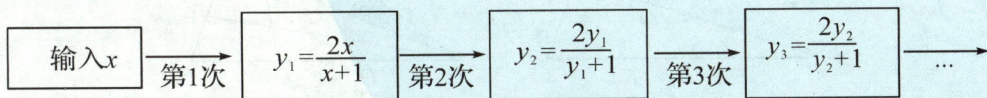

$$\boxed{输入\ x} \xrightarrow{第1次} \boxed{y_1=\dfrac{2x}{x+1}} \xrightarrow{第2次} \boxed{y_2=\dfrac{2y_1}{y_1+1}} \xrightarrow{第3次} \boxed{y_3=\dfrac{2y_2}{y_2+1}} \rightarrow \cdots$$

则第 n 次运算的结果 $y_n=$ _____.(用只含两个字母 x 和 n 的代数式表示)

　　思路　直接用含字母 x 和 n 的代数式表示 y_n 的结果有困难,观察发现可以由 y_1 推出 y_2,y_2 推出 y_3,以至无穷.因此想到先用含 x 和 n 的代数式表示 y_1,y_2,y_3 的结果.

　　解答　第一步,研究特例.计算得到 $y_1=\dfrac{2x}{x+1}$;$y_2=\dfrac{2y_1}{y_1+1}=\dfrac{4x}{3x+1}$;$y_3=\dfrac{2y_2}{y_2+1}=\dfrac{8x}{7x+1}$.

　　第二步,观察比较,发现共性.统一 y_1,y_2,y_3 的结构,分别表示为

$$y_1 = \frac{2x}{x+1}, y_2 = \frac{2^2 x}{(2^2-1)x+1}, y_3 = \frac{2^3 x}{(2^3-1)x+1}.$$

第三步，由 $y_3 = \frac{2^3 x}{(2^3-1)x+1}$ 可得 $y_4 = \frac{2^4 x}{(2^4-1)x+1}$，

由 $y_4 = \frac{2^4 x}{(2^4-1)x+1}$ 可得 $y_5 = \frac{2^5 x}{(2^5-1)x+1}$，

……，

因此 $y_n = \frac{2^n x}{(2^n-1)x+1}$.

> **反思**　在归纳数列的通项时，研究前后项的数量关系，观察项的序号与每一项之间数量关系的共性是基础，借助字母表示数，把结论推广到一般是关键. 由 $y_1 = \frac{2x}{x+1}$ 可以推出 $y_2 = \frac{4x}{3x+1}$，由 y_2 可以推出 y_3，…，依次类推，从而确保归纳得到的结论的正确性.

例 2　$\triangle ABC$ 的面积为 1，如图 1，将边 BC 与 AC 分别二等分，BE_1 与 AD_1 交于点 O，$\triangle AOB$ 的面积为 S_1；如图 2，将边 BC 与 AC 分别三等分，BE_1 与 AD_1 交于点 O，$\triangle AOB$ 的面积为 S_2；…；依次类推，则 S_n 可表示为
_____.（用含 n 的代数式表示，其中 n 是正整数）

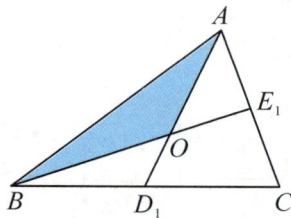
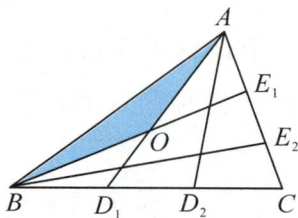

图 1　　　　　　　图 2

思路　直接求 S_n 的值存在困难，可以先从特例出发分别求得 S_1，S_2，S_3 的值，通过观察比较，发现共性，推广到一般得到 S_n 的值.

解答　第一步，研究特例. 如图 3，连结 $D_1 E_1$，
因为 D_1，E_1 分别是 BC，AC 的中点，

所以 $D_1 E_1 /\!/ AB$，$D_1 E_1 = \frac{1}{2} AB$.

因此 $\triangle AOB \backsim \triangle D_1 OE_1$，所以 $\dfrac{AO}{OD_1} = \dfrac{AB}{D_1 E_1} = 2$.

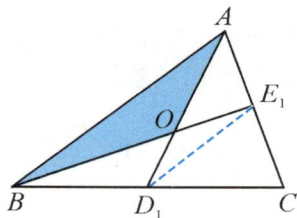

图 3

所以 $S_1 = 2S_{\triangle BOD_1} = \dfrac{2}{3}S_{\triangle ABD_1} = \dfrac{1}{3}S_{\triangle ABC} = \dfrac{1}{3}.$

同理,计算得到 $S_2 = \dfrac{1}{5}S_{\triangle ABC} = \dfrac{1}{5}, S_3 = \dfrac{1}{7}S_{\triangle ABC} = \dfrac{1}{7}.$

第二步,推广到一般. $S_n = \dfrac{1}{2n+1}S_{\triangle ABC} = \dfrac{1}{2n+1}.$

第三步,这个结论可证明如下.

如图 4,设 D_1, E_1 分别是 BC, AC 的第 1 个 $(n+1)$ 等分点,连结 D_1E_1,易证 $\triangle ABC \backsim \triangle E_1D_1C.$

所以 $\angle CAB = \angle CE_1D_1, \dfrac{AB}{D_1E_1} = \dfrac{BC}{CD_1} = \dfrac{n+1}{n},$

因此 $D_1E_1 /\!/ AB.$

所以 $\triangle AOB \backsim \triangle D_1OE_1,$ 所以 $\dfrac{AO}{OD_1} = \dfrac{AB}{D_1E_1} = \dfrac{n+1}{n}.$

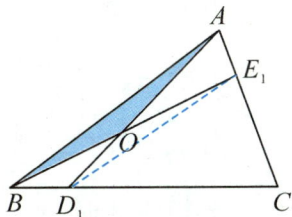

图 4

所以 $S_1 = \dfrac{n+1}{n}S_{\triangle BOD_1} = \dfrac{n+1}{2n+1}S_{\triangle ABD_1} = \dfrac{1}{2n+1}S_{\triangle ABC} = \dfrac{1}{2n+1}.$

反思　本题我们从简单的、特殊的情形开始,发现初步的结论和推导的思路方法.在此基础上,再猜想一般结论,并加以证明.

例 3　请用学过的方法研究一类新函数 $y = \dfrac{k}{x^2}$(k 为常数,$k \neq 0$)的图象特征与性质.

思路　观察新函数解析式的结构,发现与学过的反比例函数类似,因此想到类比反比例函数的研究思路和方法,分 $k>0$ 和 $k<0$ 两种情况,从形状、位置、增减性等方面归纳新函数的图象特征和性质.

解答　当 $k>0$ 时,分析如下.

第一步,研究特例.取 $k=6, 12$,分别画出 $y = \dfrac{6}{x^2}, y = \dfrac{12}{x^2}$ 的图象(如图),观察图象,得到各自的性质.

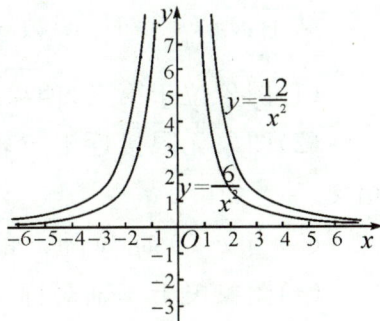

第二步,观察比较,发现共性.观察 $y = \dfrac{6}{x^2}$, $y = \dfrac{12}{x^2}$ 的图象,归纳图象共同特征和性质.

第三步,推广到一般.归纳得到当 $k>0$ 时函数 $y=\dfrac{k}{x^2}$ 的图象特征和性质.

结论:(1)图象位于第一、二象限.

(2)图象无限接近于 x 轴但不与 x 轴相交,无限接近于 y 轴但不与 y 轴相交.

(3)当 $x<0$ 时,y 随 x 的增大而增大;当 $x>0$ 时,y 随 x 的增大而减小.

(4)图象关于 y 轴对称.

对于上述结论,我们可以利用函数解析式说明其正确性.

当 $k>0$ 时,对于 $y=\dfrac{k}{x^2}$,无论 x 是取正数还是负数,y 都是正数,因此图象位于第一、二象限.

当 $x>0$ 时,x 越大,$\dfrac{1}{x^2}$ 越小,$y=\dfrac{k}{x^2}$ 也越小,当 x 趋向正无穷大时,y 趋向 0;当 x 趋向 0 时,y 趋向正无穷大.因此,y 随 x 的增大而减小,函数图象无限接近于 x 轴但不与 x 轴相交,无限接近于 y 轴但不与 y 轴相交.当 $x<0$ 时,x 越大,x^2 越小,$\dfrac{1}{x^2}$ 越大,$y=\dfrac{k}{x^2}$ 也越大,当 x 趋向负无穷大时,y 趋向 0;当 x 趋向 0 时,y 趋向正无穷大.因此,y 随 x 的增大而增大,函数图象无限接近于 x 轴但不与 x 轴相交,无限接近于 y 轴但不与 y 轴相交.

在图象上任取一点 $M\left(m,\dfrac{k}{m^2}\right)$,则点 M 关于 y 轴的对称点坐标为 $M'\left(-m,\dfrac{k}{m^2}\right)$,把 $M'\left(-m,\dfrac{k}{m^2}\right)$ 代入 $y=\dfrac{k}{x^2}$ 发现满足该解析式,则 M' 也在该图象上.因此图象关于 y 轴对称.

用相同的方法研究当 $k<0$ 时函数 $y=\dfrac{k}{x^2}$ 的图象特征和性质.

结论:当 $k<0$ 时,函数 $y=\dfrac{k}{x^2}$ 的图象有如下特征和性质:

(1)图象位于第三、四象限.

(2)图象无限接近于 x 轴但不与 x 轴相交,无限接近于 y 轴但不与 y 轴相交.

(3)当 $x<0$ 时,y 随 x 的增大而减小;当 $x>0$ 时,y 随 x 的增大而增大.

(4)图象关于 y 轴对称.

反思　归纳与类比经常综合运用,当研究对象或问题部分相似时,往往需要类比;而把特例研究推广到一般则需要归纳.

巩固练习

1. 任取一个正整数,若是奇数,就将该数乘 3 再加上 1;若是偶数,就将该数除以 2.反复进行上述两种运算,经过有限次运算后,必进入循环圈 $1 \to 4 \to 2 \to 1$,这就是"冰雹猜想".在平面直角坐标系 xOy 中,将点 (x, y) 中的 x, y 分别按照"冰雹猜想"同步进行运算得到新的点的横、纵坐标,其中 x, y 均为正整数.例如,点 $(6, 3)$ 经过第 1 次运算得到点 $(3, 10)$,经过第 2 次运算得到点 $(10, 5)$,以此类推.则点 $(1, 4)$ 经过 2024 次运算后得到点_____.

2. 如图,是用火柴棒摆出的一系列三角形图案(当 $n = 1$ 时,火柴棒为 3 根),按这种方法摆下去,当每边摆 n 根时,需要火柴棒的总数为_____根.

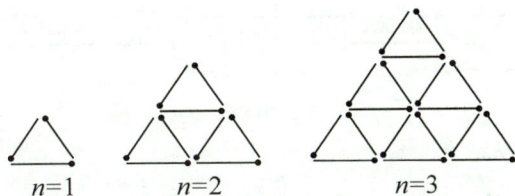

$n=1 \qquad n=2 \qquad n=3$

3. 观察下面的等式:$3^2 - 1^2 = 8 \times 1$,$5^2 - 3^2 = 8 \times 2$,$7^2 - 5^2 = 8 \times 3$,$9^2 - 7^2 = 8 \times 4$,….

(1)写出 $19^2 - 17^2$ 的结果.

(2)按上面的规律归纳出一个一般的结论.(用含 n 的等式表示,n 为正整数)

(3)请运用有关知识,推理说明这个结论是正确的.

4. 如图是一个 8×8 的正方形,其中有多少个大小不全相同的正方形?

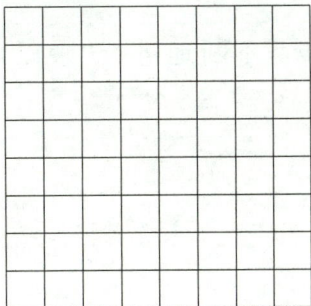

5.【操作发现】在计算器上输入一个正数,不断地按"$\sqrt{(\quad\quad)}$"键求算术平方根,运算结果越来越接近 1 或都等于 1.

【提出问题】输入一个实数,不断地进行"乘以常数 k,再加上常数 b"的运算,有什么规律?

【分析问题】我们可用框图(如图 1)表示这种运算过程.

也可用图象描述:如图 2,在 x 轴上表示出 x_1,先在直线 $y=kx+b$ 上确定点 (x_1,y_1),再在直线 $y=x$ 上确定纵坐标为 y_1 的点 (x_2,y_1),然后在 x 轴上确定对应的数 x_2,…,以此类推.

【解决问题】研究输入实数 x_1 时,随着运算次数 n 的不断增加,运算结果 x_n 怎样变化.

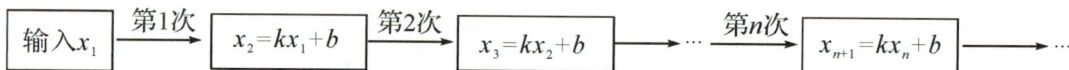

图 1

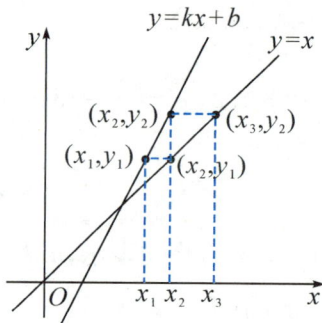

图 2

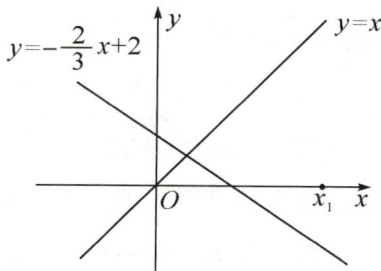

图 3

(1)特殊化:若 $k=2,b=-4$,得到什么结论? 可以输入特殊的数如 3,4,5 进行观察研究.

(2)若 $k>1$,又得到什么结论? 请说明理由.

(3)若 $k=-\dfrac{2}{3}$,$b=2$,已在 x 轴上表示出 x_1(如图 3),请在 x 轴上表示 x_2,x_3,x_4,并写出研究结论.

(4)假设输入的实数为 x_1,不断地进行"乘以常数 k,再加上常数 b"的运算,有什么规律?

扫码观看本方法配套视频讲解

47 差异分析

引路人　杭州市十三中教育集团(总校)　平一祺

方法介绍

　　差异分析,是在解决数学问题的过程中,通过不断地分析已有条件与结论目标的联系与差异,保留相同点,减少差异点,最终实现减少差异的一种思想方法.

　　在解决数学问题的过程中,数学问题的条件和结论通常存在着数量特征(如系数、指数等)、关系特征(如运算方式、大于或等于、平行或垂直等)、位置特征等方面的异同,有意识地去分析异同,减少差异就是差异分析的具体表现.差异分析往往具有综合法与分析法的双重优势,对找寻破题关键起到事半功倍的效果.

典例示范

　　例1　已知$(2024-x)^2+(x-2026)^2=2025$,求$(2024-x)(x-2026)$的值.

　　思路　寻找异同:相同点为条件与结论的研究对象都有$2024-x$与$x-2026$,差异点是条件为已知$2024-x$与$x-2026$的平方和,结论为求两式的乘积.

　　分析异同:由条件与结论的结构,发现其与完全平方公式的变形公式$(a+b)^2-(a^2+b^2)=2ab$的要素一致,已知两式平方和,要求解两式乘积,只需知道两式和的结果即可,运用整体思想将$2024-x$与$x-2026$分别设为a,b,则原题改为已知a^2+b^2的值,求ab的值.

　　减少差异:已知$(2024-x)+(x-2026)=-2$,因此可利用完全平方公式求解.

　　解答　令$2024-x=a,x-2026=b$.
　　由题意知$a^2+b^2=2025$,

因为 $a+b=-2$，

所以 $2ab=(a+b)^2-(a^2+b^2)=-2021$，

故 $(2024-x)(x-2026)=ab=-1010.5$.

> **反思**　运用差异分析法，需要观察并思考条件与结论的异同，保留相同点，对差异点进行分析，结合已有知识寻找减少差异的方法.

例 2　若 $\dfrac{1}{x}-\dfrac{1}{y}=3$，求 $\dfrac{2x+xy-2y}{x-xy-y}$ 的值.

思路　寻找异同：因为 $\dfrac{1}{x}-\dfrac{1}{y}=\dfrac{y-x}{xy}=3$，发现相同点为条件与结论都有要素 $x-y$ 与 xy，而差异点是条件为已知 $y-x$ 与 xy 的比值，而结论中分母与分子中都有 xy 与 $x-y$.

分析异同：由条件与结论的构成要素关系，想到求代数式的值，可以利用换元化繁为简.

减少差异：由条件 $\dfrac{1}{x}-\dfrac{1}{y}=\dfrac{y-x}{xy}=3$ 的比值关系，变形得到 $y-x=3xy$，运用换元思想将结论中的 $x-y$ 用 xy 进行表示即可求解.

解答　因为 $\dfrac{1}{x}-\dfrac{1}{y}=3$，即 $y-x=3xy$，

所以 $x-y=-3xy$，

故 $\dfrac{2x+xy-2y}{x-xy-y}=\dfrac{2(x-y)+xy}{(x-y)-xy}=\dfrac{2\cdot(-3xy)+xy}{(-3xy)-xy}=\dfrac{-5xy}{-4xy}=\dfrac{5}{4}$.

> **反思**　对条件与结论进行变形后，再利用差异分析法进行分析作为解题过程中的一个步骤也是常用方法.

例 3　若 $x>0$，且 $x^2+\dfrac{1}{x^2}=14$，则 $x^3+\dfrac{1}{x^3}$ 的值为_____.

思路　寻找异同：已知条件为 $x^2+\dfrac{1}{x^2}$ 的值，结论要求 $x^3+\dfrac{1}{x^3}$ 的值，相同点是条件与结论中都为一个幂与它的倒数的和的形式，差异点是条件中为二次幂，结论中为三次幂.

分析异同：x^2 需要乘以 x 得到 x^3，而 $\dfrac{1}{x^2}$ 需要乘以 $\dfrac{1}{x}$ 得到 $\dfrac{1}{x^3}$，不难想到条件与 $x+\dfrac{1}{x}$ 有关.

减少差异:$\left(x^2+\dfrac{1}{x^2}\right)\left(x+\dfrac{1}{x}\right)=\left(x^3+\dfrac{1}{x^3}\right)+\left(x+\dfrac{1}{x}\right)$,因此只需要知道 $x+\dfrac{1}{x}$ 的值即可得到答案,而 $x^2+\dfrac{1}{x^2}$ 可以由 $x+\dfrac{1}{x}$ 平方后得到,因此对 $x^2+\dfrac{1}{x^2}$ 进行配方即可求得 $x+\dfrac{1}{x}$ 的值,最终得到 $x^3+\dfrac{1}{x^3}$ 的值.

解答 因为 $x^2+\dfrac{1}{x^2}=14$,

所以 $x^2+2+\dfrac{1}{x^2}=\left(x+\dfrac{1}{x}\right)^2=16$.

因为 $x>0$,

所以 $x+\dfrac{1}{x}=4$,

因为 $\left(x^2+\dfrac{1}{x^2}\right)\left(x+\dfrac{1}{x}\right)=\left(x^3+\dfrac{1}{x^3}\right)+\left(x+\dfrac{1}{x}\right)$,

即 $14\times4=\left(x^3+\dfrac{1}{x^3}\right)+4$,

所以 $x^3+\dfrac{1}{x^3}=52$.

反思 根据条件与结论之间的差异与联系,寻找减少两者差异的中间量,做题时应始终秉承着从分析差异入手,向减少差异方向前进的思想.

巩固练习

1. 已知 $(x-1)^6=a_0+a_1x+a_2x^2+a_3x^3+a_4x^4+a_5x^5+a_6x^6$,则 $a_0=$ _____,$a_1+a_2+a_3+a_4+a_5+a_6=$ _____,$a_1-a_2+a_3-a_4+a_5-a_6=$ _____.

2. 已知 $ab=1(a,b\neq-1)$.

(1)求证:$\dfrac{1}{1+a}+\dfrac{1}{1+b}=1$.

(2)求 $\dfrac{1}{1+a^n}+\dfrac{1}{1+b^n}$ 的值.

3. 若 α,β 是关于 x 的方程 $(x-a)(x-b)-cx=0$ 的根.

求证:关于 x 的方程 $(x-\alpha)(x-\beta)+cx=0$ 的根是 a,b.

4. 已知关于 x 的一元二次方程 $mx^2-(5m+3)x+5=0$ 有两个实数根 x_1,x_2,求代数式 $m(x_1^4+x_2^4)-(5m+3)(x_1^3+x_2^3)+5\left(x_1^2+x_2^2-\dfrac{1}{x_1x_2}\right)+\dfrac{1}{x_1}+\dfrac{1}{x_2}$ 的值.

5. 如图,已知锐角 $\triangle ABC$ 的外心为 O,外接圆半径为 r,连结并延长 AO, BO,CO,分别与对边 BC,CA,AB 交于点 D,E,F.

求证:$\dfrac{1}{AD}+\dfrac{1}{BE}+\dfrac{1}{CF}=\dfrac{2}{r}$.

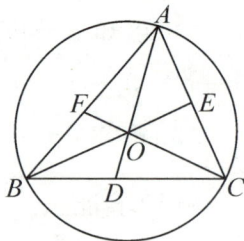

48 动静互助

引路人　岱山实验学校　施玲玲

方法介绍

"动"和"静"是事物存在的两种状态,它们是相对的,可以互相转化."动"的优势是利于发现事物的本质属性与变化规律、事物之间的联系."静"的优势是能够提供观察、思考的基点或参照物,为刻画和描述运动的事物提供参照系.

变静为动、动中取静、动静有序是数学思考和解决问题的基本方式.变静为动,有助于发现联系与规律,进而以动求静;动中取静,有助于确定基点与参照物,进而以静制动;动静有序,有助于理清逻辑与联系,进而化难为易.

典例示范

例 1　已知关于 x 的方程 $|x|=ax+2$ 有一个负根但没有正根,则 a 的取值范围是_____.

思路　若从代数角度考虑,需对 x 的取值分类讨论,再讨论根的情况,比较复杂,且可能漏解 $a=1$ 的情况.如果利用函数图象解题,变静为动,可化繁为简.

解答　方程 $|x|=ax+2$ 的解,即函数 $y_1=|x|$ 与 $y_2=ax+2$ 交点的横坐标,作出草图(如图),其中 $y_2=ax+2$ 的图象过定点 $(0,2)$.根据"有一个负根但没有正根"的要求,两函数图象只能在第二象限有一个交点,且在第一象限无交点.以直线 $y_2=ax+2$ 与直线 $y=x$ 平行为基点(此时 $a=1$),发现当直线比 $y=x+2$ 更贴近 y 轴时,皆符合要求,可得结果为 $a\geqslant 1$.

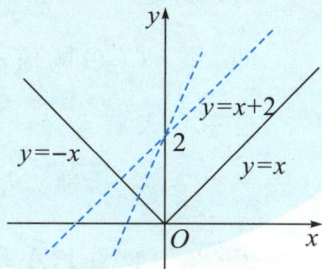

> **反思**　方程可看作静态的函数,函数可看作动态的方程.本题解法的实质是通过构造函数,把方程问题转换为函数问题,变"静"为"动",再利用函数图象求解.

例 2 如图 1,已知 $\odot O$ 过点 $D(4,3)$,与 x 轴正半轴的交点为 P,E,F 是线段 OP 上的动点(与点 P 不重合),连结并延长 DE,DF 交 $\odot O$ 于点 B,C,直线 BC 交 x 轴于点 G,若 $\triangle DEF$ 是以 EF 为底的等腰三角形,试探究 $\sin\angle CGO$ 的大小怎样变化? 请说明理由.

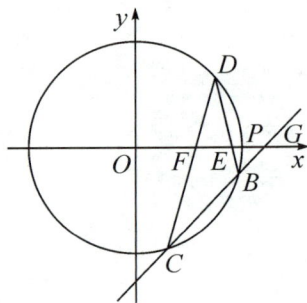

图 1

思路 本题中,当动点 E 与 F 运动到特殊位置——两点重合(如图 2)时,点 B 与点 C 必重合,设重合点为 H,则点 H 与点 D 关于 x 轴对称,是一个定点. 此时,GH 为 $\odot O$ 的切线,$\sin\angle HGO=\sin\angle OHQ$ $=\dfrac{4}{5}$. 因此,再证明 $\angle CGO=\angle OHQ$ 即可.

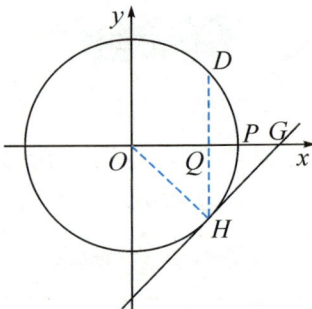

图 2

解答 $\sin\angle CGO$ 的值不变.

如图 3,设点 D 关于 x 轴的对称点为 H,连结 DH 交 OP 于点 Q,OH 交 BC 于点 K,则 $DH\perp OP$. 由 $DE=DF$,得 $\angle CDH=\angle BDH$,$\overset{\frown}{CH}=\overset{\frown}{BH}$,所以 $OH\perp BC$,

因为 $DH\perp OP$,根据 $\angle CGO+\angle HOG=$ $\angle OHQ+\angle HOG=90°$,

得 $\angle CGO=\angle OHQ$,易知 $H(4,-3)$,

所以 $\sin\angle CGO=\sin\angle OHQ=\dfrac{OQ}{OH}=\dfrac{4}{5}$,

即 $\sin\angle CGO$ 的值不变.

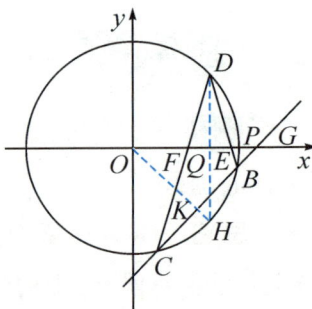

图 3

反思 求解本题的关键是当点 B,C 运动时,通过特殊位置,找到固定点或不变量. 通过"动"中取"静",找到解题路径.

例 3 如图 1,A 是直线 $y=-x$ 上的动点,B 是 x 轴上的动点,在矩形 $ABCD$ 中,$AB=2$,$AD=1$,则 OD 的最大值为 _____.

思路 线段 OD 中,O 为定点,D 为动点. 由题可知 $\angle AOB=45°$ 或 $135°$,而 $\angle AOB$ 所对的边 $AB=2$,此时考虑作 $\triangle ABO$ 外接圆 $\odot P$,但因 AB 运动,故 $\odot P$ 是动圆,点

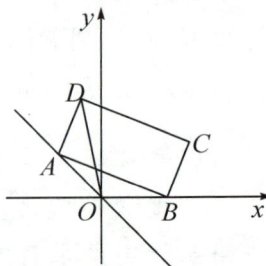

图 1

D 轨迹难觅.考虑到点 D 与矩形 $ABCD$ 以及 $\odot P$ 的相对位置不变,不妨把点 D 看作静止不动(即矩形 $ABCD$ 不动,$\odot P$ 不动),将 O 看作动点,此时,点 O 的运动路径是 $\odot P$,从而 OD 即为定点 D 到 $\odot P$ 上一动点 O 的距离.

解答 由题意得 $\angle AOB=45°$ 或 $135°$,$AB=2$,可知点 O 在以 AB 为弦,弦所对圆周角为 $45°$ 或 $135°$(弦所对圆心角为 $90°$)的圆上,如图 2,设圆心为点 P,即在等腰 $Rt\triangle ABP$ 中,$\angle APB=90°$,$AB=2$,可知半径为 $AP=\sqrt{2}$,点 P 到 AB 的弦心距为 1,又 $AD=1$,可知 P 为 CD 中点,$DP=1$,当 O,D,P 三点共线时,OD 取最大值,最大值为 $\sqrt{2}+1$.

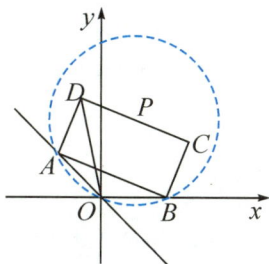

图 2

> **反思** 求解本题的关键是从运动的相对性出发,动静互换,把运动的矩形看作是静止不动的,把静止的点 O 看作是运动的,并借助辅助圆解题.

巩固练习

1. 如图 1,动点 P 从菱形 $ABCD$ 的点 A 出发,沿边 $AB \to BC$ 匀速运动,运动到点 C 时停止.设点 P 的运动路程为 x,PO 的长为 y,y 与 x 的函数图象如图 2 所示,当点 P 运动到 BC 中点时,PO 的长为 ( )

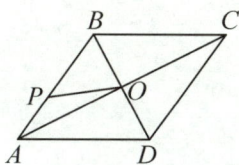

图 1

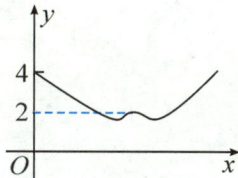

图 2

A. 2 B. 3 C. $\sqrt{5}$ D. $2\sqrt{2}$

2. 如图,菱形 $ABCD$ 中,$AB=5$,$BD=4\sqrt{5}$,动点 E,F 分别在边 AD,BC 上,且 $AE=CF$,过点 B 作 $BP\perp EF$ 于点 P,当点 E 从点 A 运动到点 D 时,线段 CP 长度的取值范围为_____.

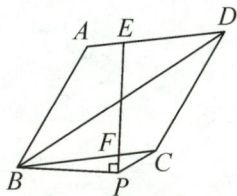

3. 如图 1,在 $\triangle ABC$ 中,$AB=AC$,$\angle BAC=90°$,边 AB 上的点 D 从点 A 出发向点 B 运动,同时,边 BC 上的点 E 从点 B 出发向点 C 运动,D,E 两点运动速度相等,设 $x=AD$,$y=AE+CD$,y 关于 x 的函数图象如图 2,图象过

点$(0,2)$,则图象最低点的横坐标是_____.

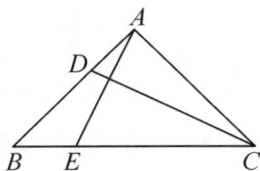 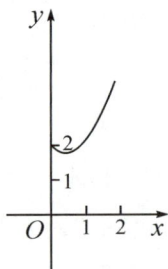

图1　　　　　图2

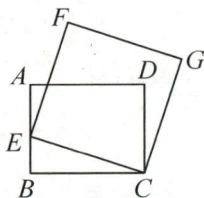

4. 如图,矩形 $ABCD$ 中,$AB=3$,$BC=4$,动点 E 从点 B 出发沿 BA 方向运动至点 A,以 CE 为边在 CE 的上方作正方形 $CEFG$,当点 E 从点 B 至点 A 运动的过程中,点 F 所经过的路径长是_____.

5. 如图,直线 $y=-x+3$ 与 x 轴,y 轴分别相交于点 B,C,经过 B,C 两点的抛物线 $y=ax^2+bx+c$ 与 x 轴的另一交点为 A,顶点为 P,且对称轴是直线 $x=2$.过点 $S(0,4)$ 的动直线 l 交抛物线于 M,N 两点,试问抛物线上是否存在点 T,使得过点 T 的任意直线 l 都有 $\angle MTN=90°$？若存在,请求出点 T 的坐标;若不存在,请说明理由.

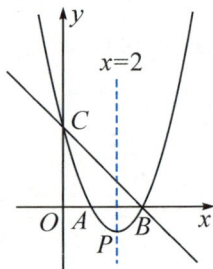

扫码观看本方法配套视频讲解

49 正难则反

引路人　浙江师范大学附属嘉善实验学校　张　莲

📖 方法介绍

正难则反,是数学解题的重要策略和方法.通常,在解决问题的过程中,如果从正面思考和分析问题比较繁杂,或需要考虑的因素比较多,或解题思路不明朗时,那么可以尝试从反面分析和解决问题.

逆推分析法、逆向运算法、反证法、反例法、常量与变量的换位等都是正难则反策略的应用.

📢 典例示范

例1　如图1,在菱形 $ABCD$ 中,$AB=4$,$\angle BAD=120°$,$\triangle AEF$ 为正三角形,点 E,F 分别在菱形的边 BC,CD 上滑动,且点 E,F 不与点 B,C,D 重合.

当点 E,F 在 BC,CD 上滑动时,探讨 $\triangle CEF$ 的面积是否发生变化? 如果不变,求出这个定值;如果变化,求出最大(或最小)值.

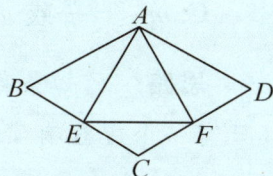

图1

思路　在 $\triangle CEF$ 中,E,F 都为动点,可尝试反面分析.连结 AC,易证 $\triangle ABE \cong \triangle ACF$,四边形 $AECF$ 面积为定值,因此 $\triangle CEF$ 面积是否变化等价于 $\triangle AEF$ 面积是否变化.

解答　方法1:如图2,连结 AC.在菱形 $ABCD$ 中,$\angle BAD=120°$,所以 $\triangle ABC$ 为正三角形.又因为 $\triangle AEF$ 为正三角形,由

$$\begin{cases} AB=AC, \\ \angle BAE=\angle CAF,证得 \triangle ABE \cong \triangle ACF. \\ AE=AF \end{cases}$$

推得 $S_{四边形AECF}=S_{\triangle ABC}=4\sqrt{3}$,可得四边形 $AECF$

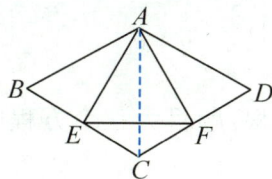

图2

面积为定值.

当 $\triangle AEF$ 面积最小时,即可得 $\triangle CEF$ 面积最大值.

当 $AE \perp BC$ 时,$\triangle AEF$ 面积最小,此时 $AE=2\sqrt{3}$,$\triangle AEF$ 面积的最小值为 $3\sqrt{3}$,$\triangle CEF$ 面积的最大值为 $4\sqrt{3}-3\sqrt{3}=\sqrt{3}$.

方法 2:设 CE 为 x,$S_{\triangle CEF}=\dfrac{\sqrt{3}}{4}x(4-x)$,通过二次函数求最值.

> **反思** 如果整体是一个定值,求整体中某一部分的变化情况,可从整体的另一部分的变化情况思考,从而推得结果.另外,由于 $CE+CF=BC=4$,因此,本题也可以从正面考虑,利用函数方法解决.

例 2 设三个方程 $x^2+4mx+4m^2+2m+3=0$,$x^2+(2m+1)x+m^2=0$,$(m-1)x^2+2mx+m-1=0$ 中至少有一个方程有实数根,则 m 的取值范围是 （ ）

A. $-\dfrac{3}{2}<m<-\dfrac{1}{4}$
B. $m\leqslant-\dfrac{3}{2}$ 或 $m\geqslant-\dfrac{1}{4}$
C. $m\leqslant-\dfrac{3}{2}$ 或 $m\geqslant\dfrac{1}{2}$
D. $-\dfrac{1}{4}<m\leqslant\dfrac{1}{2}$

思路 已知条件"三个方程中至少有一个方程有实数根"包含三种情况(只有一个方程有实数根;恰有两个方程有实数根;三个方程都有实数根),如果逐一讨论比较烦琐.但它的反面是"三个方程都没有实数根",只包含一种情况.于是,从全体实数中去掉三个方程都没有实数根时 m 的取值范围,即为所求.

解答 三个方程全部没有实数根,考虑 Δ 的值,分别求 $\Delta<0$ 得到
$$\begin{cases} m>-\dfrac{3}{2}, \\ m<-\dfrac{1}{4}, \\ m<\dfrac{1}{2}, \end{cases}$$
得出公共部分为 $-\dfrac{3}{2}<m<-\dfrac{1}{4}$,即 m 在此范围内方程都没有实数根.题目为三个方程中至少有一个方程有实数根,则取值范围为 $m\leqslant-\dfrac{3}{2}$ 或 $m\geqslant-\dfrac{1}{4}$,故选项 B 正确.

反思　从正面解题需要考虑的情况较多,但从反面解题考虑的情况较少,容易切入,因此可反其道而行之,会有意想不到的效果.涉及至少、至多等问题,经常可以从反面考虑,使问题变得更简单.

例 3　已知实数 a,b,c 满足 $a \neq b$,且 $2024(a-b)+\sqrt{2024}(b-c)+(c-a)=0$,求 $\dfrac{(c-b)(c-a)}{(a-b)^2}$ 的值.

思路　由已知条件,直接求 a,b,c 的值或寻求 a,b,c 的关系是困难的.若从 2024 和 $\sqrt{2024}$ 的关系思考,通过常量和变量的换位,即设 $\sqrt{2024}=x$,则 $2024=x^2$,原等式可化为关于 x 的一元二次方程 $(a-b)x^2+(b-c)x+(c-a)=0$,根据方程易得另一个解为 $x=1$,再根据韦达定理求值.

解答　设 $\sqrt{2024}=x$,原等式可化为关于 x 的一元二次方程 $(a-b)x^2+(b-c)x+(c-a)=0$,根据方程易得另一个解为 $x=1$.根据韦达定理可得

$$x_1+x_2=-\frac{b-c}{a-b}=\frac{c-b}{a-b}=1+\sqrt{2024},\quad x_1x_2=\frac{c-a}{a-b}=\sqrt{2024},$$

代入得 $\dfrac{(c-b)(c-a)}{(a-b)^2}=\sqrt{2024}(1+\sqrt{2024})=2024+\sqrt{2024}.$

反思　当从条件求字母的值或关系有困难时,可以根据其中某种关系的特征,将常量和变量互换.我们总是习惯于用固定的眼光看待常量与变量,认为它们泾渭分明,更换不得,实际上将常量设为变量,或将变量暂时看作常量,都会给我们意想不到的启示.

巩固练习

1. 二次函数 $y=x^2+bx+c$ 的图象先向右平移 2 个单位长度,再向下平移 3 个单位长度,所得图象的函数解析式为 $y=(x-1)^2-4$,则 b,c 的值为　（　　）

　A. $b=2,c=-6$

　B. $b=2,c=0$

　C. $b=-6,c=8$

　D. $b=-6,c=2$

2. 袋中装有 3 个红球,4 个白球,这些球除颜色外,其余都相同.从袋中任取 3 个球,则所得的三个球中至少有 1 个红球的概率是_____.

3. 705 班有学生 60 人,其中 42 人会游泳,46 人会骑车,50 人会溜冰,55 人会打羽毛球,则至少有多少人四项运动都会?

4. 如图,在 Rt△ABC 中,∠C＝90°,∠A＝30°,BC＝2,D 为 AC 边上一动点,过点 D 作 DE⊥BD 交 AB 于点 E. 当点 D 从点 A 运动到点 C 的过程中,求 AE 的最大值.

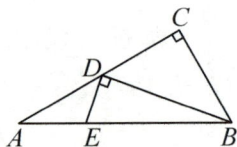

5. 如图,半圆 O 的半径为 1,AC⊥AB 于点 A,BD⊥AB 于点 B,AB 为直径,AC＝1,BD＝3,P 是半圆上一点. 求封闭图形 ABDPC 面积的最大值.

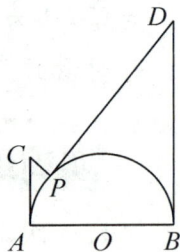

50 反客为主

引路人　绍兴市上虞区实验中学　张雪麟

方法介绍

反客为主,是当问题从处于主动(主)地位的对象入手难以解决时,将处于被动(客)地位的对象转化为处于主动(主)地位来解决的一种思想方法.

遇到常量与变量、主动点与从动点、主元与辅元等数学问题时,我们往往根据需要,把某些元素的地位调换,使许多难题巧妙获解.

典例示范

例1　已知 a,b 为定值,且无论 k 为何值,关于 x 的方程 $\dfrac{kx-a}{3}=1-\dfrac{2x+bk}{2}$ 的解总是 $x=2$,则 $ab=$ _____.

思路　由方程 $\dfrac{kx-a}{3}=1-\dfrac{2x+bk}{2}$ 的解总是 $x=2$,想到把 $x=2$ 代入方程,得到关于 a,b,k 的一个等式.由于 a,b 为定值,而 k 可以取任何值,因此可把所得等式看成关于 k 的方程,再根据 k 可取任意值求解.

解答　把 $x=2$ 代入方程 $\dfrac{kx-a}{3}=1-\dfrac{2x+bk}{2}$,得 $\dfrac{2k-a}{3}=1-\dfrac{4+bk}{2}$,

化简得 $(4+3b)k=2a-6$.

把该等式看成关于 k 的一元一次方程,由于无论 k 为何值,等式一定成立,

所以 $4+3b=0,2a-6=0$,

可得 $b=-\dfrac{4}{3},a=3$,

所以 $ab=-4$.

反思　反客为主法往往用于解决含字母系数的方程问题.本题还可以取出 k 的两个不同固定值代入等式 $\dfrac{2k-a}{3}=1-\dfrac{4+bk}{2}$,得到关于 a,b 的二元一次方程组,然后求出 a,b 的值,再验证所得 a,b 的值符合题意.

例2　如图1,边长为6的正三角形 ABC 的顶点 A 在 x 轴的正半轴上移动,顶点 B 在射线 OD 上随之移动,已知 $\angle AOD=60°$,则在此运动过程中,顶点 C 到原点 O 的最大距离是_____.

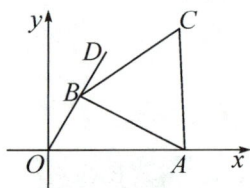

图1

思路　由于难知道动点 C 的运动轨迹,因此较难求出点 C 到点 O 的最大距离.由于 $\triangle ABC$ 是边长为6的正三角形,且动与静是相对的,因此不妨把 $\triangle ABC$ 看作是静止的,把动点 C 看作定点,把定点 O 看作动点.这样,不难发现点 O 的轨迹是以 AB 为弦、圆周角为 $60°$ 的圆弧,线段 CO 长度的最大值可求.

解答　若把正 $\triangle ABC$ 看作是静止不动的,由 $AB=6$,$\angle AOD=60°$ 知,原点 O 在以 AB 为弦、圆周角为 $60°$ 的圆弧上运动,如图2所示.

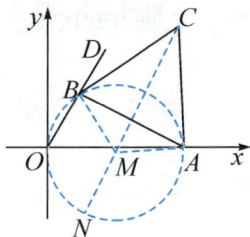

设点 M 是此圆弧的圆心,易知当点 O 运动到直线 CM 上的点 N 时,CO 之间距离最大.

图2

此时 $\angle BMA=120°$,$MB=MA=2\sqrt{3}$,

所以 $\angle MBA=\angle MAB=30°$,

则 $\angle CBM=\angle CAM=90°$,

所以 $CM=\sqrt{(2\sqrt{3})^2+6^2}=4\sqrt{3}$,

所以 CO 之间的最大距离为 $CN=6\sqrt{3}$.

反思　当动点运动路线不明或者较为复杂时,往往可以把动点看成定点,而把定点看成动点来处理.这种反客为主的思想在解决类似几何问题时,往往会起到意想不到的作用.

例3　已知函数 $y=\dfrac{x^2-2x+3}{x^2-4x+4}$,当 x 为何值时 y 有最小值,最小值是多少?

思路　初中阶段已学习一次函数、反比例函数和二次函数,一般,函数最值问题可通过函数图象或者性质求解. 这一函数的图象较难画出, 函数性质也不明确, 直接运用函数相关知识解决很困难, 因此可以把自变量看成未知数, 因变量看成参数来求解.

解答　将函数 $y=\dfrac{x^2-2x+3}{x^2-4x+4}$ 整理成关于 x 的方程,

可得 $(1-y)x^2+(4y-2)x+3-4y=0$,

①若 $y=1$, 则 $x=\dfrac{1}{2}$;

②若 $y\neq1$, 则方程是关于 x 的一元二次方程,

因为该一元二次方程必有实数根,

所以 $\Delta=(4y-2)^2-4(1-y)(3-4y)\geqslant0$, 解得 $y\geqslant\dfrac{2}{3}$,

所以 y 的最小值为 $\dfrac{2}{3}$, 此时 $x=-1$, 即当 $x=-1$ 时 y 有最小值, 最小值是 $\dfrac{2}{3}$.

反思　方程与函数关系密切, 可相互转化, 这种反客为主的思想方法可用来解决有些函数的最值问题.

巩固练习

1. 如图, 数轴上有点 O,D,A,B, 其中点 O 与原点重合, 点 D 表示的数为 -11, 点 A 表示的数为 -4, 点 B 表示的数为 7. 若点 A 以每秒 2 个单位长度的速度向右运动, 点 B 以每秒 5 个单位长度的速度向右运动, 点 D 以每秒 4 个单位长度的速度向左运动, 三点同时出发. 设运动时间为 t 秒, 若 $3BD-k\cdot AB$ 的值是定值, 请求出 k 的值.

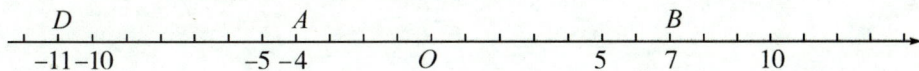

2. 若实数 a,b 满足 $a-2ab+2ab^2+4=0$，则 a 的取值范围是_____.

3. 如图，菱形 $ABCD$ 中，$\angle BAD=60°$，$AB=4$. 将 $\triangle ADC$ 沿直线 AC 方向平移得到 $\triangle A'D'C'$，连结 $A'B$，$D'B$. 在运动过程中，$A'B+D'B$ 的最小值为_____.

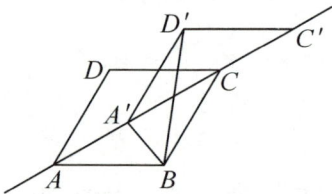

4. 如图，已知 $\triangle ABC$，$\triangle DEF$ 均为等腰直角三角形，点 D，E 分别在边 AB，AC 上滑动，在滑动过程中，$EF=10\sqrt{2}$，则点 A，F 间距离的最大值为_____.

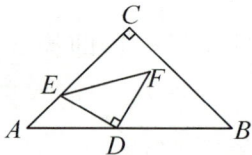

5. 设 a 为正整数，且关于 x 的一元二次方程 $ax^2+2(2a-1)x+4(a-3)=0$ 至少有一个整数根，求 a 的值.

51 寻找不变性

引路人　杭州二中白马湖学校　杨灿权

方法介绍

变化中的事物往往具有某种不变性. 寻找不变性, 就是要在运动变化中寻找不变的元素、不变的规律, 让无序变得有序. 寻找数学变化中的不变性是一种数学思想, 一种看问题的眼光, 也是一种有效的解题策略.

为了寻找不变性, 我们需要处理好"特殊"与"一般"的关系, 从"一般到特殊"中发现"不变的"是什么, 再从"特殊到一般"去证明发现的"不变"具有普遍性和可靠性.

典例示范

(一)数形转换觅定点

例 1　如图 1, 在平面直角坐标系中, $\odot O$ 是以原点为圆心、半径为 4 的圆. 已知函数 $y = kx - 2(k+1)$ 的图象与 $\odot O$ 有两个交点 A, B, 则弦 AB 长的最小值为　（　　）

A. 4　　　　B. $4\sqrt{2}$　　　　C. 8　　　　D. $2\sqrt{2}$

思路　本题是一个动态问题, 关键在于"动中寻定". 首先, 对于在固定半径的圆中求弦长的问题, 可

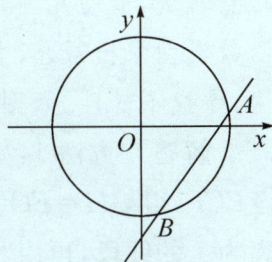

图 1

以转化为求弦心距, 即圆心到函数图象的距离. 接着, 需要弄清参数 k 是如何影响函数图象的, 函数图象又是怎样变化的, 有没有规律可循. 例如, 直线方向是否确定, 是否经过定点. 通过取特殊值, 发现此函数图象始终经过点 $(2, -2)$.

解答　将 $y = kx - 2(k+1)$ 变形为 $y = (x-2)k - 2$, 令 $x - 2 = 0$, 得 $x = 2$, 当 $x = 2$ 时, $y = -2$,

所以一次函数 $y = kx - 2(k+1)$ 的图象经过定点 $E(2, -2)$.

在半径一定的情况下,要使圆的弦长最小,只需弦心距最大.

如图2,连结 OE,过点 E 作 $CD \perp OE$ 交⊙O 于点 C,D,

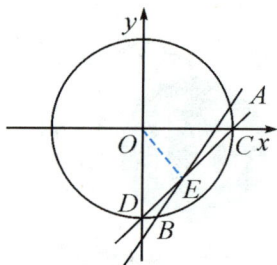

图2

由垂径定理可知,$CD = 2CE = 2\sqrt{OC^2 - OE^2} = 4\sqrt{2}$,故选 B.

> **反思**　含参数函数图象过定点的实质是:当自变量取某一数值时,函数值也是一具体数值,与参数无关.因此,只需将含参数函数的表达式变形整理,使含参数的项的系数等于零即可求得自变量,进而求出对应的函数值.如此便能确定其图象所过定点的坐标.对于含参数的二次函数,除了有定点、定轴,还可能有定轨迹(顶点的运动轨迹).

(二)点动成线有迹循

例 2　如图1,正方形 $ABCD$ 的边长为4,E 为 BC 上一点,$BE = 3$,F 为 CD 上一动点,连结 EF.以 EF 为直角边向左侧作等腰 $Rt\triangle EFG$,连结 BG,求 BG 的最小值.

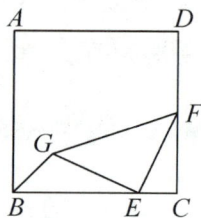

图1

思路　求线段求最值往往可以从"形"的角度入手,找到动点轨迹,借助几何定理解决;也可以从"数"的角度出发,建立函数模型求出最值.解决本题的关键在于探索点 G 的运动规律,寻找不变性.如图,通过"特殊位置法"可猜想点 G 的运动轨迹为一条线段.

解答　方法1:如图2,过点 G 作 $GH \perp BC$.可证$\triangle GHE \cong \triangle ECF$,得 $GH = EC = 1$.可知点 G 的运动轨迹是一条到 BC 距离为1的线段,再由"垂线段最短"可知 BG 的最小值为1.

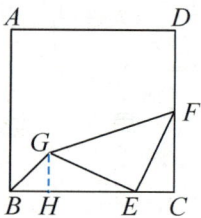

图2

方法2:如图2,过点 G 作 $GH \perp BC$,同方法1可知 $GH = EC = 1$.设 $CF = x$,则 $BH = BE - HE = BE - CF = 3 - x$,所以 $BG^2 = BH^2 + GH^2 = (x-3)^2 + 1^2$,其中 $0 < x < 4$.易见当 $x = 3$ 时,BG 有最小值1.

> **反思**　运动的点往往有迹可循,初中阶段点动所形成的线常常为直线(段)或圆弧.因此,可以采用"特殊位置法""极限位置法"等手段先猜想出运动轨迹,再予以推理证明.

(三)变式推广会类比

例3　在△ABC中，∠C＝90°，AC＞BC，D是AB的中点．E为直线AC上一动点，连结DE．过点D作DF⊥DE，交直线BC于点F，连结EF．

（1）如图1，当E是线段AC的中点时，设AE＝a，BF＝b，求EF的长．（用含a，b的式子表示）

（2）当点E在线段CA的延长线上时，依题意补全图2，用等式表示线段AE，EF，BF之间的数量关系，并证明．

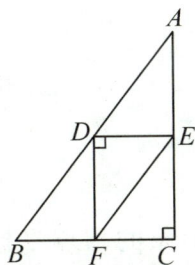

图1

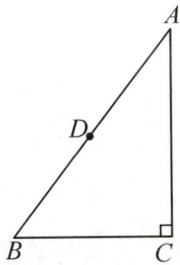

图2

思路　对于此类含有多个小问的题目，应努力去寻找问题之间的关联．在第（1）题中求得$EF^2＝AE^2＋BF^2$，于是在第（2）题中便可猜想EF，AE，BF之间满足类似的关系．接着，从结论上看，三条线段相对分散，需要通过几何变换将它们转化到一条直线上（线性关系）或一个三角形中（平方关系）．而从条件上看，"中点＋垂直"的组合可以考虑通过"倍长（实质是旋转）"来构造轴对称．

解答　（1）$EF＝\sqrt{a^2＋b^2}$．

（2）$AE^2＋BF^2＝EF^2$．如图3，过点B作BM∥AC，与ED的延长线交于点M，连结MF，则∠AED＝∠BMD，∠CBM＝∠ACB＝90°，可得△ADE≌△BDM，所以AE＝BM，DE＝DM．又因为DF⊥DE，所以EF＝MF，所以$EF^2＝MF^2＝BM^2＋BF^2＝AE^2＋BF^2$．

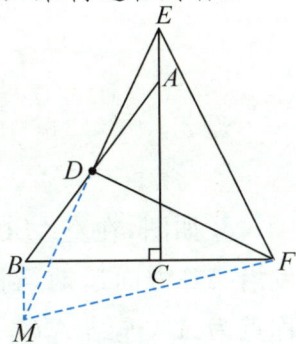

图3

反思　寻找不变性不仅是一种解题策略，更是一种思考方式．当我们解决了一个静态问题的时候，就应该思考这道试题能否变式推广，这样的结论、方法是否适合于更多问题．会类比，会迁移，才能真正实现以"不变"应"万变"．

![巩固练习]

1. 设一次函数 $y=\dfrac{1-m}{2}x+m$（m 是常数）的图象分别与 x 轴，y 轴交于 A，B 两点. 求证：无论 m 为何值，图象一定经过第一象限.

2. 已知函数 $y=x^2+bx+2b$（b 为常数）图象的顶点坐标为 (m,n).

（1）当 b 的值变化时，求 n 关于 m 的函数解析式.

（2）若该函数的图象不经过第三象限，当 $-5\leqslant x\leqslant 1$ 时，函数的最大值与最小值之差为 16，求 b 的值.

3. 如图，在 $\triangle ABC$ 中，$\angle BAC=30°$，$\angle ACB=45°$，$AB=2$，点 P 从点 A 出发沿 AB 方向运动，到达点 B 时停止运动，连结 CP，点 A 关于直线 CP 的对称点为 A'，连结 $A'C$，$A'P$. 点 P 到达点 B 时，求线段 $A'P$ 扫过的面积.

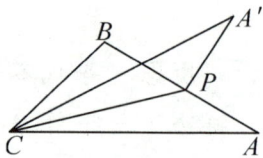

4. 如图,已知两条平行线 l_1,l_2,A 是 l_1 上的定点,$AB \perp l_2$ 于点 B,C,D 分别是 l_1,l_2 上的动点,且满足 $AC = BD$,连结 CD 交线段 AB 于点 E,$BH \perp CD$ 于点 H,连结 AH,当 $\angle BAH$ 最大时,求 $\sin\angle BAH$.

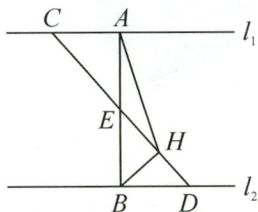

5. 【证明体验】如图 1,AD 为 $\triangle ABC$ 的角平分线,$\angle ADC = 60°$,点 E 在 AB 上,$AE = AC$. 求证:DE 平分 $\angle ADB$.

【思考探究】如图 2,在(1)的条件下,F 为 AB 上一点,连结 FC 交 AD 于点 G. 若 $FB = FC$,$DG = 2$,$CD = 3$,求 BD 的长.

【拓展延伸】如图 3,在四边形 ABCD 中,对角线 AC 平分 $\angle BAD$,$\angle BCA = 2\angle DCA$,点 E 在 AC 上,$\angle EDC = \angle ABC$. 若 $BC = 5$,$CD = 2\sqrt{5}$,$AD = 2AE$,求 AC 的长.

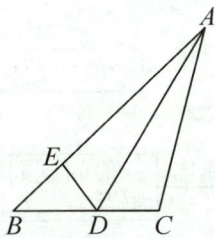

图 1

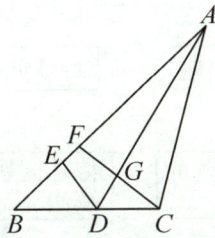

图 2

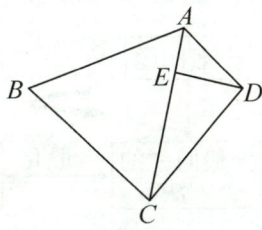

图 3

特殊化与一般化

引路人　温岭市第四中学　叶海飞

方法介绍

　　特殊化,是从研究对象的一个给定范围出发,进而考虑该范围内某一部分的思想方法.它常用于研究已有结论的特殊情形;或者把一般问题特殊化,通过研究特殊问题获取研究一般问题的思路方法,甚至结论.一般化,指把已有的结论、方法推广到更一般的情形,或者当一个特殊问题不易解决时,将其转化为考虑包含该特殊问题的更为一般的问题.

　　为了简化问题的研究,以退为进,先通过把研究对象特殊化,得到结果,再通过归纳、类比、联想等方法,把研究成果推广到一般,从而解决原问题.对于有些数学问题,往往需要协同运用特殊化与一般化这两种策略,以便顺利解决问题.其基本步骤如下:

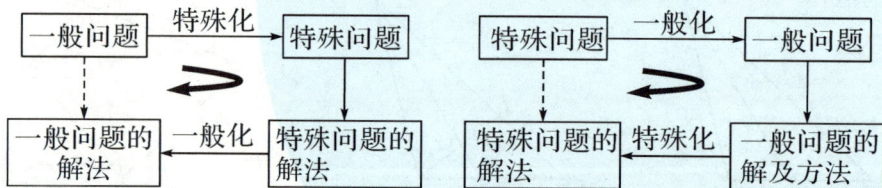

典例示范

例1　(1)填空:

$(a-b)(a+b)=$ _____.

$(a-b)(a^2+ab+b^2)=$ _____.

$(a-b)(a^3+a^2b+ab^2+b^3)=$ _____.

　　(2)猜想 $(a-b)(a^{n-1}+a^{n-2}b+\cdots+ab^{n-2}+b^{n-1})=$ _____(其中 n 为正整数,且 $n\geqslant2$).

　　(3)利用(2)猜想的结论计算: $2^9-2^8+2^7-\cdots+2^3-2^2+2$.

　　思路　先通过第(1)题3个特例的化简,发现这3个式子以及它们的结果都具有共同的结构特征,从而归纳得到一般的式子及结论,即第(2)题的答案;观察第(3)题的式子与一般式有什么联系,思考如何进行特殊化,即 a 与 b 分别取什么值.

解答 (1)a^2-b^2　a^3-b^3　a^4-b^4　(2)a^n-b^n

(3)当 a 取 2,b 取 -1 时,代入第(2)题的一般结论,即可求出式子的值,

原式 $=2^9-2^8+2^7-\cdots+2^3-2^2+2-1+1=\dfrac{2^{10}-(-1)^{10}}{2-(-1)}+1=342$.

> **反思** 当我们面临一个比较复杂的一般问题,设法把一般问题特殊化,从 $n=1,n=2,n=3,n=4,\cdots$ 这些简单的特殊情况入手,从中发现规律,经过归纳,得出一般的结论;当我们面临一个比较复杂的特殊问题,设法把特殊问题一般化.特殊化与一般化这两种解题策略往往需要协同运用.

例 2 比较 2023^{2024} 与 2024^{2023} 的大小.

思路 本题中的两个式子计算量太大,无法直接进行大小比较.通过观察,发现底数与指数之间的关系,问题的本质就是比较 n^{n+1} 和 $(n+1)^n$ 的大小(n 是正整数),再从 $n=1,n=2,n=3,\cdots$ 这些简单的特殊情况进行计算,从中发现规律,经过归纳,得出一般结论.

解答 因为 $1^2<2^1,2^3<3^2,3^4>4^3,4^5>5^4,\cdots$,

所以当 $n<3$ 时,$n^{n+1}<(n+1)^n$;当 $n\geqslant3$ 时,$n^{n+1}>(n+1)^n$.

故 $2023^{2024}>2024^{2023}$.

注:对于这个结论,到高中我们可以给出严格的证明.

> **反思** 当我们面临一个比较复杂的大小比较问题,我们可以考虑能否写出它们的一般形式,即一般化,当一般式不能直接比较时,我们不妨从 $n=1,n=2,n=3,\cdots$ 这些特殊情况进行计算比较,即特殊化,从中发现规律,经过归纳,得出一般结论.解决本题的思路是先一般化,再特殊化.

例 3 如图1,P 是边长为 a 的等边 $\triangle ABC$ 内任意一点,过点 P 分别作 $\triangle ABC$ 三边的垂线段 PD,PE,PF,垂足分别为点 D,E,F,求图中阴影部分的面积.

思路 为了解决这个一般问题,利用图中点 P 的任意性,可以把点 P 的位置特殊化为 $\triangle ABC$ 的中心,易知阴影部分的面积是正 $\triangle ABC$ 面积的一半,由此可以得到一般问题的

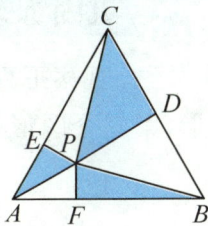
图1

结论. 由面积的一半关系联想到构造轴对称图形或中心对称图形,结合点 P 是正三角形内部的点,可以想到过点 P 作平行线构造正三角形和平行四边形,利用正三角形的高和平行四边形的对角线得到面积的一半关系,从而解决问题.

解答 如图2,过点 P 作三边的平行线,分别交三边于点 I,J,K,L,M,N.

因为 $PK /\!/ AC$,$PI /\!/ AB$,所以 $\triangle PIK$ 为正三角形.

又因为 $PD \perp BC$,

所以 PD 将 $\triangle PIK$ 分为面积相等的两部分,即 $S_{\triangle PDI} = S_{\triangle PDK}$.

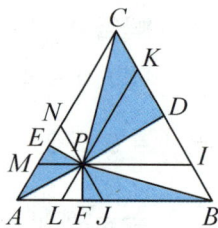

图 2

同理可得 $\triangle PJL$ 和 $\triangle PMN$ 为正三角形,有 $S_{\triangle PFL} = S_{\triangle PFJ}$,$S_{\triangle PEN} = S_{\triangle PEM}$.

因为 $PI /\!/ AB$,$PJ /\!/ BC$,所以四边形 $BIPJ$ 为平行四边形,对角线 BP 将 $\square BIPJ$ 分为面积相等的两部分,即 $S_{\triangle PBI} = S_{\triangle PBJ}$.

同理四边形 $CNPK$ 和 $ALPM$ 均为平行四边形,即 $S_{\triangle PCN} = S_{\triangle PCK}$,$S_{\triangle PAL} = S_{\triangle PAM}$.

所以图中阴影部分面积 $S_{阴影} = S_{\triangle PFJ} + S_{\triangle PBJ} + S_{\triangle PDK} + S_{\triangle PCK} + S_{\triangle PEM} + S_{\triangle PAM}$,

图中空白部分面积 $S_{空白} = S_{\triangle PFL} + S_{\triangle PBI} + S_{\triangle PDI} + S_{\triangle PCN} + S_{\triangle PEN} + S_{\triangle PAL}$.

所以 $S_{阴影} = S_{空白}$.

故 $S_{阴影} = \dfrac{1}{2} S_{\triangle ABC} = \dfrac{\sqrt{3}}{8} a^2$.

反思 当我们面临一个比较复杂或内在联系不甚明显的一般问题时,要设法把一般问题特殊化,关键是找到适当的特例(把点 P 的位置特殊化为 $\triangle ABC$ 的中心),得到解决特殊问题的思路及结论,从中获取一般问题的结论,再通过类比、联想,得到解决一般问题的思路方法. 这里,特殊化的目的是以退求进.

巩固练习

1. 观察下列图形,第一个图形中有 1 个三角形,第二个图形中有 5 个三角形,第三个图形中有 9 个三角形,…,则第 2024 个图形中有_____个三角形.

第1个   第2个   第3个

2. 如图，在矩形 $ABCD$ 中，$AD=12$，$AB=5$，P 是 AD 边上任意一点，$PE\perp BD$，$PF\perp AC$，点 E，F 分别是垂足，则 $PE+PF$ 的长为_____．

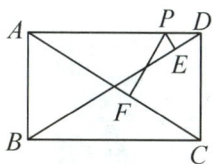

3. 如图，矩形 $ABCD$ 中，$AD=a$，$AB=b$，E 是对角线 BD 上一动点（点 E 与点 B 不重合），连结 AE，过点 E 作 $FE\perp AE$ 交 BC 于点 F，连结 AF．线段 AE 与 EF 有怎样的数量关系？请说明理由．

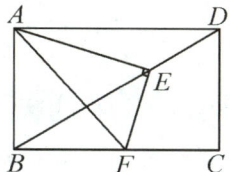

4.（1）如图，观察函数 $y=|x|$ 的图象，写出它的两条性质．

（2）在图中画出函数 $y=|x-3|$ 的图象．

根据图象判断：函数 $y=|x-3|$ 的图象可以由 $y=|x|$ 的图象向_____平移_____个单位长度得到．

（3）① 函数 $y=|2x+3|$ 的图象可以由 $y=|2x|$ 的图象向_____平移_____个单位长度得到．

② 根据从特殊到一般的研究方法，函数 $y=|kx+3|$（k 为常数，$k\neq0$）的图象可以由函数 $y=|kx|$（k 为常数，$k\neq0$）的图象经过怎样的平移得到？

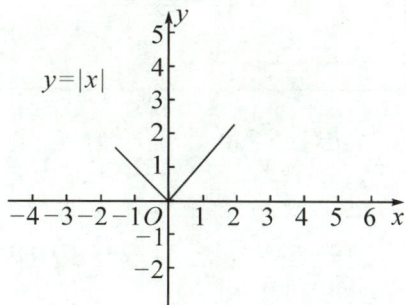

5. 计算：$\dfrac{(3^4+4)(7^4+4)(11^4+4)\times\cdots\times(39^4+4)}{(5^4+4)(9^4+4)(13^4+4)\times\cdots\times(41^4+4)}$．

扫码观看本方法配套视频讲解

极端化

引路人　诸暨市教育研究中心　姚铁峰

方法介绍

极端化,是把问题中的某一条件引向极端加以特殊化处理,从特殊情况入手寻找出解决问题的突破口或者问题的结果,使疑难的问题得到解决的一种思想方法.

极端化思想往往能将复杂问题简单化,抽象问题具体化,是一种常用的问题解决策略.在初中阶段,我们常用变化元素的极端数值或极端位置解决求近似值、最值、取值范围、点移动路径长度等问题.

典例示范

例 1　观察下表,当 x 非常大时,代数式 $\dfrac{x-1}{2x}$ 的值接近 _____.

x	1	10	100	1000	10000	…
$\dfrac{x-1}{2x}$	0	0.45	0.495	0.4995	0.49995	…

思路　由于要求的是当 x 非常大时,代数式 $\dfrac{x-1}{2x}$ 值的极端情形,因此想到运用极端化思想解决问题.

解答　方法1:观察表中数据,发现随着 x 值的增大,代数式的值越大.代数式 $\dfrac{x-1}{2x}$ 的值无法取到 $\dfrac{1}{2}$,但当 x 无限大时,代数式 $\dfrac{x-1}{2x}$ 的值可以无限接近 $\dfrac{1}{2}$.

方法2:利用代数式的恒等变换进行求解,$\dfrac{x-1}{2x}=\dfrac{1}{2}-\dfrac{1}{2x}$. 因为 x 的值越大,代数式 $\dfrac{1}{2x}$ 的值越接近于0,故代数式 $\dfrac{1}{2}-\dfrac{1}{2x}$ 的值越接近于 $\dfrac{1}{2}$,由此代数式 $\dfrac{x-1}{2x}$ 的值越接近于 $\dfrac{1}{2}$.

反思 本题通过观察表格感受数值的变化趋势,从有限中认识无限,从近似中认识精确;通过想象 x 不断增大、趋向无限大时 $\dfrac{x-1}{2x}$ 的取值得到结论.

例 2 如图,一次函数 $y=kx+b(k\neq0)$ 的图象分别与线段 AB,CD 交于点 M,N(不与端点重合).已知点 $A(-1,0),B(-1,1),C(2,0),D(2,2)$,则 k 的取值范围是_____.

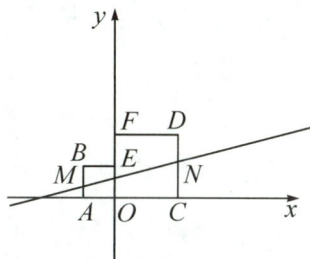

思路 系数 k 的大小是由一次函数图象的倾斜方向和倾斜程度决定的.可以想象,题设中的 k 分别在一定的范围内连续变化,因此我们应考虑在怎样的情况下,k 取最大值;在怎样的情况下,k 取最小值.

解答 由于系数 k 的大小是由一次函数图象的倾斜方向和倾斜程度决定的,因此考虑 k 取值的极端情形.

(1)当 $k\geq0$ 时,存在两个极端状态.

极端状态 1:$MN \parallel x$ 轴,或点 M 在点 A,点 N 在点 C,此时 $k=0$;

极端状态 2:点 M 在点 A,点 N 在点 D,此时 $k=\dfrac{2}{3}$;

因为点 M,N 不与端点重合,$k\neq0$. 故 $0<k<\dfrac{2}{3}$.

(2)当 $k<0$ 时,存在两个极端状态.

极端状态 3:$MN \parallel x$ 轴,或点 N 在点 C,点 M 在点 A,此时 $k=0$;

极端状态 4:点 N 在点 C,点 M 在点 B,此时 $k=-\dfrac{1}{3}$;

因为点 M,N 不与端点重合,$k\neq0$. 故 $-\dfrac{1}{3}<k<0$.

综上所述,$-\dfrac{1}{3}<k<0$ 或 $0<k<\dfrac{2}{3}$.

反思 根据事物的运动变化特征,考虑事物变化的极限情形或极端情形,往往能使问题的求解变得简单.

例 3　如图 1,在平面直角坐标系中,点 $P(0,5\sqrt{2})$,$Q(5\sqrt{2},0)$,A 为线段 OP 上一点,B 为线段 OQ 上一点,已知 $AB=5\sqrt{2}$,以 AB 为斜边在第一象限内作等腰 $\mathrm{Rt}\triangle ABC$,在点 A 从点 P 运动至点 O 的过程中,点 C 的运动路径长是_____.

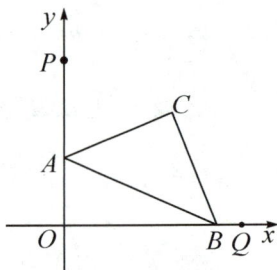

图 1

思路　利用四点共圆(如图 2)或全等(如图 3)可知点 C 始终在直线 $y=x$ 上移动.由于点 A 是从点 P 运动至点 O,利用极端化思想,依次确定点 C 运动起始点、最远点和终止点,即可求出点 C 的运动路径长度.

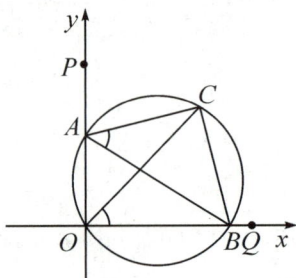

图 2

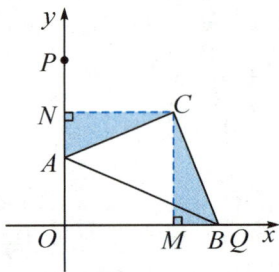

图 3

解答　因为 $\angle AOB=\angle ACB=90°$,所以 A,O,B,C 四点共圆,所以 $\angle COB=\angle CAB=45°$,

所以点 C 始终在直线 $y=x$ 上运动.

在点 A 从点 P 运动至点 O 的过程中,利用极端化思想可确定点 C 的起始点和终止点重合,记为 C_1,如图 4,此时 $OC_1=5$.

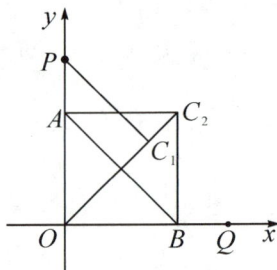

图 4

易得,当 AC 与 y 轴垂直时,OC 最长,记为 C_2,$OC_2=5\sqrt{2}$,

所以点 C 的运动轨迹为沿直线 $y=x$ 从 C_1 到 C_2 再到 C_1,

所以点 C 的运动路径长 $2C_1C_2=10\sqrt{2}-10$.

反思　对于此类动点问题,先确定动点的运动轨迹,再通过极端化思想确定动点运动过程中的起始点、最远点和终止点,即可求得点 C 的运动路径长度.

巩固练习

1. 当 n 非常大时，代数式 $\dfrac{10-2n}{n}$ 的值接近 _____.

2. 在平面直角坐标系中，$A(-1,1)$，$B(1,1)$，直线 $y=kx(k\neq0)$ 与线段 AB 有交点，则 k 的取值范围为 _____.

3. 如图，$\triangle ABC$ 的三个顶点分别是 $A(1,2)$，$B(2,5)$，$C(6,1)$．若函数 $y=\dfrac{k}{x}$ 在第一象限内的图象与 $\triangle ABC$ 有交点，则 k 的取值范围是 _____.

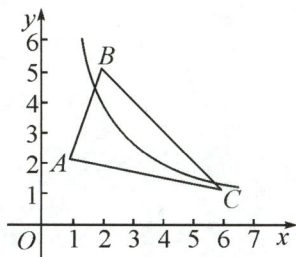

4. 已知二次函数 $y=-x^2+4x+5$ 及一次函数 $y=-x+b$，将该二次函数在 x 轴上方的图象向下翻折到 x 轴下方，图象其余部分不变，得到一个新图象（如图所示）．当直线 $y=-x+b$ 与新图象有 4 个交点时，b 的取值范围是 _____.

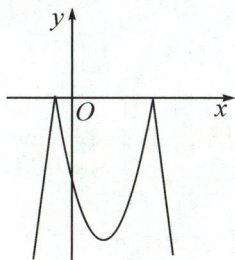

5. 如图，在平面直角坐标系中，点 $P(0,10)$，$Q(10,0)$，B 为 OP 上一点，C 为 OQ 上一点，已知 $BC=10$，以 BC 为斜边向右作 $\text{Rt}\triangle ABC$，使得 $AC=8$，$AB=6$，在点 B 从点 P 运动至点 O 的过程中，点 A 的运动路径长是 _____.

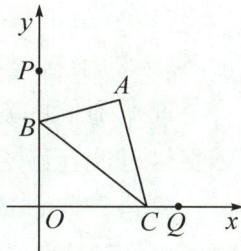

方程思想

引路人　台州市白云中学　项　军

📖 方法介绍

　　方程思想,是从分析问题的数量关系入手,将问题中的已知量和未知量之间的数量关系通过设未知数列出方程(组),然后通过解方程(组)解决问题的一种数学思想方法.

　　这种思想方法在代数、几何及实际生活中有着广泛的应用.列方程的关键是从不同的角度思考同一个量,用不同的方式表示同一个量.

📘 典例示范

　　例1　端午节期间,某水果超市调查某种水果的销售情况,下面是调查员的对话.

　　小王:该水果的进价是每千克 22 元.

　　小李:当销售价为每千克 38 元时,每天可售出 160 千克;若每千克降低 3 元,每天的销售量将增加 120 千克.

　　根据他们的对话,解决下面所给问题:超市每天要获得销售利润 3640 元,又要尽可能让顾客得到实惠,求这种水果的销售价为每千克多少元?

　　思路　超市每天要获得销售利润 3640 元,需要在销售价为每千克 38 元的基础上进行降价,且每千克降低 3 元,每天的销售量将增加 120 千克.由于销售价与销量都与降低的价格数量有关,故想到设销售价比 38 元降低 x 元,列出每千克的利润及实际的销售量,这样可根据每千克的利润×实际的销售量=销售利润的等量关系,列出方程并求出 x 的值,再考虑实际意义,得出问题的答案.

　　解答　设销售价降低 x 元,超市每天可获得销售利润 3640 元.由题意得

$$(38-x-22)\left(160+\frac{x}{3}\times120\right)=3640.$$

　　整理得 $x^2-12x+27=0$,所以 $x=3$ 或 $x=9$.

　　因为要尽可能让顾客得到实惠,所以 $x=9$.

所以销售价为 $38-9=29$(元/千克).

答:水果的销售价为每千克 29 元时,超市每天可获得销售利润 3640 元.

> **反思** 若直接设这种水果的销售价为 x 元,则方程为 $(x-22) \times \left(160+\dfrac{38-x}{3} \times 120\right)=3640$. 但这个方程比本题中的方程稍复杂一些.因此,利用方程解决问题时,应选择合适的量作为未知数,使方程容易列出并求解.

例 2 如图,有一直立标杆,它的上部被风从 B 处吹折,杆顶着地处 C 离杆脚 A 点 2m.标杆在修好后又被风吹断,由于新杆折断处 D 比前一次低 0.5m,故杆顶着地处 E 离杆脚 A 比前一次远 1m,求原标杆的高.

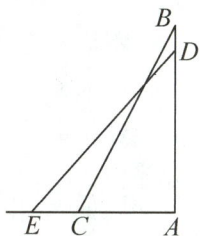

思路 标杆两次吹折形成两个直角三角形,且 AD 比 AB 短 0.5m,那么 DE 比 BC 长 0.5m,求原标杆的高可转化为求 $AB+BC$ 或 $AD+DE$.因此本题可设 $AB=x$ m,$BC=y$ m,根据勾股定理列出方程组,再通过两个方程组相减消去 x^2 和 y^2,从而求出 $x+y$ 的值.

解答 设 $AB=x$ m,$BC=y$ m,

根据题意,由勾股定理可得 $\begin{cases} x^2+2^2=y^2, \\ (x-0.5)^2+3^2=(y+0.5)^2, \end{cases}$

两个方程相减可得 $x+y=5$,

所以原标杆的高为 5m.

> **反思** 题目已知标杆两次吹折形成两个直角三角形,因此可设两个未知数,根据勾股定理列出了二元二次方程组,但较难求出每个未知数的值.由于最终需要求 $x+y$,观察此方程组,只需要把两个方程相减求出 $x+y$ 整体的值.我们应注意理解整体思想(整体求解、整体代换)在解题中的巧妙作用.本题若设一个未知数(例如,设 $AD=x$ m),则列出的方程是根式方程,解根式方程有一定的难度.

例 3 如图 1,已知 AC 切 $\odot O$ 于点 C,CP 为 $\odot O$ 的直径,AB 切 $\odot O$ 于点 D 与 CP 的延长线交于点 B,若 $AC=PC$.

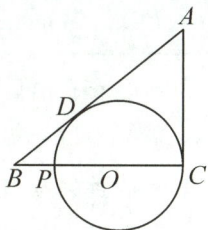

求证:(1)$BD=2BP$;(2)$PC=3BP$.

思路 第(1)题,由 AC 切 $\odot O$ 于点 C,AB 切 $\odot O$ 于点

图 1

D，连结 DO，容易得到 $\triangle BDO \backsim \triangle BCA$，而要求证的结论中两条线段 BD 与 BP 都和这两个相似三角形有关联．若设 $PO=OC=DO=x$，则 $AC=PC=AD=2x$，可利用相似比列出方程推得 $BD=2BP$．第（2）题在第（1）题的分析中可得 $PC=2x$，要证 $PC=3BP$，只需证 $3BP=2x$．而在 $\text{Rt}\triangle BOD$ 中，由于已证得 $BD=2BP$，运用勾股定理，就可推得 $3BP=2x$，从而得出 $PC=3BP$．

证明　（1）如图 2，连结 DO．

因为 AC，AB 分别切 $\odot O$ 于点 C，D，

所以 $AC=AD$，$OD \perp AB$，$OC \perp AC$．

从而得出 $\angle ODB=\angle BCA=90°$．

又因为 $\angle B=\angle B$，所以 $\triangle BDO \backsim \triangle BCA$．

从而得出 $\dfrac{OB}{AB}=\dfrac{OD}{AC}$．

由 $AC=PC$ 可得 $AC=PC=AD$．

因此设 $PO=OC=DO=x$，则 $AC=PC=AD=2x$．

所以 $\dfrac{BP+x}{BD+2x}=\dfrac{x}{2x}$．

化简，得 $BD=2BP$．

（2）在 $\text{Rt}\triangle BOD$ 中，由勾股定理，可得 $OD^2+BD^2=OB^2$，

即 $x^2+(2BP)^2=(BP+x)^2$．

化简，得 $2x=3BP$，即 $PC=3BP$．

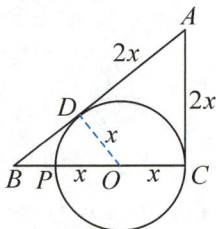

反思　本题通过设元，将几何问题转化为熟悉的方程问题，设而不求，顺利求解．

巩固练习

1. 滴滴快车是一种便捷的出行工具，计价规则如下表．

计费项目	里程费	时长费	远途费
单价	1.8 元/公里	0.3 元/分	0.8 元/公里

注：车费由里程费、时长费、远途费三部分构成，其中：里程费按行车的实际里程计算；时长费按行车的实际时间计算；远途费的收取方式为行车里程 7 公里以内（含 7 公里）不收远途费，超过 7 公里的，超出部分每公里收 0.8 元．

小王与小张各自乘坐滴滴快车，行车里程分别为 6 公里与 8.5 公里．如果

下车时两人所付车费相同,那么这两辆滴滴快车的行车时间相差多少分钟?

2. 利用图形的分、和、移、补探索图形关系,是数学的一种重要方法. 如图 1,BD 是矩形 $ABCD$ 的对角线,将 $\triangle BCD$ 分割成两对全等的直角三角形和一个正方形,然后按图 2 重新摆放,观察两图,若 $a=4$,$b=2$,求矩形 $ABCD$ 的面积.

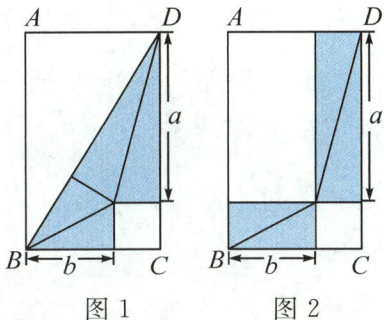

图 1　　　　图 2

3. 幻方的历史很悠久,传说最早出现在夏禹时代的"洛书"中. 把洛书用今天的数学符号翻译出来,就是一个三阶幻方(如图 1),将 9 个数填在 3×3(三行三列)的方格中,如果满足每个横行、每个竖列、每条对角线上的三个数字之和都相等,就得到一个广义的三阶幻方. 图 2 的方格中填写了一些数字和字母,若能构成一个广义的三阶幻方,求 m^n 的值.

4	9	2
3	5	7
8	1	6

-4		n
m	2	-2

图 1　　　　图 2

4. 如图是一块矩形菜地 $ABCD$，$AB=a$(m)，$AD=b$(m)，面积为 S(m^2)，现将边 AB 增加 1m.

(1) 如图 1，若 $a=5$，边 AD 减少 1m，得到的矩形面积不变，求 b 的值.

(2) 如图 2，若边 AD 增加 2m，有且只有一个 a 的值，使得到的矩形面积为 $2S$(m^2)，求 S 的值.

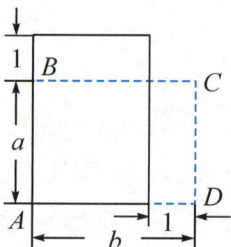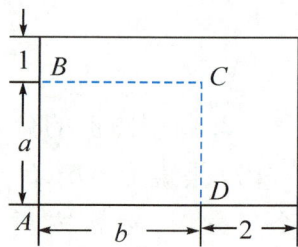

图 1　　　　　　图 2

5. 如图是一张矩形纸片 $ABCD$，E 为 AD 中点，点 F 在 BC 上，把该纸片沿 EF 折叠，点 A，B 的对应点分别为 A'，B'，$A'E$ 与 BC 相交于点 G，$B'A'$ 的延长线过点 C. 若 $\dfrac{BF}{GC}=\dfrac{2}{3}$，求 $\dfrac{AD}{AB}$ 的值.

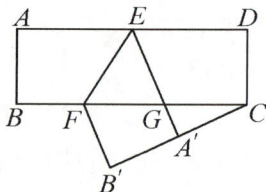

扫码观看本方法配套视频讲解

55 函数思想

引路人　天台县教学研究室　丁福珍

方法介绍

函数思想,是从量及量与量之间的关系入手,用运动和变化的观点去分析和研究问题中的数量关系,通过建立函数关系或构造函数,运用函数的图象或性质去分析问题和解决问题.

利用函数思想解决问题的途径如下图所示.

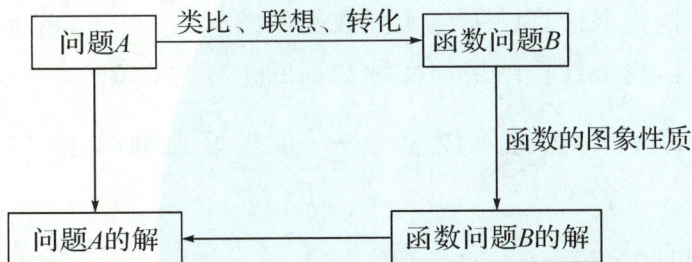

典例示范

例1 红星车间生产同种型号的某种零部件,该车间前后经过若干次技术调整,每次技术调整后生产一个零部件所需要的时间(单位:秒)与技术调整的次数(单位:次)的关系如下表所示.

次数	第1次	第2次	第3次	第4次	第5次	第6次
时间/秒	1180	600	390	300	250	200

(1)试选择一个适当的数学模型,用它描述生产一个零部件所需要的时间(单位:秒)和次数的关系,并对所选择的数学模型进行简要评价.

(2)如果要使生产一个零部件所需要的时间比最初时间缩短 85%,那么至少需要进行几次技术调整?

思路 从题目中所分离出来的两个变量——生产一个零部件所需要的时间(单位:秒)和技术调整的次数(单位:次)来看,发现生产一个零部件所需要的时间随着技术调整次数的变化而变化,再把这些对应的数据绘制成散点图,发现很接近反比例函数图象,故尝试构造反比例函数模型描述这两个量的变化规律.

　　解答　(1)根据表格所提供的数据在平面直角坐标系中绘制散点图(如图),发现很接近反比例函数图象.

　　设技术调整次数为 x 次时,生产一个零部件所需要的时间为 y 秒,由表中的数据,推断函数解析式近似为 $y = \dfrac{1200}{x}$. 把表中的数据代入这个解析式,发现有 3 组数据完全符合,还有 3 组数据基本符合.

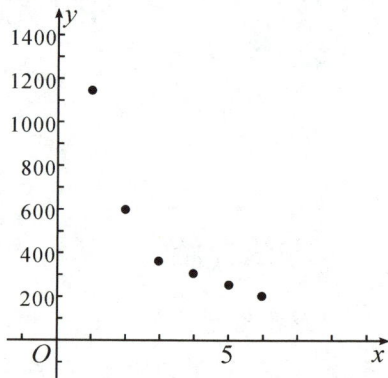

　　当 $x = 1$ 时,模型计算结果与实际数据的差异为 $1200 - 1180 = 20$(秒);

　　当 $x = 3$ 时,模型计算结果与实际数据的差异为 $400 - 390 = 10$(秒);

　　当 $x = 5$ 时,模型计算结果与实际数据的差异为 $240 - 250 = -10$(秒).

　　这些差异都不大,因此函数 $y = \dfrac{1200}{x}$ 能较好地刻画这两个变量之间的关系.

　　(2)因为 $1180 \times (1 - 0.85) = 177$,

　　$1200 \div 177 \approx 6.78 > 6$,

　　所以要使生产一个零部件所需要的时间比最初时间缩短 85%,至少需要进行 7 次技术调整.

　　反思　从量与量之间的关系入手,用运动和变化的观点去分析和研究问题中的数量关系.为了发现、构造合适的函数模型,宜用所提供的数据在平面直角坐标系中绘制散点图.

　　例 2　解方程:$(x + 6)^3 + x^3 + 2x + 6 = 0$.

　　思路　这是一个一元三次方程,最高次数为 3,我们无法用常规的方法解决问题.观察方程系数的特点,发现它们具有对称性,因此可以尝试构造函数,运用函数思想求解.

　　解答　将方程移项变式得 $(x + 6)^3 + (x + 6) = (-x)^3 + (-x)$,

　　利用等号两边的对称性,可构造函数 $y = t^3 + t$,因此,将方程转化为两函数值相等问题,即当 $t=x+6$ 时对应的函数值与 $t=-x$ 时对应的函数值相等.根据此函数的增减性,即在实数范围内,y 随 t 的增大而增大,将函数值相等转化为自变量相等,即 $x+6=-x$,解得 $x=-3$.

所以,原方程的解为 $x=-3$.

> **反思** 通过把反映变化过程瞬间状态的方程放到函数的视野下研究,这是研究方程的重要方法,这时,需要构建函数模型,把方程问题描述为函数问题.

例 3 当 $-1\leqslant a\leqslant 1$ 时,关于 x 的不等式 $x^2+(a-4)x+4-2a>0$ 恒成立,求 x 的取值范围.

思路 思路 1:题目中有两个变量,已知取值范围的变量只有一次项,可以把已知取值范围的变量看成主元,把要求取值范围的变量看成参数,将不等式问题转化为一次函数求解问题,这是函数解决不等式恒成立问题的变换主元法.

思路 2:不妨把参数和其他变量分离,将参数式放在不等式的一边,分离后的变量式放在另一边,将变量式看成一个新的函数 y,问题即转化为求新函数的最值或范围,解题的依据是:$m>y$ 恒成立 $\Leftrightarrow m>y_{\max}$;$m<y$ 恒成立 $\Leftrightarrow m<y_{\min}$,解题时常用到分离参数法.

解答 方法 1:设 $y=x^2+(a-4)x+4-2a$,先将 a 分离出来,将函数看作 y 关于 a 的函数 $y=a(x-2)+(x-2)^2$,由题意得自变量 $-1\leqslant a\leqslant 1$,并且 $y>0$,那么只需 $a=-1$ 和 $a=1$ 时,对应的函数值大于 0,

即 $\begin{cases} 2-x+(x-2)^2>0, \\ x-2+(x-2)^2>0, \end{cases}$

解得 $x<1$ 或 $x>3$,所以,x 的取值范围为 $x<1$ 或 $x>3$.

方法 2:原不等式可以转化为

当 $x>2$ 时,$-x+2<a$;

当 $x<2$ 时,$-x+2>a$.

令 $y=a$,

当 $x>2$ 时,$-x+2<y_{\min}$,即 $-x+2<-1$,$x>3$;

当 $x<2$ 时,$-x+2>y_{\max}$,即 $-x+2>1$,$x<1$;

解得 $x<1$ 或 $x>3$,所以,x 的取值范围为 $x<1$ 或 $x>3$.

反思　通过把反映变化阶段的不等式放到函数的视野下研究,这是研究方程不等式的重要方法,这时,需要构建函数模型,把不等式问题描述为函数问题,利用函数的增减性和最值,研究自变量的变化与函数值变化的联动性.

巩固练习

1. 比较 a 与 $\dfrac{1}{a}$ 的大小.

2. 方程 $x^3 + x - 1 = 0$ 的实数根所在的范围是　　　　　　　　(　　)

A. $-0.5 < x < 0$　　　　　　　　　　B. $0 < x < 0.5$

C. $0.5 < x < 1$　　　　　　　　　　　D. $1 < x < 1.5$

3. Rt$\triangle ABC$ 的斜边 $AB = a$,$\angle A = 30°$,点 E,F 分别在 AB,AC 上,EF 把 Rt$\triangle ABC$ 的面积二等分,求线段 EF 的长的最小值.

4. 已知 $a + b - 1 = 0$,$c^2 + d + 1 = 0$,求 $(a-c)^2 + (b-d)^2$ 的最小值.

5. 实数 a,b,c 满足 $(a+c)(a+b+c) < 0$,求证:$(b-c)^2 > 4a(a+b+c)$.

模型思想

引路人　临海市教研中心　王飞兵

方法介绍

模型思想,是用数学模型来描述与解决现实问题的一种数学思想方法.初中阶段常见的数学模型有方程、不等式、函数等代数模型,距离与变换等几何模型及平均数、中位数等概率统计模型.

数学模型是联系数学与外部世界的桥梁,它能用数学语言表达现实中的现象和问题.应用模型思想来解决问题通常要经历建立数学模型、求解数学模型、验证和优化数学模型、阐释现实意义并得到现实问题的解这四个阶段.其中,从实际问题中抽象出数量关系,建立适当的数学模型是解题的关键.

典例示范

例1　某校七年级组织旅游,需要租用客车.若租用50座的客车若干辆正好坐满;若租用60座的客车则可少租一辆,且在保证前几辆都坐满的情况下,最后一辆车还剩下不到15个空座位.问:旅游的人数是多少?

思路　由于最后一辆车有空位,但空位剩下不到15个,因此判定最后一辆车上的人数在一个范围内,可用不等式组来表示,进而想到用不等式组模型来表示本题的数量关系.

解答　设租用50座的客车 x 辆,则可列不等式组为

$$\begin{cases} 60(x-1)-50x>0, \\ 60(x-1)-50x<15, \end{cases}$$

解得 $6<x<7.5$.

因为 x 是正整数,所以 $x=7$,故 $50x=50\times7=350$.

所以旅游人数是350人.

反思 在研究现实中的不等关系时,往往需要从实际问题中抽象出核心变量,再分析变量之间的数量关系,用适当的符号表示相关量,进而建立不等式(组)模型解决问题.

例 2 如图,计划利用长为 a 米的绳子围成一个矩形的围栏,其中一边是墙(墙足够长).请确定其余三条边的长,使得围栏围出的面积最大.

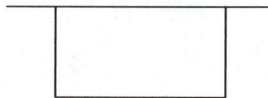

思路 本题只有一个可用数据,除墙之外,矩形围栏另外三边的长都不固定,并且面积随着边长的变化而变化,因此宜用函数的眼光看待这个问题,通过建立适当的函数模型来求最值.

解答 设矩形围栏与墙面平行的边的长度为 x 米.由另外两条边等长,可知其长度均为 $\frac{1}{2}(a-x)$ 米.于是矩形的面积为 $y=\frac{1}{2}x(a-x)=-\frac{1}{2}\cdot\left(x-\frac{1}{2}a\right)^2+\frac{1}{8}a^2$.

因此,当 $x=\frac{1}{2}a$ 时,围成的面积最大.故其余三条边为 $\frac{1}{2}a$ 米、$\frac{1}{4}a$ 米、$\frac{1}{4}a$ 米时围栏围出的面积最大.

反思 在研究现实中的变化过程和变化规律时,往往需要从实际问题中抽象出核心变量,分析变量之间的数量关系,建立函数模型解决问题.

例 3 已知 $\triangle ABC$ 的三边 a,b,c 满足 $b+c=8$,$bc=a^2-12a+52$.试判断这个三角形的形状.

思路 观察到两个等式左边分别是 b 与 c 的和与积,联想到一元二次方程根与系数的关系,想到构建以 b,c 为根的一元二次方程模型来求解.

解答 视 b 与 c 分别是以 x 为未知数的一元二次方程的两根,则可得方程 $x^2-8x+a^2-12a+52=0$.

依题意,此方程有解,故 $\Delta=(-8)^2-4(a^2-12a+52)\geqslant0$,

解得 $(a-6)^2\leqslant0$,所以 $a=6$.

将 $a=6$ 代入方程得两根均为 4,所以 $\triangle ABC$ 为等腰三角形.

反思 一元二次方程根的判别式常常用来确定函数值的取值范围,只要把函数解析式转化为关于自变量的一元二次方程,就可以利用判别式确定函数值的取值范围.

巩固练习

1. 某市林业局积极响应"绿水青山就是金山银山"的号召,特地考察一种花卉移植的成活率,对本市这种花卉移植成活的情况进行了调查统计,并绘制了如图所示的统计图.

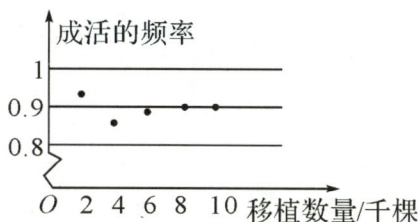

请你根据统计图提供的信息,回答下列问题.

(1)这种花卉成活的频率稳定在_____附近,估计成活概率为_____.(精确到 0.1)

(2)该林业局已经移植这种花卉 20000 棵.

①估计这批花卉成活的棵数.

②根据市政规划共需要 90000 棵这种花卉成活,估计还需要移植多少棵?

2. 如图,在一空旷场地上设计一落地为五边形 ABCED 的小屋,其中四边形 ABCD 为矩形区域,其右边连通的区域是正 $\triangle CDE$,且 $AB+BC=10\text{m}$. 拴住小狗的 10m 长的绳子一端固定在点 B 处,小狗在不能进入小屋内的条件下活动.问当小狗活动区域最小时,边 BC 的长为多少?

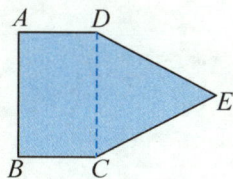

3. 已知实数 x,y,z 满足 $x+y=5$,$z^2=xy+y-9$,求 $x+2y+3z$ 的值.

4. 已知 a,b,c,d 都是正数,且 $a^2+b^2=c^2$,$c\sqrt{a^2-d^2}=a^2$,求证 $ab=cd$.

5. 如图,矩形 $OABC$ 在平面直角坐标系中,点 A 在 x 轴正半轴上,点 C 在 y 轴正半轴上,且 $OA=4$,$OC=3$,D 为 OC 中点,点 E,F 在线段 OA 上,点 E 在点 F 左侧,$EF=2$.当四边形 $BDEF$ 的周长最小时,求点 E 的坐标.

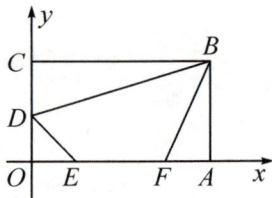

扫码观看本方法配套视频讲解

57 整体思想

引路人　永康市教学研究室　王玲玑

方法介绍

　　整体思想,就是对于一个数学问题,从大处着眼,由整体入手,通过对局部与整体的对比和联想,以及对问题的形式、结构和特征的分析,挖掘和发现局部与整体的内在关联,以达到对问题进行整体处理的目的.

　　整体思想常常能把问题化繁为简,化难为易,进而简洁、高效地解决问题.整体思想在数与代数、方程与不等式、函数与图象、几何与图形等方面都有广泛的应用,其主要方法包括整体代入、整体换元、整体构造等.

典例示范

(一)整体代入

例1　已知 $m^2-n^2=4$,$mn-n^2=1$,求代数式 $m^2-2mn+n^2$ 的值.

　　思路　求解本题一般有两种方法:一种是先求出 m 和 n 的值,再分别代入求值;另一种是找到代数式 $m^2-2mn+n^2$ 与已知代数式之间的关联,然后整体代入求值.显然本题不易求 m 和 n 的值,故而用第二种方法求解.

　　解答　方法1(执果索因):$m^2-2mn+n^2=(m^2-n^2)-2(mn-n^2)=4-2\times1=2$.

　　方法2(由因导果):记 $m^2-n^2=4$　①,$mn-n^2=1$　②,

①$-2\times$②得$(m^2-n^2)-2(mn-n^2)=4-2\times1$,即 $m^2-2mn+n^2=2$.

　　反思　当代数式中所含字母的值不易求得时,往往可以从整体入手,通过分析已知代数式与未知代数式的结构特征,找到它们之间的关联.思考时可以用分析法,从所求入手,找到与已知的关联;也可以用综合法,从条件出发分析,找到与所求的关联;若问题比较复杂也可以综合两种方法,使问题得到求解.

(二)整体换元

例 2 有甲、乙、丙三种货物,若购甲 3 件、乙 7 件、丙 1 件,共需 135 元;若购甲 5 件、乙 13 件、丙 1 件,共需 227 元;现在计划购甲、乙、丙各 1 件,共需多少元?

思路 要求的未知数有三个,而题设条件中只有两个等量关系,因此把甲、乙、丙的单价分别求出来是不可能的,但若把甲、乙、丙的单价和看成一个整体,问题就可能得到解决.

解答 方法 1:设购甲、乙、丙各 1 件分别需要 x 元,y 元,z 元.

根据题意,得 $\begin{cases} 3x+7y+z=135, \\ 5x+13y+z=227, \end{cases}$ 即 $\begin{cases} 2(x+3y)+(x+y+z)=135, \\ 4(x+3y)+(x+y+z)=227. \end{cases}$

设 $x+3y=a,x+y+z=b$,则原方程组可化为 $\begin{cases} 2a+b=135, \\ 4a+b=227, \end{cases}$ 可得 $\begin{cases} 2a=92, \\ b=43. \end{cases}$

答:购甲、乙、丙各 1 件,共需 43 元.

方法 2:设购甲、乙、丙各 1 件分别需要 x 元,y 元,z 元.

根据题意,得 $\begin{cases} 3x+7y+z=135, \\ 5x+13y+z=227, \end{cases}$ 设 $3x+7y+z=a,5x+13y+z=b$,所以 $x+y+z=2a-b=135\times2-227=43$.

答:购甲、乙、丙各 1 件,共需 43 元.

> **反思** 由于我们要求的不是 x,y,z 的值,而是"$x+y+z$"这个整体的值,方法 1 对题中的 $x+3y,x+y+z$ 进行整体考虑,方法 2 根据各未知数系数的特征,对 $3x+7y+z$ 和 $5x+13y+z$ 进行整体考虑,此类问题要根据代数式的结构特征选择合适的"整体",进行换元,使问题中的结构得到简化,找到求解的思路和方法.

(三)整体构造

例 3 如图,分别以 a,b,m,n 为边长作正方形,已知 $m>n$ 且满足 $am-bn=2,an+bm=4$.若图 1 阴影部分的面积为 3,图 2 四边形 $ABCD$ 的面积为 5,则图 2 阴影部分的面积是_____.

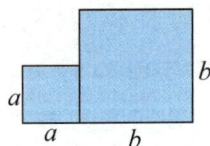
图 1

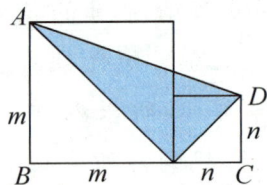
图 2

思路　根据图 2 四边形 $ABCD$ 的面积为 5,可得 $\frac{1}{2}(m+n)^2=5$,要求图 2 中阴影部分的面积 mn 的值,只需求出 m^2+n^2 的值,如何根据已知条件构造出 m^2+n^2 是解题的关键.

解答　图 2 的阴影部分的三角形其中两边是两正方形的对角线,这两边构成的角为 $90°$,所以阴影部分的三角形为直角三角形,其两条直角边的长分别为 $\sqrt{2}m$,$\sqrt{2}n$.所以阴影部分面积为 $\frac{1}{2}\times\sqrt{2}m\times\sqrt{2}n=mn$.由图 1 可得 $a^2+b^2=3$.图 2 中四边形 $ABCD$ 是直角梯形,所以 $\frac{1}{2}(m+n)^2=5$,得 $(m+n)^2=10$.因为 $am-bn=2$,$an+bm=4$,将两式分别平方并整理可得 $a^2m^2-2abmn+b^2n^2=4$　①,$a^2n^2+2abmn+b^2m^2=16$　②,①+②整理得,$(a^2+b^2)(m^2+n^2)=20$.所以 $m^2+n^2=\frac{20}{3}$,故 $mn=\frac{5}{3}$.

> **反思**　本题涉及四个未知数,虽然从条件中很容易得到四个方程,但是要解出这个四元二次方程组并非易事,所以可以通过分析条件和要求的结果之间的关系,对问题进行整体思考、整体处理与构造,从而化繁为简,变难为易.

巩固练习

1. 我国古代数学家赵爽为了证明勾股定理,创制了一幅"弦图"(图 1),后人称其为"赵爽弦图".由图 1 变化得到图 2,它是用八个全等的直角三角形拼接而成的,记图中正方形 $ABCD$,正方形 $EFGH$,正方形 $MNKT$ 的面积分别为 S_1,S_2,S_3.若正方形 $EFGH$ 的边长为 3,则 $S_1+S_2+S_3$ 的值为 _____.

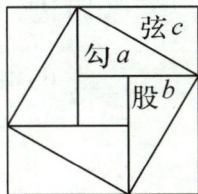

图 1

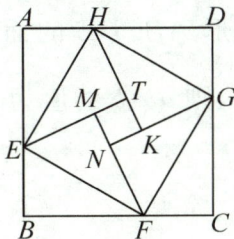

图 2

2. 计算：$\left(\dfrac{1}{2}+\dfrac{1}{3}+\cdots+\dfrac{1}{2024}\right)\left(1+\dfrac{1}{2}+\dfrac{1}{3}+\cdots+\dfrac{1}{2023}\right)-\left(1+\dfrac{1}{2}+\dfrac{1}{3}+\cdots+\dfrac{1}{2024}\right)\cdot\left(\dfrac{1}{2}+\dfrac{1}{3}+\cdots+\dfrac{1}{2023}\right).$

3. 若 m,n 是一元二次方程 $x^2-5x+2=0$ 的两个实数根，则 $m+(n-2)^2$ 的值为_____.

4. 如图，将 $1,2,3,4,5,6,7,8,9,10$ 这 10 个数分别填入图中的 10 个圆圈内，使任意连续相邻的 5 个圆圈内的数之和均不大于某一个整数 M，求 M 的最小值并完成相应的填图游戏.

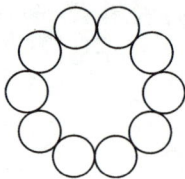

5. 如图，经过原点 O 的直线与反比例函数 $y=\dfrac{a}{x}$ $(a>0)$ 的图象交于 A,D 两点（点 A 在第一象限），点 B，C,E 在反比例函数 $y=\dfrac{b}{x}(b<0)$ 的图象上，$AB/\!/y$ 轴，$AE/\!/CD/\!/x$ 轴，五边形 $ABCDE$ 的面积为 56，四边形 $ABCD$ 的面积为 32，则 $a-b$ 的值为_____，$\dfrac{b}{a}$ 的值为_____.

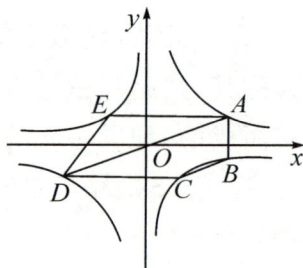

扫码观看本方法配套视频讲解

58 数形结合

引路人　绍兴市元培中学　蒋妙娟

方法介绍

数与形是数学的两个基本研究对象,它们之间存在内在的统一性.数形结合,是运用数与形的相互关系、相互转化、相互结合来解决问题的一种数学思想方法.

数形结合主要包含两个方面:一是以数助形,就是借助数解决形的问题,通常是通过代数恒等变形、建立方程(组)、构建不等式等方法求解几何问题;二是以形助数,就是借助形解决数的问题,通常是利用数轴、坐标系、图形和图形变换等方法求解代数问题.

典例示范

例1　如图,平面直角坐标系中,$y=-0.25x^2+x$ 与 x 轴相交于点 $B(4,0)$,点 Q 在抛物线的对称轴上,点 P 在抛物线上,且以 O,B,P,Q 为顶点的四边形是平行四边形,请写出相应的点 P 的坐标.

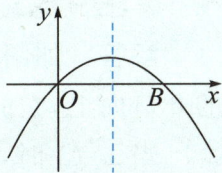

思路　本题的一个注意点、难点是给出的条件之一是"以 O,B,P,Q 为顶点的四边形是平行四边形",而不是"四边形 $OBPQ$ 是平行四边形",因此直接画平行四边形比较困难.若利用平行四边形对角线互相平分的性质,借助直角坐标系中的线段中点坐标公式,则可用列方程的方法求解.

解答　抛物线 $y=-0.25x^2+x$ 的对称轴是直线 $x=-\dfrac{b}{2a}=2$.

根据题意,设 $P(m,-0.25m^2+m),Q(2,a)$.

当 OB 与 PQ 为四边形的对角线时,根据线段中点坐标公式,可得 $\dfrac{x_O+x_B}{2}$

$=\dfrac{x_P+x_Q}{2}$,

即 $\dfrac{0+4}{2}=\dfrac{m+2}{2}$，解得 $m=2$，所以 $P_1(2,1)$.

当 OP 与 BQ 为四边形的对角线时，得 $\dfrac{x_O+x_P}{2}=\dfrac{x_B+x_Q}{2}$，

即 $\dfrac{0+m}{2}=\dfrac{4+2}{2}$，解得 $m=6$，所以 $P_2(6,-3)$.

当 OQ 与 BP 为四边形的对角线时，得 $\dfrac{x_O+x_Q}{2}=\dfrac{x_B+x_P}{2}$，

即 $\dfrac{0+2}{2}=\dfrac{4+m}{2}$，解得 $m=-2$，所以 $P_3(-2,-3)$.

综上所述，点 P 的坐标为 $P_1(2,1)$，$P_2(6,-3)$，$P_3(-2,-3)$.

反思　本题利用线段中点坐标公式，运用代数方法巧妙地解决了几何问题. 这种从代数角度思考的方法，常常可以解决类似的几何问题.

例 2　已知二次函数 $y=ax^2-2ax+3(a>0)$，当 $0\leqslant x\leqslant m$ 时，$3-a\leqslant y\leqslant 3$，求 m 的取值范围.

思路　不难发现，把函数表达式代入 $3-a\leqslant y\leqslant 3$，用不等式的方法解决比较困难. 由于二次函数的值不仅与 x 的取值范围有关，而且也与抛物线对称轴的位置有关，因此想到借助二次函数的图象，利用抛物线的增减性和对称性来解决.

解答　如图，由 $a>0$ 知，抛物线 $y=ax^2-2ax+3$ 的开口向上，它的对称轴是直线 $x=1$.

当 $x=1$ 时，$y_{最小值}=3-a$，所以抛物线的顶点坐标为 $(1,3-a)$.

当 $x=0$ 时，$y=3$，由抛物线的对称性知，当 $x=2$ 时，$y=3$.

所以抛物线 $y=ax^2-2ax+3$ 过 $(0,3)$，$(1,3-a)$，$(2,3)$，
因为 $x=1$ 时，$y=3-a$，而 $y\geqslant 3-a$，所以 $m\geqslant 1$.
因为当 $x=2$ 时，$y=3$，而 $y\leqslant 3$，故 $m\leqslant 2$.
综上所述，m 的取值范围为 $1\leqslant m\leqslant 2$.

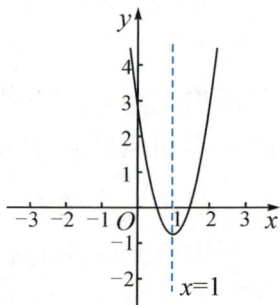

反思　本题已知函数值 y 的取值范围，求自变量 x 的取值范围，借助函数图象，能够更直观地发现 y 与 x 的联系，即 x 值的变化是如何影响 y 值的变化. 这启示我们：基于函数图象的直观与基于函数表达式的推理相结合，是解决函数问题的重要策略方法.

例 3 已知 $a+b+c=8$，且 a,b,c 均为正数，求证 $\sqrt{a^2+1}+\sqrt{b^2+4}+\sqrt{c^2+9} \geqslant 10$。

思路 本题用两边平方的方法证明非常困难。由 $\sqrt{a^2+b^2}$ 的形式联想到勾股定理 $a^2+b^2=c^2$，想到构造三个直角三角形，把求证目标转化为求三条斜边之和的最小值。

解答 如图，构造三个直角三角形，这三个直角三角形的直角边长分别为 a 和 1，b 和 2，c 和 3，

由勾股定理可知

$P_1P_2=\sqrt{a^2+1}$，$P_2P_3=\sqrt{b^2+4}$，$P_3P_4=\sqrt{c^2+9}$，

$P_1P_4=\sqrt{6^2+8^2}=10$，

根据两点之间线段最短，可得

$$\sqrt{a^2+1}+\sqrt{b^2+4}+\sqrt{c^2+9}=P_1P_2+P_2P_3+P_3P_4 \geqslant P_1P_4=10.$$

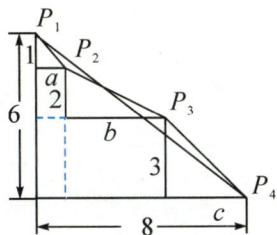

反思 勾股定理是数与形相互转化的重要载体。本题根据代数式的结构特征构造直角三角形，将代数问题转化为几何问题，为代数证明另辟捷径。

巩固练习

1. 在平面直角坐标系中，已知点 $O(0,0)$，$A(-2,3)$，$B(1,4)$，P 是平面直角坐标系中的一个动点，以 O,A,B,P 为顶点的四边形是平行四边形，求点 P 的坐标。

2. 在平面直角坐标系中，点 $A(x_0,m)$，$B(x_0+4,n)$ 在抛物线 $y=x^2-2bx+1$ 上。若对于 $3 \leqslant x_0 \leqslant 4$，都有 $m<n<1$，则 b 的取值范围为 _____。

3. 如图，在正方形 $ABCD$ 中，$AB=8$，E，F 分别是边 BC，CD 的中点，连结 AF，DE 交于点 M，连结 BM，将线段 BM 绕点 B 在平面内逆时针旋转 $\alpha(0°<\alpha<180°)$，当 $\triangle BMF$ 是直角三角形时，求 MF 的长.

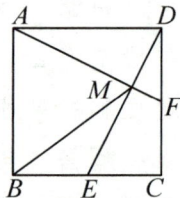

4. 求 $\sqrt{x^2+4}+\sqrt{(12-x)^2+9}\,(x\geqslant 0)$ 的最小值.

5. 求 $\sqrt{a^2+b^2}+\sqrt{(2-a)^2+b^2}+\sqrt{a^2+(2-b)^2}+\sqrt{(2-a)^2+(2-b)^2}$ 的最小值.

59 分类讨论

引路人　嘉兴市秀洲区高照实验学校　李姚瑕

方法介绍

分类讨论,是当被研究的问题中有某个条件不确定、不能一概而论时,就需要将这个条件所涉及的对象按一定的标准进行分类,然后逐类进行讨论,从而得出答案的解题方法.

运用分类讨论解题的关键是搞清楚依据什么标准分类,以及如何不重不漏地分类.有时分类不能一次性完成,需要逐级逐类讨论.

典例示范

例1 解方程:$|x-1|=5$.

思路 本题可以根据绝对值的性质 $|a|=\begin{cases} a(a\geqslant 0), \\ -a(a<0) \end{cases}$ 来分类讨论,也可以根据绝对值的几何意义来分类讨论,从而得出方程的解.

解答 方法1:根据绝对值的性质可知,绝对值中的 $x-1$ 的值需要分非负数及负数两类进行讨论.

分类1:当 $x-1\geqslant 0$ 时,即 $x\geqslant 1$ 时,$x-1=5$,解得 $x=6$,符合 $x\geqslant 1$;

分类2:当 $x-1<0$ 时,即 $x<1$ 时,$-(x-1)=5$,解得 $x=-4$,符合 $x<1$.

综上所述,方程的解为 $x=6$ 或 -4.

方法2:根据绝对值的几何意义可知,$|x-1|=5$ 表示为 x 与1之间的距离为5个单位长度,而数轴上表示为 x 的点可以分为在1的左侧或者在1的右侧两类进行讨论.

分类1:当表示为 x 的点在1的左侧5个单位长度时,$x=-4$;

分类2:当表示为 x 的点在1的右侧5个单位长度时,$x=6$.

综上所述,方程的解为 $x=6$ 或 -4.

反思　分类需全面,分类讨论后还需对结果进行检验,去除不符合分类条件或不符合题意及实际的情况.但不能因不符合题意而减少分类讨论的类别.

例2　在平面直角坐标系中,已知点 A 为 $(3,0)$,点 B 为 $(0,4)$,点 C 在 x 轴上,若以 A,B,C 三点为顶点的三角形是等腰三角形,求点 C 的坐标.

思路　本题需根据等腰三角形边、角的不确定性进行分类讨论.

解答　本题中边 AB 应分为腰或者底边两类进行讨论,而当 AB 为腰时,应分 $\angle A$ 为顶角或者 $\angle B$ 为顶角两类进行讨论.以下一共分两层三类进行逐层逐类讨论:

分类 $1-1$:当 AB 为腰,且 $\angle A$ 为顶角时,则 $AC=AB=5$(图1),符合的点 C 有两个,分别为当点 C 在点 A 的左侧时的 $C_1(-2,0)$,以及点 C 在点 A 的右侧时的 $C_2(8,0)$;

分类 $1-2$:当 AB 为腰,且 $\angle B$ 为顶角时,则 $OC=OA=3$(图2),此时 C_3 为 $(-3,0)$;

分类 2:当 AB 为底边时(图3),点 C 为 AB 的中垂线与 x 轴的交点,此时可用方程思想来解决,

设 $OC=x$,则 $CB=CA=x+3$,在 $Rt\triangle OBC$ 中,根据勾股定理得 $x^2+4^2=(x+3)^2$,解得 $x=\dfrac{7}{6}$,根据点 C 位置,可得 C_4 为 $\left(-\dfrac{7}{6},0\right)$.

综上所述,点 C 为 $(-2,0)$ 或 $(8,0)$ 或 $(-3,0)$ 或 $\left(-\dfrac{7}{6},0\right)$.

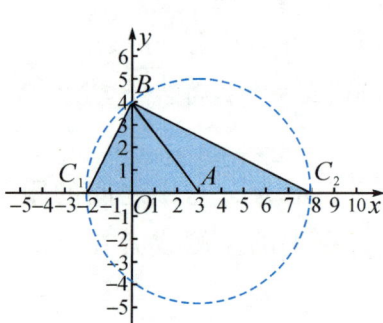

图1

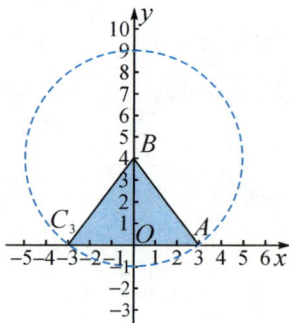

图2

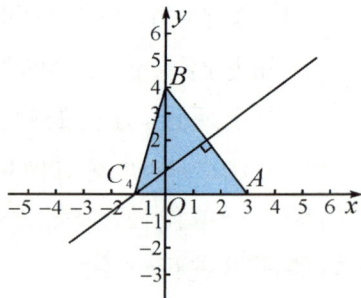

图3

反思　在分类讨论的过程中,若有两个条件需要讨论时,应分层分类依次讨论,并对结果进行检验,以符合题意.

例3 在二次函数 $y = x^2 - 2tx + 3 (t > 0)$ 中,点 $A(m-2, a)$,$B(4, b)$,$C(m, a)$ 都在这个二次函数图象上,且 $a < b < 3$,求 m 的取值范围.

思路 从本题条件可以看出,A,C 是抛物线上关于对称轴对称的两个点,而点 B 与点 A 或点 C 的位置不确定,故需根据点 B 与点 A,C 的相对位置进行分类讨论.

解答 由点 A,C 的坐标可知,它们是抛物线上关于对称轴对称的两个点,故对称轴为直线 $x = m - 1$,且点 A 在对称轴的左侧,点 C 在对称轴的右侧.

如图,由解析式可知,图象与 y 轴交点为 $D(0, 3)$,其关于对称轴的对称点 E 为 $(2m-2, 3)$.

又由 $a < b < 3$ 可知,点 B 可分为在点 A,D 之间和在点 C,E 之间两类进行讨论.

分类1:当点 B 在点 A,D 之间时,$4 < m - 2$,解得 $m > 6$;

分类2:当点 B 在点 C,E 之间时,$m < 4 < 2m - 2$,解得 $3 < m < 4$.

综上所述,m 的取值范围为 $3 < m < 4$ 或 $m > 6$.

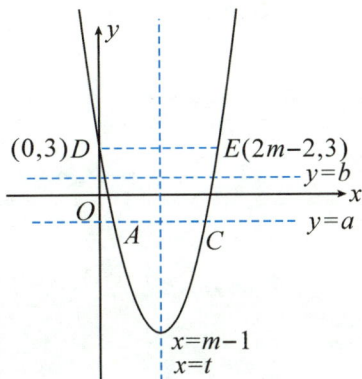

反思 二次函数题中常因为解析式、自变量、点的位置等存在不确定性,需要对点与对称轴、点与点之间的位置关系进行分类讨论,再对所有结果进行适切性分析,才能得出符合条件的最后结果.

巩固练习

1. 已知数轴上有 A,B,C 三点,其中点 A 表示的数为 1,点 B 与点 A 之间的距离为 1 个单位长度,点 C 与点 B 之间的距离为 3 个单位长度,则点 C 表示的数为_____.

2. 已知,点 A 为反比例函数 $y = \dfrac{12}{x} (x > 0)$ 图象上一点,O 为坐标原点,B 为 x 轴上一点,若以 O,A,B 三点为顶点的三角形是等腰三角形,且腰长为 5,求 AB 的长.

3. 在 □$ABCD$ 中，$\angle ABC$ 是锐角，将 CD 沿直线 l 翻折至 AB 所在直线，对应点分别为 C'，D'，若 $AC' : AB : BC = 1 : 3 : 7$，则 $\cos \angle ABC$ = _____.

4. 已知在二次函数 $y = x^2 - 2tx + 3(t > 0)$ 中，当 $0 \leqslant x \leqslant 3$ 时，y 的最小值为 -2，求 t 的值.

5. 已知二次函数 $y = -x^2 + bx + c(b, c$ 为常数)的图象经过点$(0, -3)$，$(-6, -3)$. 当 $m \leqslant x \leqslant 0$ 时，若 y 的最大值与最小值的和为 2，求 m 的值.

扫码观看本方法配套视频讲解

60 转化与化归

引路人 浙江省杭州第六中学 曹建军

方法介绍

转化与化归,是在解决问题时,化未知为已知,化复杂为简单,化陌生为熟悉,化抽象为具体,化实际问题为数学问题的一种数学思想方法.它具有普遍适用性,在解决问题时几乎无处不在.

化归思想包含三个要素:化归对象、化归目标和化归途径.正确运用化归思想,需要理解化归对象,明确化归目标,探究化归途径.

典例示范

例1 如图1,在锐角$\triangle ABC$中,$AB=4\sqrt{2}$,$\angle BAC=45°$,$\angle BAC$的平分线交BC于点D,M,N分别是AD和AB上的动点,则$BM+MN$的最小值是_____.

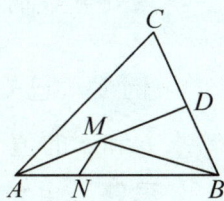

图1

思路 本题实际上是"直线同侧两定点到直线上一动点的距离之和最小问题"这一基本模型的变式题.它与基本模型的根本区别在于,基本模型是两定点到直线上一动点的距离之和最小问题,而此题中B虽为定点,但N为动点,也就是两定点中有一个定点变成了动点,因此造成解题的困难.

根据以上分析,我们可以分两步来进行思考:(1)如图2,先让点N固定,将问题转化为基本模型,即将求$BM+MN$的最小值问题转化为求对称点$B'M+MN$的最小值,即线段$B'N$的长度;(2)如图3,再让点N动起来,将求$B'N$线段最短的问题转化为定点B'到直线AB的距离最短问题,即垂线段长度.

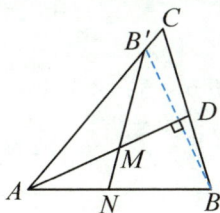

图2

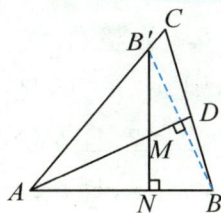

图3

解答　如图 4,作点 B 关于直线 AD 的对称点 B',根据对称性可知,点 B' 在边 AC 上.

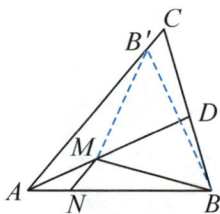

图 4

连结 MB',BB',则 $MB'=MB$,这时 $MB+MN=MB'+MN$,

要使 $MB'+MN$ 的值最小,必须使 MB',MN 在同一直线上,且这个最小值就是过点 B' 作 AB 的垂线段 $B'N$ 的长.

在 $Rt\triangle ANB'$ 中,求得 $B'N=\dfrac{AB}{\sqrt{2}}=4$.

反思　求解本题的关键是两次化归.第一次化归的对象为动点问题,是我们不熟悉的新问题,化归目标是"直线同侧两定点到直线上一动点的距离之和最小问题",这是我们已掌握的基本模型,化归途径是将动点问题转化为定点问题.第二次化归的对象是 $B'N$ 的最短问题,化归目标是点到直线的距离最短问题,化归的途径是将定点回归动点.

例 2　已知 b,c 为整数,方程 $5x^2+bx+c=0$ 的两根都大于 -1 且小于 0,求 b 和 c 的值.

思路　由方程 $5x^2+bx+c=0$ 的两根都大于 -1 且小于 0,联想到二次函数图象与 x 轴交点的情况,即运用转化思想,将方程问题化为函数问题,利用函数的图象和题设条件可求出 b 和 c 的值.

解答　设函数 $y=5x^2+bx+c$,由函数图象和题设条件知 $\Delta\geqslant0$,即 $b^2\geqslant20c$　①.

抛物线的对称轴大于 -1 且小于 0,即 $-1<-\dfrac{b}{2\times5}<0$,所以 $0<b<10$　②.

当 $x=0$ 时,$5x^2+bx+c>0$,所以 $c>0$　③.

当 $x=-1$ 时,$5x^2+bx+c>0$,所以 $b<5+c$　④.

由①②知,$20c\leqslant b^2<100$,所以 $c<5$.

因为 $c>0$ 且 b,c 为整数.

所以若 $c=1$,则 $0<b<6$,且 $b^2\geqslant20$,所以 $b=5$;

若 $c=2$,则 $0<b<7$,且 $b^2\geqslant40$,无整数解;

若 $c=3$,则 $0<b<8$,且 $b^2\geqslant60$,无整数解;

若 $c=4$,则 $0<b<9$,且 $b^2\geqslant80$,无整数解.

综上所述,所求的 b,c 的值为 $b=5,c=1$.

> **反思** 函数思想是具有根本性、全局性的数学思想方法.方程问题、不等式问题和某些代数问题都可以转化为与其相关的函数问题,进而借助函数图象、性质解决问题.

例3 若正实数 x,y,z,r 满足:(1) $x^2+y^2=z^2$;(2) $z\sqrt{x^2-r^2}=x^2$.
求证:$xy=zr$.

思路 本题的已知条件比较复杂,若想通过代数方法转化求证,有一定的困难,而通过观察,由条件(1)联想到可构造直角三角形,由条件(2)联想到射影定理,实现了代数问题与几何问题的转化,使求证的过程柳暗花明.

解答 由条件(1)可构造直角三角形,如图所示.

由条件(2),联想到射影定理,作斜边上的高 CD,得 $CD=r$.

由三角形的面积,得 $xy=zr$.

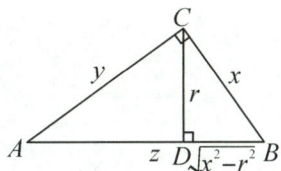

注:此题也可用代数方法证明如下.

由 $z\sqrt{x^2-r^2}=x^2$,得 $z^2(x^2-r^2)=x^4$.

又 $x^2+y^2=z^2$,得 $(x^2+y^2)(x^2-r^2)=x^4$.

因此 $x^2y^2-x^2r^2-y^2r^2=0$,即 $x^2y^2-(x^2+y^2)r^2=0$,亦即 $x^2y^2-z^2r^2=0$,由于 x,y,z,r 均为正数,因此 $xy=zr$.

> **反思** 数与形是数学两个最主要的研究对象,在一定条件下,可以相互转化,相互渗透.在分析问题的过程中要注意仔细观察、分析条件或结论的结构特征,通过联想、想象实现数与形的互化,从而使抽象问题具体化,复杂问题简单化.

巩固练习

1. 如图,菱形 $ABCD$ 中,$AB=2$,$\angle A=120°$,P,Q,K 分别为线段 BC,CD,BD 上的任意一点,则 $PK+QK$ 的最小值为 （ ）

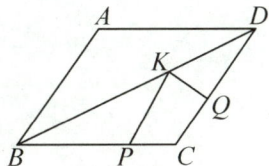

A. 1　　　　　　　　　　B. $\sqrt{3}$

C. 2　　　　　　　　　　D. $\sqrt{3}+1$

2. 已知 $x+\dfrac{1}{x}=2$，求 $x^4+\dfrac{1}{x^4}$ 的值.

3. 已知 x,y,z 满足 $\dfrac{x-1}{2}=\dfrac{y+1}{3}=\dfrac{z-2}{4}$，试求 x,y,z 为何值时，$x^2+y^2-z^2$ 有最大值.

4. 已知关于 x 的函数 $y=(m+6)x^2+2(m-1)x+(m+1)$ 的图象与 x 轴总有交点，求 m 的取值范围.

5. 如图，图形既关于点 O 中心对称，又关于直线 AC,BD 对称，$AC=10$，$BD=6$，已知 E,M 是线段 AB 上的动点（不与端点重合），点 O 到 EF,MN 的距离分别为 h_1,h_2. $\triangle OEF$ 与 $\triangle OGH$ 组成的图形称为蝶形.

(1) 求蝶形面积 S 的最大值；

(2) 当以 EH 为直径的圆与以 MQ 为直径的圆重合时，求 h_1 与 h_2 满足的关系式，并求 h_1 的取值范围.

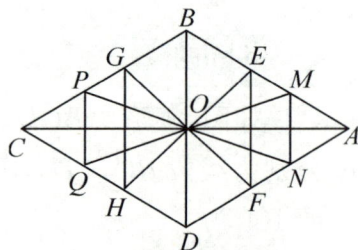

1　公式法

1.【解析】由题意得 $a^2+b^2=129$,所以$(a-b)^2=a^2-2ab+b^2=81$,因为 $a-b>0$,所以 $a-b=9$,故小正方形的边长为 9.

2.【解析】由顶点坐标公式可得 $y=2x^2+bx+1$ 的顶点坐标为 $\left(-\dfrac{b}{4},\dfrac{8-b^2}{8}\right)$,

设 $x=-\dfrac{b}{4}$,$y=\dfrac{8-b^2}{8}$,则 $b=-4x$,代入 $y=\dfrac{8-b^2}{8}$ 得,

$y=\dfrac{8-(-4x)^2}{8}=1-2x^2$,

故虚线型抛物线的解析式为 $y=1-2x^2$.

3.【解析】设 $HD=IF=a$,$ID=HF=b$,由题意得 $ab=4$,$a+1=b+5$,则 $a-b=4$,

所以 $(a+b)^2=(a-b)^2+4ab=32$.

如图,连结 BD,则阴影部分的面积 $S=\dfrac{1}{2}HD\cdot AB+\dfrac{1}{2}ID\cdot BC=\dfrac{1}{2}a(a+b)+\dfrac{1}{2}b(a+b)=\dfrac{1}{2}(a+b)^2=16$.故阴影部分面积为 16.

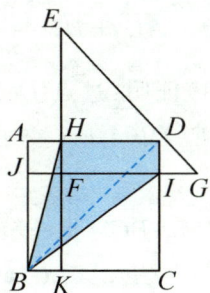

4.【解析】(1)易知 $b\neq0$,方程 $2b^2+4b+1=0$ 两边同时除以 b^2 得 $\dfrac{1}{b^2}+\dfrac{4}{b}+2=0$,

因为 $ab\neq1$,所以 a,$\dfrac{1}{b}$ 是方程 $x^2+4x+2=0$ 的两个根,

由韦达定理可得,$a+\dfrac{1}{b}=-4$,$\dfrac{a}{b}=2$,

所以 $a^2+\dfrac{1}{b^2}=\left(a+\dfrac{1}{b}\right)^2-\dfrac{2a}{b}=(-4)^2-4=12$.

(2)$a^3+\dfrac{1}{b^3}=\left(a+\dfrac{1}{b}\right)\left(a^2-\dfrac{a}{b}+\dfrac{1}{b^2}\right)$

$=\left(a+\dfrac{1}{b}\right)\left[\left(a+\dfrac{1}{b}\right)^2-\dfrac{3a}{b}\right]$

$=-4\times(16-6)=-40$.

5.【解析】原式平方得 $(\sqrt{11-x^2}+\sqrt{23-y^2})^2=11-x^2+23-y^2+2\sqrt{(11-x^2)(23-y^2)}$

$=34-(x^2+y^2)+2\sqrt{(11-x^2)(23-y^2)}$

$=14+2\sqrt{(11-x^2)(23-y^2)}$.

由 $2ab\leqslant a^2+b^2$ 可得 $2\sqrt{(11-x^2)(23-y^2)}\leqslant 11-x^2+23-y^2=14$,当且仅当 $x^2=4$,$y^2=16$ 时等号成立.

所以 $(\sqrt{11-x^2}+\sqrt{23-y^2})^2\leqslant14+14=28$,

可得 $\sqrt{11-x^2}+\sqrt{23-y^2}\leqslant2\sqrt{7}$,即最大值为 $2\sqrt{7}$.

2　定义法

1.【解析】(1) $\triangle ABC$ 是等腰三角形,不是正三角形.理由如下:

因为 $x=-1$ 是关于 x 的一元二次方程 $(c-b)x^2-2(b-a)x+(a-b)=0$ 的根,

所以 $(c-b)(-1)^2-2(b-a)\times(-1)+(a-b)=0$ 且 $c-b\neq0$,

解得 $a=c$ 且 $c\neq b$,所以 $\triangle ABC$ 是等腰三角形,不是正三角形.

(2) 根据二次根式定义,得 $a-2\geqslant0$ 且 $2-a\geqslant0$,所以 $a=2$.

由(1)知 $a=c$,所以 $c=2$.

根据一元二次方程根的定义,得 $b^2-8b+15=0$,解得 $b_1=3,b_2=5$.

当 $b=3$ 时,$a+b+c=2+3+2=7$,此时 $\triangle ABC$ 的周长为 7;当 $b=5$ 时,由于 $a+c=4<5$,所以 a,b,c 三条线段不能组成三角形.

综上所述,$\triangle ABC$ 的周长为 7.

2. 4　【解析】因为抛物线 $y=-\dfrac{1}{2}x^2+\dfrac{1}{3}x+3=-\dfrac{1}{2}\left(x-\dfrac{1}{3}\right)^2+\dfrac{55}{18}$,所以 $x'-\dfrac{1}{3}=-\dfrac{1}{2}\left(x'-\dfrac{1}{3}\right)^2+\dfrac{55}{18}-\dfrac{55}{18}$,解得 $x'-\dfrac{1}{3}=-2$,所以抛物线 $y=-\dfrac{1}{2}x^2+\dfrac{1}{3}x+3$ 的"开口大小"为 $2\left|x'-\dfrac{1}{3}\right|=2\times|-2|=4$.

3.【解析】设正方形 $ABCD$ 的边长为 $2k$.

因为 E 为 BC 的中点,所以 $BE=k$,故 $AE=\sqrt{AB^2+BE^2}=\sqrt{5}k$.

因为 $B'E=BE=k$,所以 $AB'=AE-B'E=(\sqrt{5}-1)k$.

又因为 $AB''=AB'=(\sqrt{5}-1)k$,所以 $\dfrac{AB''}{AB}=(\sqrt{5}-1)\dfrac{k}{2k}=\dfrac{\sqrt{5}-1}{2}$.

所以 B'' 是线段 AB 的黄金分割点.

4.【解析】如图,连结 BI 并延长交 AC 于点 E.

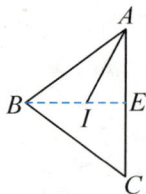

因为 I 为 $\triangle ABC$ 的内心,$BA=BC=5$,所以 E 为等腰 $\triangle ABC$ 的底边 AC 的中点,且 $BE\perp AC$.

因为 $\sin\angle BAC=\dfrac{BE}{AB}=\dfrac{4}{5}$,$AB=5$,所以 $BE=4$.

由勾股定理得 $AE=\sqrt{AB^2-BE^2}=\sqrt{5^2-4^2}=3$,

所以 $AE=CE=3,AC=6$.

则 $S_{\triangle ABC}=\dfrac{1}{2}AC\cdot BE=\dfrac{1}{2}(AB+BC+AC)\cdot IE$,

即 $\dfrac{1}{2}\times6\times4=\dfrac{1}{2}\times(5+5+6)\times IE$,

解得 $IE=\dfrac{3}{2}$,

所以 $AI=\sqrt{AE^2+IE^2}=\dfrac{3\sqrt{5}}{2}$.

5.【解析】(1) 证明:过点 D 分别作 $DE\perp BC$ 于点 E,$DF\perp BA$ 交 BA 的延长线于点 F.

因为四边形 $ABCD$ 是一个等补四边形,所以 $AD=CD$,$\angle BCD+\angle BAD=$

$180°$,则 $\angle FAD = \angle ECD$.

易证 Rt$\triangle ADF \cong$ Rt$\triangle CDE$,所以 $DF = DE$,所以 BD 平分 $\angle ABC$.

(2)①证明:因为四边形 $ACPD$ 是圆的内接四边形,

所以 $\angle CPD + \angle CAD = 180°$,$\angle ACP + \angle ADP = 180°$,

因为 MA 为半径,$MA \perp y$ 轴,

所以 MA 垂直平分 CD,则 $AC = AD$,

所以四边形 $ACPD$ 始终是等补四边形.

②不变化. 理由如下:

方法 1:设点 $P(x, y)$.

连结 MD,过点 P 作 $PN \perp y$ 轴于点 N,则点 $N(0, y)$.

因为 AB 是圆 M 的直径,

所以 $\angle APB = 90°$,$MD = MA = 2$,$MO = 1$,

所以 $OD = \sqrt{3}$,则 $C(0, \sqrt{3})$,$D(0, -\sqrt{3})$,

所以 $PC^2 = PN^2 + CN^2 = x^2 + (y - \sqrt{3})^2$,

$PD^2 = PN^2 + DN^2 = x^2 + (y + \sqrt{3})^2$,

所以 $PD^2 - PC^2 = 4\sqrt{3}\,y$.

所以 $PA \cdot PB = 2S_{\triangle ABP} = 2 \times \dfrac{1}{2}AB \times y = 4y$.

又 $\dfrac{PD^2 - PC^2}{PA \cdot PB} = \dfrac{4\sqrt{3}\,y}{4y} = \sqrt{3}$.

即 $\dfrac{PD^2 - PC^2}{PA \cdot PB}$ 的值保持不变,定值为 $\sqrt{3}$.

方法 2(提示):如图,作 $AE \perp PC$ 交 PC 的延长线于点 E,$AF \perp PD$ 交 PD 于点 F,连结 MD.

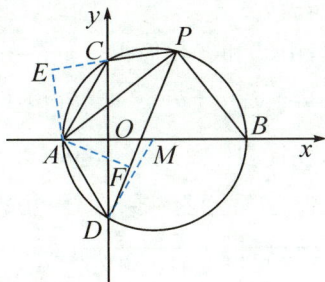

先证明 PA 是 $\angle CPD$ 的平分线,再证明 Rt$\triangle ACE \cong$ Rt$\triangle ADF$,Rt$\triangle PAE \cong$ Rt$\triangle PAF$,得 $EC = DF$,$PE = PF$,则 $PC + PD = 2PF$,$PD - PC = 2DF$.

所以 $\dfrac{PD^2 - PC^2}{PA \cdot PB} = \dfrac{(PD + PC)(PD - PC)}{PA \cdot PB}$

$= \dfrac{2PF \cdot 2DF}{PA \cdot PB} = \dfrac{4PF \cdot DF}{PA \cdot PB}$.

然后证明 $\triangle AFD \backsim \triangle APB$,得 $\dfrac{DF}{PB} = \dfrac{AF}{AP} = \sin\angle APD$.

在 Rt$\triangle APF$ 中,$\dfrac{PF}{PA} = \cos\angle APD$.

由方法 1,得 $\angle APD = 30°$.

所以 $\dfrac{PD^2 - PC^2}{PA \cdot PB} = \dfrac{4PF \cdot DF}{PA \cdot PB}$

$= 4\cos\angle APD \cdot \sin\angle APD$

$= 4\cos30° \cdot \sin30° = \sqrt{3}$.

即 $\dfrac{PD^2 - PC^2}{PA \cdot PB}$ 的值保持不变,定值为 $\sqrt{3}$.

3 消元法

1. 12

2. 3 【提示】把 $x = 6 - y$ 代入 $z^2 = xy - 9$,

得 $z^2 = (6 - y)y - 9 = -y^2 + 6y - 9 = -(y - 3)^2$,

解得 $x = y = 3$,$z = 0$,因此 $x^2 - \dfrac{2}{3}xy = 3$.

3. C

4. 【解析】因为点 $A(m, n)$ 在函数 $y = (x - k)^2 + k(k \neq 0)$ 的图象上,也在函数 $y = (x + k)^2 - k$ 的图象上,

所以 $\begin{cases} n = (m - k)^2 + k, \\ n = (m + k)^2 - k, \end{cases}$ 解得 $\begin{cases} m = \dfrac{1}{2}, \\ n = k^2 + \dfrac{1}{4}. \end{cases}$

因为 $k^2>0$，且 $m+n=\dfrac{1}{2}+k^2+\dfrac{1}{4}=k^2$

$+\dfrac{3}{4}$，

所以 $m+n$ 的最小整数值是 1.

5.【解析】因为 $8x+9t=s$，且 $x>-s$，

所以 $x>-(8x+9t)$，故 $9(x+t)>0$，即

$x+t>0$.

把 $s=8x+9t$ 代入 $\dfrac{x^2+(s+t)x+st+1}{x+t}$，

得 $\dfrac{x^2+(8x+9t+t)x+(8x+9t)t+1}{x+t}$

$=\dfrac{9x^2+18tx+9t^2+1}{x+t}$

$=\dfrac{9(x+t)^2+1}{x+t}$.

因为 $x+t>0$，所以 $\dfrac{9(x+t)^2+1}{x+t}=9(x$

$+t)+\dfrac{1}{x+t}\geqslant 2\sqrt{9(x+t)\cdot\dfrac{1}{x+t}}=6$.

所以当且仅当 $9(x+t)=\dfrac{1}{x+t}$，即 $x+t$

$=\dfrac{1}{3}$ 时取等号.

故当 $x+t=\dfrac{1}{3}$ 时，$\dfrac{x^2+(s+t)x+st+1}{x+t}$

有最小值,最小值为 6.

4 换元法

1.【解析】设 $m=\dfrac{a+b}{6},n=\dfrac{a-b}{10}$，

原方程组可化为 $\begin{cases}m+n=3,\\ m-n=1,\end{cases}$解得 $\begin{cases}m=2,\\ n=1,\end{cases}$

所以 $\begin{cases}\dfrac{a+b}{6}=2,\\ \dfrac{a-b}{10}=1,\end{cases}$解得 $\begin{cases}a=11,\\ b=1,\end{cases}$

故原方程组的解为 $\begin{cases}a=11,\\ b=1.\end{cases}$

2.【解析】设 $t=x^2-4x$，则

$(x^2-4x)^2-2(x^2-4x)-15$

$=t^2-2t-15=(t-5)(t+3)$

$=(x^2-4x-5)(x^2-4x+3)$

$=(x-5)(x+1)(x-1)(x-3)$.

3.【解析】设方程 $2x^2-4x+1=0$ 的根为

x，所求新方程的根为 y，

由题意得 $y=2x$，所以 $x=\dfrac{y}{2}$.

把 $x=\dfrac{y}{2}$ 代入原方程 $2x^2-4x+1=0$，

得 $2\left(\dfrac{y}{2}\right)^2-4\left(\dfrac{y}{2}\right)+1=0$，

即所求的新方程为 $\dfrac{y^2}{2}-2y+1=0$.

4.【解析】设 $a=2^{11}$，则 $A=\dfrac{a+1}{a^2+1},B=\dfrac{a^2+1}{a^3+1}$，

$A-B=\dfrac{(a+1)(a^3+1)-(a^2+1)(a^2+1)}{(a^2+1)(a^3+1)}$

$=\dfrac{a(a-1)^2}{(a^2+1)(a^3+1)}$，

因为 $a>1$，所以 $A-B>0$，即 $A>B$.

5.【解析】设 $a=\sqrt{x^2-2024},b=\sqrt{y^2-2024}$，

则 $x^2-a^2=2024$，即 $(x-a)(x+a)=$

2024 ①，

$y^2-b^2=2024$，即 $(y-b)(y+b)=2024$ ②，

原方程化为 $(x-a)(y-b)=2024$ ③，

由①和③得 $(x-a)(x+a)=(x-a)(y$

$-b)$，

因为 $x\neq a$，所以 $x+a=y-b$，即 $x-y$

$=-a-b$.

同理,由②和③化简得 $x-y=a+b$，

因此 $x-y=a+b=-a-b=0$，即 $x=y$.

则原方程为 $(x-\sqrt{x^2-2024})^2=2024$，

化简得 $x^2-2024-x\sqrt{x^2-2024}=0$，

$\sqrt{x^2-2024}\,(\sqrt{x^2-2024}-x)=0$.

因为 $\sqrt{x^2-2024}-x\neq0$，所以 $x^2=2024$，

因此 $x^2+y^2=4048$.

5　配方法

1. 23　**【提示】**因为 $x^2-5x+1=0$，所以 x

$\neq0$，故 $x+\dfrac{1}{x}=5$，

所以 $x^2+\dfrac{1}{x^2}=\left(x+\dfrac{1}{x}\right)^2-2=23$.

2. 【解析】将 $a^2+b^2+c^2=ab+bc+ac$ 两边

同时乘以 2，

得 $2a^2+2b^2+2c^2=2ab+2bc+2ac$.

移项，得 $2a^2+2b^2+2c^2-2ab-2bc-$

$2ac=0$，

所以 $(a-b)^2+(b-c)^2+(a-c)^2=0$，

故 $a=b=c$，

所以该三角形为正三角形.

3. 【解析】由题知 $a-b=m^2+6mn$

$-(-9n^2+4m+12n-4)$

$=m^2+6mn+9n^2-4m-12n+4$

$=(m+3n)^2-4(m+3n)+4$

$=(m+3n-2)^2$.

因为 $a\leqslant b$，

所以 $a-b=(m+3n-2)^2\leqslant0$，

因此 $(m+3n-2)^2=0$，

所以 $m+3n=2$.

故 $2024-\dfrac{m}{3}-n=2024-\dfrac{1}{3}(m+3n)=$

$2023\dfrac{1}{3}$.

4.【解析】因为 $(x^2+1)(y^2+1)-8xy+10$

$=x^2y^2+x^2+y^2+1-8xy+10$

$=x^2y^2-6xy+9+x^2-2xy+y^2+2$

$=(xy-3)^2+(x-y)^2+2$，

所以当 $\begin{cases}xy-3=0,\\x-y=0,\end{cases}$ 即 $x=y=\pm\sqrt{3}$ 时，

代数式 $(x^2+1)(y^2+1)-8xy+10$ 有最

小值，最小值为 2.

5.【解析】设 $S_{\triangle ADE}=x$，$S_{\triangle CEF}=y$.

因为 $\triangle DBE$ 和 $\triangle AEF$ 的面积分别是 3

和 5，

所以 $\dfrac{AD}{DB}=\dfrac{AF}{FC}=\dfrac{x}{3}=\dfrac{5}{y}$，即 $y=\dfrac{15}{x}$.

因此 $S_{\triangle ABC}=3+5+x+y=8+x+\dfrac{15}{x}$

$=\left(\sqrt{x}-\sqrt{\dfrac{15}{x}}\right)^2+2\sqrt{15}+8$.

所以当 $\sqrt{x}=\sqrt{\dfrac{15}{x}}$ 时，$\triangle ABC$ 的面积有

最小值，最小值为 $2\sqrt{15}+8$.

6　待定系数法

1. 3，$\dfrac{9}{2}$

2. 1，-2　**【提示】**去分母、化简，可得

$\begin{cases}A+B=-1,\\2A=2,\end{cases}$ 解得 $\begin{cases}A=1,\\B=-2.\end{cases}$

3. 【解析】当 $x=0$ 时，$y=1$，得 $c=1$，则二

次函数 $y=ax^2+bx+1$.

由于对于函数图象上的两点 $A(x,y_1)$，

$B(x+1,y_2)$，均有 $y_2-y_1=2x$，

得 $a(x+1)^2+b(x+1)+1-(ax^2+bx$

$+1)=2x$，即 $2ax+a+b=2x$.

由对应项系数相等，可得 $\begin{cases}2a=2,\\a+b=0,\end{cases}$

解得 $\begin{cases}a=1,\\b=-1.\end{cases}$

因此二次函数的表达式为 $y=x^2-x+1$.

4.【解析】由 $a(x-x_1)(x-x_2)(x-x_3)=$

0，展开整理得

$ax^3-a(x_1+x_2+x_3)x^2+a(x_1x_2+x_2x_3+x_1x_3)x-ax_1x_2x_3=0$，

与原方程比较对应系数，可得

$x_1+x_2+x_3=-\dfrac{b}{a}$，$x_1x_2+x_2x_3+x_1x_3=\dfrac{c}{a}$，$x_1x_2x_3=-\dfrac{d}{a}$．

5. 【证明】设 $x^3+px+q=(x-a)^2(x+b)$，

整理得 $x^3+px+q=x^3+(b-2a)x^2+(a^2-2ab)x+a^2b$．

利用对应项的系数相等，可得

$\begin{cases}b-2a=0,\\a^2-2ab=p,\\a^2b=q,\end{cases}$ 解得 $\begin{cases}p=-3a^2,\\q=2a^3.\end{cases}$

因此 $4p^3+27q^2=4\times(-3a^2)^3+27\times(2a^3)^2=4\times(-27a^6)+27\times(4a^6)=0$．

（本题可以直接用第 4 题的结论求解．）

7　因式分解

1. $\dfrac{-a}{2+2a}$

2. $N\geqslant M$

3. 【解析】由题意得 $m=\dfrac{4a-b^2}{4}$，$n=\dfrac{4a-b^2}{4a}$，

因为 $m+n=0$，

所以 $\dfrac{4a-b^2}{4}+\dfrac{4a-b^2}{4a}=0$，

因此 $(4a-b^2)\left(\dfrac{1}{4}+\dfrac{1}{4a}\right)=0$，

所以 $4a=b^2$ 或 $a=-1$，

因为函数 y_2 有最小值，

所以 $a>0$，

故 $4a=b^2$，可得 $m=n=0$．

4. 【证明】因为 $3^{n+2}-2^{n+2}+3^n-2^n$

$=(3^{n+2}+3^n)-(2^{n+2}+2^n)$

$=3^n\times10-2^n\times5$

$=10(3^n-2^{n-1})$，

所以对于任何正整数 n，$3^{n+2}-2^{n+2}+3^n-2^n$ 都是 10 的倍数，命题得证.

5. 【解析】因为 $xy-3x+3y=10$，

故 $xy-3x+3y-9=1$，

因此 $x(y-3)+3(y-3)=1$，

所以 $(x+3)(y-3)=1$，

因为 x,y 是整数，

所以 $\begin{cases}x+3=1,\\y-3=1\end{cases}$ 或 $\begin{cases}x+3=-1,\\y-3=-1,\end{cases}$

解得 $\begin{cases}x=-2,\\y=4\end{cases}$ 或 $\begin{cases}x=-4,\\y=2.\end{cases}$

8　平方法

1. 2　【解析】由题知 $n-1<\sqrt{a}<n$，所以 $(n-1)^2<a<n^2$，

故满足条件的 a 的个数为 $n^2-(n-1)^2-1=n^2-n^2+2n-1-1=(2n-2)$ 个．

同理满足条件的 b 的个数为 $(n+1)^2-n^2-1=n^2+2n+1-n^2-1=2n$ 个．

因此满足条件的 a 的个数总比 b 的个数少 2 个．

2. 【解析】因为 $A^2=(\sqrt{5}+\sqrt{3})^2=8+2\sqrt{15}$，

$B^2=(\sqrt{6}+\sqrt{2})^2=8+2\sqrt{12}$，

则 $A^2-B^2=2\sqrt{15}-2\sqrt{12}>0$，

所以 $A^2>B^2$，故 $A>B$．

3. 【解析】移项，得 $\sqrt{x+4}=8-\sqrt{x+20}$，

两边平方并化简，得 $\sqrt{x+20}=5$，

两边再平方，得 $x+20=25$，

解得 $x=5$．

4. 【解析】由已知，得 $(a+b)^2=a^2+2ab+b^2=64$，$ab-c^2=16$，

因此 $a^2+2ab+b^2=4ab-4c^2$，

即 $(a-b)^2+(2c)^2=0$，

所以 $a=b=4,c=0$，

故 $a+2b+3c=12$.

（本题也能用代入法，将 $a+b=8$ 变形成 $b=8-a$ 代入 $ab=c^2+16$，利用平方和的非负性解决问题.）

5.【解析】易得 $x^2\geqslant m$ 且 $x^2\geqslant 1$.

若 $m<0$，则 $\sqrt{x^2-m}+2\sqrt{x^2-1}>x$，

此时方程无解，不符合题意，故 $m\geqslant 0$.

将原方程变形，得 $2\sqrt{x^2-1}=x-\sqrt{x^2-m}$，

两边平方并整理，得 $2x^2+m-4=-2x\sqrt{x^2-m}$，

再平方，得 $8(2-m)x^2=(m-4)^2$，

显然，应有 $0\leqslant m<2$，并且此时原方程只可能有解 $x=\dfrac{4-m}{\sqrt{8(2-m)}}$.

将 $x=\dfrac{4-m}{\sqrt{8(2-m)}}$ 代入原方程，得

$$\sqrt{\left[\dfrac{4-m}{\sqrt{8(2-m)}}\right]^2-m}+2\sqrt{\left[\dfrac{4-m}{\sqrt{8(2-m)}}\right]^2-1}$$

$$=\dfrac{4-m}{\sqrt{8(2-m)}},$$

化简，得 $\sqrt{9m^2-24m+16}+2\sqrt{m^2}=4-m$.

所以 $\sqrt{(3m-4)^2}+2\sqrt{m^2}=4-m$，

即 $|3m-4|=4-3m$.

因此，有 $0\leqslant m\leqslant \dfrac{4}{3}$，并且此时原方程有唯一解 $x=\dfrac{4-m}{\sqrt{8(2-m)}}$.

综上所述，所求实数 m 的取值范围为 $0\leqslant m\leqslant \dfrac{4}{3}$.

9 巧用非负性

1.【解析】因为 $b-1\geqslant 0,1-b\geqslant 0$，

得 $b=1,a\leqslant \dfrac{1}{2}$，

故 $\sqrt{4a^2-4ab+1}-\sqrt{a^2b-2ab+1}$

$=\sqrt{(2a-1)^2}-\sqrt{(a-1)^2}$

$=|2a-1|-|a-1|=-a$.

2.【解析】由 $|a-2|+b^2+\sqrt{c^2-16c+64}$

$=4b-4$，得 $|a-2|+(b-2)^2+|c-8|$

$=0$，因为 $|a-2|\geqslant 0,(b-2)^2\geqslant 0,|c-8|$

$\geqslant 0$，故 $a-2=0,b-2=0,c-8=0$，解得

$a=2,b=2,c=8$，故 $\sqrt{a}+\sqrt{b}-\sqrt{c}$ 的值为 0.

3.【解析】设 $a+b=m$，则 $ab=m+3$，且 m

>0. 于是 a,b 是方程 $x^2-mx+m+3=$

0 的两根，则有 $\Delta=m^2-4m-12=(m-$

$6)(m+2)\geqslant 0$.

因为 $m>0$，所以 $m-6\geqslant 0,m\geqslant 6$，

又因为 $a^2+b^2=(a+b)^2-2ab=m^2-$

$2m-6$，

所以 a^2+b^2 的最小值是 18.

4.【解析】由于 $(a^2+b^2)(x^2+y^2)=b^2x^2+a^2y^2$

$+a^2x^2+b^2y^2=(bx+ay)^2+(ax-by)^2$，

则 $(bx+ay)^2+8(bx+ay)+(ax-by)^2$

$-k^2+k+28\geqslant 0$，

配方得 $(bx+ay+4)^2+(ax-by)^2-k^2$

$+k+12\geqslant 0$，

因为 $(bx+ay+4)^2\geqslant 0,(ax-by)^2\geqslant 0$，

则 $-k^2+k+12\geqslant 0$，

解得 $-3\leqslant k\leqslant 4$，

故 k 的最大值为 4.

5.【解析】由 $\triangle PDE\backsim\triangle ABC,S_{\triangle ABC}=1$，

得 $\dfrac{S_1}{S_{\triangle ABC}}=\left(\dfrac{DE}{AB}\right)^2$，即 $S_1=\left(\dfrac{DE}{AB}\right)^2$.

同理可得 $S_2=\left(\dfrac{AD}{AB}\right)^2, S_3=\left(\dfrac{BE}{AB}\right)^2$,

则 $S_1+S_2+S_3=\left(\dfrac{DE}{AB}\right)^2+\left(\dfrac{AD}{AB}\right)^2+\left(\dfrac{BE}{AB}\right)^2$

$=\left(1-\dfrac{AD}{AB}-\dfrac{BE}{AB}\right)^2+\left(\dfrac{AD}{AB}\right)^2+\left(\dfrac{BE}{AB}\right)^2$.

设 $\dfrac{AD}{AB}=x, \dfrac{BE}{AB}=y$,

则 $S_1+S_2+S_3=(1-x-y)^2+x^2+y^2$

$=2x^2+2y^2-2x-2y+2xy+1=2x^2+$

$(2y-2)x+2y^2-2y+1$,

配方得 $2\left(x+\dfrac{y-1}{2}\right)^2+\dfrac{3}{2}y^2-y+\dfrac{1}{2}$

$=2\left(x+\dfrac{y-1}{2}\right)^2+\dfrac{3}{2}\left(y-\dfrac{1}{3}\right)^2+\dfrac{1}{3}$.

因为 $\left(x+\dfrac{y-1}{2}\right)^2\geqslant0, \left(y-\dfrac{1}{3}\right)^2\geqslant0$,

则当 $x+\dfrac{y-1}{2}=0$ 且 $y-\dfrac{1}{3}=0$, 即 $x=$

$\dfrac{1}{3}, y=\dfrac{1}{3}$ 时, $S_1+S_2+S_3$ 取到最小值,

且最小值为 $\dfrac{1}{3}$.

(本题也可设 $\dfrac{AD}{AB}=x, \dfrac{BE}{AB}=y, \dfrac{DE}{AB}=z$,

则 $x+y+z=1$, 利用 $3(x^2+y^2+z^2)\geqslant$

$(x+y+z)^2$ 快速求解, 参考"公式法"例

3 的结论.)

10　判别式法

1. 9 或 1

2. C　【解析】设 $t=2a-b$, 则 $b=2a-t$. 将

其代入 $2a^2-b^2=1$, 整理可得 $2a^2-4at$

$+t^2+1=0$, 由于二次方程有实数根, 所

以 $\Delta=(-4t)^2-8(t^2+1)\geqslant0$, 解得 $t^2\geqslant$

1, 即 $|t|\geqslant1$, 当且仅当 $a=b=1$, 或 $a=b$

$=-1$ 时, 等号成立. 所以 $|2a-b|$ 的最

小值为 1. 故选 C.

3. 【解析】由 $a+b+c=0$ 得到 $b=-a-c$,

代入 $a^2+b^2+c^2=4$ 得到 $a^2+(-a-$

$c)^2+c^2=4$, 将其写成关于 c 的一元二

次方程, 得 $c^2+ac+a^2-2=0$.

由于方程有实数解, 所以 $\Delta=a^2-4(a^2$

$-2)\geqslant0$, 解得 $a^2\leqslant\dfrac{8}{3}$, 所以 $a\leqslant\dfrac{2\sqrt{6}}{3}$.

故 a 的最大值为 $\dfrac{2\sqrt{6}}{3}$.

4. 【证明】因为 $a+b=1$, 所以 $(2a+1)+$

$(2b+1)=4$. 设 $(2a+1)(2b+1)=k$,

则 $2a+1, 2b+1$ 是关于 x 的一元二次

方程 $x^2-4x+k=0$ 的两个实数解, 由

此得到 $\Delta=16-4k\geqslant0$ 且 $k>0$, 所以 0

$<k\leqslant4$, $(\sqrt{2a+1}+\sqrt{2b+1})^2=4+$

$2\sqrt{k}\leqslant4+2\times2=8$,

故 $\sqrt{2a+1}+\sqrt{2b+1}\leqslant2\sqrt{2}$.

5. 【解析】设 $a^2-ab+b^2=m$, 则可以得到

$\dfrac{a^2-ab+b^2}{a^2+ab+b^2}=\dfrac{m}{3}$.

若 $b=0$, 则有 a^2-ab+b^2 的最大、最小

值均为 3, 故差为 0.

若 $b\neq0$, 则有 $\dfrac{\left(\dfrac{a}{b}\right)^2-\dfrac{a}{b}+1}{\left(\dfrac{a}{b}\right)^2+\dfrac{a}{b}+1}=\dfrac{m}{3}$, 设 $\dfrac{a}{b}$

$=n$, 代入化简得到 $(3-m)n^2-(3+m)$

$n+(3-m)=0$, 由于方程有实数解, 则

有 $\Delta=(3+m)^2-4(3-m)^2\geqslant0$, 解得 m^2

$-10m+9\leqslant0$, 即 $(m-1)(m-9)\leqslant0$, 说

明 $m-1$ 与 $m-9$ 异号, 分两种情况讨论:

①若 $\begin{cases}m-1\leqslant0,\\m-9\geqslant0,\end{cases}$ 不等式组无解;

②若 $\begin{cases}m-1\geqslant0,\\m-9\leqslant0,\end{cases}$ 解得 $1\leqslant m\leqslant9$.

所以 a^2-ab+b^2 的最大值为 9,最小值为 1,差为 8.

综上所述,a^2-ab+b^2 的最大值与最小值的差为 0 或 8.

11　降幂法

1.【解析】因为 $x^2-3x-5=0$,

所以 $2x^3-6x^2-10x+7=2x(x^2-3x-5)+7=0+7=7$.

2.【解析】$[x(x+3)][(x+1)(x+2)]=24$,

$(x^2+3x)(x^2+3x+2)=24$,

$(x^2+3x)^2+2(x^2+3x)-24=0$,

$(x^2+3x+6)(x^2+3x-4)=0$,

由此可知 $x^2+3x+6=0$ 或 $x^2+3x-4=0$,

解得 $x_1=-4,x_2=1$.

3.【解析】方法 1:因为 α,β 是一元二次方程 $x^2+x-3=0$ 的两个根,

所以 $\alpha^2+\alpha-3=0,\beta^2+\beta-3=0$,

因此 $\alpha^2=-\alpha+3,\beta^2=-\beta+3$,

所以 $\alpha^3=\alpha^2\cdot\alpha=(-\alpha+3)\alpha=-\alpha^2+3\alpha=-(-\alpha+3)+3\alpha=4\alpha-3$,

故 $\alpha^3-4\beta^2+19=4\alpha-3-4(-\beta+3)+19=4(\alpha+\beta)+4=4\times(-1)+4=0$.

方法 2:由韦达定理可得 $\alpha+\beta=-1,\beta=-\alpha-1$,代入消元,可得 $\alpha^3-4\beta^2+19=\alpha^3-4\alpha^2-8\alpha+15$,然后再降幂求值即可.

4.【解析】方法 1:因为 $x+y=4,x^2+y^2=12$,

所以 $xy=\dfrac{1}{2}[(x+y)^2-(x^2+y^2)]=2$,

由韦达定理,x,y 可以看作一元二次方

程 $t^2-4t+2=0$ 的两根,

所以 $x^2=4x-2,y^2=4y-2$,

则 $x^6=(x^2)^3=(4x-2)^3=8(2x-1)^2\cdot(2x-1)=8(4x^2-4x+1)(2x-1)=8(12x-7)(2x-1)=8(24x^2-26x+7)=8(70x-41)=560x-328$.

同理可得 $y^6=560y-328$.

故 $x^6+y^6=560(x+y)-656=560\times4-656=1584$.

方法 2:$x^6+y^6=(x^2+y^2)(x^4-x^2y^2+y^4)=12[(x^2+y^2)^2-3x^2y^2]=12\times(12^2-3\times2^2)=12\times132=1584$.

5.【解析】(1)方法 1(降幂):因为 $a^2=a+1$,

所以 $a^3=a(a+1)=a^2+a=a+1+a=2a+1$,

因此 $a^4=a(2a+1)=2a^2+a=2(a+1)+a=3a+2$,

故原式 $=\dfrac{2a+1+a+1}{3a+2}=1$.

方法 2(升幂):因为 $a^2=a+1$,所以原式 $=\dfrac{a^3+a^2}{a^4}=\dfrac{a^2(a+1)}{a^4}=\dfrac{a^4}{a^4}=1$.

(2)因为 $a^2=a+1$,

所以 $a^{10}=(a+1)^5$

$=a^5+5a^4+10a^3+10a^2+5a+1$

$=a(a+1)^2+5(a+1)^2+10a(a+1)+10a^2+5a+1$

$=a^3+2a^2+a+5a^2+10a+5+10a^2+10a+10a^2+5a+1$

$=a(a+1)+27a^2+26a+6$

$=28a^2+27a+6$

$=28(a+1)+27a+6$

$=55a+34$.

由 $a^2-a-1=0$ 解得 $a=\dfrac{1\pm\sqrt{5}}{2}$,

故 $a^{10}=\dfrac{55(1\pm\sqrt{5})}{2}+34=\dfrac{123\pm55\sqrt{5}}{2}$.

（我们还可以发现 a^n 有如下规律：$a^2=a+1,a^3=2a+1,a^4=3a+2,a^5=5a+3,\cdots$，可以归纳得出各项系数与斐波那契数列吻合：$a^{10}=55a+34$.）

12 估算法

1. 1911 人

2. B

3. 【解析】先估算一下 $5^4=625$ 是三位数，$10^4=10000$ 是五位数，可知小明的年龄大于 5 且小于 10，因此年龄可能为 6 岁、7 岁、8 岁或 9 岁，

因为 $6^4=1296,1+2+9+6=18\neq6$，

$7^4=2401,2+4+0+1=7$，

$8^4=4096,4+0+9+6=19\neq8$，

$9^4=6561,6+5+6+1=18\neq9$，

所以小明今年 7 岁.

4. 【解析】因为 $1\leqslant x<y<z<xyz$，

所以 $1\geqslant\dfrac{1}{x}>\dfrac{1}{y}>\dfrac{1}{z}>\dfrac{1}{xyz}$，

当 $x\geqslant3$ 时，$\dfrac{1}{x}\leqslant\dfrac{1}{3}$，$\dfrac{1}{y}\leqslant\dfrac{1}{4}$，$\dfrac{1}{z}\leqslant\dfrac{1}{5}$，

所以 $\dfrac{1}{x}+\dfrac{1}{y}+\dfrac{1}{z}+\dfrac{1}{xyz}\leqslant\dfrac{1}{3}+\dfrac{1}{4}+\dfrac{1}{5}+\dfrac{1}{60}<1$，不符合题意.

又因为 $x\neq1$，所以 $x=2$.

故 $\dfrac{1}{2}+\dfrac{1}{y}+\dfrac{1}{z}+\dfrac{1}{2yz}=1$，即 $\dfrac{1}{y}+\dfrac{1}{z}+\dfrac{1}{2yz}=\dfrac{1}{2}$，

所以 $y\neq2$，故 $y\geqslant3$.

当 $y=3$ 时，$\dfrac{1}{3}+\dfrac{1}{z}+\dfrac{1}{6z}=\dfrac{1}{2}$，

解得 $z=7$，所以解为 $\begin{cases}x=2,\\y=3,\\z=7;\end{cases}$

当 $y\geqslant4,z\geqslant5$ 时 $\dfrac{1}{y}\leqslant\dfrac{1}{4}$，$\dfrac{1}{z}\leqslant\dfrac{1}{5}$，

所以 $\dfrac{1}{2}=\dfrac{1}{y}+\dfrac{1}{z}+\dfrac{1}{2yz}\leqslant\dfrac{1}{4}+\dfrac{1}{5}+\dfrac{1}{40}=\dfrac{19}{40}<\dfrac{1}{2}$，不成立.

所以原方程的正整数解只有 $\begin{cases}x=2,\\y=3,\\z=7.\end{cases}$

5. B 【解析】方法 1（利用图形估算）：

因为 $A(4,0)$，所以 $OA=4$.

因为对于函数 $y=0.5x$，当 $x=4$ 时，$y=2$，

所以 $S_{\triangle OAB}=\dfrac{1}{2}OA\cdot AB=\dfrac{1}{2}\times2\times4=4$，

如图，由于 $S_{\triangle A_1A_2B_2}>S_{\triangle A_1B_1B_2}$，$S_{\triangle A_2A_3B_3}>S_{\triangle A_2B_2B_3},\cdots,S_{\triangle A_{n-1}AB}>S_{\triangle A_{n-1}B_{n-1}B}$，

所以 $2<S_1+S_2+\cdots+S_n<4$，而当 n 越来越大时，$\triangle A_1B_1B_2$，$\triangle A_2B_2B_3,\cdots$，$\triangle A_{n-1}B_{n-1}B$ 的面积都更接近每个梯形面积的一半，所以 $S_1+S_2+\cdots+S_n$ 更接近 $\triangle OAB$ 面积的一半，即接近 2.

故选 B.

方法 2：因为 $A_1\left(\dfrac{4}{n},0\right)$，$A_2\left(\dfrac{8}{n},0\right),\cdots$，

$A_{n-1}\left(\dfrac{4(n-1)}{n},0\right),A(4,0)$

$B_1\left(\dfrac{4}{n},\dfrac{2}{n}\right)$，$B_2\left(\dfrac{8}{n},\dfrac{4}{n}\right),\cdots$，

$B_{n-1}\left(\dfrac{4(n-1)}{n},\dfrac{2(n-1)}{n}\right),B(4,2)$，

所以 $S_1=\dfrac{1}{2}\times\dfrac{4}{n}\times\dfrac{2}{n}$，$S_2=\dfrac{1}{2}\times\dfrac{4}{n}\times\dfrac{4}{n},\cdots,S_{n-1}=\dfrac{1}{2}\times\dfrac{4}{n}\times\dfrac{2(n-1)}{n}$，$S_n=\dfrac{1}{2}\times\dfrac{4}{n}\times2=\dfrac{4}{n}$，

取 $n=4$，则 $S_1+S_2+S_3+S_4=\dfrac{1}{4}+\dfrac{1}{2}$

$+\dfrac{3}{4}+1=\dfrac{5}{2}$，

取 $n=6$，则 $S_1+S_2+S_3+S_4+S_5+S_6$

$=\dfrac{4}{36}+\dfrac{8}{36}+\dfrac{12}{36}+\dfrac{16}{36}+\dfrac{20}{36}+\dfrac{24}{36}=\dfrac{84}{36}$

$<\dfrac{5}{2}$，

由此可见，当 n 越来越大时，S_1+S_2+ $\cdots+S_n$ 的值越来越小，且由方法 1 可知 $S_1+S_2+\cdots+S_n>2$，所以 $S_1+S_2+\cdots$ $+S_n$ 的值越来越接近 2.故选 B.

13 "1"的妙用

1. -2023

2.【解析】原式 $=2^2\times2^{2024}\times\dfrac{1}{6}\times\left(\dfrac{1}{6}\right)^{2024}$

$\times(-3)^{2024}$

$=2^2\times\dfrac{1}{6}\times\left(-3\times2\times\dfrac{1}{6}\right)^{2024}$

$=4\times\dfrac{1}{6}\times1$

$=\dfrac{2}{3}.$

3.【解析】 $\dfrac{\sqrt{2}+1}{\sqrt{2}+2}<\dfrac{\sqrt{2}+2}{\sqrt{2}+3}$，理由如下：

因为 $\dfrac{\sqrt{2}+1}{\sqrt{2}+2}>0,\dfrac{\sqrt{2}+2}{\sqrt{2}+3}>0$，

$\dfrac{\sqrt{2}+1}{\sqrt{2}+2}\div\dfrac{\sqrt{2}+2}{\sqrt{2}+3}=\dfrac{\sqrt{2}+1}{\sqrt{2}+2}\times\dfrac{\sqrt{2}+3}{\sqrt{2}+2}$

$=\dfrac{(\sqrt{2}+1)(\sqrt{2}+3)}{(\sqrt{2}+2)^2}=\dfrac{5+4\sqrt{2}}{6+4\sqrt{2}}<1.$

所以 $\dfrac{\sqrt{2}+1}{\sqrt{2}+2}<\dfrac{\sqrt{2}+2}{\sqrt{2}+3}.$

4.【解析】因为 $(\sqrt{3}+\sqrt{2})(\sqrt{3}-\sqrt{2})=1$，

所以原式 $=\dfrac{(\sqrt{2}-\sqrt{3})+(\sqrt{3}+\sqrt{2})(\sqrt{3}-\sqrt{2})}{\sqrt{2}+\sqrt{3}-1}$

$=\dfrac{(\sqrt{3}-\sqrt{2})(\sqrt{3}+\sqrt{2}-1)}{\sqrt{2}+\sqrt{3}-1}$

$=\sqrt{3}-\sqrt{2}.$

5.【解析】因为 $abc=1$，

所以原式 $=\dfrac{c}{c(ab+a+1)}+\dfrac{ac}{ac(bc+b+1)}$

$+\dfrac{1}{ca+c+1}$

$=\dfrac{c}{abc+ac+c}+\dfrac{ac}{abc\cdot c+abc+ac}+\dfrac{1}{ac+c+1}$

$=\dfrac{c}{ac+c+1}+\dfrac{ac}{ac+c+1}+\dfrac{1}{ac+c+1}$

$=\dfrac{ac+c+1}{ac+c+1}$

$=1.$

14 倒数法

1.【解析】由已知得 $\dfrac{a+b}{ab}=3,\dfrac{b+c}{bc}=4$，

$\dfrac{c+a}{ca}=5$，

即 $\dfrac{1}{a}+\dfrac{1}{b}=3,\dfrac{1}{b}+\dfrac{1}{c}=4,\dfrac{1}{c}+\dfrac{1}{a}=5$，

将三式相加得 $\dfrac{1}{a}+\dfrac{1}{b}+\dfrac{1}{c}=6$，

通分得 $\dfrac{ab+bc+ca}{abc}=6$，

取倒数得 $\dfrac{abc}{ab+bc+ca}=\dfrac{1}{6}.$

2.【解析】因为 a,b,c,d 为正实数，且 ad $<bc$，

可得 $\dfrac{a}{b}<\dfrac{c}{d}$，则 $\dfrac{a+b}{b}<\dfrac{c+d}{d}$，

所以 $\dfrac{b}{a+b}>\dfrac{d}{c+d}$，故 $\dfrac{b}{a+b}-\dfrac{d}{c+d}>0.$

3. 【解析】方法 1 ：由已知得 $\dfrac{1}{\sqrt{16-y^2}-\sqrt{4-y^2}}$

$=\dfrac{\sqrt{2}}{4}$ ，

则 $\dfrac{\sqrt{16-y^2}+\sqrt{4-y^2}}{12}=\dfrac{\sqrt{2}}{4}$ ，

所以 $\sqrt{16-y^2}+\sqrt{4-y^2}=3\sqrt{2}$ ．

方法 2 ：因为 $(\sqrt{16-y^2}+\sqrt{4-y^2})\times$

$(\sqrt{16-y^2}-\sqrt{4-y^2})=12$ ，

又 $\sqrt{16-y^2}-\sqrt{4-y^2}=2\sqrt{2}$ ，

所以 $\sqrt{16-y^2}+\sqrt{4-y^2}=12\div 2\sqrt{2}=$

$3\sqrt{2}$ ．

4. 【证明】由 $y=3-\dfrac{9}{x}$ 得 $\dfrac{9}{x}=3-y$ ， $\dfrac{1}{x}=$

$\dfrac{3-y}{9}$ ，又因为 $x=3-\dfrac{9}{z}$ ，所以 $x\cdot\dfrac{1}{x}=$

$\left(3-\dfrac{9}{z}\right)\cdot\dfrac{3-y}{9}=1$ ， $3-\dfrac{9}{z}=\dfrac{9}{3-y}$ ， $1-$

$\dfrac{3}{z}=\dfrac{3}{3-y}$ ，

所以 $\dfrac{3}{z}=1-\dfrac{3}{3-y}$ ，故 $z=3-\dfrac{9}{y}$ ．

5. 【解析】设 $\dfrac{yz}{bz+cy}=\dfrac{zx}{cx+az}=\dfrac{xy}{ay+bx}=$

$\dfrac{1}{k}(k\neq 0)$ ，

则 $\dfrac{bz+cy}{yz}=\dfrac{cx+az}{zx}=\dfrac{ay+bx}{xy}=k$ ，

则 $\dfrac{b}{y}+\dfrac{c}{z}=k$ ① ， $\dfrac{c}{z}+\dfrac{a}{x}=k$ ② ， $\dfrac{a}{x}$

$+\dfrac{b}{y}=k$ ③ ，

①＋②＋③，得 $2\left(\dfrac{b}{y}+\dfrac{c}{z}+\dfrac{a}{x}\right)=3k$ ， $\dfrac{b}{y}$

$+\dfrac{c}{z}+\dfrac{a}{x}=\dfrac{3}{2}k$ ④ ，

④－①，得 $\dfrac{a}{x}=\dfrac{1}{2}k$ ，④－②，得 $\dfrac{b}{y}=\dfrac{1}{2}k$ ，

④－③，得 $\dfrac{c}{z}=\dfrac{1}{2}k$ ．

所以 $x=\dfrac{2a}{k}$ ， $y=\dfrac{2b}{k}$ ， $z=\dfrac{2c}{k}$ ，

因为 $\dfrac{x^2+y^2+z^2}{a^2+b^2+c^2}=\dfrac{1}{k}$ ，

所以 $\dfrac{\frac{4}{k^2}(a^2+b^2+c^2)}{a^2+b^2+c^2}=\dfrac{1}{k}$ ， $\dfrac{4}{k^2}=\dfrac{1}{k}$ ，

因为 $k\neq 0$ ，所以 $k=4$ ，

所以 $x=\dfrac{1}{2}a$ ， $y=\dfrac{1}{2}b$ ， $z=\dfrac{1}{2}c$ ，所以 xyz

$=\dfrac{1}{8}abc=\dfrac{5}{8}$ ．

15　裂项法

1. 【解析】原式 $=(x^3+2x^2)+(7x^2+14x)$

$+(12x+24)$

$=x^2(x+2)+7x(x+2)+12(x+2)$

$=(x+2)(x^2+7x+12)$

$=(x+2)(x+3)(x+4)$ ．

2. 【解析】原式 $=1+\dfrac{1}{\frac{(1+2)\times 2}{2}}+\dfrac{1}{\frac{(1+3)\times 3}{2}}$

$+\dfrac{1}{\frac{(1+4)\times 4}{2}}+\cdots+\dfrac{1}{\frac{(1+n)n}{2}}$

$=1+2\left[\dfrac{1}{2\times 3}+\dfrac{1}{3\times 4}+\dfrac{1}{4\times 5}+\cdots+\right.$

$\left.\dfrac{1}{n(n+1)}\right]$

$=1+2\left(\dfrac{1}{2}-\dfrac{1}{3}+\dfrac{1}{3}-\dfrac{1}{4}+\dfrac{1}{4}-\dfrac{1}{5}+\cdots\right.$

$\left.+\dfrac{1}{n}-\dfrac{1}{n+1}\right)$

$=1+2\left(\dfrac{1}{2}-\dfrac{1}{n+1}\right)$

$=1+2\times\dfrac{1}{2}-2\times\dfrac{1}{n+1}$

$$=1+1-\frac{2}{n+1}$$

$$=\frac{2n}{n+1}.$$

3. 【解析】原式 $=\dfrac{1}{(x-1)x}+\dfrac{1}{x(x+1)}+$

$$\dfrac{1}{(x+1)(x+2)}+\dfrac{1}{(x+2)(x+3)}+\dfrac{1}{(x+3)(x+4)}$$

$$=\frac{1}{x-1}-\frac{1}{x}+\frac{1}{x}-\frac{1}{x+1}+\frac{1}{x+1}-\frac{1}{x+2}$$

$$+\frac{1}{x+2}-\frac{1}{x+3}+\frac{1}{x+3}-\frac{1}{x+4}$$

$$=\frac{1}{x-1}-\frac{1}{x+4}$$

$$=\frac{5}{(x-1)(x+4)}.$$

4. 【解析】原式 $=\dfrac{1}{4}\left(\dfrac{1}{1\times3}-\dfrac{1}{3\times5}\right)+$

$$\dfrac{1}{4}\left(\dfrac{1}{3\times5}-\dfrac{1}{5\times7}\right)+\dfrac{1}{4}\left(\dfrac{1}{5\times7}-\dfrac{1}{7\times9}\right)+$$

$$\cdots+\dfrac{1}{4}\left(\dfrac{1}{17\times19}-\dfrac{1}{19\times21}\right)$$

$$=\frac{1}{4}\left(\frac{1}{1\times3}-\frac{1}{3\times5}+\frac{1}{3\times5}-\frac{1}{5\times7}+\frac{1}{5\times7}-\right.$$

$$\left.\frac{1}{7\times9}+\cdots+\frac{1}{17\times19}-\frac{1}{19\times21}\right)$$

$$=\frac{1}{4}\left(\frac{1}{1\times3}-\frac{1}{19\times21}\right)$$

$$=\frac{11}{133}.$$

5. 【解析】联立两直线解析式组成方程组：

$$\begin{cases}y=kx+k-1,\\ y=(k+1)x+k,\end{cases}\text{解得}\begin{cases}x=-1,\\ y=-1,\end{cases}$$

所以两直线的交点坐标为 $(-1,-1)$．

因为直线 $y=kx+k-1$ 与 x 轴的交点

坐标为 $\left(\dfrac{1-k}{k},0\right)$，

直线 $y=(k+1)x+k$ 与 x 轴的交点坐

标为 $\left(-\dfrac{k}{k+1},0\right)$，

所以 $S_k=\dfrac{1}{2}\left|-\dfrac{k}{k+1}-\dfrac{1-k}{k}\right|\times|-1|$

$$=\frac{1}{2}\left(\frac{1}{k}-\frac{1}{k+1}\right),$$

故 $S_1+S_2+S_3+\cdots+S_{2026}$

$$=\frac{1}{2}\left(\frac{1}{1}-\frac{1}{2}+\frac{1}{2}-\frac{1}{3}+\cdots+\frac{1}{2026}-\right.$$

$$\left.\frac{1}{2027}\right)=\frac{1013}{2027}.$$

16　主元法

1. 【解析】以 x 为主元，

原式 $=2x^2+(7-5y)x+(2y^2-5y+3)$

$$=2x^2+(7-5y)x+(2y-3)(y-1)$$

$$=[2x-(y-1)][x-(2y-3)]$$

$$=(2x-y+1)(x-2y+3).$$

2. 【解析】将方程 $x^4-x^3-2\sqrt{3}x^2+\sqrt{3}x+$ $3=0$ 看作是以 $\sqrt{3}$ 为主元，x 为常数的一元二次方程，整理得

$$(\sqrt{3})^2-(2x^2-x)\sqrt{3}+x^4-x^3=0,$$

解得 $\sqrt{3}=\dfrac{2x^2-x\pm\sqrt{x^2}}{2}=\dfrac{2x^2-x\pm x}{2}$，

即 $\sqrt{3}=x^2$，或 $\sqrt{3}=x^2-x$，

则 $x_1=\sqrt[4]{3}$，$x_2=-\sqrt[4]{3}$，

$$x_3=\frac{1+\sqrt{1+4\sqrt{3}}}{2},x_4=\frac{1-\sqrt{1+4\sqrt{3}}}{2}.$$

3. 【解析】将 a 作为主元，得

原式 $=a^2+(b-1)a+b^2-2b+4$

$$=a^2+(b-1)a+(b-1)^2+3$$

$$=\left(a+\frac{b-1}{2}\right)^2+\frac{3}{4}(b-1)^2+3.$$

因此当 $a=0,b=1$ 时，

有最小值，最小值为 3．

4. 【解析】由 $x+y+z=7$，得 $y=7-x-z$，

代入 $xy+yz+xz=16$，得 $x^2+(z-7)x$

$+z^2-7z+16=0$,

由 x 为实数,得 $\Delta=(z-7)^2-4(z^2-7z+16)\geqslant 0$,

整理得 $3z^2-14z+15\leqslant 0$,解得 $\dfrac{5}{3}\leqslant z\leqslant 3$,

故 z 的最大值为 3.

5. 【解析】将 a 作为主元,构造关于 a 的一次函数 $y=(x-1)a+x^2-4x+3$,

则原不等式可以转化为对于 $0\leqslant a\leqslant 4$ 时,

$y\geqslant 0$ 恒成立.

故 $\begin{cases} x^2-4x+3\geqslant 0, \\ x^2-1\geqslant 0, \end{cases}$

解得 $x\leqslant -1$ 或 $x\geqslant 3$ 或 $x=1$.

17　分离常数

1. B

2. 【解析】由因式分解法或求根公式可得

方程的解为 $x_1=1$, $x_2=\dfrac{m+1}{m-1}=\dfrac{m-1+2}{m-1}=1+\dfrac{2}{m-1}$,

因为方程的两个根都为正整数,

所以 $\dfrac{2}{m-1}$ 为正整数,故 $m-1=1$ 或 $m-1=2$,解得 $m=2$ 或 3.

3. 【解析】由 $\dfrac{x+3}{x+1}+\dfrac{x+7}{x+5}=\dfrac{x+4}{x+2}+\dfrac{x+6}{x+4}$,

得 $\dfrac{(x+1)+2}{x+1}+\dfrac{(x+5)+2}{x+5}=\dfrac{(x+2)+2}{x+2}+\dfrac{(x+4)+2}{x+4}$,

可化简得 $\dfrac{2}{x+1}+\dfrac{2}{x+5}=\dfrac{2}{x+2}+\dfrac{2}{x+4}$.

两边同时除以 2,且移项得 $\dfrac{1}{x+1}-\dfrac{1}{x+2}=\dfrac{1}{x+4}-\dfrac{1}{x+5}$,

所以 $\dfrac{1}{(x+1)(x+2)}=\dfrac{1}{(x+4)(x+5)}$,

故 $(x+1)(x+2)=(x+4)(x+5)$,

即 $x^2+3x+2=x^2+9x+20$,

解得 $x=-3$.

检验:当 $x=-3$ 时,原分式方程的分母均不等于 0.

所以原分式方程的解为 $x=-3$.

4. 【解析】令 $y=\dfrac{3x+5}{x+2}$,将函数解析式进行

分离常数,得 $y=\dfrac{3x+5}{x+2}=\dfrac{3(x+2)-1}{x+2}$

$=3-\dfrac{1}{x+2}$.

由函数 $y=-\dfrac{1}{x}$ 的图象经过平移得到 $y=3-\dfrac{1}{x+2}$ 的图象,如图,由图象可知当

$x\leqslant 0$ 时,$y>3$ 或 $y\leqslant\dfrac{5}{2}$,

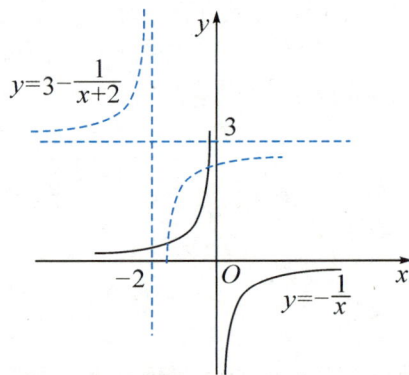

即 $\dfrac{3x+5}{x+2}>3$ 或 $\dfrac{3x+5}{x+2}\leqslant\dfrac{5}{2}$.

5. 【解析】因为 $y=x^3-ax^2-bx=x^3-x(ax+b)$,

将 $y=ax+b$ 代入 $y=x^3-ax^2-bx$,

得 $y=x^3-xy$,

分离变量,得 $(x+1)y=x^3$.

若 $x+1=0$,即当 $x=-1$ 时,$(x+1)y=x^3$ 不成立,

所以 $x+1\neq0$.

于是 $y=\dfrac{x^3}{x+1}=x^2-x+1-\dfrac{1}{x+1}$,

因为 x,y 都是整数,

所以 $x+1=\pm1$,即 $x=-2$ 或 $x=0$,

所以 $y=8$ 或 $y=0$.

故 $\begin{cases}x=-2,\\y=8,\end{cases}$ 或 $\begin{cases}x=0,\\y=0.\end{cases}$

当 $\begin{cases}x=-2,\\y=8\end{cases}$ 时,代入 $y=ax+b$ 得 $-2a+b=8$,变形得 $2a-b+8=0$,

当 $\begin{cases}x=0,\\y=0\end{cases}$ 时,代入 $y=ax+b$ 得 $b=0$,

综上所述,a,b 满足的关系式是 $2a-b+8=0$ 或 $b=0,a$ 是任意实数.

18 构造法

1. $1-\dfrac{1}{2^n}$ 【解析】方法 1:原式 $=1-\dfrac{1}{2}+\dfrac{1}{2}-\dfrac{1}{4}+\dfrac{1}{4}-\dfrac{1}{8}+\cdots+\dfrac{1}{2^{n-1}}-\dfrac{1}{2^n}=1-\dfrac{1}{2^n}$.

方法 2:本题可用图形解决,作边长为 1 的正方形,每次取正方形的一半,按图分割:第一次得到阴影面积为 $\dfrac{1}{2}$,第二次得到阴影面积为 $\dfrac{1}{2}+\dfrac{1}{2^2}$,如此无限地取下去,第 n 次得到原图阴影面积 $\dfrac{1}{2}+\dfrac{1}{2^2}+\dfrac{1}{2^3}+\dfrac{1}{2^4}+\cdots+\dfrac{1}{2^n}$,正好是正方形面积减去空白处面积 $1-\dfrac{1}{2^n}$.

(本题除构造正方形也可构造等腰直角

三角形,形式灵活多样,只需抓住后一次分割的面积是上一次分割的面积的一半这一性质即可.)

2. D 【解析】一元二次方程 $(x-1)(x-2)=m(m>0)$ 的两根实质上是抛物线 $y=(x-1)(x-2)$ 与直线 $y=m$ 两个交点的横坐标. 如图,显然 $\alpha<1$ 且 $\beta>2$. 故选 D.

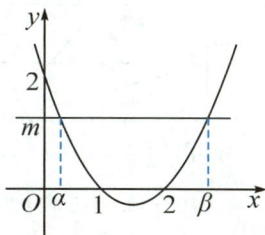

3. 6 【解析】①当 $m=n$ 时,$(m-1)^2+(n-1)^2=2(m-1)^2$.

此时当 $m=1$ 时,有最小值 0,而 $m=1$ 时,代入原方程求得 $a=\dfrac{3}{2}$,因为不满足条件 $a\geqslant2$,所以舍去此种情况.

②当 $m\neq n$ 时,因为 $m^2-2am+2=0$,$n^2-2an+2=0$,

所以 m,n 是关于 x 的方程 $x^2-2ax+2=0$ 的两个根.

因此 $m+n=2a,mn=2$,

所以 $(m-1)^2+(n-1)^2$

$=m^2-2m+1+n^2-2n+1$

$=(m+n)^2-2mn-2(m+n)+2$

$=4a^2-4-4a+2=4\left(a-\dfrac{1}{2}\right)^2-3$.

因为 $a\geqslant2$,所以当 $a=2$ 时,$(m-1)^2+(n-1)^2$ 有最小值.

故 $(m-1)^2+(n-1)^2$ 的最小值 $=4\left(2-\dfrac{1}{2}\right)^2-3=6$.

综上,$(m-1)^2+(n-1)^2$ 的最小值为 6.

4.【解析】构造如图所示的矩形,欲求的三角形的面积可通过整体与部分的关系轻松求得.记所求的三角形的面积为 S,

则 $S=2a\times 2b-\dfrac{1}{2}a\times 2b-\dfrac{1}{2}a\times b-\dfrac{1}{2}\times 2a\times b=\dfrac{3}{2}ab.$

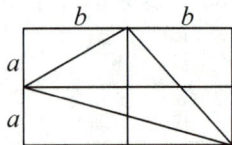

5.【解析】方法 1:把 $m=x^2-4xy+6y^2-4x+4y=x^2-(4y+4)x+6y^2+4y$ 看作关于 x 的二次函数,则由二次函数的性质可知,m 的最小值为 $\dfrac{4(6y^2+4y)-[-(4y+4)]^2}{4}=2y^2-4y-4$,再由二次函数的性质,可知 $2y^2-4y-4$ 的最小值为 -6,所以 m 的最小值为 -6.

方法 2:$m=x^2-4(y+1)x+6y^2+4y=x^2-4(y+1)x+(2y+2)^2+6y^2+4y-(2y+2)^2=(x-2y-2)^2+2(y-1)^2-6.$ 所以,当 $x-2y-2=0$ 且 $y-1=0$ 时,即 $x=4$ 且 $y=1$ 时,m 取得最小值,最小值为 -6.

19　对偶法

1.【解析】由题意得

$(\sqrt{30-x}+\sqrt{9-x})(\sqrt{30-x}-\sqrt{9-x})$
$=(\sqrt{30-x})^2-(\sqrt{9-x})^2=30-x-9+x=21.$

因为 $\sqrt{30-x}+\sqrt{9-x}=7$　①,

所以 $\sqrt{30-x}-\sqrt{9-x}=3$　②,

则①+②得 $2\sqrt{30-x}=10$,

解得 $x=5$.

2.【解析】方法 1:设 $3m-4n=t$,

则 $48mn=(3m+4n)^2-(3m-4n)^2=24^2-t^2\leqslant 24^2$,

所以 $mn\leqslant 12$.

故 mn 的最大值为 12.

方法 2:设 $\begin{cases}3m=12-t,\\4n=12+t,\end{cases}$

则 $12mn=(12-t)(12+t)=144-t^2\leqslant 144$,

所以 $mn\leqslant 12$.

故 mn 的最大值为 12.

3. $\dfrac{1}{2}-\dfrac{\sqrt{2023}}{4046}$　**【解析】** $\dfrac{1}{3\sqrt{1}+\sqrt{3}}+\dfrac{1}{5\sqrt{3}+3\sqrt{5}}$
$+\dfrac{1}{7\sqrt{5}+5\sqrt{7}}+\cdots+\dfrac{1}{2023\sqrt{2021}+2021\sqrt{2023}}$

$=\dfrac{(3\sqrt{1}-\sqrt{3})}{(3\sqrt{1}+\sqrt{3})(3\sqrt{1}-\sqrt{3})}+\dfrac{5\sqrt{3}-3\sqrt{5}}{(5\sqrt{3}+3\sqrt{5})(5\sqrt{3}-3\sqrt{5})}$

$+\dfrac{7\sqrt{5}-5\sqrt{7}}{(7\sqrt{5}+5\sqrt{7})(7\sqrt{5}-5\sqrt{7})}+\cdots+$

$\dfrac{2023\sqrt{2021}-2021\sqrt{2023}}{(2023\sqrt{2021}+2021\sqrt{2023})(2023\sqrt{2021}-2021\sqrt{2023})}$

$=\dfrac{3-\sqrt{3}}{6}+\dfrac{5\sqrt{3}-3\sqrt{5}}{30}+\dfrac{7\sqrt{5}-5\sqrt{7}}{70}$

$+\cdots+\dfrac{2023\sqrt{2021}-2021\sqrt{2023}}{2023^2\times 2021-2021^2\times 2023}$

$=\dfrac{1}{2}-\dfrac{\sqrt{3}}{6}+\dfrac{\sqrt{3}}{6}-\dfrac{\sqrt{5}}{10}+\dfrac{\sqrt{5}}{10}-\dfrac{\sqrt{7}}{14}+\cdots+$

$\dfrac{\sqrt{2021}}{4042}-\dfrac{\sqrt{2023}}{4046}=\dfrac{1}{2}-\dfrac{\sqrt{2023}}{4046}.$

4.【解析】设 $A=3a-5b,B=5a+3b$,

则 $A^2+B^2=34(a^2+b^2)=34$,

因为 $B^2\geqslant 0$,

所以 $A^2\leqslant 34$,即 $A\leqslant \sqrt{34}$,

则 $3a-5b$ 的最大值为 $\sqrt{34}$.

5.【解析】设 $A=\dfrac{2}{\alpha}+3\beta^2$，$B=\dfrac{2}{\beta}+3\alpha^2$．

因为 α,β 是方程 $x^2-7x+8=0$ 的两根，

所以 $\alpha+\beta=7,\alpha\beta=8$．

因为 $\alpha>\beta$，

所以 $\alpha-\beta=\sqrt{(\alpha+\beta)^2-4\alpha\beta}=\sqrt{17}$．

$A+B=2\left(\dfrac{1}{\alpha}+\dfrac{1}{\beta}\right)+3\left(\alpha^2+\beta^2\right)=$

$\dfrac{2(\alpha+\beta)}{\alpha\beta}+3\left[(\alpha+\beta)^2-2\alpha\beta\right]=\dfrac{403}{4}$ ①，

$A-B=2\left(\dfrac{1}{\alpha}-\dfrac{1}{\beta}\right)+3\left(\beta^2-\alpha^2\right)=\dfrac{2(\beta-\alpha)}{\alpha\beta}$

$+3(\alpha+\beta)(\beta-\alpha)=-\dfrac{85\sqrt{17}}{4}$ ②，

由①②可得 $A=\dfrac{403-85\sqrt{17}}{8}$．

20　赋值法

1.【解析】由题意得 $x^2+3x+2=(x-1)^2$
$+a(x-1)+b$，令 $x=2$ 即得 2^2+6+2
$=1+a+b$．所以 $a+b=11$．

2.【解析】令 $x=0$ 得 $a_0=1$；令 $x=1$，得 a_6
$+a_5+a_4+a_3+a_2+a_1+a_0=63+1$，即
$(m+1)^6=63+1$，解得 $m=1$ 或 -3．

3.【解析】将杯口朝上的杯子赋值为 1，杯口朝下的杯子赋值为 -1，考虑 11 个杯子所赋值的积．由于每次翻动偶数个杯子，使得积的符号改变偶数次，因此这个积是一个不变量．

初始时杯子都朝上，对应的积为 1，而 11 个杯子都朝下时，对应的积为 -1，故不可能通过操作得到 11 个杯子杯口都朝下的状态．

4.【解析】设这个多项式为 $(x+1)(ax+b)$，由题意得，令 $x=1$，则 $2(a+b)=2$，令 $x=3$，则

$4(3a+b)=28$，解得 $a=3,b=-2$，故这个多项式为 $(x+1)(3x-2)=3x^2+x-2$．

5.【解析】设 $(x^2+2x+2)^{2025}+(x^2-3x-3)^{2025}=a_{4050}x^{4050}+a_{4049}x^{4049}+\cdots+a_2x^2+a_1x+a_0$，

令 $x=1$，可得 $5^{2025}-5^{2025}=a_{4050}+a_{4049}+\cdots+a_2+a_1+a_0$，

即 $a_{4050}+a_{4049}+\cdots+a_2+a_1+a_0=0$ ①，

令 $x=-1$，可得 $1^{2025}+1^{2025}=a_{4050}-a_{4049}+\cdots-a_3+a_2-a_1+a_0$，

即 $a_{4050}-a_{4049}+\cdots-a_3+a_2-a_1+a_0=2$ ②，

①－②，再除以 2，可得奇次项的系数和为 $\dfrac{0-2}{2}=-1$．

21　特殊值法

1. B　【提示】不妨取 $a=-2$，代入原式 $=1$．

2. B　【提示】不妨取 $a=1,b=1$，代入原式 $=\dfrac{1}{2}$．

3. 45　【提示】利用特殊值法，如图，取点 E 与点 A 重合．此时 $EB^2-EC^2=AB^2-AC^2=9^2-6^2=45$．

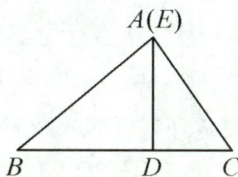

4. $2:3$　【提示】利用特殊值法，如图，取菱形 $ABCD$ 为正方形．设 $AB=2$，则 $AF=\sqrt{5}$，因为 $\cos\angle GAE=\cos\angle FAB=\dfrac{2\sqrt{5}}{5}$

$=\dfrac{AG}{AE}$，$AE=1$，所以 $AG=\dfrac{2\sqrt{5}}{5}$，$GF=$

$AF-AG=\sqrt{5}-\dfrac{2\sqrt{5}}{5}=\dfrac{3\sqrt{5}}{5}$，故 $\dfrac{AG}{GF}$ $=\dfrac{2}{3}$.

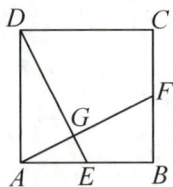

5.【提示】方法1：利用特殊值法，如图1，我们将点 E 与点 D 重合，则四边形 $ABCD$ 也随之特殊化为直角梯形. 作 $DF\perp BC$ 交 BC 于点 F，因为 $\triangle BAE$ 为等腰直角三角形，且 $AD\parallel BC$，可得正方形 $ABFD$，所以 $DF=AD=1$. 又 $\angle C=$ $45°$，所以得到等腰 $\mathrm{Rt}\triangle CDF$，故 $CE=$ $\sqrt{2}DF=\sqrt{2}$.

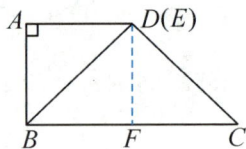

图1

方法2：如图2，作 $AF\perp BC$ 于点 F，作 $EH\perp BC$ 交 BC 于点 H，交 AD 的延长线于点 G，易证 $\triangle ABF\cong\triangle AEG$，故 AF $=AG$，可得正方形 $AFHG$. 因为 $\triangle DGE$ 和 $\triangle HCE$ 均为等腰直角三角形，所以 $GD=GE$，$HC=HE$，$AG-GD=GH-$ GE，即 $AD=HE=1$. 所以 $HC=HE=$ 1. 由勾股定理得，$CE=\sqrt{2}HC=\sqrt{2}$.

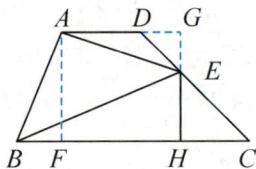

图2

22　排除法

1. B　**【提示】**将 $x=0$ 代入可排除其他选项.

2. D　**【解析】**如图，连结 AC，AD，通过证明 $\triangle ABC\cong\triangle AED$，得到 $AC=AD$，再由等腰三角形三线合一性质，得到 AF $\perp CD$，选项 A 不合题意；如图，连结 BF，EF，通过证明 $\triangle ABF\cong\triangle AEF$ 和 $\triangle BFC\cong\triangle EFD$，得到 $\angle AFB=\angle AFE$ 和 $\angle BFC=\angle EFD$，进而可证 $\angle AFC=$ $\angle AFD=90°$，选项 B 不合题意；选项 C 思路同选项 B，可证 $AF\perp CD$，故不合题意；选项 D 的条件无法证出三角形全等，故不能证明 $AF\perp CD$. 故选 D.

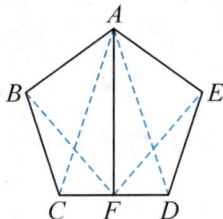

3. D　**【解析】**先求得直线与抛物线的两个交点分别为 $(1,a+b)$ 和 $\left(-\dfrac{b}{a},0\right)$. 由选项 A 中的直线位置可知 $a>0$，$b>0$，由此判断抛物线的开口方向与对称轴及直线与抛物线的交点位置均符合题意，排除选项 A；由选项 B 中的直线位置可知 $a>0$，$b<0$，由此判断抛物线的开口方向与对称轴及直线与抛物线的交点位置均符合题意，排除选项 B；由选项 C 中的直线位置可知 $a<0$，$b<0$，由此判断抛物线的开口方向与对称轴及直线与抛物线的交点位置均符合题意，排除选项 C；由选项 D 中的直线位置可知 a <0，$b>0$，由此判断 $(1,a+b)$ 在第四象

限,因此选项 D 不正确.故选 D.

4. A 【解析】如图,连结 FH.取 FH 的中点 O,连结 OC,OD.因为 $\angle HFG = \angle FDC = 45°$,所以 $FH // CD$,所以 $S_{\triangle HCD} = S_{\triangle FCD}$.同理可得 $S_{\triangle FAB} = S_{\triangle HAB}$,所以 $S_{\triangle FCD} = \frac{1}{2}S_{阴影}$,故排除选项 C;因为 $S_{\square ABCD} = 4S_{\triangle COD} = 4S_{\triangle HCD} = 2S_{阴影}$,故排除选项 B;因为剩余部分的面积与正方形 $EFGH$ 面积的和等于 $\square ABCD$ 的面积减去两张全等的等腰直角三角形纸片 $\triangle ABH$ 与 $\triangle CDF$ 的面积,所以该面积的和等于阴影部分的面积,排除选项 D.故选 A.

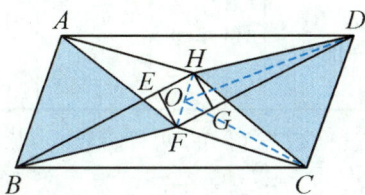

5. D 【解析】当点 P 是 $\triangle ABC$ 三边垂直平分线的交点时,$PA^2 + PB^2 + PC^2 = 3 \times 5^2 = 75$;

当点 P 是 $\triangle ABC$ 三条高线的交点时,$PA^2 + PB^2 + PC^2 = 6^2 + 8^2 = 100$;

当点 P 是 $\triangle ABC$ 三条角平分线的交点时,$PA^2 + PB^2 + PC^2 = 8 + 20 + 40 = 68$;

当点 P 是 $\triangle ABC$ 三条中线的交点时,$PA^2 + PB^2 + PC^2 = \frac{100}{9} + \frac{208}{9} + \frac{292}{9} = \frac{200}{3}$.

因为 $100 > 75 > 68 > \frac{200}{3}$,所以排除选项 A,B,C.故选 D.

23 枚举法

1. $\begin{cases} x=5, \\ y=4, \end{cases}$ $\begin{cases} x=2, \\ y=8. \end{cases}$

2. 9,144

3. 【解析】(1)三辆车按出现的先后顺序为:优、中、差;优、差、中;中、优、差;中、差、优;差、优、中;差、中、优.共 6 种.

(2)根据三辆车出现的先后顺序,甲、乙乘车所有可能的情况如下表所示.

顺序	优,中,差	优,差,中	中,优,差	中,差,优	差,优,中	差,中,优
甲	优	优	中	中	差	差
乙	差	中	优	优	优	中

由表格可知:甲乘坐优等车的概率是 $\frac{2}{6} = \frac{1}{3}$,乙乘坐优等车的概率为 $\frac{3}{6} = \frac{1}{2}$,因为 $\frac{1}{3} < \frac{1}{2}$,则乙乘坐优等车的可能性大.

4. 【解析】设这个正整数为 n,则 $n+100 = x^2, n+168 = y^2$(x,y 均为正整数),两式相减得 $y^2 - x^2 = 68$,即 $(y-x)(y+x) = 68 = 1 \times 68 = 2 \times 34 = 4 \times 17$,则 $y-x$ 与 $y+x$ 的可能取值为 $\begin{cases} y-x=1, \\ y+x=68, \end{cases}$ $\begin{cases} y-x=68, \\ y+x=1, \end{cases}$ $\begin{cases} y-x=2, \\ y+x=34, \end{cases}$ $\begin{cases} y-x=34, \\ y+x=2, \end{cases}$ $\begin{cases} y-x=4, \\ y+x=17, \end{cases}$ $\begin{cases} y-x=17, \\ y+x=4, \end{cases}$ 由于 x,y 均为正整数,所以 $y-x$ 与 $y+x$ 有相同的奇偶性,且必有 $y-x < y+x$,故只能取 $\begin{cases} y-x=2, \\ y+x=34, \end{cases}$ 解得 $x=16$,代入 $n+100 = x^2$,得到 $n=156$.

5. 【解析】因为 n 段长之和为定值 95cm,故欲 n 尽可能大,必须每段的长度尽可能小.又由于每段的长度不小于 1cm,且任意 3 段都不能拼成三角形,因此,这些小段的长度（单位：cm）只可能分别是：

$1,1,2,3,5,8,13,21,34,55,\cdots$；

$1+1+2+\cdots+21+34=88<95$，$1+1+2+\cdots+21+34+55=143>95$，故 n 的最大值为 9．

将长为 95 cm 的铁丝分为满足条件的 9 段，共有以下 7 种方法（单位：cm）：

①$1,1,2,3,5,8,13,21,41$；

②$1,1,2,3,5,8,13,22,40$；

③$1,1,2,3,5,8,13,23,39$；

④$1,1,2,3,5,8,13,24,38$；

⑤$1,1,2,3,5,8,14,22,39$；

⑥$1,1,2,3,5,8,14,23,38$；

⑦$1,1,2,3,5,9,14,23,37$．

24　列表法

1.【解析】由题意得，小萱所有的摸球情况如下表所示．

第1次 第2次	1	2	3	4
1	(1,1)	(2,1)	(3,1)	(4,1)
2	(1,2)	(2,2)	(3,2)	(4,2)
3	(1,3)	(2,3)	(3,3)	(4,3)
4	(1,4)	(2,4)	(3,4)	(4,4)

共有 16 种等可能的结果，其中数字之和为 6 的有 $(2,4),(3,3),(4,2)$ 这 3 种情况，故小萱同学两次摸出的小球上数字之和为 6 的概率为 $\dfrac{3}{16}$．

2.【解析】本题中涉及两件商品进价、售价、利润率、盈亏等，故制作表格如下．

商品	进价	售价	利润率	建立方程及解	盈亏
商品 A（亏损）	x	84	-20%	$\dfrac{84-x}{x}=-20\%$，$x=105$	$84-105=-21$
商品 B（盈利）	y	84	40%	$\dfrac{84-y}{y}=40\%$，$y=60$	$84-60=24$

由表格数据可知，两件商品卖出后共盈利 $(-21)+24=3$ 元．

3.【解析】设甲地运往 A 校的草皮为 x 平方米，由题意列出表格．

地方	A 校			B 校		
	草皮面积/平方米	路程/千米	每平方米草皮每千米运费/元	草皮面积/平方米	路程/千米	每平方米草皮每千米运费/元
甲地	x	20	0.15	$3500-x$	10	0.15
乙地	$3600-x$	15	0.20	$2500-(3600-x)$	20	0.20

故总运费为 $y=20\times0.15x+10\times0.15\times(3500-x)+15\times0.2\times(3600-x)+20\times0.2\times[2500-(3600-x)]$

$=2.5x+11650(1100\leqslant x\leqslant3500)$．

4.【解析】(1)把表格补充完整如下.

x	$\cdots$	-5	-4	-3	-2	-1	0	1	2	3	4	5	$\cdots$
$y=\dfrac{4-x^2}{x^2+1}$	$\cdots$	$-\dfrac{21}{26}$	$-\dfrac{12}{17}$	$-\dfrac{1}{2}$	0	$\dfrac{3}{2}$	4	$\dfrac{3}{2}$	0	$-\dfrac{1}{2}$	$-\dfrac{12}{17}$	$-\dfrac{21}{26}$	$\cdots$

函数 $y=\dfrac{4-x^2}{x^2+1}$ 的图象如图所示.

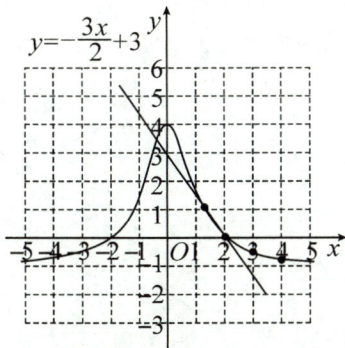

(2)①该函数图象是轴对称图形,对称轴是 y 轴.

②该函数在自变量的取值范围内,有最大值,当 $x=0$ 时,函数取得最大值,且最大值为 4.

③当 $x<0$ 时,y 随 x 的增大而增大,当 $x>0$ 时,y 随 x 的增大而减小.(以上三条性质写出一条即可)

(3)由图象可知,不等式 $-\dfrac{3}{2}x+3>\dfrac{4-x^2}{x^2+1}$ 的解集为 $x<-0.3$ 或 $1<x<2$.

5.【解析】因所有线段的和为45,故最大的正三角形边长为15,依据边长列表如下.

边长	a	b	c
15	9,6	7,8	1,2,3,4,5
14	9,5	8,6	3,4,7
13	9,4	8,5	6,7
12	9,3	4,8	5,7
11	9,2	3,8	4,7

续　表

边长	a	b	c
10	9,1	2,8	3,7
9	9	2,7	3,6
8	8	2,6	5,3
7	7	3,4	2,5
6	6	1,5	2,4
5	5	1,4	2,3

从表中可以看出,符合条件的三角形边长最短的为5,最长的为15,且都能找到适合的线段组合.故能够围成的周长不同的正三角形共有11种.

25　画树状图

1. 5 或 1(树状图略)

2. $\dfrac{3}{5}$(树状图略)

3.【解析】根据 P,Q 两点的运动可以分成相遇前与相遇后两种状况,即 AQ 的三等分点有两个,然后可以画树状图列出所有可能的情况,再逐一进行计算.树状图如下.

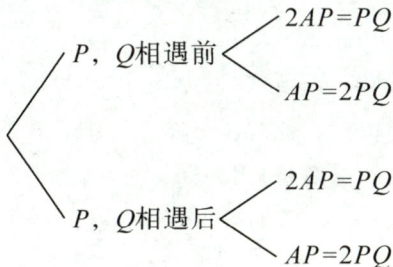

共有 4 种情况.

①点 P,Q 相遇前，$AP=t$，$PQ=15-t-2t=15-3t$，

若 $2AP=PQ$，有 $2t=15-3t$，解得 $t=3$；

若 $AP=2PQ$，有 $t=2(15-3t)$，解得 $t=\dfrac{30}{7}$.

②点 P,Q 相遇后，$AP=t$，$PQ=(2-1)(t-5)=t-5$，

若 $2AP=PQ$，有 $2t=t-5$，解得 $t=-5$（不符合题意，舍去）；

若 $AP=2PQ$，有 $t=2(t-5)$，解得 $t=10$.

综上所述，当 $t=3\mathrm{s}$，$\dfrac{30}{7}\mathrm{s}$ 或 $10\mathrm{s}$ 时，点 P 是线段 AQ 的三等分点.

4. 55　**【解析】** 设从开始爬到 k 有 a_k 种路线，显然 $a_1=2$. 列树状图：

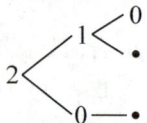

可知 $a_2=3$. 可以通过爬到 1 或 2 然后到 3，故 $a_3=a_1+a_2=5$，同理 $a_4=a_2+a_3=8$，$a_5=a_3+a_4=13$. 爬到 8 的树状图如下：

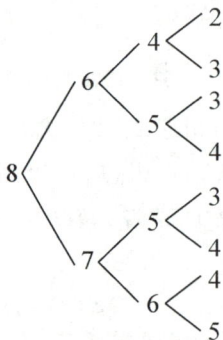

故爬到 8 所有路线数为 $a_2+3a_3+3a_4+a_5=3+3\times5+3\times8+13=55$ 种.

5. -2022　**【解析】** 因为 $|a_{n+1}|=|a_n+2|$，则 $a_{n+1}^2=(a_n+2)^2=a_n^2+4a_n+4$，

故 $a_n=\dfrac{a_{n+1}^2-a_n^2}{4}-1$，

所以 $a_1+a_2+\cdots+a_{2023}=\dfrac{a_2^2-a_1^2}{4}-1+\dfrac{a_3^2-a_2^2}{4}-1+\dfrac{a_4^2-a_3^2}{4}-1+\cdots+\dfrac{a_{2024}^2-a_{2023}^2}{4}-1=\dfrac{a_{2024}^2-a_1^2}{4}-2023=\dfrac{a_{2024}^2}{4}-2023$，所以当 a_{2024}^2 最小时，$a_1+a_2+\cdots+a_{2023}$ 的值最小.

a_n 必为偶数，列树状图：

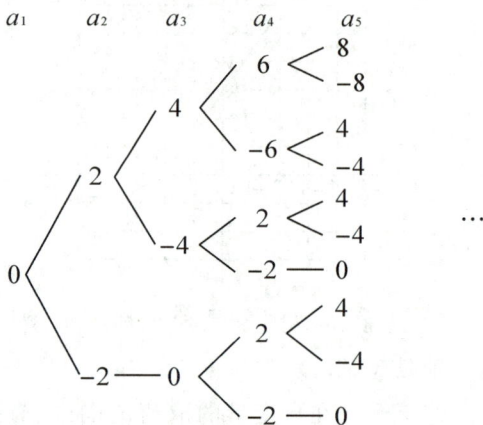

可知，当 n 是偶数时，$a_n\neq0$，故 $|a_{2024}|\geqslant2$，所以 $\dfrac{a_{2024}^2}{4}-2023\geqslant\dfrac{2^2}{4}-2023=-2022$.

故 $a_1+a_2+\cdots+a_{2023}$ 的最小值是 -2022.

26　数轴法

1. **【解析】**（1）由 $|a+4|+(c-1)^2=0$，得 $a+4=0$，$c-1=0$，解得 $a=-4$，$c=1$.

（2）因为点 A,B 在数轴上对应的数分别为 $-4+2t$，$-3+t$，则：

①当点 A,B 在点 O 的同侧时，$-4+2t=-3+t$，解得 $t=1$.

②当点 A,B 在点 O 的异侧时，$(-4+2t)+(-3+t)=0$，解得 $t=\dfrac{7}{3}$.

故 $t=1$ 或 $t=\dfrac{7}{3}$.

2.【解析】(1)2

(2)由 -1 表示的点与 3 表示的点重合，可确定对称点是 1 表示的点，则答案为：

①5 表示的点与对称点距离为 4，则重合点应该是左侧与对称点距离为 4 的点，即 $1-4=-3$，填 -3；

②$\sqrt{3}$ 表示的点与对称点距离为 $\sqrt{3}-1$，则重合点应该是左侧与对称点距离为 $\sqrt{3}-1$ 的点，即 $1-(\sqrt{3}-1)=2-\sqrt{3}$，填 $2-\sqrt{3}$.

由题意可得，A,B 两点距离对称点的距离为 $9\div2=4.5$，

因为对称点是 1 表示的点，

所以 A,B 两点表示的数分别是 $1-4.5$ 和 $1+4.5$，即 $-3.5,5.5$.

(3)当点 A 向左移动时，有 $a-4=-a,a=2$；

当点 A 向右移动时，有 $a+4=-a,a=-2$.

综上所述，$a=2$ 或 -2.

3.【解析】(1)当 $-4\leqslant a\leqslant2$ 时存在最小值，且最小值为 $(a+4)+(2-a)=6$.

(2)1,6

(3)$|a+4|-|a-2|$ 可以看成点 A 到 -4 的距离与点 A 到 2 的距离之差.

根据数 a 在数轴上对应的 A 点有三种位置，分类讨论：

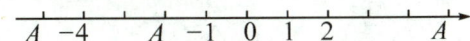

$$A\quad-4\quad A\quad-1\ 0\ 1\ 2\quad A$$

当 $a<-4$ 时，$|a+4|-|a-2|=-6$；

当 $-4\leqslant a\leqslant2$ 时，$-6\leqslant|a+4|-|a-2|\leqslant6$；

当 $a>2$ 时，$|a+4|-|a-2|=6$.

综上所述，$|a+4|-|a-2|$ 有最大值，最大值为 6.

4. 13 **【解析】**解分式方程得 $2m-4=x-3$，解得 $x=2m-1$.

因为方程的解为正数，所以 $2m-1>0$，解得 $m>\dfrac{1}{2}$.

因为 $x=3$ 是方程的增根，所以 $2m-4\neq0$，解得 $m\neq2$，

故 $m>\dfrac{1}{2}$ 且 $m\neq2$.

解不等式组，由 $y+1>0$，解得 $y>-1$，

由 $\dfrac{1}{2}y-\dfrac{1}{4}(2m-4)<1$，解得 $y<m$，

因为此不等式组有解，所以根据数轴图示，可知 $m>-1$，

又因为此不等式组最多有 5 个整数解，根据如下数轴图示，

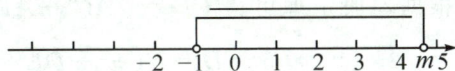

$$\overset{\hspace{2.5cm}}{\underset{-2\ -1\ 0\ 1\ 2\ 3\ 4\ m\,5}{\longrightarrow}}$$

可知 $m\leqslant5$.

所以 $-1<m\leqslant5$.

综上，$\dfrac{1}{2}<m\leqslant5$ 且 $m\neq2$.

所以所有符合条件的整数 m 的和为 $1+3+4+5=13$.

5.【解析】由 $2x-m\geqslant0$，得 $x\geqslant\dfrac{1}{2}m$，

由 $x-n<0$，得 $x<n$，

因为不等式组的整数解是 $-1,0,1,2$，

根据数轴图示可知 $-2<\dfrac{1}{2}m\leqslant-1,2<n\leqslant3$，

即 $-4<m\leqslant-2,2<n\leqslant3$，

因为 m,n 为整数，

所以 $n=3,m=-3$ 或 $m=-2$，

所以 $m-n=-5$ 或 -6.

27　平移法

1. $\dfrac{1}{2}$　【解析】如图,将线段 AB 向右平移至 FD 处,使得点 B 与点 D 重合,连结 CF,所以 $AB /\!/ FD$,因此 $\angle AOC = \angle FDC$.

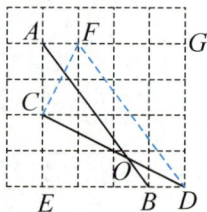

设正方形网格的边长为单位长度 1,则 $AC = 2, AF = 1, CE = 2, DE = 4, FG = 3, DG = 4$,

根据勾股定理可得 $CF = \sqrt{AC^2 + AF^2}$
$= \sqrt{2^2 + 1^2} = \sqrt{5}$, $CD = \sqrt{CE^2 + DE^2} =$
$\sqrt{2^2 + 4^2} = 2\sqrt{5}$, $DF = \sqrt{FG^2 + DG^2} =$
$\sqrt{3^2 + 4^2} = 5$,

因为 $(\sqrt{5})^2 + (2\sqrt{5})^2 = 5^2$,

所以 $CF^2 + CD^2 = DF^2$,

所以 $\angle FCD = 90°$,

所以 $\tan \angle AOC = \tan \angle FDC = \dfrac{CF}{CD} =$

$\dfrac{\sqrt{5}}{2\sqrt{5}} = \dfrac{1}{2}$.

2. $\dfrac{5}{4}$　【解析】AB, CD 的长为定长,故只需求 $AC + BD$ 的最小值. 如图,作点 A 关于 x 轴的对称点 A',则 A' 的坐标为 $(2, 3)$,把 A' 向右平移 3 个单位长度得到点 B' $(5, 3)$,连结 BB',与 x 轴交于点 D,易知四边形 $A'B'DC$ 为平行四边形,得到 $CA' = DB' = CA$,则 $AC + BD$ 的最小值为 BB',即此时四边形 $ABDC$ 的周长最短.

用待定系数法求出直线 BB' 的解析式,即 $y = 4x - 17$,易知点 D 坐标为 $\left(\dfrac{17}{4}, 0\right)$,则有 $a + 3 = \dfrac{17}{4}$,故 $a = \dfrac{5}{4}$.

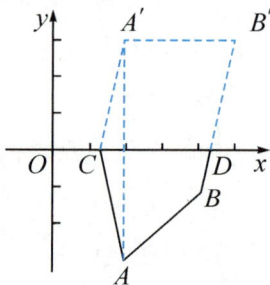

3. 【证明】如图,过点 D 作 AC 的平行线,过点 A 作 CD 的平行线,两线交于点 F,

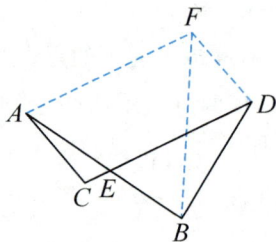

所以四边形 $ACDF$ 是平行四边形,

所以 $DF = AC, AF = CD = AB$.

因为 $\angle AEC = \angle FAB = 60°$,

所以 $\triangle ABF$ 是正三角形,

因此 $BF = AF = CD = 1$.

因为 $DF + BD \geqslant BF$,

所以 $AC + BD \geqslant 1$.

4. 【证明】如图,过点 A_2 作 C_3C_2 的平行线交过点 C_2 所作的 C_3A_2 的平行线于点 O,连结 OA_3, OB_3,

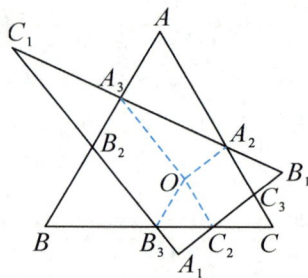

所以 $A_2OC_2C_3$ 是平行四边形，

故 $A_2O=C_3C_2$，$OC_2=A_2C_3=B_3C_2$，

因此 $\angle OC_2B_3=\angle C=60°$，

所以 $\triangle OB_3C_2$ 是正三角形，

则 $\angle OB_3C_2=60°=\angle B$，

所以 $OB_3 \parallel A_3B_2$.

又因为 $OB_3=B_3C_2=A_3B_2$，

所以 $OB_3B_2A_3$ 是平行四边形，

故 $OA_3 \parallel B_3B_2$ 且 $OA_3=B_3B_2$.

因为 $C_2C_3^2+B_2B_3^2=A_2A_3^2$，

所以 $OA_2^2+OA_3^2=A_2A_3^2$，

故在 $\triangle A_2OA_3$ 中，$\angle A_2OA_3=90°$，

易得 $\angle C_1A_1B_1=90°$，

所以 $A_1B_1 \perp C_1A_1$.

5.【证明】如图，过点 E 作 $ED \underline{\underline{\parallel}} BC$，连结 CD,FD，

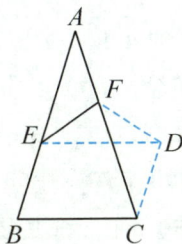

则四边形 $EBCD$ 为平行四边形，$BE=CD=AF$，$\angle A=\angle DCF$，

又因为 $AE=CF$，

所以 $\triangle AEF \cong \triangle CFD$，

故 $EF=DF$.

在 $\triangle DEF$ 中，$DF+EF>ED$，即 $2EF>BC=2$，

所以 $EF>1$.

特别地，当 E,F 分别为 AB,AC 的中点时，$EF=1$.

故 $EF \geqslant 1$.

28　旋转法

1.【解析】如图，将 $\triangle APB$ 绕点 A 逆时针

方向旋转 $90°$，则 AP 与 AP' 重合，BP 与 $P'D$ 重合，连结 $P'P$，则 $\sqrt{2}AP=P'P$，即边 $PB(P'D)$，$\sqrt{2}AP(PP')$，PD 在同一个三角形内，再由题目条件可得 $\angle DP'P=90°$，则 $\angle APB=\angle AP'D=90°+45°=135°$.

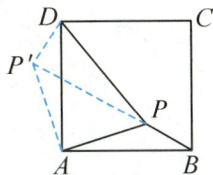

2.【解析】如图，设 $\angle BAC=\alpha$，以点 A 为旋转中心，将 $\triangle ABP$ 绕点 A 逆时针旋转 α 角至 $\triangle ACP'$ 的位置，连结 PP'，则 $\angle APP'=\angle AP'P$，因为 $\angle APC=\angle APB=\angle AP'C$，所以 $\angle CPP'=\angle CP'P$，所以 $CP=CP'=BP$，所以 $\angle PBC=\angle PCB$.

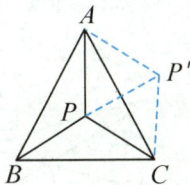

3.【解析】如图，将 $\triangle APC$ 绕点 A 逆时针旋转 $60°$，得到 $\triangle AP'B$，连结 PP'，则 $\triangle AP'B \cong \triangle APC$，所以 $P'B=PC=10$，$AP=AP'=6$，$\angle PAP'=60°$，则 $\triangle AP'P$ 为正三角形，所以 $\angle APP'=60°$，$PP'=PA=6$. 在 $\triangle BP'P$ 中，$PB^2+P'P^2=P'B^2$，由勾股定理逆定理知 $\angle BP'P=90°$，所以 $\angle APB=\angle APP'+\angle BP'P=150°$.

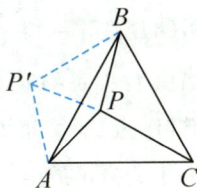

273

4. 【解析】如图,作正 $\triangle ADD'$(即将 $\triangle ACD$ 绕点 A 顺时针旋转 $60°$,得到 $\triangle ABD'$),作 $D'E \perp DB$ 交 DB 的延长线于点 E,则 $DC = D'B \geqslant D'E = 2\sqrt{3}$,$DC$ 的最小值为 $2\sqrt{3}$.

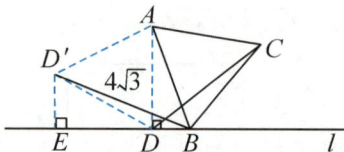

5. 【解析】点 P 与点 M 的关系为:将点 P 绕点 A 逆时针旋转 $90°$,再以点 A 为位似中心,以 $\dfrac{\sqrt{3}}{3}$ 为位似比缩放至点 M.如图,取点 B,连结 BA,使 $\angle BAO = 90°$,$AB = \sqrt{3}$,连结 BO,BM,所以点 M 的轨迹是一个以 B 为圆心,以 $MB = 1$ 为半径的圆,所以 $MO \leqslant MB + BO = 1 + 2\sqrt{3}$,即 MO 的最大值为 $1 + 2\sqrt{3}$.

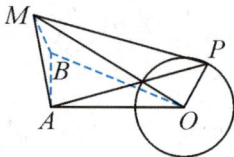

29　轴对称法

1. $(2,1)$

2. B　【解析】根据反比例函数解析式求得 $A(1,3)$,$B(3,1)$ 为两个定点,作点 A,B 分别关于 y 轴、x 轴的对称点 $A'(-1,3)$,$B'(3,-1)$,四边形 $ABCD$ 周长的最小值是当 A',D,C,B' 在同一条直线上时取得,故四边形 $ABCD$ 周长最小值是 $6\sqrt{2}$.

3. 14　【解析】作点 A 关于 CM 的对称点 A',点 B 关于 DM 的对称点 B',由轴对称性质可得 $CA' = CA = 2$,$DB' = DB =$

8,$\angle CMD = 120°$,可知 $\triangle A'MB'$ 是正三角形,当 C,A',B',D 在同一直线上时,CD 的最大值是 14.

4. 【解析】方法 1:如图,作点 B 关于直线 AD 的对称点 F,连结 DF,AF,EF,

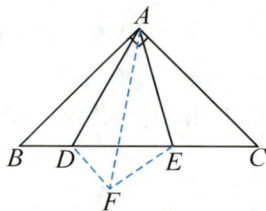

易得 $\angle BAD = \angle DAF$,$BD = DF$,$AB = AF$,由 $\triangle ABC$ 是等腰直角三角形,$\angle DAE = 45°$,得 $\angle FAE = \angle EAC$,$AF = AC$,$\angle DFA = 45°$,所以 $\triangle AEF \cong \triangle AEC$,则 $\angle EFA = \angle C = 45°$,$EF = EC$,所以 $\angle DFE = 90°$,$DF^2 + FE^2 = DE^2$,故 $BD^2 + EC^2 = DE^2$.

方法 2(提示):也可以将 $\triangle ABD$ 绕点 A 逆时针旋转 $90°$,得到 $\triangle ACF$ 进行求证.

5. 20　【解析】如图,延长 EB 至点 F,使 $BF = BE = 5$,设 $2\angle BAE = \angle C = 2\alpha$,则 $\angle F = 90° - \alpha$,$\angle CAF = 90° - \alpha = \angle F$,过点 A 作 $AH \perp DE$ 于点 H,

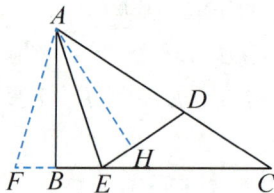

设 $CE = x$,则 $AD = 10 + x - 12 = x - 2$,易得 $EH = BE = 5$,$AH = AB$,$\angle BEA = \angle AEH = 90° - \alpha$,

所以 $\angle DEC = 2\alpha = \angle C$,$DE = DC = 12$,$DH = 7$,

$AH^2 = AD^2 - DH^2 = (x-2)^2 - 7^2$,$AB^2 = AC^2 - BC^2 = (x+10)^2 - (x+5)^2$,

可得方程$(x-2)^2-7^2=(x+10)^2-(x+5)^2$,解得$x=20$.

30 面积法

1. $\dfrac{2\sqrt{3}}{3}$

2. 12 【解析】如图,连结CN,证明$\triangle ABC$ $\backsim\triangle ECD$,得出$\dfrac{AB}{CE}=\dfrac{BC}{CD}$,由$BN=2AN$,$CM=2ME$,得出$\dfrac{BN}{CM}=\dfrac{BC}{CD}$,又$\angle ABC=\angle ECD$,则$\triangle BCN\backsim\triangle CDM$,可得$NC/\!/MD$,故$S_{\triangle DMN}=S_{\triangle DMC}$,结合题意得出$S_{\triangle DCE}=\dfrac{3}{2}S_{\triangle DMC}=12$.

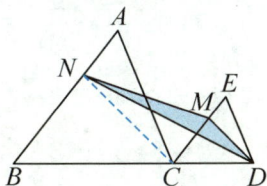

3. $\dfrac{1}{3}$

4. D 【解析】如图,连结ND,

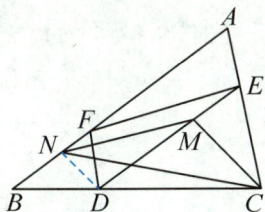

因为$\triangle FBD\backsim\triangle EDC$,$\angle NFD=\angle MEC$.

所以$\dfrac{FB}{ED}=\dfrac{FD}{EC}$,故$\dfrac{FD}{EC}=\dfrac{NF}{ME}$,

又因为$\angle NFD=\angle MEC$,所以$\angle ECM=\angle FDN$.

又因为$\angle FDB=\angle ECD$,所以$\angle MCD=\angle NDB$.

所以$MC/\!/ND$,故$S_{\triangle MNC}=S_{\triangle MDC}$.

因为$DM=2ME$,所以$S_{\triangle MEC}=\dfrac{1}{2}S_{\triangle DMC}$

$=\dfrac{1}{2}S_{\triangle MNC}$.

故选 D.

5. 【证明】如图,连结AE,CE,

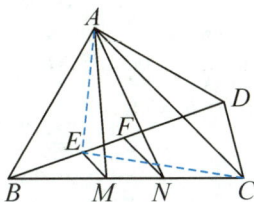

因为$BE:EF:FD=m:n:p$,

所以$S_{\triangle ABE}+S_{\triangle CBE}=\dfrac{m}{m+n+p}\cdot S_{\text{四边形}ABCD}$,

又因为$EM/\!/AC$,

所以$S_{\triangle AEM}=S_{\triangle ECM}$,

因为$S_{\triangle ABM}=S_{\triangle ABE}+S_{\triangle BME}+S_{\triangle AEM}$,

所以$S_{\triangle ABM}=S_{\triangle ABE}+S_{\triangle BME}+S_{\triangle ECM}$,

即$S_{\triangle ABM}=S_{\triangle ABE}+S_{\triangle CBE}=\dfrac{m}{m+n+p}\cdot$

$S_{\text{四边形}ABCD}$,

同理:连结AF,CF,

易推出$S_{\triangle AFD}+S_{\triangle CFD}=S_{\text{四边形}ANCD}$

$=\dfrac{p}{m+n+p}\cdot S_{\text{四边形}ABCD}$,

所以$S_{\triangle AMN}=\dfrac{n}{m+n+p}\cdot S_{\text{四边形}ABCD}$,

故$S_{\triangle ABM}:S_{\triangle AMN}:S_{\text{四边形}ANCD}=m:n:p$.

31 割补法

1. A

2. $6\pi+18\sqrt{3}$

3. 3 【解析】如图,连结OA,
由题意,可得$OB=OC$,点$D(0,2)$,
所以$S_{\triangle OAB}=S_{\triangle OAC}=\dfrac{1}{2}S_{\triangle ABC}=4$,

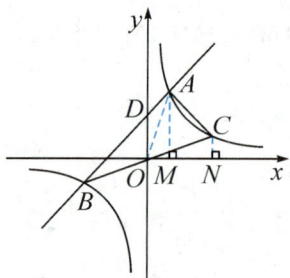

设点 $A(a, a+2)$，$B(b, b+2)$，

则 $C(-b, -b-2)$，

所以 $S_{\triangle OAB} = \frac{1}{2} \times 2 \times (a-b) = 4$，

所以 $a-b=4$ ①，

过点 A 作 $AM \perp x$ 轴于点 M，过点 C 作

$CN \perp x$ 轴于点 N，

则 $S_{\triangle OAM} = S_{\triangle OCN} = \frac{1}{2}k$，所以 $S_{\triangle OAC} =$

$S_{\triangle OAM} + S_{梯形AMNC} - S_{\triangle OCN} = S_{梯形AMNC} = 4$，

故 $\frac{1}{2}(-b-2+a+2)(-b-a) = 4$，

将①代入整理得 $-a-b=2$ ②，

由①②得 $\begin{cases} a=1, \\ b=-3, \end{cases}$ 所以 $A(1, 3)$，

故 $k = 1 \times 3 = 3$.

4. $2\sqrt{19}$ 【解析】如图，分别作 $AE \perp BC$ 交

BC 的延长线于点 E，$DF \perp BC$ 交 BC 的

延长线于点 F，$AG \perp DF$ 交 DF 于点 G，

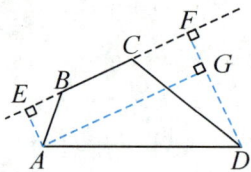

则四边形 $EAGF$ 四个内角均为直角，

所以四边形 $EAGF$ 为矩形，$AE = GF$，

$EF = AG$，

$\angle ABE = 180° - 135° = 45°$，$\angle DCF = $

$180° - 120° = 60°$，

所以 $AE = EB = \sqrt{6} \times \frac{\sqrt{2}}{2} = \sqrt{3}$，$CF = $

$\frac{1}{2}CD = 3$，$DF = \sqrt{3}CF = 3\sqrt{3}$，

因此 $AG = EF = \sqrt{3} + 5 - \sqrt{3} + 3 = 8$，$DG$

$= DF - AE = 2\sqrt{3}$，

所以 $AD = \sqrt{AG^2 + DG^2} = 2\sqrt{19}$.

5. 【解析】设 $P\left(t, -\frac{1}{2}t^2 + \frac{3}{2}t + 2\right)$，

由题意得 $AB = 5$，$OC = 2$，

所以 $S_{\triangle PAB} = \frac{1}{2} \times 5 \times \left(-\frac{1}{2}t^2 + \frac{3}{2}t + 2\right) = $

$-\frac{5}{4}t^2 + \frac{15}{4}t + 5$，

因为 $\dfrac{OF}{-\frac{1}{2}t^2 + \frac{3}{2}t + 2} = \dfrac{1}{t+1}$，

所以 $OF = -\frac{1}{2}(t-4)$，

因此 $S_{\triangle AFO} = \frac{1}{2} \times 1 \times \left[-\frac{1}{2}(t-4)\right] = $

$-\frac{1}{4}(t-4)$，且 $S_{\triangle BOC} = 4$，

所以 $S_1 - S_2 = S_{\triangle PAB} - S_{\triangle AFO} - S_{\triangle BOC} = $

$-\frac{5}{4}t^2 + \frac{15}{4}t + 5 - \left[-\frac{1}{4}(t-4)\right] - 4 = $

$-\frac{5}{4}t^2 + 4t = -\frac{5}{4}\left(t - \frac{8}{5}\right)^2 + \frac{16}{5}$，

故当 $t = \frac{8}{5}$ 时，$S_1 - S_2$ 有最大值，最大值

为 $\frac{16}{5}$.

32 巧用中点

1. $108°$

2. B 【提示】如图 1，连结 BD 交 AC 于

点 O，

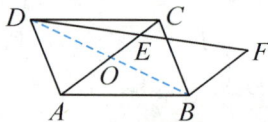

图 1

因为四边形 $ABCD$ 是平行四边形,所以 $OD=OB$,

又因为 $EF=DE$,所以 OE 是 $\triangle BFD$ 的中位线,故 $\dfrac{OE}{BF}=\dfrac{OD}{BD}=\dfrac{1}{2}$,

因此 $\dfrac{\frac{1}{2}AC-CE}{BF}=\dfrac{1}{2}$,所以 $BF=3$,故选 B.

(也可以延长 DF 和 AB 交于点 G,如图 2 运用相似三角形的知识求解.)

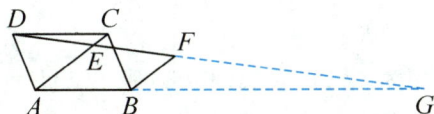

图 2

3. 2.5 【解析】方法 1:如图 1,延长 FM,CA 交于点 G,取 CG 的中点 N,连结 MN.易得 $\triangle FMC\cong\triangle GMC$,所以 $CG=CF$,$MG=MF$,因为 N 为 CG 的中点,所以 $MN=\dfrac{1}{2}CF$,易得 $MN=2DE$,所以 $DE=\dfrac{1}{4}CF=2.5$.

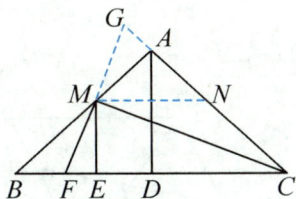

图 1

方法 2:假设 $\triangle ABC$ 为正三角形,如图 2,可得 $DE=\dfrac{1}{4}CF=2.5$.

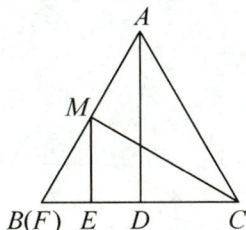

图 2

4. $\sqrt{10}-\sqrt{2}$ 【解析】如图,连结 AG 并延长交 BC 于点 F,连结 OF,OB,过点 G 作 $GE\parallel OF$ 交 x 轴于点 E,由 F 是 BC 的中点,得 $OF\perp BC$,得 $\triangle BOF$ 是等腰直角三角形,因为 $OB=3$,所以 $OF=BF=\dfrac{3\sqrt{2}}{2}$,因为 $GE\parallel OF$,所以 $\triangle AGE\backsim\triangle AFO$,所以 $\dfrac{AG}{AF}=\dfrac{AE}{OA}=\dfrac{EG}{OF}=\dfrac{2}{3}$,则 $GE=\sqrt{2}$,故点 G 在以 E 为圆心,$\sqrt{2}$ 为半径的圆上运动,所以当 D,G,E 三点共线时,DG 最小,此时 $DE=\sqrt{OD^2+OE^2}=\sqrt{3^2+1^2}=\sqrt{10}$,所以 DG 的最小值是 $\sqrt{10}-\sqrt{2}$.

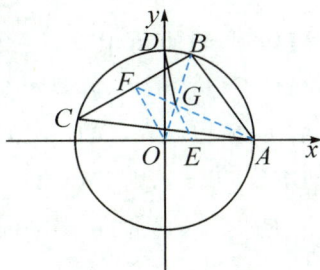

5. $\dfrac{\sqrt{21}}{2}$ 【解析】如图,延长 EF,CA 交于点 G,连结 DG,AE,易证 $\triangle EDF\cong\triangle GAF$,所以 $EF=GF$,因为 $AF=DF$,所以四边形 $DEAG$ 是平行四边形,故 $AG=DE$,$DG=AE$,

过点 D 作 $DH\perp AC$ 于点 H,过点 E 作 $ER\perp AC$ 于点 R,得矩形 $DHRE$,所以 $ER=DH$.

设 $AH=x$,所以 $AD=2AH=2x$,因此 $BD=DE=AG=7-2x$,所以 $GH=AG-AH=7-3x$,易得 $\triangle GDH\cong\triangle AER$,所以 $AR=GH=7-3x$,故 $GR=AG+AR=7-2x+7-3x=14-5x$,因而 $EG^2=ER^2+GR^2=3x^2+(14-5x)^2=$

$28(x^2-5x+7)=28\left(x-\dfrac{5}{2}\right)^2+21$，所以当 $x=\dfrac{5}{2}$ 时，EG 有最小值，最小值为 $\sqrt{21}$，因为 $EF=\dfrac{1}{2}EG$，所以 EF 的最小值为 $\dfrac{\sqrt{21}}{2}$.

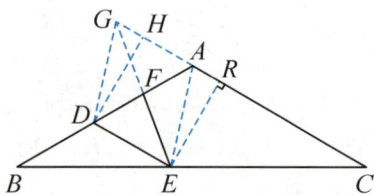

33　巧用角平分线

1.【解析】如图，过点 E 作 $EF\perp AC$ 于点 F，由 AE 平分 $\angle BAC$，容易得到 $\triangle ABE\cong\triangle AFE$，所以 $AF=AB=3$. 故 $FC=2$. 设 $BE=EF=x$，则 $EC=4-x$，

在 $Rt\triangle EFC$ 中，$x^2+2^2=(4-x)^2$，解得 $x=\dfrac{3}{2}$.

所以 $S_{\triangle ACE}=\dfrac{1}{2}CO\cdot EF=\dfrac{1}{2}\times\dfrac{5}{2}\times\dfrac{3}{2}=\dfrac{15}{8}$.

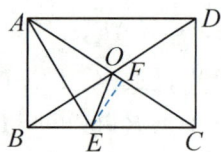

2.【解析】(1)如图 1 所示.

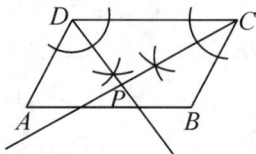

图 1

(2)方法 1：如图 2，在 DC 上截取 $DE=$

DA，连结 PE.

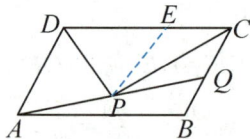

图 2

因为 DP 平分 $\angle ADC$，所以 $\angle ADP=\angle EDP$.

从而得到 $\triangle ADP\cong\triangle EDP$（SAS）. 所以 $\angle DAP=\angle DEP$，故 $\angle PEC=\angle PQC$.

得到 $\triangle CEP\cong\triangle CQP$（AAS），所以 $EC=CQ$.

因为 Q 是 BC 的中点，所以 $AD=CB=2CQ$，

所以 $CD=DE+EC=AD+CQ=3CQ$，故 $CD=\dfrac{3}{2}AD$.

方法 2：如图 3，延长 CP，DA 交于点 F. 由 AAS 可得 $\triangle DPF\cong\triangle DPC$，所以 $FP=CP$，因此 $\triangle AFP\cong\triangle QCP$（ASA），故 $AF=CQ$. 因为 Q 是 BC 的中点，所以 $AD=CB=2CQ$，所以 $CD=3CQ$，故 $CD=\dfrac{3}{2}AD$.

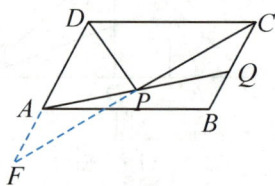

图 3

3.【解析】如图，延长 BQ 交 DE 的延长线于点 F.

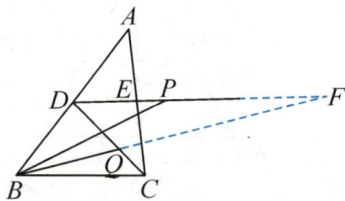

因为 DE 是 $\triangle ABC$ 的中位线，$DE=4$，

所以 $BC\parallel DE$，$BC=2DE=8$.

所以 $\angle CBQ=\angle F$，$\triangle BQC\backsim\triangle FQD$.

故 $\dfrac{BC}{DF}=\dfrac{CQ}{DQ}=\dfrac{1}{2}$.

所以 $DF=16$，则 $EF=12$.

因为 BQ 平分 $\angle CBP$，

所以 $\angle PBQ=\angle CBQ$，因此 $\angle PBQ=\angle F$，$PB=PF$.

所以 $EP+BP=EF=12$.

4.【解析】(1)证明:如图 1，连结 OD.

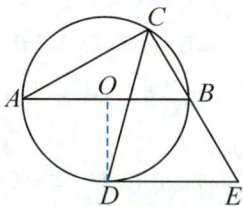

图 1

因为 AB 是 $\odot O$ 的直径，所以 $\angle ACB=90°$.

因为 CD 平分 $\angle ACB$，所以 $\angle ACD=45°$，因此 $\angle AOD=2\angle ACD=90°$.

因为 $DE\parallel AB$，所以 $\angle ODE=\angle AOD=90°$，故 DE 是 $\odot O$ 的切线.

(2)如图 2，连结 BD，过点 E 作 $EH\perp BD$ 于点 H.

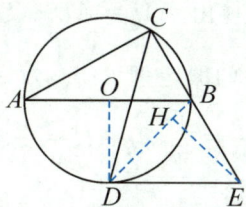

图 2

可以证明 $\triangle CDE\backsim\triangle DBE$，故 $\dfrac{DE}{BE}=\dfrac{CE}{DE}$.

因为 $BC=6$，$BE=8$，所以 $DE=4\sqrt{7}$，因此 $DH=HE=2\sqrt{14}$.

故 $BH=\sqrt{BE^2-HE^2}=2\sqrt{2}$，

所以 $BD=2\sqrt{14}+2\sqrt{2}$，$OD=OB=2\sqrt{7}+2$，即半径为 $2\sqrt{7}+2$.

5.【解析】如图，连结 BH，CH，因为点 H 是 $\triangle ABC$ 的内心，所以 AD 平分 $\angle BAC$，由 $AH\perp GF$ 得到 $\triangle AHG\cong\triangle AHF$（ASA）. 所以 $\angle AGH=\angle AFH$. 故 $\angle BGH=\angle CFH$.

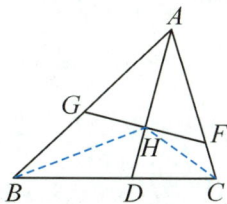

因为 $\angle AHB=90°+\dfrac{1}{2}\angle ACB$，所以 $\angle BHG=\dfrac{1}{2}\angle ACB$.

因为 $\angle FCH=\dfrac{1}{2}\angle ACB$，所以 $\angle BHG=\angle FCH$. 故 $\triangle HBG\backsim\triangle CHF$.

所以 $\dfrac{GH}{FC}=\dfrac{BG}{FH}$，故 $FH\cdot GH=6$.

因为 $GH=FH$，所以 $FH^2=6$，则 $FH=\sqrt{6}$.

故 $FG=2\sqrt{6}$.

34 截长补短

1.【提示】在 BC 上取点 F，使 $BF=AB$，易证 $\triangle ABE\cong\triangle FBE$，则 $\angle A=\angle BFE$，由 $AB\parallel CD$ 得 $\angle A+\angle D=\angle EFB+\angle D$，所以 $\angle EFC=\angle D$，进而得出 $\triangle EFC\cong\triangle EDC$，因而有 $CF=CD$，从而得出结论.

2.【提示】(1)如图 1，在 BD 上截取 $DH=DA$，连结 AH，通过证明 $\triangle ADH$ 是正三角形，可得 $AD=AH$，$\angle DAH=$

初中
数学　思想与方法导引

$\angle BAC = 60°$，由 SAS 可证 $\triangle BAH \cong \triangle CAD$，可得 $CD = BH$，可得 $BD = CD + AD$.

(2)如图 2，作 $\angle DAH = 120°$，交 BD 于 H，过点 A 作 $AE \perp BD$ 于点 E. 由 $\angle CAB = \angle CDB$，得点 A，B，C，D 四点共圆，则 $\angle ACD = \angle ABD$，可证 $\triangle DAC \cong \triangle HAB$（ASA），得 $DA = HA$，$DE = EH$，$\angle ADE = 30°$，则 $DE = \sqrt{3} AE = \frac{\sqrt{3}}{2}AD$，$DH = \sqrt{3} AD$，故 $\frac{BD - CD}{AD} = \frac{BD - BH}{AD} = \frac{DH}{AD} = \sqrt{3}$，因此 $\frac{BD - CD}{AD}$ 是定值.

(3)如图 3，当点 D 在直线 AB 的上方时，过点 A 作 $AE \perp BD$ 于点 E，由（2）可知 $\angle ADE = 30°$，得 $AE = 1$，$DE = \sqrt{3}$，$BE = 2\sqrt{6}$，故 $BD = 2\sqrt{6} + \sqrt{3}$；如图 4，当点 D 在直线 AB 下方时，过点 A 作 $AE \perp BD$ 于点 E，同理可求 $BD = 2\sqrt{6} - \sqrt{3}$.

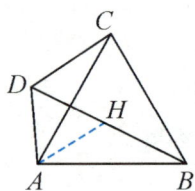
图1

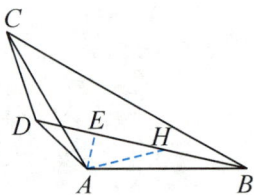
图2

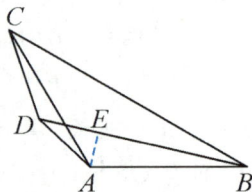
图3

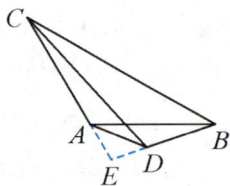
图4

3.【提示】(1)作 $BM \perp AE$ 于点 M，根据角平分线的性质得到 $BM = BC$，证明 Rt $\triangle BMQ \cong$ Rt $\triangle BCP$（HL），进而证明

$\angle BQA = \angle BPC$，即可得出答案为 180.

(2)$AQ - QP = 2AC$. 作 $BM \perp AE$ 于点 M，证明 Rt$\triangle ABM \cong$ Rt$\triangle ABC$（AAS），得到 $\angle ABM = \angle ABC$，$AM = AC$，$BM = BC$，再证明 Rt $\triangle BMQ \cong$ Rt $\triangle BCP$（HL），从而得出 $PC = QM$ 即可.

(3)$AQ - AP = 2PC$ 或 $AP - AQ = 2PC$. 分两种情况进行讨论，点 P 在线段 AC 上或点 P 在线段 AC 的延长线上，作出图后，由 $\triangle QBM \cong \triangle PBC$（AAS），得 $\angle QBM = \angle PBC$，$QM = PC$，$BM = BC$，结合 Rt $\triangle ABM \cong$ Rt $\triangle ABC$（HL），得出 $AM = AC$，利用线段和差计算即可.

4.【解析】【问题提出】过点 C 作 $CG \perp AB$ 于点 G，先证明 $\triangle EDF \cong \triangle CDG$，得到 $EF = CG$，然后根据等腰三角形的性质，得到 $CG = \frac{\sqrt{2}}{2}AC$，进而得到 $EF = \frac{\sqrt{2}}{2}AC$.

【拓展应用】(1)过点 C 作 $CH \perp AB$ 于点 H，证明 $\triangle EDF \sim \triangle CDH$，得 $\frac{DF}{DH} = \frac{DE}{CD} = \frac{1}{2}$，由 $AH = AD + DH = AD + 2DF$，由勾股定理可得 $AH = 4k$，进而得 $\frac{AH}{AC} = \frac{4k}{5k} = \frac{4}{5}$，得 $AH = \frac{4}{5}AC$，故 $\frac{4}{5}AC = AD + 2DF$，即 $AD = \frac{4}{5}AC - 2DF$.

(2)过点 C 作 $CG \perp AB$ 于点 G，分类讨论. 当点 F 在点 A，D 之间时，$AG = 2 + 6 = 8$，$AG = 4k = 8$，$k = 2$，得 $AC = 5k = 10$；当点 D 在点 A，F 之间时，$AG = AD - DG = 6 - 2 = 4$，$AG = 4k = 4$，$k = 1$，得 $AC = 5k = 5$.

280

综上所述,线段 AC 的长为 10 或 5.

5.【证明】(1)方法 1:如图 1,过点 A 作 AE $\perp AM$,交 CM 延长线于点 E. 连结 AC, AD 可证 $\triangle AME$ 是等腰直角三角形,得 $ME=\sqrt{2}MA$;证明 $\triangle CAE \cong \triangle DAM$ (SAS),则 $CE=DM$,故 $MD-MC=CE$ $-MC=ME=\sqrt{2}MA$.

方法 2:四边形 $AMCD$ 是圆内接四边形,则由托勒密定理可以求得 $MC \cdot AD$ $+AM \cdot CD=AC \cdot MD$. 根据垂径定理、勾股定理易得 $AC=AD=\dfrac{\sqrt{2}}{2}CD$,将其代入可以求得结论 $MD-MC=\sqrt{2}MA$.

(2)方法 1:【提示】作 $BH\perp MB$,交 MD 的延长线于点 H,构造 $\triangle MCB \cong$ $\triangle HDB$. $MH=MD+DH=MD+MC$ $=\sqrt{2}MB$,同理可得 $MD-MC=\sqrt{2}MA$,则 $MD^2-MC^2=(MD+MC)(MD-MC)=\sqrt{2}MB \cdot \sqrt{2}MA=2MA \cdot MB$.

所以 $\dfrac{MD^2-MC^2}{MA \cdot MB}=2$,即 $\dfrac{MD^2-MC^2}{MA \cdot MB}$ 为定值.

方法 2:如图 2,连结 BC, BD,四边形 $MCBD$ 是圆内接四边形,则由托勒密定理得到 $MD \cdot BC+MC \cdot BD=MB \cdot$ CD,根据垂径定理、勾股定理易得 $BC=BD=\dfrac{\sqrt{2}}{2}CD$,则 $MD+MC=\sqrt{2}MB$,结合(1)得到 $MD^2-MC^2=(MD+MC)(MD-MC)=\sqrt{2}MA \cdot \sqrt{2}MB=2MA \cdot MB$.

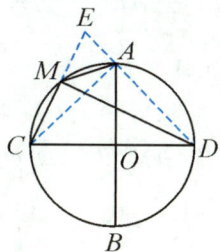

图 1

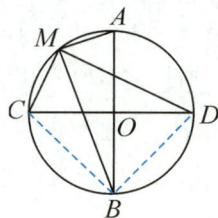

图 2

35　四点共圆

1. $130°$

2.【解析】如图,连结 EF,

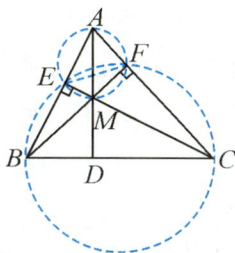

因为 $AC\perp BF$, $AB\perp CE$,
所以 $\angle BEC=\angle BFC=90°$,
因此点 B, C, F, E 共圆.
所以 $\angle ECB=\angle EFB$,
同理,点 A, E, M, F 共圆,
所以 $\angle EAM=\angle EFM$.
故 $\angle ECB=\angle EFB=\angle EAM$,
因为 $\angle AME=\angle DMC$,
所以 $\angle AEM=\angle ADC$.
因为 $\angle AEC=90°$,
所以 $\angle ADC=90°$,
所以 $AD\perp CB$,
即三角形的三条高线交于一点.

3. $90°$　【解析】如图,因为 $\angle BAC=\angle BCA$ $=15°$,

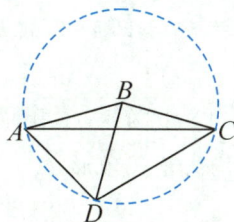

所以 $BA=BC$ 且 $\angle ABC=150°$,
因为 $\angle CAD=45°$, $\angle ACD=30°$,
所以 $\angle ADC=105°$,
所以 $\angle ADC=180°-\dfrac{1}{2}\angle ABC$,

因此点 D 在以点 B 为圆心，BA 为半径的圆上，

故 $\angle DBC = 2\angle CAD = 90°$.

4. C 【解析】因为 $\angle BAC = 60°$，$\angle BDC = 120°$，

所以 A，E，D，F 四点共圆，

因为 AD 平分 $\angle BAC$，所以 $\angle DAE = \angle DAF$，所以 $DE = DF = 6$，

因为 $\angle BDC = 120°$，所以 $\angle CDE = 60° = \angle FAC$，

因为 $\angle ACD = \angle ACD$，所以 $\triangle CDE \backsim \triangle CAF$，

所以 $AF : AC = DE : CD = DF : CD = 3 : 5$，

如图，延长 CF 到点 P，使 $DP = DB$，

因为 $\angle PDB = 60°$，所以 $\triangle BDP$ 为正三角形，故 $\angle P = 60°$，

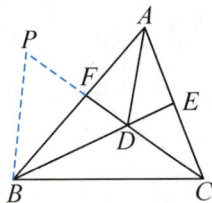

所以 $\triangle AFC \backsim \triangle PFB$，所以 $PF : PB = AF : AC = 3 : 5$，

设每一份为 k，所以 $PB = PD = 5k$，$PF = 3k$，

所以 $DF = 2k = 6$，即 $k = 3$，故 $BD = 5k = 15$.
故选 C.

5. 【解析】(1) 如图 1，① 因为 $\triangle ACB$ 和 $\triangle DCE$ 均为正三角形，

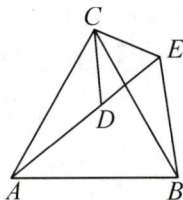

图 1

所以 $CA = CB$，$CD = CE$，$\angle ACB = \angle DCE = 60°$.

所以 $\angle ACD = \angle BCE$.

在 $\triangle ACD$ 和 $\triangle BCE$ 中，$\begin{cases} CA = CB, \\ \angle ACD = \angle BCE, \\ CD = CE, \end{cases}$

所以 $\triangle ACD \cong \triangle BCE \text{(SAS)}$，

故 $AD = BE$.

② 因为 $\triangle ACB$ 和 $\triangle DCE$ 均为正三角形，

所以 $\angle CEA = \angle ABC = 60°$.

因为点 A，D，E 在同一条直线上，

所以 A，B，E，C 四点共圆.

故 $\angle BEA = \angle ACB = 60°$.

(2) 如图 2，因为 $\triangle ACB$ 和 $\triangle AED$ 均为等腰直角三角形，

所以 $AC = BC$，$AE = DE$，$\angle ACB = \angle AED = 90°$，$\angle DAE = \angle BAC = 45°$，

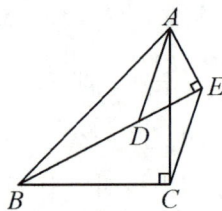

图 2

所以 $\angle BAD = \angle CAE$.

因为 $\dfrac{AE}{AD} = \dfrac{AC}{AB} = \dfrac{\sqrt{2}}{2}$，

所以 $\triangle BAD \backsim \triangle CAE$.

因此 $\dfrac{BD}{CE} = \dfrac{AD}{AE} = \sqrt{2}$，$\angle AEC = \angle ADB$
$= 180° - 45° = 135°$，

所以 $\angle BEC = 135° - 90° = 45°$.

(3) 如图 3，由题意得，点 P 在以点 D 为圆心，半径为 $\sqrt{2}$ 的圆上，

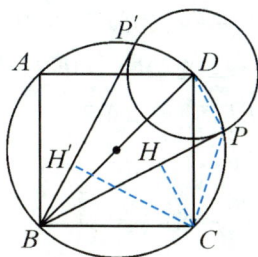

图 3

又因为∠BPD=90°,

所以点 P 在以点 BD 为直径的圆上.

如图,点 P 为两圆的交点.

①若点 P 在 CD 右侧,则连结 CP,DP,

过点 C 作 CH⊥BP 于点 H,

因为 CD=$\sqrt{10}$,

所以 BD=$2\sqrt{5}$.

又∠BPD=90°,DP=$\sqrt{2}$,

所以 BP=$\sqrt{20-2}$=$3\sqrt{2}$.

因为∠BPD=∠BCD,

所以 B,C,P,D 四点共圆,

因此∠CPB=∠CDB=45°,且∠BHC
=90°,

所以 PH=CH,

故在 Rt△BCH 中,$CH^2+(3\sqrt{2}-CH)^2=BC^2$,

解得 CH=$\sqrt{2}$,CH=$2\sqrt{2}$(舍去),

所以点 C 到直线 BP 的距离为$\sqrt{2}$.

②若点 P′在 CD 左侧,连结 CP′,过点 C
作 CH′⊥BP′于点 H′,

同理可得 CH′=$2\sqrt{2}$.

综上,点 C 到直线 BP 的距离为$\sqrt{2}$或
$2\sqrt{2}$.

36 垂线法

1. $\dfrac{4}{3}$ 【解析】如图,过点 E 作 EG⊥BC 于

点 G,过点 F 作 FH⊥EG 于点 H,

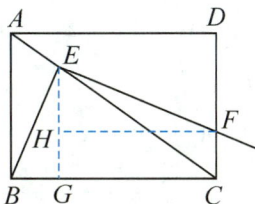

可证△EHF∽△BGE.

则$\dfrac{EF}{BE}=\dfrac{HF}{EG}=\dfrac{GC}{EG}=\dfrac{BC}{AB}=\dfrac{4}{3}$.

2. $\dfrac{24}{5}$ 【解析】因为四边形 APBQ 是平行
四边形,

所以 AO=BO=$\dfrac{1}{2}$AB=3,PO=QO,

当线段 PQ 的值最小,则线段 PO 的值
最小,

如图,过点 O 作 OP⊥AC 于点 P,此时
OP 最小,

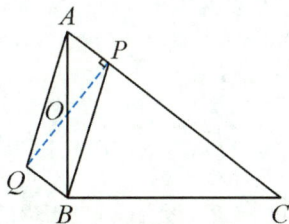

在 Rt△ABC 中,易得 AC=10,

sin∠BAC=$\dfrac{BC}{AC}=\dfrac{4}{5}$,

由此可得 PO=$3×\dfrac{4}{5}=\dfrac{12}{5}$,

所以 PQ_{min}=2PO=$\dfrac{24}{5}$.

3. C 【解析】如图,连结 OE,作 OF⊥BC
于点 F.

由斜中线定理得 OE=OC,进而得 EF
=CF,

因为 $OB^2-BF^2=OC^2-CF^2$,所以 $OB^2-OC^2=BF^2-CF^2=(BF+CF)(BF-CF)=BC·BE=xy$.

因为四边形 $ABCD$ 为平行四边形，且

$BD=2\sqrt{3}$，$AC=2$，

所以 $OB=\sqrt{3}$，$OC=1$，

故 $OB^2-OC^2=xy=2$.

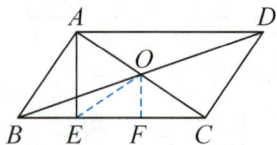

（也可以作 $DF\perp BC$ 于点 F.）

4.【解析】 如图，连结 AQ，作 $QM\perp OA$，BN $\perp OA$ 分别交 OA 于点 M 和点 N.

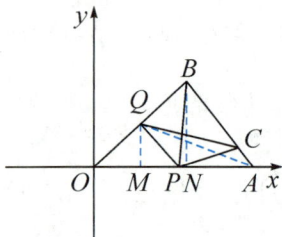

因为 $PQ\parallel AB$，所以 $S_{\triangle APQ}=S_{\triangle CPQ}$，故

$\dfrac{S_{\triangle APQ}}{S_{\triangle ABP}}=\dfrac{2}{3}$，

因为 $QM\perp OA$，$BN\perp OA$，可得 $\dfrac{QM}{BN}=\dfrac{2}{3}$，

则 $QM=2$，设直线 OB 的解析式

为 $y=kx$，

将 $B(4,3)$ 代入得 $3=4k$，解得 $k=\dfrac{3}{4}$，

所以 $y=\dfrac{3}{4}x$，将 $y=2$ 代入，解得 $x=$

$\dfrac{8}{3}$，所以点 Q 的坐标为 $\left(\dfrac{8}{3},2\right)$.

5.【解析】 如图，作 $DE\perp AD$ 于点 E，易得

$\angle AED=\angle DAE=45°$，

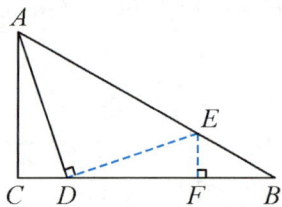

所以 $AD=DE$，作 $EF\perp BD$ 于点 F，易

得 $\triangle ACD\cong\triangle DFE$，$DF=AC=3$，

易得 $\triangle BEF\backsim\triangle BAC$，

设 $CD=a$，

则 $\dfrac{EF}{AC}=\dfrac{BF}{BC}$，即 $\dfrac{a}{3}=\dfrac{2}{5+a}$，

解得 $a=1$，

所以 $AB=\sqrt{AC^2+BC^2}=\sqrt{3^2+6^2}=$

$3\sqrt{5}$.

37　轨迹法

1. $(5,0)$，$(6,0)$，$\left(\dfrac{25}{6},0\right)$

2.【解析】 因为点 M 的坐标为 $\left(m-1,\right.$

$\left.-\dfrac{3}{4}m-\dfrac{9}{4}\right)$，

所以设 $\begin{cases}x=m-1,\\ y=-\dfrac{3}{4}m-\dfrac{9}{4},\end{cases}$ 得 $y=-\dfrac{3}{4}x-3$.

所以点 M 在函数 $y=-\dfrac{3}{4}x-3$ 上运

动，轨迹为直线.

所以当 $PM\perp AB$ 时，PM 最小.

根据 $\triangle PMB\cong\triangle AOB$，即可得 $PM=4$.

所以 PM 的最小值为 4.

3.【解析】 由旋转可得 $EF=EP$.

所以点 F 在以 E 为圆心，EP 为半径的

圆上.

因为 $PA=PB$，所以点 P 在 AB 的垂直

平分线上.

因为 $AB\parallel EF$，所以点 P 在 EF 的垂直

平分线上.

所以 $PE=PF$.

因此点 F 在以点 P 为圆心，PE 为半径

的圆上.

则两圆交点为满足条件的点 F,如图.

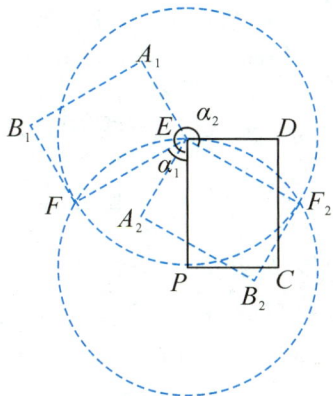

所以 $\triangle EPF$ 是正三角形,故 $\angle FEP=60°$.

所以 $\alpha_1 = \angle PEF_1 = 60°$, $\alpha_2 = 360° - \angle PEF_2 = 300°$.

即当 $AP=BP$ 时,旋转角度数为 $60°$ 和 $300°$.

4.【解析】如图,连结 OQ,因为 $PM\perp AB$, $PN\perp CD$, $AB\perp CD$,

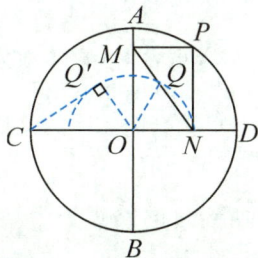

所以 $\angle PMO=\angle PNO=\angle MON=90°$.

所以四边形 $PMON$ 为矩形,故 $MN=OP$.

因为 $\odot O$ 的半径为 2,即 $OP=2$,

所以 $OQ=\dfrac{1}{2}MN=\dfrac{1}{2}OP=1$.

可得点 Q 的运动轨迹是以 O 为圆心,1 为半径的半圆.

因此当 CQ 与此半圆相切时,$\angle QCN$ 最大,将此点记为 Q'.

此时,在 $\text{Rt}\triangle CQ'O$ 中, $\angle CQ'O=90°$, $OQ'=1$, $CO=2$,

所以 $CQ'=\sqrt{3}$,即当 $\angle QCN$ 最大时,线

段 CQ 的长为 $\sqrt{3}$.

5.【解析】如图,因为 $\triangle ABC$ 是正三角形,

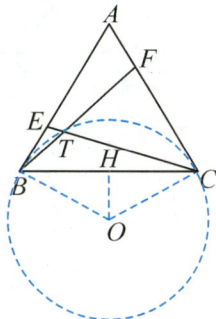

所以 $AB=BC$, $\angle A=\angle CBE=60°$.

因为 $AF=BE$,

所以 $\triangle ABF\cong\triangle BCE$(SAS),

因此 $\angle ABF=\angle BCE$.

所以 $\angle FTC = \angle TBC + \angle TCB = \angle TBC+\angle ABF=60°$.

故 $\angle BTC=120°$.

因为 $BC=12$ 是定值,

所以点 T 的运动轨迹是 $\overset{\frown}{BC}$.

设圆心为 O,连结 OB, OC,作 $OH\perp BC$ 于点 H,

因为 $OB=OC$, $OH\perp BC$,

所以 $BH=CH=6$.

因为 $\angle BTC=120°$,

所以 $\angle BOC=120°$,

所以 $\angle OBC=\angle OCB=30°$,故 $OB=4\sqrt{3}$.

所以 $\overset{\frown}{BC}$ 的长为 $\dfrac{120\times\pi\times4\sqrt{3}}{180}=\dfrac{8\sqrt{3}}{3}\pi$.

故点 T 运动的路径长为 $\dfrac{8\sqrt{3}}{3}\pi$.

38　解析法

1.【解析】以点 B 为坐标原点,线段 BC, BA 所在直线分别为 x 轴和 y 轴,建立平面直角坐标系,如图所示.

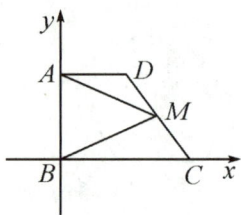

设 $A(0,a),D(b,a),C(c,0)$，则中点

$M\left(\dfrac{b+c}{2},\dfrac{a}{2}\right)$，

所以 $AM=\sqrt{\left(\dfrac{b+c}{2}\right)^2+\left(a-\dfrac{a}{2}\right)^2}$

$=\sqrt{\left(\dfrac{b+c}{2}\right)^2+\left(\dfrac{a}{2}\right)^2}$，

$BM=\sqrt{\left(\dfrac{b+c}{2}\right)^2+\left(\dfrac{a}{2}\right)^2}$，

故 $AM=BM$.

2.【解析】如图，以点 D 为坐标原点，线段 BC 所在直线为 x 轴建立平面直角坐标系.

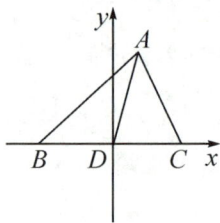

设 $B(-a,0),C(a,0),A(b,c)$，

则 $AB^2=(b+a)^2+c^2,AC^2=(b-a)^2+c^2$，

$BC^2=4a^2,AD^2=b^2+c^2$，

所以 $2(AB^2+AC^2)=4(a^2+b^2+c^2)$，

$BC^2+4AD^2=4(a^2+b^2+c^2)$，

所以 $2(AB^2+AC^2)=BC^2+4AD^2$.

3.【解析】如图，以线段 BC 所在直线为 x 轴，过点 A 与 BC 垂直的直线为 y 轴，建立平面直角坐标系.

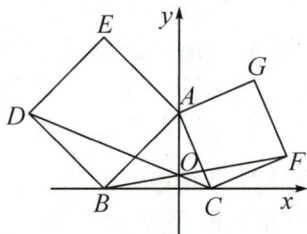

设 $A(0,a),B(-b,0),C(c,0)$，则 $D(-b-a,b),F(a+c,c)$，

所以直线 CD 的解析式为 $y=-\dfrac{b}{a+b+c}(x-c)$，直线 BF 的解析式为 $y=\dfrac{c}{a+b+c}(x+b)$，联立两个解析式，化简得 $(b+c)x=0$，解得 $x=0$.

即交点 O 的横坐标为 0，所以点 O 在 y 轴上，即 $OA\perp BC$.

4.【解析】如图，以点 C 为原点，建立平面直角坐标系，过点 D 作 $DG\perp AC$ 于点 G.

设 $AP=a$，则 $CP=2-a,P(0,2-a)$.

依次求得 $F\left(\dfrac{\sqrt{3}}{4}a,0\right),E\left(\dfrac{\sqrt{3}}{8}a,1-\dfrac{1}{2}a\right)$，

令 $x=\dfrac{\sqrt{3}}{8}a,y=1-\dfrac{1}{2}a$，则 $y=-\dfrac{4\sqrt{3}}{3}x+1$，

所以点 E 在直线 $y=1-\dfrac{4\sqrt{3}}{3}x$ 上运动，

当点 P 与 A 重合时，$a=0$，此时 $E(0,1)$，

当点 P 与 C 重合时，$a=2$，此时 $E\left(\dfrac{\sqrt{3}}{4},0\right)$.

故点 E 所经过的路径长为 $\sqrt{1^2+\left(\dfrac{\sqrt{3}}{4}\right)^2}$

$=\dfrac{\sqrt{19}}{4}$.

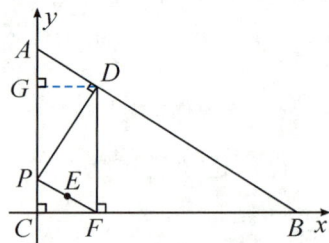

5.【解析】建立如图所示的坐标系，则 $N(28,0),D(0,42),M(0,21),C(84,42)$，

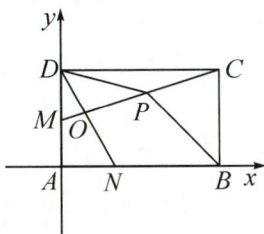

所以直线 DN 的解析式为 $y=-\dfrac{3}{2}x+42$,直线 CM 的解析式为 $y=\dfrac{1}{4}x+21$,

联立求得 $O(12,24)$,

所以 $S_{四边形BCON}=S_{矩形ABCD}-S_{\triangle ADN}-S_{\triangle COD}$

$=84\times42-\dfrac{1}{2}\times28\times42-\dfrac{1}{2}\times84\times(42-24)=2184.$

设 $P(x,y)$,

因为线段 BP 平分四边形 $BCON$ 的面积,所以 $S_{\triangle BPC}=\dfrac{(84-x)\times42}{2}=\dfrac{1}{2}\times2184=1092,$

所以 $x=32,y=29,$ 故 $S_{\triangle DPC}=\dfrac{1}{2}\times84\times(42-29)=546.$

39 图象法

1. 6 【提示】画出函数图象,点 C 是最高点,点 C 的纵坐标就是最大值 6.

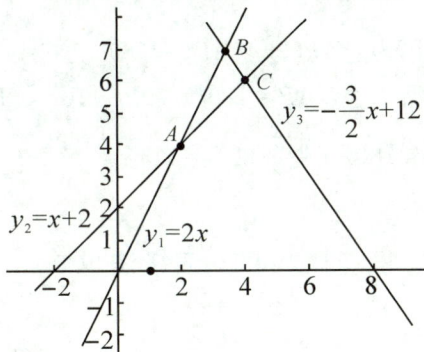

2. 75° 或 15° 【提示】如图,分弦 AB,AC

在圆心的同侧和异侧两种情况.

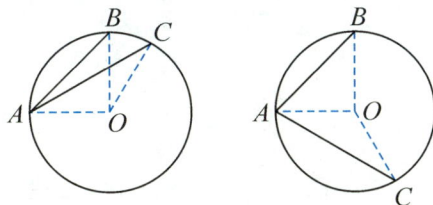

3. $R=2\sqrt{5}$ 【提示】如图,把扇形补成一个半圆.

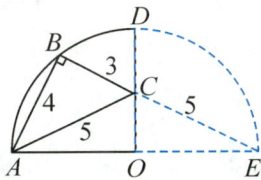

4. 【解析】(1) $x\neq-3,y\neq-2$

(2) 把函数 $y=\dfrac{12}{x+3}-2$ 的图象在 x 轴下方的部分沿 x 轴翻折,

可得函数 $y=\left|\dfrac{12}{x+3}-2\right|$ 的图象.

(3) 答案不唯一,如:当 $x=3$ 时,$y_{\min}=0$;

当 $x<-3$ 或 $x\geqslant3$ 时,y 随 x 的增大而增大.

(4) ①1,$x=3$;②$a=2$ 或 $a=0$;③$0<a<2$ 或 $a>2$.

5. $\dfrac{109}{8}$ 【提示】本题直接计算会比较麻烦,如果借助网格,把符合条件的图形放到网格中,利用网格计算会便捷很多,具体图形如下:

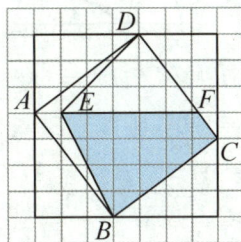

再用比例的相关知识得出 EF 的长度,最后利用割补法求出四边形的面积为 $\dfrac{109}{8}$.

40　类比法

1. $\frac{1}{2}n°$

2. $a^3-1=(a-1)(a^2+a+1)$　**【提示】** a^3 -1 可看作两个立方体体积之差,也可看作三个长方体之和,即 $a^3-1=a\times a \times(a-1)+1\times a\times(a-1)+1\times 1\times(a -1)=a^2(a-1)+a(a-1)+(a-1)= (a-1)(a^2+a+1)$.

3. **【解析】** $\sqrt{4-\sqrt{12}}=\sqrt{4-2\sqrt{3}}=$ $\sqrt{3-2\sqrt{3}+1}=\sqrt{(\sqrt{3}-1)^2}=\sqrt{3}-1$.

4. **【解析】** 如图,以 BC 为边构造正方形 $BCDE$. 在 DE 上取点 F,使 $EF=2$,连结 BF,交 AC 于点 N,则点 N 为所求.

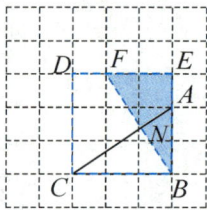

5. **【解析】** (1)如图,延长 FD 到点 G,使 DG $=BE$,连结 AG.

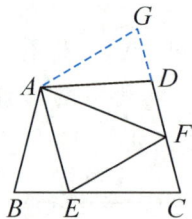

因为 $\angle B+\angle ADF=180°$, $\angle ADG+$ $\angle ADF=180°$,所以 $\angle B=\angle ADG$.
由 $AB=AD$, $\angle B=\angle ADG$, $BE=DG$ 得 $\triangle ABE\cong\triangle ADG$,
所以 $\angle BAE=\angle DAG$, $AE=AG$,
又 $BE=GD$,所以 $EF=BE+FD=GD$ $+FD=GF$.

由 $AE=AG$, $AF=AF$, $EF=GF$ 可得 $\triangle AEF\cong\triangle AGF$,
所以 $\angle EAF=\angle GAF=\angle DAG+$ $\angle DAF=\angle BAE+\angle DAF$.

(2)如图,在 DC 延长线上取一点 G,使得 $DG=BE$,连结 AG.

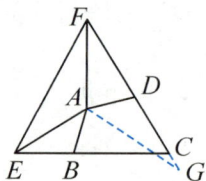

因为 $\angle ABC+\angle ADC=180°$, $\angle ABC+$ $\angle ABE=180°$,所以 $\angle ADC=\angle ABE$.
由 $AB=AD$, $\angle ABE=\angle ADC$, $BE=$ DG 可得 $\triangle ABE\cong\triangle ADG$,所以 AG $=AE$,
因为 $DG=BE$,所以 $EF=BE+FD=$ $DG+FD=GF$.

由 $AG=AE$, $EF=FG$, $AF=AF$ 可得 $\triangle AEF\cong\triangle AGF$,
所以 $\angle FAE=\angle FAG$,
因为 $\angle FAE+\angle FAG+\angle GAE=360°$,
所以 $2\angle FAE+(\angle GAB+\angle BAE)$ $=360°$,
故 $2\angle FAE+(\angle GAB+\angle DAG)=360°$,
即 $2\angle FAE+\angle DAB=360°$,

所以 $\angle EAF=180°-\frac{1}{2}\angle DAB$.

因为 $\angle ABC+\angle ADC=180°$, $\angle C=70°$,
所以 $\angle DAB=180°-70°=110°$, $\angle EAF$ $=180°-\frac{1}{2}\times110°=125°$.

41　演绎法

1. **【解析】** 左边 $=\dfrac{a^2}{b^2}+\dfrac{b-a}{b}=\dfrac{a^2+b(b-a)}{b^2}$

$$= \frac{a^2+b^2-ab}{b^2};\ 右边 = \frac{a}{b} + \frac{(b-a)^2}{b^2}$$

$$= \frac{a^2+b^2-ab}{b^2}.$$

左边＝右边，所以等式成立.

2.【证明】因为 $FG \parallel AC \parallel BE$，所以 $\frac{FG}{EB} = \frac{AF}{AE}$，因为 $FC \parallel ED$，所以 $\frac{FC}{ED} = \frac{AF}{AE}$. 因此 $\frac{FG}{EB} = \frac{FC}{ED}$.

又因为 $EB=ED$，所以 $FG=FC$.

3.【解析】所得的结果是一个定值. 设选的数字为 x，依题意有 $3(3x+3)=9x+9=9(x+1)=10x+(9-x)$，则个位数字为 $9-x$，十位数字为 x，个位与十位的数字相加为 $9-x+x=9$. 故得数等于 9.

4.【解析】每一轮三人得到的糖数之和为 $p+q+r-3p=q+r-2p$. 设它们共分了 n 轮，依题意，得 $n(q+r-2p)=20+10+9=39=1 \times 39=3 \times 13$ ①. 若 $n=1$，则抽到纸片上为 p 的人得糖块数为 0，与已知矛盾，所以 $n \neq 1$；若 $n=39$，则 $q+r-2p=1$，这不可能成立，因为 $p<q<r$，且都为整数，所以每轮至少分出 2 块糖，不可能只分 1 块糖，所以 $n \neq 39$. 所以 $n=3$ 或 $n=13$. 因为丙在各轮中得到的纸片上写的数字的和是 18，所以丙分得的糖块数为 $18-np$，故 $18-np=9$，$np=9$. 因为 $p \geqslant 1$，所以 $n \neq 13$. 只有 $n=3$，$p=3$. 将 $n=3$，$p=3$ 代入①，得 $3(q+r-6)=39$，所以 $q+r=19$. 因为乙得到的糖块数为 10，而最后一轮得到的糖块数是 $r-3$，所以 $r-3 \leqslant 10$，$r \leqslant 13$. 若 $r \leqslant 12$，则乙最后一轮所得的糖块数为 $r-p \leqslant 9$，这样乙必定要在前两轮中得一

张 q 或 r，这样乙得的总糖块数一定大于或等于 $(r+q)-6=13$，这与已知"乙得的糖块总数为 10"矛盾，所以 $r>12$. 因为 $12<r \leqslant 13$，所以 $r=13$，所以 $q=19-r=6$. 综上所述，$p=3$，$q=6$，$r=13$.

5.【解析】(1) 因为四边形 $ABCD$ 是菱形，所以 $AC \perp BD$，又因为 $AC \perp CQ$，所以 $BD \parallel CQ$，所以 $\angle BDC = \angle PCQ$.

(2) 因为 $PQ \parallel AD$，所以 $\angle ADC = \angle DPQ$，因为 $\angle ADC = 2\angle BDC$，$\angle BDC = \angle PCQ$，所以 $\angle DPQ = 2\angle PCQ$，因此 $\angle PCQ = \angle PQC$，所以 $\triangle CPQ$ 为等腰三角形.

(3) 如图，连结 CE.

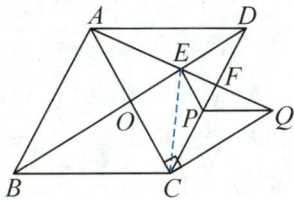

① 因为 $OE \parallel CQ$，所以 $\frac{AO}{OC} = \frac{AE}{EQ}$，又因为 O 为 AC 的中点，所以 E 是 AQ 的中点，因为 $\angle ACQ=90°$，所以 $EC=EQ$，又因为 $PC=PQ$，$EP=EP$，所以 $\triangle EPC \cong \triangle EPQ$，所以 $\angle CEP = \angle QEP$，所以 $EP \perp CQ$.

② 因为 $\frac{EF}{EQ}=k$，$AE=EQ$，所以 $\frac{EF}{AE}=k$，$\frac{FQ}{AE}=1-k$，$\frac{AF}{AE}=\frac{AE+EF}{AE}=1+k$，所以 $\frac{FQ}{AF}=\frac{1-k}{1+k}$. 因为 $AD \parallel PQ$，所以 $\triangle ADF \backsim \triangle QPF$，所以 $\frac{PQ}{AD}=\frac{FQ}{AF}=\frac{1-k}{1+k}$，又因为 $CP=PQ$，$CD=AD$，所以 $\frac{CP}{CD}=\frac{PQ}{AD}=\frac{1-k}{1+k}$.

42　分析法

1. D

2. C　【提示】因为 $S-S_1-S_2=S_{\triangle ABC}$，所以只需知道 $S_{\triangle ABC}$，就可求出 $S-S_1-S_2$ 的值.

3. $\dfrac{7\sqrt{3}}{2}$

4. D　【解析】若设一个三位数与一个两位数分别为 $100x+10y+z$ 和 $10m+n$，由表格中的数据和计算规则可知：$mz=20$，$nz=5$，$ny=2$，$nx=a$，即 $m=4n$，可确定当 $n=2$，$y=1$ 时，$z=2.5$，z 不是正整数，不符合题意；当 $n=1$，$y=2$ 时，则 $m=4$，$z=5$，$x=a$，由此可判断选项 A，B 错误.根据题意可得运算结果可以表示为 $1000(4a+1)+100a+25=4100a+1025$，故可判断选项 D 正确.当 $a=2$ 时，$4100\times 2+1025>6000$，故选项 C 错误.故选 D.

5. 【证明】(1) 因为四边形 $ABCD$ 是平行四边形，所以 $BO=OD$，
因为 $OE=OB$，所以 $OE=OD$，故 $\angle OBE=\angle OEB$，$\angle OED=\angle ODE$，
因为 $\angle OBE+\angle OEB+\angle OED+\angle ODE=180°$，所以 $\angle BEO+\angle DEO=\angle BED=90°$，故 $DE\perp BE$.

(2) 因为 $OE\perp CD$，所以 $\angle CEO+\angle DCE=\angle CDE+\angle DCE=90°$，故 $\angle CEO=\angle CDE$，
因为 $OB=OE$，所以 $\angle DBE=\angle OEB$，
因为 $\angle DBE=\angle CDE$，
因为 $\angle BED=\angle DEC$，所以 $\triangle BDE\backsim$

$\triangle DCE$，故 $\dfrac{BD}{CD}=\dfrac{DE}{CE}$，
所以 $BD\cdot CE=CD\cdot DE$.

43　综合法

1. 【解析】如图，过点 D 作 $DE\perp AB$ 于点 E，过点 D 作 $DF\perp AC$ 于点 F，
则 $S_1=\dfrac{1}{2}AB\cdot DE$，$S_2=\dfrac{1}{2}AC\cdot DF$.
因为 $S_1:S_2=AB:AC$，得 $\dfrac{AB\cdot DE}{AC\cdot DF}=\dfrac{AB}{AC}$，
所以 $DE=DF$.
所以 AD 是 $\triangle ABC$ 的角平分线.

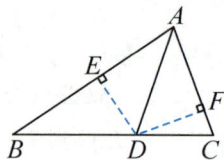

2. 【证明】四边形 $ADEF$ 为平行四边形.理由如下.
因为 $\triangle ABD$ 和 $\triangle EBC$ 都是正三角形，
所以 $BD=AB$，$BE=BC$；
因为 $\angle DBA=\angle EBC=60°$，
所以 $\angle DBA-\angle EBA=\angle EBC-\angle EBA$，
因此 $\angle DBE=\angle ABC$.
所以 $\triangle BDE\cong\triangle BAC$，
故 $DE=AC=AF$，
同理，$\triangle ECF\cong\triangle BCA$，
所以 $EF=AB=AD$，
所以四边形 $ADEF$ 为平行四边形.

3. 【证明】如图，过点 E 作 AD 的平行线分别交 DM，DC 的延长线于点 N，H，连结 DF，FN.

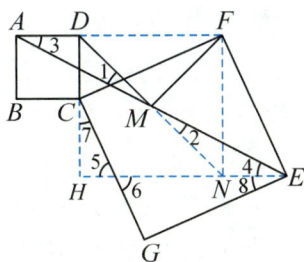

$\angle ADC = \angle H$, $\angle 3 = \angle 4$.

因为 $AM = ME$, $\angle 1 = \angle 2$,

所以 $\triangle AMD \cong \triangle EMN$,

所以 $DM = NM$, $AD = EN$.

因为 $ABCD$ 和 $CGEF$ 是正方形,

所以 $AD = DC$, $FC = FE$, $\angle ADC = \angle FCG = \angle CFE = 90°$, $\angle 5 = \angle 6 = 90°$ $- \angle 8 = \angle NEF$, $DC = AD = NE$.

又因为 $\angle H = 90°$,

所以 $\angle DCF + \angle 7 = \angle 5 + \angle 7 = 90°$,

则 $\angle DCF = \angle 5 = \angle NEF$.

因为 $FC = FE$,

所以 $\triangle DCF \cong \triangle NEF$.

所以 $FD = FN$, $\angle DFC = \angle NFE$.

因为 $\angle CFE = 90°$,

所以 $\angle DFN = 90°$, 即 $\triangle DFN$ 为等腰直角三角形.

又 $DM = MN$, 所以 $FM \perp MD$, $MF = MD$.

4. 【证明】如图, 过点 B 作圆 O 的直径 BE, 连结 AE, CE, CH.

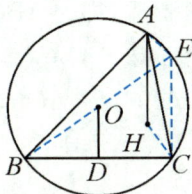

因为点 H 为 $\triangle ABC$ 的垂心,

所以 $AH \perp BC$.

因为 BE 为圆 O 的直径,

所以 $CE \perp BC$,

因此 $AH // CE$,

同理 $AE // CH$,

所以四边形 $AHCE$ 是平行四边形,

所以 $AH = CE$.

又因为 D 为 BC 的中点, O 为 BE 的中点,

所以 $CE = 2OD$.

所以 $AH = 2OD$.

5. 【证明】如图, 连结 OA, OD, 并延长 OD 交 $\odot O$ 于点 M,

则 $OD \perp BC$, $\overset{\frown}{BM} = \overset{\frown}{CM}$,

所以 A, E, M 三点共线,

又 AE, AF 是 $\angle BAC$ 及其外角平分线,

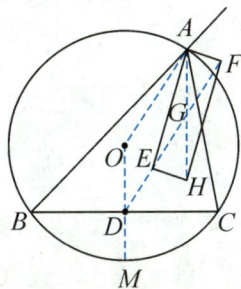

所以 $AE \perp AF$,

因为 $HE \perp AE$, $HF \perp AF$,

所以四边形 $AEHF$ 为矩形.

连结 AH, EF,

AH 与 EF 互相平分, 设其交点为 G,

于是 $AG = \dfrac{1}{2}AH = \dfrac{1}{2}EF = EG$,

因为 $OA = OM$, $OD // AH$, 连结 EM,

所以 $\angle OAM = \angle OMA = \angle MAG = \angle GEA$,

故 $EG // OA$ ①,

又点 O, H 分别是 $\triangle ABC$ 的外心和垂心, 且 $OD \perp BC$,

所以 $OD = \dfrac{1}{2}AH = AG$,

因此四边形 $AODG$ 为平行四边形,

所以 $DG // OA$ ②.

由①②可知, D, E, G 三点共线,

而点 F 在 EG 上,所以 D,E,F 三点共线.

44　反证法

1.【证明】 假设 1 和 -1 都是关于 x 的方程 $x^2+bx+a=0$ 的根,则有 $b=a+1$ 且 $b=-(a+1)$,则 $a+1=b=0$,所以方程 $(a+1)x^2+2bx+(a+1)=0$ 有无数个实数根,这与题意矛盾.因此 1 和 -1 不都是关于 x 的方程 $x^2+bx+a=0$ 的根.

2.【证明】 设 $r=\sqrt{2}+\sqrt[3]{3}$ 为有理数,则 $\sqrt[3]{3}=r-\sqrt{2}$,

两边取立方得 $3=(r-\sqrt{2})^3=r^3-3r^2\sqrt{2}+6r-2\sqrt{2}$,则 $(3r^2+2)\sqrt{2}=r^3+6r-3$,

故 $\sqrt{2}=\dfrac{r^3+6r-3}{3r^2+2}$　①,而 $\sqrt{2}$ 是无理数,但由反证法假设可见①的右边是有理数,故矛盾.因此 $\sqrt{2}+\sqrt[3]{3}$ 是无理数.

3.【证明】 假设题图 1 能通过有限次换色变为题图 2.

不妨设第 1,2,3 行棋子分别实行了 M_1, M_2,M_3 次变换,第 1,2,3 列棋子分别实行了 N_1,N_2,N_3 次变换,显然每个棋子都是既接受了行的变换又接受了列的变换,于是:棋子 A 经 M_1+N_1 次变色,由白变黑;棋子 B 经 M_1+N_2 次变色,由白变黑;棋子 C 经 M_2+N_1 次变色,保持白色;棋子 D 经 M_2+N_2 次变色,由白变黑.

这样,A,B,C,D 四个棋子一共经过了 $(M_1+N_1)+(M_1+N_2)+(M_2+N_1)+(M_2+N_2)=2(M_1+M_2+N_1+N_2)$ 次变色.显然这是个偶数.但从图中可以看出 A,B,C,D 四个棋子所经过的总的变色的次数只能是奇数(因为偶数次的操作

绝不可能把 4 个白子变成 1 白 3 黑),故矛盾.因此原结论成立.

4.【证明】 假设 $EFGH$ 不是平行四边形,则其对角线不互相平分,不妨设 $EO\leqslant GO$, $FO<HO$.如图,在线段 GO,HO 上分别取点 G_1,H_1 使 $G_1O=EO,H_1O=FO$,则四边形 EFG_1H_1 是平行四边形,且 OC 与 G_1H_1 的交点 C_1 在线段 OC 上,从而 $OC_1<OC$.因为四边形 EFG_1H_1 是平行四边形,则 $OA=OC_1$,所以 $OA<OC$,显然,这与平行四边形 $ABCD$ 的对角线互相平分矛盾,假设不成立,因此原结论成立.

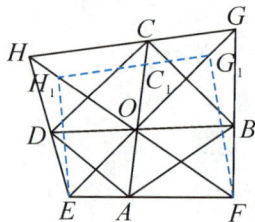

5.【解析】 过点 D,E 分别作 $DF\parallel BE,EF\parallel BD$,得平行四边形 $EBDF$.连结 CF,如图,则有 $EF=BD=CE$,$\angle CBD=\angle EBD=\angle EFD=\alpha$,又 $\angle BCE=\angle DCE=\beta$,$\angle ECF=\angle EFC$,所以 $\beta+\angle 2=\alpha+\angle 1$　①.若 $AB\neq AC$,不妨设 $\angle ABC>\angle ACB$,即 $\alpha>\beta$,则 $\angle 1<\angle 2$,$DF>CD$,即 $BE>CD$.在 $\triangle BCE$ 与 $\triangle CBD$ 中,$BD=CE$,$CB=BC$,$BE>CD$,可知 $\beta>\alpha$.这与假设 $\alpha>\beta$ 相矛盾,即 $\angle ABC>\angle ACB$ 不成立.同理可得 $\angle ABC<\angle ACB$ 也不成立,所以 $\angle ABC=\angle ACB$,$AB=AC$.

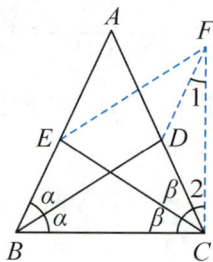

45 设而不求

1. C

2. 9 【提示】设 AP 为 x，则 $DP=\sqrt{2}\,x$，$BP=5\sqrt{2}-x$，$CP=\sqrt{2}(5\sqrt{2}-x)$，

$S_{\triangle CDP}=-x^2+5\sqrt{2}\,x$，

因为 $CP^2+DP^2=CD^2$，所以 $2x^2+2(5\sqrt{2}-x)^2=8^2$.

所以 $x^2-5\sqrt{2}\,x+9=0$，即 $-x^2+5\sqrt{2}\,x=9$. 所以 $S_{\triangle CDP}=9$.

3. $2\alpha-180°$ 【提示】如图，延长 GC' 交 $B'E$ 于点 H.

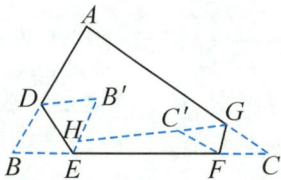

4. 【解析】设 $\angle EAD=x$，

因为 $DA=DE$，

所以 $\angle E=\angle EAD=x$.

因为 $\angle E+\angle EAD+\angle ADE=180°$，

所以 $\angle ADE=180°-2x$.

因为 $\triangle ABC$ 是正三角形，

所以 $\angle ABC=60°$.

所以 $\angle BDE=60°-x$.

因为点 E 关于直线 BC 的对称点是点 M，

所以 $DE=DM$，$\angle MDB=\angle BDE=60°-x$.

所以 $\angle ADM=\angle ADE-2\angle BDE=(180°-2x)-2(60°-x)=60°$.

因为 $DA=DM$，

所以 $\triangle ADM$ 是正三角形.

5. 【解析】如图，过点 Q 作 $QD\perp x$ 轴，垂足为点 D，则 $\angle PDQ=90°$，

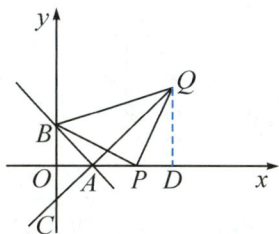

易证 $\triangle BOP\cong\triangle PDQ$(AAS)，

所以 $BO=PD$，$OP=DQ$.

点 B 的坐标为 $(0,6)$，即 $OB=6$，$PD=OB=6$，

点 A 的坐标为 $(6,0)$，即 $OA=6$.

设 $AP=m$，点 Q 的坐标为 $(m+12,m+6)$，

设直线 QA 的解析式为 $y=kx+b$，

把 $A(6,0)$，$Q(m+12,m+6)$ 分别代入，得

$$\begin{cases}0=6k+b,\\ m+6=k(m+12)+b,\end{cases}\ \text{解得}\ \begin{cases}k=1,\\ b=-6.\end{cases}$$

所以直线 QA 的解析式为 $y=x-6$，所以直线 QA 是一条定直线，

故点 C 的位置不变，点 C 的坐标为 $(0,-6)$.

46 归纳猜想

1. $(2,1)$

2. $\dfrac{3}{2}n^2+\dfrac{3}{2}n$

3. 【解析】(1) $19^2-17^2=8\times9$.

(2) $(2n+1)^2-(2n-1)^2=8n$.

(3) 因为 $(2n+1)^2-(2n-1)^2=(2n+1+2n-1)(2n+1-2n+1)=4n\times2=8n$，

所以 $(2n+1)^2-(2n-1)^2=8n$ 正确.

4. 【解析】不妨设最小的正方形边长为 1，并设 $n\times n$ 的正方形中有 a_n 个正方形.

先观察 $n=1,2,3$ 的特殊情况，如图所示.

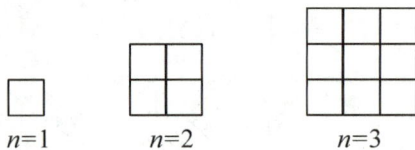

当 $n=1$ 时, 只有 1 个正方形, $a_1=1$;

当 $n=2$ 时, 边长为 1 的正方形有 4 个,
边长为 2 的正方形有 1 个, $a_2=1+4$;

当 $n=3$ 时, 边长为 1 的正方形有 9 个,
边长为 2 的正方形有 4 个, 边长为 3 的
正方形有 1 个, $a_3=1+4+9$;

观察发现, 以上各式的加数都是自然数
的平方数, 即

$a_1=1^2, a_2=1^2+2^2, a_3=1^2+2^2+3^2, \cdots$
由此猜想: $a_n=1^2+2^2+3^2+\cdots+n^2$.
所以当 $n=8$ 时, $a_8=1^2+2^2+3^2+\cdots+8^2=204$.

5.【解析】(1)若 $k=2, b=-4, y=2x-4$,
取 $x_1=3$, 则 $x_2=2, x_3=0, x_4=-4, \cdots$,
取 $x_1=4$, 则 $x_2=x_3=x_4=4, \cdots$,
取 $x_1=5$, 则 $x_2=6, x_3=8, x_4=12, \cdots$,
由此发现:

当 $x_1<4$ 时, 随着运算次数 n 的增加, 运
算结果 x_n 越来越小.

当 $x_1=4$ 时, 随着运算次数 n 的增加, 运
算结果 x_n 的值保持不变, 都等于 4.

当 $x_1>4$ 时, 随着运算次数 n 的增加, 运
算结果 x_n 越来越大.

(2)当 $x_1>\dfrac{b}{1-k}$ 时, 随着运算次数 n 的
增加, x_n 越来越大.

当 $x_1<\dfrac{b}{1-k}$ 时, 随着运算次数 n 的增
加, x_n 越来越小.

当 $x_1=\dfrac{b}{1-k}$ 时, 随着运算次数 n 的增
加, x_n 保持不变.

(3)在数轴上表示的 x_2, x_3, x_4 如图所示.

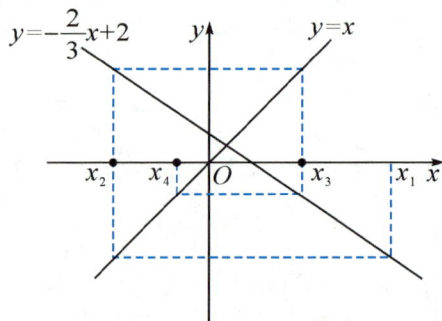

随着运算次数的增加, 运算结果越来越
接近 $\dfrac{6}{5}$.

(4)①当 $|k|>1$ 时,

若 $x_1 \neq \dfrac{b}{1-k}$, 随着运算次数 n 的增加,
x_n 不会越来越接近一个固定的数;

若 $x_1=\dfrac{b}{1-k}$, 随着运算次数 n 的增加,
x_n 保持不变, 是一个固定的数.

②当 $|k|=1$ 时,

若 $b=0$, 则运算结果是一个固定的数;

若 $b \neq 0$, 运算结果 x_n 不会越来越接近
一个固定的数.

③当 $|k|<1$ 时,

若 $k \neq 0$, 随着运算次数 n 的增加, x_n 越来
越接近 $\dfrac{b}{1-k}$.

若 $k=0$, 随着运算次数 n 的增加, x_n 是
一个固定的数 b.

47　差异分析

1. $1, -1, -63$　【解析】当 $x=0$ 时, $a_0=1$,

当 $x=1$ 时, $a_0+a_1+a_2+a_3+a_4+a_5+a_6=0$,

所以 $a_1+a_2+a_3+a_4+a_5+a_6=-1$,

当 $x=-1$ 时, $a_0-a_1+a_2-a_3+a_4-a_5$

$+a_6=64$，

所以 $a_1-a_2+a_3-a_4+a_5-a_6=-63$.

2.【解析】 (1) 因为 $ab=1(a,b\neq-1)$，所以 $b=\dfrac{1}{a}$，

所以 $\dfrac{1}{1+a}+\dfrac{1}{1+b}=\dfrac{1}{1+a}+\dfrac{1}{1+\dfrac{1}{a}}$

$+\dfrac{a}{1+a}=1$.

(2) 因为 $ab=1(a,b\neq-1)$，所以 $(ab)^n$ $=a^n b^n=1$，即 $a^n=\dfrac{1}{b^n}$，

所以 $\dfrac{1}{1+a^n}+\dfrac{1}{1+b^n}=\dfrac{1}{1+a^n}+\dfrac{1}{1+\dfrac{1}{a^n}}$

$\dfrac{1}{1+a^n}+\dfrac{a^n}{1+a^n}=1$.

3.【解析】 由题意可知 $(x-a)(x-b)-cx$ $=(x-\alpha)(x-\beta)$，

移项可得 $(x-\alpha)(x-\beta)+cx=(x-a)\cdot$ $(x-b)$，

即 a,b 是方程 $(x-\alpha)(x-\beta)+cx=0$ 的根.

4.【解析】 由题意知 $mx_1^2-(5m+3)x_1+5$ $=0,mx_2^2-(5m+3)x_2+5=0$，

所以 $mx_1^4-(5m+3)x_1^3+5x_1^2=mx_2^4-$ $(5m+3)x_2^3+5x_2^2=0$，

所以 $m(x_1^4+x_2^4)-(5m+3)(x_1^3+x_2^3)+$ $5(x_1^2+x_2^2)=0$，

故原式 $=-\dfrac{5}{x_1x_2}+\dfrac{1}{x_1}+\dfrac{1}{x_2}=\dfrac{-5+(x_1+x_2)}{x_1x_2}$，

由韦达定理可知 $\dfrac{-5+(x_1+x_2)}{x_1x_2}=\dfrac{3}{5}$.

5.【解析】 如图，延长 AD 交 $\odot O$ 于点 M，

则 $\dfrac{OD}{AD}=\dfrac{S_{\triangle OBC}}{S_{\triangle ABC}}$，$\dfrac{OE}{BE}=\dfrac{S_{\triangle OAC}}{S_{\triangle ABC}}$，$\dfrac{OF}{CF}$

$=\dfrac{S_{\triangle OAB}}{S_{\triangle ABC}}$，

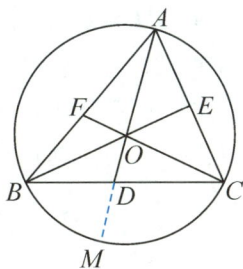

得 $\dfrac{OD}{AD}+\dfrac{OE}{BE}+\dfrac{OF}{CF}=1$ ①，

又 $\dfrac{OD}{AD}=\dfrac{r-DM}{2r-DM}=1-\dfrac{r}{2r-DM}=1-\dfrac{r}{AD}$，

同理 $\dfrac{OE}{BE}=1-\dfrac{r}{BE}$，$\dfrac{OF}{CF}=1-\dfrac{r}{CF}$.

代入 ①，得 $\left(1-\dfrac{r}{AD}\right)+\left(1-\dfrac{r}{BE}\right)+$

$\left(1-\dfrac{r}{CF}\right)=1$，

所以 $\dfrac{1}{AD}+\dfrac{1}{BE}+\dfrac{1}{CF}=\dfrac{2}{r}$.

48 动静互助

1. C

2. $[\sqrt{10}-\sqrt{5},5]$ **【解析】** 如图，由菱形的中心对称性，知线段 EF 过对角线交点 O，故 $\angle BPO=90°$，点 P 在以 OB 为直径的半圆上. 设圆心为 G，则 $r=\sqrt{5}$，$CG=$ $\sqrt{10}$，$CP_{\min}=\sqrt{10}-\sqrt{5}$；$CP_{\max}=BC=5$. 所以 $\sqrt{10}-\sqrt{5}\leqslant CP\leqslant5$.

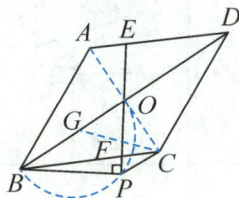

3. $\sqrt{2}-1$ **【解析】** 本题求 $AE+CD$ 取最小值时 AD 的长.

根据 $BE=AD$ 尝试构造 $\triangle FBE\cong$

$\triangle CAD$，使得 $EF=CD$．如图，作 $BF\perp BC$，使得 $BF=AC$，连结 EF，所以 $y=AE+EF$．当 A,E,F 三点共线时取最小值，作 $AH\perp BC$ 于点 H，$\triangle FBE\backsim\triangle AHE$，

故 $\dfrac{1}{\frac{\sqrt{2}}{2}}=\dfrac{x}{\frac{\sqrt{2}}{2}-x}$，

所以 $x=\sqrt{2}-1$．

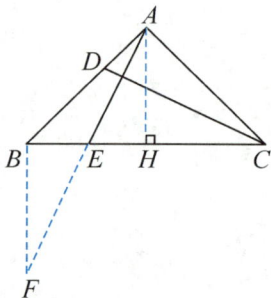

（本题可由勾股定理，用代数式表示两条线段之和，转化为求 $E(x,0)$ 到 $F(0,-1)$ 及 $A\left(\dfrac{\sqrt{2}}{2},\dfrac{\sqrt{2}}{2}\right)$ 距离之和取最小值时 x 的值．）

4. $3\sqrt{2}$　【提示】如图，建系得 $F'(0,4)$，$F''(3,7)$，所以 $F'F''=3\sqrt{2}$．由 $\triangle CBE\cong\triangle EHF$，易得 $F(x,x+4)$，点 F 轨迹为线段 $y=x+4(0\leqslant x\leqslant3)$，再求端点 $F'F''$ 间距离即可．

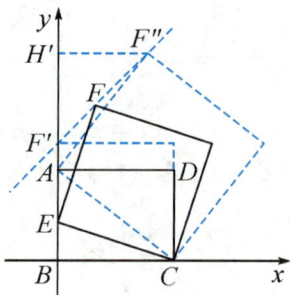

5. 【解析】易得 $y=x^2-4x+3$，根据题意尝试补全图形，设 $M(x_1,y_1),N(x_2,y_2)$，$T(a,b)$，$l:y=kx+4$．如图，过点 T 作 TD // x 轴，过点 M,N 作 $MD\perp TD$ 于点 D，$NQ\perp TD$ 于点 Q，因为 $\angle MTN=90°$，所以 $\triangle MDT\backsim\triangle TQN$，因此 $\dfrac{TQ}{MD}=\dfrac{QN}{DT}$，

故 $\dfrac{a-x_2}{y_1-b}=\dfrac{b-y_2}{a-x_1}$，所以 $a^2-a(x_1+x_2)+x_1x_2=-b^2+b(y_1+y_2)-y_1y_2$　①，

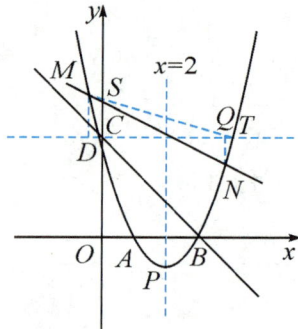

x_1,x_2,y_1,y_2 $\begin{cases}y=kx+4,\\y=x^2-4x+3\end{cases}$ 的解，

所以 $x^2-(k+4)x-1=0$，$x_1x_2=-1$，$x_1+x_2=k+4$，

因此 $y_1y_2=(kx_1+4)(kx_2+4)=k^2x_1x_2+4k(x_1+x_2)+16=-k^2+4k(k+4)+16=3k^2+16k+16$，$y_1+y_2=kx_1+4+kx_2+4=k(k+4)+8=k^2+4k+8$，

代入①，得 $a^2-a(k+4)-1=-b^2+b(k^2+4k+8)-(3k^2+16k+16)$，

所以 $(3-b)k^2+(16-4b-a)k+a^2-4a-8b+b^2+15=0$，

要求恒过定点，则定点坐标与 k 的取值无关，

得 $\begin{cases}3-b=0,\\16-4b-a=0,\\a^2-4a-8b+b^2+15=0,\end{cases}$ 即 $\begin{cases}a=4,\\b=3,\end{cases}$

所以存在点 $T(4,3)$，使得过点 T 的任意直线 l 都有 $\angle MTN=90°$．

49 正难则反

1. B 【提示】根据平移后所得的解析式,从结果逆推.

2. $\dfrac{31}{35}$ 【提示】可以通过计算反面情况没有红球时的概率求解.

3. 【解析】42 人会游泳则说明 18 人不会游泳;46 人会骑车则说明 14 人不会骑车;50 人会溜冰则说明 10 人不会溜冰;55 人会打羽毛球则说明 5 人不会打羽毛球.至少有一项不会的人数最多为 $18+14+10+5=47$ 人.那么四项都会的人数至少为 $60-47=13$ 人.

4. 【解析】AE 的最大值比较难求,不妨从求 BE 的最小值考虑.

如图 1,取 BE 的中点 F,连结 DF,过点 F 作 $FG\perp AC$ 于点 G,则 $DF\geqslant FG$.

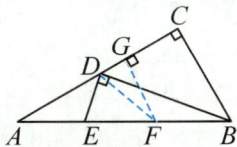

图 1

因为 $\angle EDB=90^\circ$,$EF=FB$.所以 $BE=2DF$.

如图 2,当 $DF\perp AC$ 时 DF 最小,即 BE 最小,则 AE 最大.

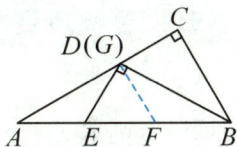

图 2

因为 $\angle C=90^\circ$,$\angle A=30^\circ$,所以 $AB=2BC=4$.

设 $DF=x$,则 $BF=EF=x$,$AF=2x$,所以 $AE=x$,$AB=3x=4$.

由 $3x=4$ 解得 $x=\dfrac{4}{3}$,即 AE 的最大值为 $\dfrac{4}{3}$.

5. 【解析】从正面考虑,封闭图形 $ABDPC$ 是一个形状改变的图形,不易求面积.而 A,B,D,C 是定点,则图形 $ABDC$ 的面积是定值.从反面考虑,只需求出 $\triangle DPC$ 面积的最小值,即可求出图形 $ABDPC$ 面积的最大值.

如图,作 $CE\perp DB$ 交 DB 于点 E,连结 CD,CO,易得 $\angle DCP=90^\circ$.

因为 CD 为定值,则点 P 到 CD 距离最短时,即可得 $\triangle DPC$ 面积的最小值.

连结 OC 交半圆于点 P,此时 $\triangle DPC$ 面积最小.

$S_{\triangle DPC}$ 的最小值 $=2\sqrt{2}\times(\sqrt{2}-1)\times\dfrac{1}{2}=2-\sqrt{2}$,$S_{梯形ABDC}=\dfrac{(1+3)\times 2}{2}=4$,

则 $S_{图形ABDPC}$ 的最大值 $=4-(2-\sqrt{2})=2+\sqrt{2}$.

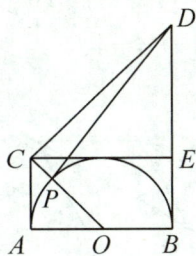

50 反客为主

1. 【解析】经过 t 秒后,点 A 表示 $-4+2t$,点 B 表示 $7+5t$,点 D 表示 $-11-4t$,则 $BD=7+5t-(-11-4t)=9t+18$,$AB=7+5t-(-4+2t)=3t+11$,

所以 $3BD-k \cdot AB=3(9t+18)-k(3t+11)=(27-3k)t+54-11k$ 为定值,即无论 t 取何值,结果都为定值,故可取变量 t 的几个常量,如取 $t=1$,得 $3BD-k \cdot AB=81-14k$,取 $t=0$,得 $3BD-k \cdot AB=54-11k$,从而得 $27-3k=0,k=9$.

2. $-8 \leqslant a < 0$ 【解析】把等式 $a-2ab+2ab^2+4=0$ 看成以 b 为未知数的方程,整理得 $2ab^2-2ab+a+4=0$,显然 $a \neq 0$,所以该方程是关于 b 的一元二次方程,且必有实数根,则 $\Delta=4a^2-4 \times 2a \times (a+4) \geqslant 0$,

化简得 $a^2+8a \leqslant 0$,所以 $\begin{cases} a>0, \\ a+8 \leqslant 0 \end{cases}$ 或 $\begin{cases} a<0, \\ a+8 \geqslant 0, \end{cases}$

解得 $-8 \leqslant a < 0$.

3. $4\sqrt{3}$ 【解析】可将问题看成 $\triangle ABC$ 沿直线 AC 方向平移,将动点 A',D' 看成定点,定点 B 看成动点,可知点 B 的运动路线是平行 AC 的直线 BE,如图所示.作点 A 关于直线 EB 的对称点 M,连结 MD,MD 的长度即为 $A'B+D'B$ 的最小值.由 $AD=AM=4,\angle DAM=120°$,可得 $DM=4\sqrt{3}$.

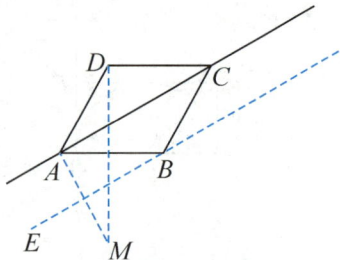

4. $5\sqrt{10}+5\sqrt{2}$ 【解析】因为 $EF=10\sqrt{2}$,$\triangle DEF$ 为等腰直角三角形,所以 $ED=10$.因为 $\triangle ABC$ 为等腰直角三角形,所以 $\angle CAB=45°$. 可将问题看成等腰 $Rt\triangle DEF$ 不动,点 A 在以 AD 为弦,圆

周角为 $45°$ 的圆弧上运动,如图所示.

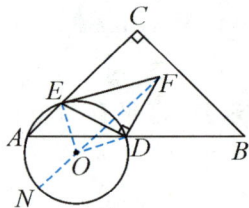

可知当点 A 运动到点 N 时,FA 之间距离最大.设圆心为 O,则 $\angle EOD=90°$,$OE=OD=5\sqrt{2}$,

所以 $\angle OED=\angle ODE=45°$,

因此 $\angle OEF=90°$,

所以 $FO=\sqrt{(10\sqrt{2})^2+(5\sqrt{2})^2}=5\sqrt{10}$,

故 FA 之间最大距离为 $FN=5\sqrt{10}+5\sqrt{2}$.

5. 【解析】把正整数 a 看成未知数,原方程可变形为 $(x+2)^2a=2(x+6)$,显然 $x+2 \neq 0$,

于是 $a=\dfrac{2(x+6)}{(x+2)^2}$.

由于 a 是正整数,则 $a \geqslant 1$,即 $\dfrac{2(x+6)}{(x+2)^2} \geqslant 1,x^2+2x-8 \leqslant 0$,

$(x+4)(x-2) \leqslant 0$,所以 $-4 \leqslant x \leqslant 2(x \neq -2)$,

所以 $x=-4,-3,-1,0,1,2$,解得 a 为 $1,6,10,3,\dfrac{14}{9},1$.

由于 a 为正整数,故 a 的值为 $1,3,6,10$.

51 寻找不变性

1. 【解析】易证一次函数 $y=\dfrac{1-m}{2}x+m$(m 是常数)的图象始终经过 $(2,1)$,故无论 m 为何值,图象一定经过第一象限.

2. 【解析】(1)可知 $m=-\dfrac{b}{2}$,$n=\dfrac{8b-b^2}{4}$,所

以 $n=2b-m^2=-4m-m^2$.

（2）画出函数 $y=x^2+bx+2b$ 和函数 $y=-x^2-4x$ 的图象.

因为函数 $y=x^2+bx+2b$ 的图象不经过第三象限，所以 $-4 \leqslant -\dfrac{b}{2} \leqslant 0$.

①当 $-4 \leqslant -\dfrac{b}{2} \leqslant -2$，即 $4 \leqslant b \leqslant 8$ 时，图象如图 1 所示.

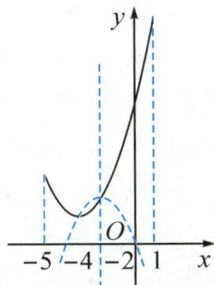

图 1

当 $x=1$ 时，函数取到最大值 $y=1+3b$；

当 $x=-\dfrac{b}{2}$ 时，函数取到最小值 $y=\dfrac{8b-b^2}{4}$.

所以 $(1+3b)-\dfrac{8b-b^2}{4}=16$，即 $b^2+4b-60=0$，

所以 $b_1=6,b_2=-10$（舍去）.

②当 $-2<-\dfrac{b}{2} \leqslant 0$，即 $0 \leqslant b<4$ 时，图象如图 2 所示.

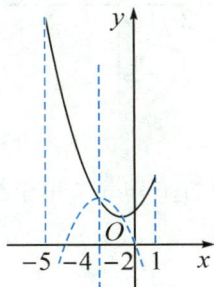

图 2

当 $x=-5$ 时，函数取到最大值 $y=25-3b$；

当 $x=-\dfrac{b}{2}$ 时，函数取到最小值 $y=\dfrac{8b-b^2}{4}$.

所以 $(25-3b)-\dfrac{8b-b^2}{4}=16$，即 $b^2-20b+36=0$，

所以 $b_1=2,b_2=18$（舍去）.

综上所述，b 的值为 2 或 6.

3.【解析】由题意可求得 $CA=CA'=1+\sqrt{3}$，所以点 A' 在以 C 为圆心，$1+\sqrt{3}$ 为半径的圆上运动，如图所示.

所以点 P 到达点 B 时，线段 $A'P$ 扫过的面积 $S=S_{\text{扇形}A'CA}-2S_{\triangle ABC}=\left(1+\dfrac{\sqrt{3}}{2}\right)\pi-1-\sqrt{3}$.

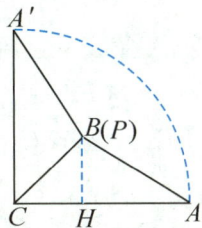

4.【解析】由题意可知四边形 $ACBD$ 是平行四边形，所以 $AE=BE=\dfrac{1}{2}AB$. 又因为 A 为定点，且 $AB \perp l_2$，所以 AE 为定值. 再由 $BH \perp CD$ 可知 $\angle BHE=90°$，所以点 H 在以 BE 为直径的圆上运动（如图，记点 O 为圆心）. 此时 $OE=\dfrac{1}{2}BE=\dfrac{1}{3}OA$.

易见，当 AH 与 $\odot O$ 相切时 $\angle BAH$ 最大，故 $\sin\angle BAH=\dfrac{OH}{OA}=\dfrac{1}{3}$.

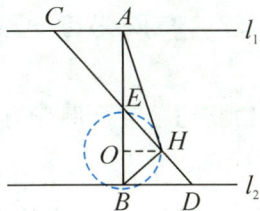

5.【解析】（1）略

（2）易证 $\triangle BDE \backsim \triangle CDG$，所以 $\dfrac{BD}{CD} = \dfrac{DE}{DG}$. 结合 $\triangle EAD \cong \triangle CAD$，可知 $DE = CD = 3$，所以 $BD = \dfrac{CD^2}{DG} = 4.5$.

（3）如图，在 AB 上取一点 F，使 $AF = AD$，连结 CF.

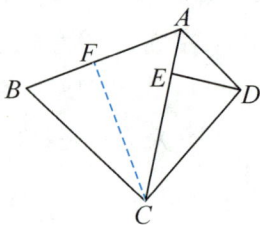

易证 $\triangle AFC \cong \triangle ADC$，所以 $CF = CD$，$\angle FCA = \angle DCA$，$\angle AFC = \angle ADC$.

因为 $\angle FCA + \angle BCF = \angle BCA = 2\angle DCA$，所以 $\angle DCA = \angle BCF$.

因为 $\angle EDC = \angle ABC$，所以 $\triangle DCE \backsim \triangle BCF$，

所以 $\dfrac{CD}{BC} = \dfrac{CE}{CF}$，$\angle DEC = \angle BFC$，因此 $CE = \dfrac{CD^2}{BC} = 4$.

因为 $\angle AED + \angle DEC = 180°$，$\angle AFC + \angle BFC = 180°$，

所以 $\angle AED = \angle AFC = \angle ADC$，

进而 $\triangle EAD \backsim \triangle DAC$，所以 $\dfrac{AE}{AD} = \dfrac{AD}{AC} = \dfrac{1}{2}$，

故 $AC = 4AE = \dfrac{4}{3}CE = \dfrac{16}{3}$.

52　特殊化与一般化

1. 8093　【提示】第 n 个图形有 $(4n-3)$ 个三角形.

2. $\dfrac{60}{13}$　【提示】不妨考虑点 P 在点 D（或点

A）的特殊点情况.

3. 【解析】当点 E 的位置特殊化为与点 D 重合时，则点 F 与点 C 重合，或当点 E 的位置特殊化为 $AE \perp BD$ 时，很容易发现 $AE:EF = AD:DC = a:b$. 由此联想得到解决一般问题的思路是证三角形相似.

方法 1：因为四边形 $ABCD$ 是矩形，所以 $\angle ABC = \angle BAD = 90°$. 因为 $FE \perp AE$，所以 $\angle AEF = 90°$，所以 $\angle AEF = \angle ABC = 90°$. 故 A，B，F，E 四点共圆，所以 $\angle AFE = \angle ABD$.

因为 $\angle AEF = \angle BAD = 90°$，所以 $\triangle AEF \backsim \triangle DAB$. 所以 $AE:EF = AD:AB = a:b$.

方法 2：过点 E 作 $GH // AB$ 交 AD 于点 G，交 BC 于点 H，证得 Rt$\triangle AEG \backsim$ Rt$\triangle EFH$，可得 $AE:EF = AG:EH = BH:EH = BC:DC = a:b$.

4. 【解析】（1）① 函数 $y = |x|$ 的图象关于 y 轴对称. ② 当 $x < 0$ 时，y 随 x 的增大而减小；当 $x > 0$ 时，y 随 x 的增大而增大.

（2）函数 $y = |x-3|$ 的图象如图所示.

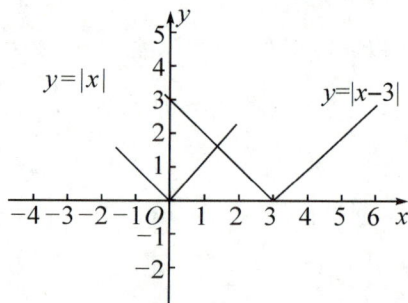

函数 $y = |x-3|$ 的图象可以由 $y = |x|$ 的图象向右平移 3 个单位长度得到.

（3）① 函数 $y = |2x+3|$ 的图象可以由 $y = |2x|$ 的图象向左平移 $\dfrac{3}{2}$ 个单位长度得到.

②当 $k > 0$ 时,向左平移 $\dfrac{3}{k}$ 个单位长度;

当 $k < 0$ 时,向右平移 $\left|\dfrac{3}{k}\right|$ 个单位长度.

5.【解析】经观察每个括号内都是 $x^4 + 4$ 的形式,所以把问题一般化为对 $x^4 + 4$ 进行因式分解.

因为 $x^4 + 4 = x^4 + 4x^2 + 4 - 4x^2 = (x^2 + 2)^2 - (2x)^2 = (x^2 - 2x + 2)(x^2 + 2x + 2)$,所以原式 $=$

$$\dfrac{(3^2 - 2\times 3 + 2)(3^2 + 2\times 3 + 2)(7^2 - 2\times 7 + 2)\times\cdots\times(39^2 + 2\times 39 + 2)}{(5^2 - 2\times 5 + 2)(5^2 + 2\times 5 + 2)\times\cdots\times(41^2 - 2\times 41 + 2)(41^2 + 2\times 41 + 2)}$$

$$= \dfrac{3^2 - 2\times 3 + 2}{41^2 + 2\times 41 + 2} = \dfrac{1}{353}.$$

53 极端化

1. -2

2. $k \geqslant 1$ 或 $k \leqslant -1$ 【提示】考虑当 $y = kx$ 经过点 A,B 的两种极端情况.

3. $2 \leqslant k \leqslant \dfrac{49}{4}$ 【提示】如图,反比例函数和三角形有交点的第一个临界点是交点为点 A.

反比例函数和三角形有交点的第二个临界点是与 BC 的切点.

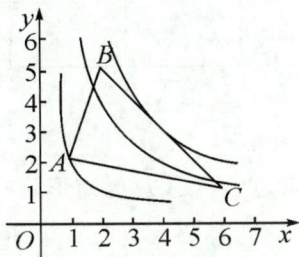

4. $-\dfrac{29}{4} < b < -1$ 【解析】如图,当直线 $y = -x + b$ 经过点 $A(-1,0)$ 时,$1 + b = 0$,解得 $b = -1$;

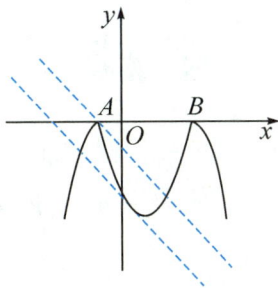

当直线 $y = -x + b$ 与抛物线 $y = x^2 - 4x - 5(-1 \leqslant x \leqslant 5)$ 有唯一公共点时,方程 $x^2 - 4x - 5 = -x + b$ 有相等的实数解,解得 $b = -\dfrac{29}{4}$,所以当直线 $y = -x + b$ 与新图象有 4 个交点时,b 的取值范围为 $-\dfrac{29}{4} < b < -1$.

5. 6 【解析】因为 $\angle O = \angle A = 90°$,所以 A,B,O,C 四点共圆,所以 $\angle AOC = \angle ABC$.

又因为在 $Rt\triangle ABC$ 中,$AC = 8$,$AB = 6$,$AB = 10$,所以 $\tan\angle AOC = \tan\angle ABC = \dfrac{4}{3}$.

所以点 A 始终在直线 $y = \dfrac{4}{3}x$ 上运动.

如图,当点 B 从点 P 运动至点 O 时,利用极端法,确定点 A 的起始点,记为 A_1;当 AB 与 y 轴垂直时,OA 最大,记为 A_2;当点 B 运动到点 O 时,确定点 A 的终止点,记为 A_3. 综上,点 A 的运动轨迹为沿直线 $y = \dfrac{4}{3}x$ 从 A_1 到 A_2 再到 A_3.

所以点 A 的运动路径长 $A_1A_2 + A_2A_3 = 2 + 4 = 6$.

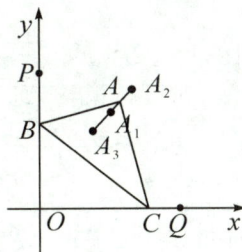

54　方程思想

1.【解析】设小王的行车时间为 x 分钟，小张的行车时间为 y 分钟，依题可得 $1.8 \times 6 + 0.3x = 1.8 \times 8.5 + 0.3y + 0.8 \times (8.5 - 7)$，化简得 $x - y = 19$. 故这两辆滴滴快车的行车时间相差 19 分钟.

2.【解析】设小正方形的边长为 x.

因为 $a = 4, b = 2$，所以 $BD = 2 + 4 = 6$.

在 $Rt \triangle BCD$ 中，$BC^2 + DC^2 = BD^2$，即 $(x + 2)^2 + (x + 4)^2 = 6^2$.

整理得 $x^2 + 6x - 8 = 0$，即 $x^2 + 6x = 8$.

所以矩形的面积为 $(x + 4)(x + 2) = x^2 + 6x + 8 = 8 + 8 = 16$.

(本题也可以由题意得，题图 1 矩形中左上角的三角形面积等于题图 2 矩形中左上角的小矩形面积，从而得出原矩形面积等于题图 2 矩形中左上角的小矩形面积的 2 倍.)

3.【解析】如图，根据题意，可得

-4		n
m	2	-2

第二行的数字之和为 $m + 2 + (-2) = m$，可知第三行左边的数字为 $m - (-4) - m = 4$，

第一行中间的数字为 $m - n - (-4) = m - n + 4$，

第三行中间数字为 $m - 2 - (m - n + 4) = n - 6$，

第三行右边数字为 $m - n - (-2) = m - n + 2$，

再根据对角线上的三个数字之和相等

且都等于 m 可得方程组为
$$\begin{cases} n + 6 = m, \\ -4 + 2 + m - n + 2 = m, \end{cases}$$

解得 $\begin{cases} m = 6, \\ n = 0, \end{cases}$ 所以 $m^n = 6^0 = 1$.

4.【解析】(1)因为边 AD 减少 1m，得到的矩形面积不变，

所以 $5b = (5 + 1) \times (b - 1)$，解得 $b = 6$.

(2)根据题意知 $b = \dfrac{S}{a}$，

因为边 AB 增加 1m，边 AD 增加 2m，得到的矩形面积为 $2S(\text{m}^2)$，

所以 $(a + 1)(b + 2) = 2S$，整理得 $2a + \dfrac{S}{a} + 2 - S = 0$.

故 $2a^2 + (2 - S)a + S = 0$.

因为有且只有一个 a 的值使得到的矩形面积为 $2S$，

所以 $\Delta = 0$，即 $(2 - S)^2 - 8S = 0$.

解得 $S = 6 - 4\sqrt{2}$(不符合题意，舍去)或 $S = 6 + 4\sqrt{2}$.

所以 $S = 6 + 4\sqrt{2}$.

5.【解析】如图，过点 E 作 $EH \perp BC$ 于点 H，则 $\angle EHB = \angle EHC = 90^\circ$.

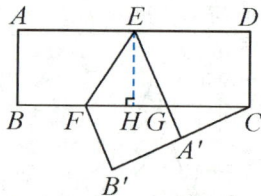

因为四边形 $ABCD$ 为矩形，

所以 $\angle A = \angle B = \angle D = \angle BCD = 90^\circ$，$AD = BC, AD /\!/ BC$.

所以四边形 $ABHE$ 和四边形 $CDEH$ 为矩形.

所以 $AB = EH, ED = CH$.

由折叠知 $\angle AEF = \angle FEG$，

因为 $AD/\!/BC$,所以 $\angle AEF=\angle EFG$.

所以 $\angle FEG=\angle EFG,EG=FG$.

因为 $\dfrac{BF}{GC}=\dfrac{2}{3}$,

所以令 $BF=2x,CG=3x,FG=y$,则

$CF=3x+y,B'F=2x,A'G=\dfrac{5x-y}{2}$,

由题意得 $\angle CA'G=\angle CB'F=90°$,

又因为 $\angle GCA'$ 为公共角,

所以 $\triangle CGA'\backsim\triangle CFB'$,故 $\dfrac{CG}{CF}=\dfrac{A'G}{B'F}$.

则 $\dfrac{3x}{3x+y}=\dfrac{\dfrac{5x-y}{2}}{2x}$,

整理得 $3x^2+2xy-y^2=0$,即 $(x+y)\cdot(3x-y)=0$.

解得 $x=-y$(舍去),$y=3x$.

所以 $AD=BC=5x+y=8x,EG=3x$,

$HG=x$.

在 $\mathrm{Rt}\triangle EGH$ 中,$EH^2+HG^2=EG^2$,

则 $EH^2+x^2=(3x)^2$,

解得 $EH=2\sqrt{2}x,EH=-2\sqrt{2}x$(舍去).

所以 $AB=2\sqrt{2}x$.

所以 $\dfrac{AD}{AB}=\dfrac{8x}{2\sqrt{2}x}=2\sqrt{2}$.

55 函数思想

1.【解析】如图,在平面直角坐标系中画出函数 $y=a$ 和 $y=\dfrac{1}{a}$ 的图象.

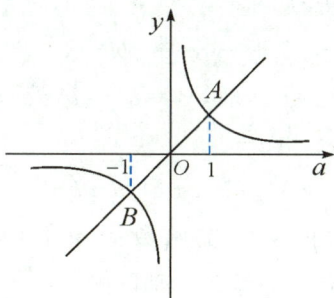

两图象的交点为 $A(1,1),B(-1,-1)$,由题意知 $a\neq 0$.

(1)当 $a>1$ 或 $-1<a<0$ 时,$a>\dfrac{1}{a}$;

(2)当 $a=1$ 或 $a=-1$ 时,$a=\dfrac{1}{a}$;

(3)当 $0<a<1$ 或 $a<-1$ 时,$a<\dfrac{1}{a}$.

2. C 【解析】显然 $x\neq 0$,方程两边同除以 x 并移项得 $x^2+1=\dfrac{1}{x}$.

原方程的根即为函数 $y_1=x^2+1$ 与 $y_2=\dfrac{1}{x}$ 两个图象交点的横坐标,如图所示.

当 $x=0.5$ 时,$y_1=1.25,y_2=2,y_1<y_2$;

当 $x=1$ 时,$y_1=2,y_2=1,y_1>y_2$.

故原方程的根在 0.5 到 1 之间,故选 C.

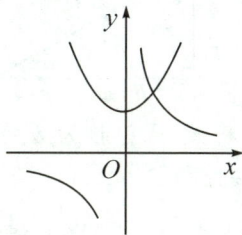

3.【解析】由 $AB=a,\angle A=30°$,得 $BC=\dfrac{1}{2}a,AC=\dfrac{\sqrt{3}}{2}a$,

$S_{\triangle ABC}=\dfrac{1}{2}\times BC\cdot AC=\dfrac{1}{2}\times\dfrac{1}{2}a\times\dfrac{\sqrt{3}}{2}a=\dfrac{\sqrt{3}}{8}a^2$,

$S_{\triangle AEF}=\dfrac{1}{2}S_{\triangle ABC}=\dfrac{1}{2}\times\dfrac{\sqrt{3}}{8}a^2=\dfrac{\sqrt{3}}{16}a^2$.

如图,设 $AE=x,AF=y$,作 $ED\perp AC$ 于点 D,则 $ED=\dfrac{1}{2}x,AD=\dfrac{\sqrt{3}}{2}x$,

由 $S_{\triangle AEF}=\dfrac{1}{2}\times ED\cdot AF=\dfrac{1}{2}\times\dfrac{1}{2}x\cdot y=\dfrac{1}{4}xy=\dfrac{\sqrt{3}}{16}a^2$,

得 $xy=\dfrac{\sqrt{3}}{4}a^2$，且 $FD=y-\dfrac{\sqrt{3}}{2}x$，

在 Rt$\triangle EDF$ 中，$EF^2=ED^2+FD^2=$
$\left(\dfrac{1}{2}x\right)^2+\left(y-\dfrac{\sqrt{3}}{2}x\right)^2=x^2-\sqrt{3}xy+y^2$.

把 $xy=\dfrac{\sqrt{3}}{4}a^2$ 代入上式，得 $EF^2=x^2-$
$\dfrac{3}{4}a^2+y^2=(x-y)^2+2xy-\dfrac{3}{4}a^2=(x$
$-y)^2+\dfrac{2\sqrt{3}-3}{4}a^2$.

即当 $x=y=\dfrac{\sqrt[4]{3}}{2}a$ 时，EF 的长最小，EF

的最小值为 $\dfrac{\sqrt{2\sqrt{3}-3}}{2}a$.

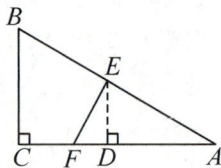

4.【解析】将式子变形为 $b=-a+1$，d
$=-c^2-1$，

则 (a,b) 是直线 $y_1=-x+1$ 上的点，
(c,d) 是抛物线 $y_2=-x^2-1$ 上的点.

如图，$(a-c)^2+(b-d)^2$ 可以看成直线
y_1 和抛物线 y_2 上两个点之间距离的平
方，将问题转化为求直线 y_1 和抛物线
y_2 上两个点之间距离的最小值. 把直线
向下平移与抛物线有唯一公共点时，平
移前后两条直线间的距离的平方就是
我们所要求的.

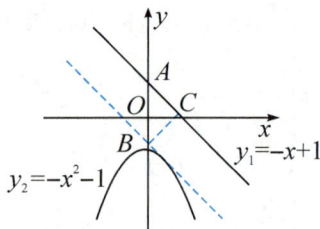

设平移后的直线为 $y_3=-x+b$.

由 $\begin{cases} y=-x+b \\ y=-x^2-1 \end{cases}$ 得 $-x+b=-x^2-1$，

即 $x^2-x+b+1=0$，

$\Delta=(-1)^2-4(b+1)=0$，得 $b=-\dfrac{3}{4}$，

所以 $y_3=-x-\dfrac{3}{4}$.

因为 $y_1=-x+1$ 与 y 轴的交点坐标为
$A(0,1)$，$y_3=-x-\dfrac{3}{4}$ 与 y 轴的交点坐

标为 $B\left(0,-\dfrac{3}{4}\right)$，所以 $AB=\dfrac{7}{4}$.

过点 B 作 $BC\perp y_1$ 交 y_1 于点 C，则
$\triangle ABC$ 为等腰直角三角形.

所以 $BC=\dfrac{7\sqrt{2}}{8}$，即直线 y_1 与 y_3 之间的

距离为 $\dfrac{7\sqrt{2}}{8}$.

所以 $(a-c)^2+(b-d)^2=\left(\dfrac{7\sqrt{2}}{8}\right)^2=\dfrac{49}{32}$.

5.【解析】由 $(b-c)^2>4a(a+b+c)$ 可以联
想到根的判别式，因此可以尝试构造函
数，如图所示.

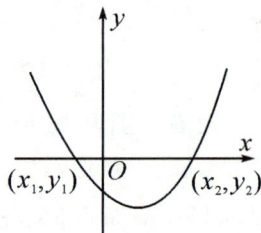

设辅助二次函数 $y=ax^2+(b-c)x+(a$
$+b+c)$，

当 $x_1=0$ 时，$y_1=a+b+c$，

当 $x_2=-1$ 时，$y_2=a-(b-c)+(a+b$
$+c)=2(a+c)$，

所以 $y_1y_2=2(a+c)(a+b+c)<0$，

由此说明二次函数图象上两点 $(x_1,$
$y_1)$，(x_2,y_2) 在 x 轴两侧，

即此函数图象与 x 轴相交,

所以二次函数的判别式大于零,

即 $\Delta=(b-c)^2-4a(a+b+c)>0$.

所以 $(b-c)^2>4a(a+b+c)$.

56 模型思想

1.【解析】(1)0.9,0.9

(2)① $20000\times0.9=18000$(棵),答:这批花卉成活的棵树约 18000 棵.

② $90000\div0.9-20000=80000$(棵),

答:估计还要移植 80000 棵.

2.【解析】(1)构造以 BC 的长为自变量 x,小狗活动区域面积为 S 的二次函数: $S=\frac{3}{4}\pi\times10^2+\frac{1}{4}\pi x^2+\frac{1}{12}\pi(10-x)^2=\frac{1}{3}\pi(x^2-5x+250)$,

所以当 $x=2.5$ 时,S 最小,即小狗活动区域最小时,边 BC 的长为 2.5m.

3.【解析】由条件变式得 $(x+1)+y=6$,$(x+1)y=z^2+9$,将 $x+1$ 与 y 视为以 a 为未知数的一元二次方程 $a^2-6a+(z^2+9)=0$ 的两根.

因为 $\Delta=(-6)^2-4(z^2+9)\geqslant0$,解得 $4z^2\leqslant0$,所以 $z=0$,于是 $\begin{cases}x+y=5,\\xy+y=9,\end{cases}$ 解得 $\begin{cases}x=2,\\y=3.\end{cases}$ 故 $x+2y+3z=8$.

4.【解析】由 $a^2+b^2=c^2$ 联想到勾股定理,可构造满足三边分别为 a,b,c 的直角三角形;而 $c\sqrt{a^2-d^2}=a^2$ 是两数积与另一数平方相等的结构(即 $ab=c^2$ 模型),联想到特殊三角形相似的结论,故可构造直角三角形母子相似的图形模型.

如图所示,CD 为 $Rt\triangle ABC$ 斜边上的高线,因为 $BC^2=BD\cdot AB$,所以 $a^2=\sqrt{a^2-CD^2}\cdot c$,

又因为 $a^2=\sqrt{a^2-d^2}\cdot c$,所以 $CD=d$.

则 $Rt\triangle ABC$ 的面积有两种表示方法,即 $\frac{1}{2}cd=\frac{1}{2}ab$,于是 $ab=cd$. 得证.

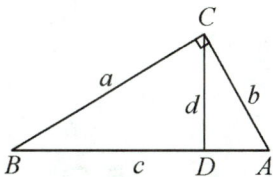

5.【解析】四边形 $BDEF$ 的周长为 $BD+DE+EF+FB$,因为 BD 与 EF 的长度确定,所以当其周长最小时,$DE+BF$ 最小. 如图,可通过平移将 E,F 两点重叠,转化为利用轴对称求解最短距离的模型,将点 B 沿线段 BC 向左平移 2 个单位长度得 B_1,连结 B_1 与点 D 关于 x 轴的对称点 D_1,与 x 轴相交于点 E,将点 E 沿线段 OA 向右平移 2 个单位长度得到点 F,连结 FB 所得的四边形周长最小,进而可得点 E 的坐标 $\left(\frac{2}{3},0\right)$.

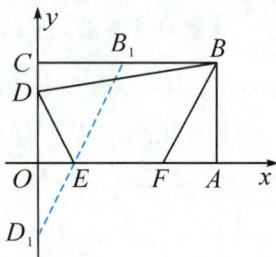

57 整体思想

1.27 【解析】方法 1(从形的视角整体思考):由已知可得 $S_1=S_2+4S_{\triangle BEF}$,$S_3=S_2-4S_{\triangle BEF}$,得 $S_1+S_3=2S_2$,所以 S_1+

$S_2 + S_3 = 3S_2 = 27.$

方法 2（从数的视角整体思考）：设 $EB = a$，$BF = b$，则 $S_1 + S_2 + S_3 = (a+b)^2 + 3^2 + (b-a)^2 = 2(a^2 + b^2) + 9 = 27.$

2.【解析】设 $\dfrac{1}{2} + \dfrac{1}{3} + \cdots + \dfrac{1}{2024} = a$，

则原式 $= a\left(1 + a - \dfrac{1}{2024}\right) - (1+a)\left(a - \dfrac{1}{2024}\right)$

$= a + a^2 - \dfrac{a}{2024} - a + \dfrac{1}{2024} - a^2 + \dfrac{a}{2024}$

$= \dfrac{1}{2024}.$

3. 7.

4.【解析】设满足已知条件的数依次为 a_1，a_2，a_3，$\cdots$，a_{10}.

则 $a_1 + a_2 + a_3 + a_4 + a_5 \leqslant M$，

$a_2 + a_3 + a_4 + a_5 + a_6 \leqslant M$，

$\cdots$，

$a_{10} + a_1 + a_2 + a_3 + a_4 \leqslant M$，

所以 $5(a_1 + a_2 + \cdots + a_{10}) \leqslant 10M$.

因为 $a_1 + a_2 + \cdots + a_{10} = 55$，

所以 $M \geqslant 27.5$，

所以整数 $M_{最小值} = 28$.

将 $1, 2, 3, \cdots, 10$ 按 $10, 7, 6, 3, 2, 9, 8, 5, 4, 1$ 的顺序填入图中即可.

5. 24，$-\dfrac{1}{3}$　【解析】如图，连结 OE，由已知易得 $S_{\triangle ADE} = 24$. 由反比例函数关于原点中心对称的性质，可得 $OA = OD$，所以 $S_{\triangle AOE} = S_{\triangle DOE} = 12$，由 $AE \parallel x$ 轴，得 $\dfrac{1}{2} a - \dfrac{1}{2} b = 12$，故 $a - b = 24$.

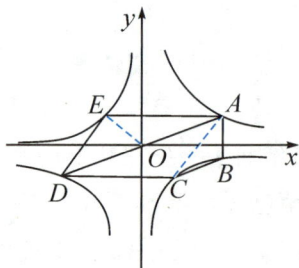

连结 AC，设 $A\left(m, \dfrac{a}{m}\right)$，得 $D\left(-m, -\dfrac{a}{m}\right)$，由 $AB \parallel y$ 轴，得 $B\left(m, \dfrac{b}{m}\right)$，由 $AE \parallel CD \parallel x$ 轴，得 $E\left(\dfrac{mb}{a}, \dfrac{a}{m}\right)$，$C\left(-\dfrac{mb}{a}, -\dfrac{a}{m}\right)$. 所以点 E 和点 C 关于点 O 中心对称，易证四边形 $AEDC$ 是平行四边形，所以 $S_{\square AEDC} = 48$，得 $S_{\triangle ACB} = 8$，即 $\dfrac{1}{2}\left(\dfrac{a}{m} - \dfrac{b}{m}\right)\left(m + \dfrac{mb}{a}\right) = 8$，得 $(a-b)\left(1 + \dfrac{b}{a}\right) = 16$，所以 $1 + \dfrac{b}{a} = \dfrac{2}{3}$，得 $\dfrac{b}{a} = -\dfrac{1}{3}$.

58　数形结合

1.【解析】设 $P(x, y)$.

当 OA 与 BP 为对角线时，

可得 $\begin{cases} \dfrac{0 + (-2)}{2} = \dfrac{1+x}{2}, \\ \dfrac{0+3}{2} = \dfrac{4+y}{2}, \end{cases}$ 解得 $\begin{cases} x = -3, \\ y = -1, \end{cases}$

所以 $P_1(-3, -1)$，

当 OB 与 AP 为对角线时，

可得 $\begin{cases} \dfrac{0+1}{2} = \dfrac{-2+x}{2}, \\ \dfrac{0+4}{2} = \dfrac{3+y}{2}, \end{cases}$ 解得 $\begin{cases} x = 3, \\ y = 1, \end{cases}$

所以 $P_2(3, 1)$，

当 OP 与 AB 为对角线时，

可得 $\begin{cases} \dfrac{0+x}{2} = \dfrac{-2+1}{2}, \\ \dfrac{0+y}{2} = \dfrac{3+4}{2}, \end{cases}$ 解得 $\begin{cases} x = -1, \\ y = 7, \end{cases}$

所以 $P_3(-1, 7)$.

综上所述，点 P 的坐标为 $P_1(-3, -1)$，$P_2(3, 1)$，$P_3(-1, 7)$.

2. $4 < b < 5$　【提示】抛物线 $y = x^2 - 2bx +$

1 的图象经过 $(0,1)$，$(2b,1)$，对称轴为直线 $x=b$. 根据图象，当 $(2b,1)$ 在 $(0,1)$ 的左侧时，$1<m<n$，与条件不符. 当 $(0,1)$ 在 $(2b,1)$ 的左侧时，由 $m<n<1$ 可得，A，B 两点都在 $(0,1)$ 和 $(2b,1)$ 之间. 当 A，B 两点都在对称轴左侧时，$x_0+4>x_0$ 可得 $n<m<1$，与条件不符. 因此点 B 在对称轴右侧，点 A 可以在对称轴的两侧. 由 $m<n<1$ 可得，点 B 到对称轴的距离比点 A 到对称轴的距离远. 由

$$\begin{cases} \dfrac{x_0+x_0+4}{2}>b, \\ x_0+4<2b, \end{cases}$$ 可得 $b-2<x_0<2b-4$，

由 $3 \leqslant x_0 \leqslant 4$ 可得 $\begin{cases} b-2<3, \\ 2b-4>4, \end{cases}$ 解得 $4<b<5$.

3. 【解析】以 B 为原点，BC 所在直线为 x 轴，BA 所在直线为 y 轴，建立如图所示的平面直角坐标系.

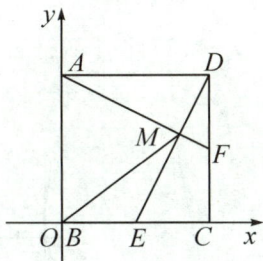

因为 $AB=8$，点 E，F 分别是边 BC，CD 的中点，
所以 $A(0,8)$，$B(0,0)$，$D(8,8)$，$E(4,0)$，$F(8,4)$，
所以直线 AF 的表达式为 $y=-0.5x+8$，
直线 DE 的表达式为 $y=2x-8$，

由 $\begin{cases} y=-0.5x+8, \\ y=2x-8, \end{cases}$ 得 $\begin{cases} x=\dfrac{32}{5}, \\ y=\dfrac{24}{5}, \end{cases}$

即 $M\left(\dfrac{32}{5},\dfrac{24}{5}\right)$.

根据两点间距离公式得 $BM=$
$$\sqrt{\left(\dfrac{32}{5}-0\right)^2+\left(\dfrac{24}{5}-0\right)^2}=8,$$
$BF=\sqrt{(8-0)^2+(4-0)^2}=4\sqrt{5}$，
当点 M 为直角顶点时，$MF=$
$$\sqrt{BF^2-BM^2}=\sqrt{(4\sqrt{5})^2-8^2}=4,$$
当点 B 为直角顶点时，$MF=$
$$\sqrt{BF^2+BM^2}=\sqrt{(4\sqrt{5})^2+8^2}=12,$$
当点 F 为直角顶点时，因为 $BM<BF$，所以这种情况不存在.
综上所述，MF 的长为 4 或 12.

4. 【解析】如图，点 C 为线段 BD 上一动点，分别过点 B，D 作 $AB \perp BD$，$ED \perp BD$，连结 AC，EC，

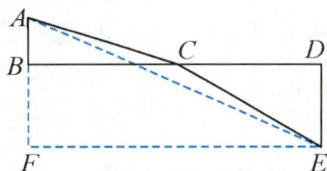

令 $AB=2$，$BD=12$，$ED=3$，$BC=x$，
则 $AC=\sqrt{x^2+4}$，$CE=\sqrt{(12-x)^2+9}$.
当点 A，C，E 在同一直线上时，$AC+CE$ 的值最小.
作 $EF \parallel BD$，与 AB 的延长线交于点 F，连结 AE，
则四边形 $BDEF$ 为矩形，$EF=BD=12$，$BF=DE=3$，$\angle AFE=90°$，
因为 $AB=2$，所以 $AF=AB+BF=2+3=5$，故 $AE=\sqrt{AF^2+EF^2}=\sqrt{25+144}=13$，
此时点 A，C，E 在同一直线上，
故 $\sqrt{x^2+4}+\sqrt{(12-x)^2+9}$ $(x \geqslant 0)$ 的最小值为 13.

5.【解析】正方形 $ABCD$ 的边长为2,被分成的四个矩形如图所示,则 $OA=\sqrt{a^2+b^2}$,$OB=\sqrt{(2-a)^2+b^2}$,$OD=\sqrt{a^2+(2-b)^2}$,$OC=\sqrt{(2-a)^2+(2-b)^2}$.

由 $OA+OC\geqslant AC$,$OB+OD\geqslant BD$ 得 $OA+OB+OC+OD\geqslant AC+BD$,而 $AC=BD=2\sqrt{2}$,

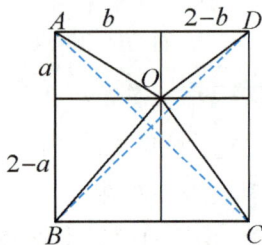

则 $\sqrt{a^2+b^2}$ $+$ $\sqrt{(2-a)^2+b^2}$ $+$ $\sqrt{a^2+(2-b)^2}+\sqrt{(2-a)^2+(2-b)^2}\geqslant4\sqrt{2}$,

所 以 $\sqrt{a^2+b^2}$ $+$ $\sqrt{(2-a)^2+b^2}$ $+$ $\sqrt{a^2+(2-b)^2}$ $+$ $\sqrt{(2-a)^2+(2-b)^2}$ 的最小值为 $4\sqrt{2}$.

59　分类讨论

1. -3 或 3 或 -1 或 5

2.【解析】可以分为 AB 为腰或 AB 为底两类进行讨论.

分类1:当 AB 为腰时,$AB=5$.

分类2:当 AB 为底时,$OA=OB=5$.

设点 A 为 (x,y),由勾股定理得 $x^2+y^2=25$.

又由点 A 在反比例函数图象上,由解析式得 $xy=12$.

从而可解得 $\begin{cases}x=3,\\y=4\end{cases}$ 或 $\begin{cases}x=4,\\y=3\end{cases}$,即点 A 为 $(3,4)$ 或 $(4,3)$.如图所示.

$AB=2\sqrt{5}$ 或 $\sqrt{10}$.

综上所述,AB 的长为 5 或 $2\sqrt{5}$ 或 $\sqrt{10}$.

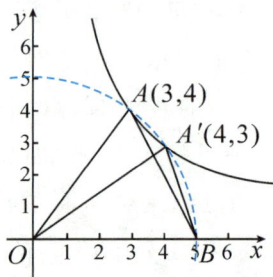

3. $\dfrac{2}{7}$ 或 $\dfrac{4}{7}$　　**【提示】**分别考虑点 C' 在 AB 之间和在 BA 的延长线上两种情况.

4.【解析】由函数解析式可知,对称轴为直线 $x=t(t>0)$.

根据自变量 $0\leqslant x\leqslant3$,可分为 $0<t\leqslant3$ 以及 $t>3$ 两类进行讨论.

分类1:当 $0<t\leqslant3$ 时(如图1),当 $x=t$ 时函数取最小值 $-t^2+3=-2$,

解得 $t=\pm\sqrt{5}$,又 $t>0$,则 $t=\sqrt{5}$.

分类2:当 $t>3$ 时(如图2),当 $x=3$ 时函数取最小值 $9-6t+3=-2$,

解得 $t=\dfrac{7}{3}<3$,此时不符合分类条件,舍去.

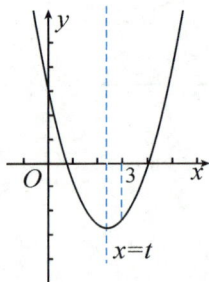
图1

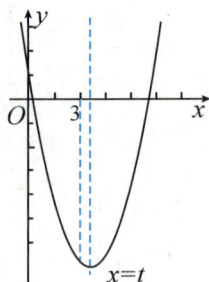
图2

综上所述,$t=\sqrt{5}$.

5.【解析】由图象经过点 $(0,-3)$,$(-6,-3)$,可得 $\begin{cases}b=-6,\\c=-3,\end{cases}$

则函数解析式为 $y=-x^2-6x-3$.

又由自变量 $m \leqslant x \leqslant 0$,可分为 $-3 < m < 0$ 或 $-6 < m \leqslant -3$ 或 $m < -6$ 三类进行情况讨论.

分类 1:当 $-3 < m < 0$ 时(如图 1),当 $x = m$ 时取最大值,当 $x = 0$ 时取最小值,

由已知最大值与最小值的和为 2,

得 $-m^2 - 6m - 3 - 3 = 2$,

解得 $m = -2$ 或 -4(舍).

分类 2:当 $-6 < m \leqslant -3$ 时(如图 2),当 $x = -3$ 时取最大值,当 $x = 0$ 时取最小值,

由已知最大值与最小值的和为 2,得 $-9 + 18 - 3 - 3 = 2$,此时无解.

分类 3:当 $m < -6$ 时(如图 3),当 $x = -3$ 时取最大值,当 $x = m$ 时取最小值,

由已知最大值与最小值的和为 2,得 $-9 + 18 - 3 - m^2 - 6m - 3 = 2$,

解得 $m = -3 + \sqrt{10}$(舍)或 $-3 - \sqrt{10}$.

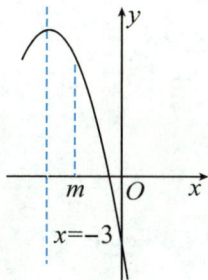 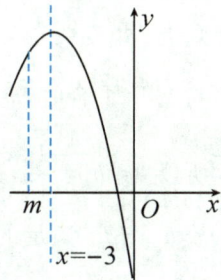

图 1   图 2

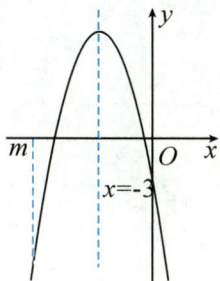

图 3

综上所述,$m = -2$ 或 $-3 - \sqrt{10}$.

60　转化与化归

1. B　【解析】过点 A 作 BC 的垂线,垂足为点 E.则 AE 即为 $PK + QK$ 的最小值,因为 $AB = 2$,$\angle ABC = 60°$,所以 $AE = \sqrt{3}$.

2. 【解析】$x^4 + \dfrac{1}{x^4} = \left(x^2 + \dfrac{1}{x^2}\right)^2 - 2 = \left[\left(x + \dfrac{1}{x}\right)^2 - 2\right]^2 - 2 = 2.$

3. 【解析】设 $\dfrac{x-1}{2} = \dfrac{y+1}{3} = \dfrac{z-2}{4} = k$,则 $x = 2k + 1$,$y = 3k - 1$,$z = 4k + 2$,

所以 $x^2 + y^2 - z^2 = (2k+1)^2 + (3k-1)^2 - (4k+2)^2$

$= -3k^2 - 18k - 2 = -3(k^2 + 6k) - 2$

$= -3(k^2 + 6k + 9) + 27 - 2$

$= -3(k+3)^2 + 25.$

因为 $(k+3)^2 \geqslant 0$,所以 $-(k+3)^2 \leqslant 0$.

所以 $x^2 + y^2 - z^2 = -3(k+3)^2 + 25 \leqslant 25$.

因此当 $k = -3$ 时,$x^2 + y^2 - z^2$ 有最大值 25,

此时 $x = 2k + 1 = -5$,$y = 3k - 1 = -10$,$z = 4k + 2 = -10$.

4. 【解析】当 $m + 6 = 0$,即 $m = -6$ 时,方程化为 $y = -14x - 5$,由于它是一元一次方程,必有实数根,即函数的图象与 x 轴有交点.

当 $m + 6 \neq 0$,即 $m \neq -6$ 时,方程为一元二次方程,

所以 $\Delta = 4(m-1)^2 - 4(m+6)(m+1) = 4(-9m - 5) \geqslant 0$,所以 $m \leqslant -\dfrac{5}{9}$.

综上，m 的取值范围是 $m \leqslant -\dfrac{5}{9}$.

5. 【解析】(1) 因为点 B 与点 D，点 E 与点 F 都关于 AC 对称，

所以 $BD \perp AC, EF \perp AC$，因此 $EF \parallel BD$，所以 $\triangle AEF \backsim \triangle ABD$，

故 $\dfrac{EF}{BD} = \dfrac{OA - h_1}{OA}$，由条件解得 $EF = 6 - \dfrac{6}{5} h_1$，

所以蝶形的面积 $S = \left(6 - \dfrac{6}{5} h_1\right) h_1 = -\dfrac{6}{5} h_1^2 + 6h_1 \, (0 < h_1 < 5)$.

由 $S = -\dfrac{6}{5} h_1^2 + 6h_1 = -\dfrac{6}{5}\left(h_1 - \dfrac{5}{2}\right)^2 + \dfrac{15}{2} \, (0 < h_1 < 5)$，

当 $h_1 = \dfrac{5}{2}$ 时，$S_{\max} = \dfrac{15}{2}$，所以蝶形面积的最大值为 $\dfrac{15}{2}$.

(2) 同(1)可得，$MN = 6 - \dfrac{6}{5} h_2$.

图形关于点 O 对称，又关于直线 AC，BD 对称，

所以两圆重合即有 $OE = OM$.

所以 $h_1^2 + \left[3\left(1 - \dfrac{1}{5} h_1\right)\right]^2 = h_2^2 + \left[3\left(1 - \dfrac{1}{5} h_2\right)\right]^2$，

得 $(h_1 + h_2)(h_1 - h_2) + \left[3\left(1 - \dfrac{1}{5} h_1\right) - \right.$

$3\left(1 - \dfrac{1}{5} h_2\right)\Big]\Big[3\left(1 - \dfrac{1}{5} h_1\right) + 3\left(1 - \dfrac{1}{5} h_2\right)\Big]$

$= 0$,

即 $(h_1 + h_2)(h_1 - h_2) - \dfrac{3}{5}(h_1 - h_2) \cdot$

$\left[6 - \dfrac{3}{5}(h_1 + h_2)\right] = 0$,

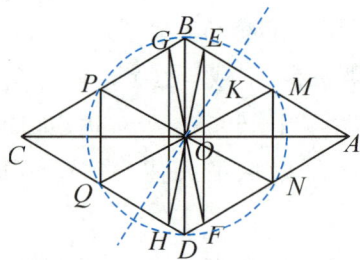

所以 $(h_1 - h_2) \dfrac{34(h_1 + h_2) - 90}{25} = 0$，得

$h_1 = h_2$，或 $h_1 + h_2 = \dfrac{45}{17}$.

当 $h_1 = h_2$ 时，点 E 与点 M 重合，$0 < h_1 < 5$，

当 $17h_1 + 17h_2 = 45$ 时，作 $OK \perp AB$，垂足为 K，

则点 M, E 关于直线 OK 对称，当点 M 与点 B 重合时，$h_1 = \dfrac{45}{17}$.

所以 $0 < h_1 < \dfrac{45}{17}$，

故 h_1 与 h_2 满足的关系式是 $h_2 = h_1 \, (0 < h_1 < 5)$ 或 $17h_1 + 17h_2 = 45 \left(0 < h_1 < \dfrac{45}{17}\right)$.